汽车类专业项目教学示范教材

汽车发动机原理与实用技术

组　编　湖南常德市东亚汽车服务有限公司

主　编　陈　旭

副主编　蔡　强　肖　波

参　编　孙爱春　陈　辉　朱建军

王典贵　李新安　陈　演

陈　卓　孙　觅　孙觅儒

机械工业出版社

本书以教、学、做、考的教学模式进行编写，由多个教学模块组成，涵盖汽车发动机结构、原理、功能、检测、维修以及常规故障诊断与排除和一体化的实训指南考核标准与评分细则，重点在于一体化的实训指南、考核标准与评分细则。

本书主要包括：发动机总论、发动机工作原理、机体组的构造与维修、活塞连杆组的构造与维修、曲轴飞轮组、配气机构、发动机燃料供给系统构造与维修、润滑系统构造与维修、冷却系统构造与维修、发动机解体装配调试和发动机综合故障诊断11个项目。

本教材可供汽车专业高、中职学生、企业专业人员与汽车专业职业技能培训人员使用。

图书在版编目（CIP）数据

汽车发动机原理与实用技术/陈旭主编. —北京：机械工业出版社，2014.1（2018.8重印）

汽车类专业项目教学示范教材

ISBN 978-7-111-44561-6

Ⅰ.①汽… Ⅱ.①陈… Ⅲ.①汽车—发动机—职业教育—教材 Ⅳ.①U464

中国版本图书馆CIP数据核字（2013）第253786号

机械工业出版社（北京市百万庄大街22号 邮政编码100037）

策划编辑：徐 巍 责任编辑：徐 巍

版式设计：常天培 责任校对：陈立辉

封面设计：路恩中 责任印制：常天培

北京铭成印刷有限公司印刷

2018年8月第1版第5次印刷

184mm×260mm · 22印张 · 541千字

10401—13400册

标准书号：ISBN 978-7-111-44561-6

定价：55.00元

凡购本书，如有缺页、倒页、脱页，由本社发行部调换

电话服务

服务咨询热线：010-88379833

读者购书热线：010-88379649

网络服务

机 工 官 网：www.cmpbook.com

机 工 官 博：weibo.com/cmp1952

教育服务网：www.cmpedu.com

金 书 网：www.golden-book.com

前　言

当前，我们正处于知识经济时代、国际经济一体化趋势正在升级，现代化、信息化、城镇化、新型工业化的进程迅速加快，职业教育规模不断扩大，且趋向集团化，职业教育为社会经济服务的能力持续增强。与此同时我国汽车工业和汽车专业的职业教育得到了快速发展。事实证明，科学技术是第一生产力，职业教育是科学技术进步的重要动力，更是新型汽车工业高度发展的强大内驱力。东亚汽车服务有限公司，是一支融汽车专业教育功能与服务功能于一体的校企合作团队，充分利用10多年来校企合作共办汽车教育、共建汽车企业的丰富经验与体会，组织职业教育和企业服务等相关专家共同编写了《汽车发动机原理与实用技术》、《汽车电器原理与实用技术》、《汽车底盘原理与实用技术》三种教材，这套教材涵盖了汽车结构、原理、功能、检测、维修、常规故障诊断与排除和理论实践一体的实训指南、考核标准与评分细则。本系列教材广泛适用于汽车专业高、中职学生、企业专业人员和汽车维修职业技能培训人员使用。

这套教材在立意、组编、成稿的过程中，得到了湖南省教育厅、常德市教育局、常德职业技术学院、常德汽车机电学校、汉寿县职业学校、东风汽车等相关企业给予的大力支持，在此表示衷心感谢。

本书由湖南常德市东亚汽车服务有限公司组编，陈旭任主编，蔡强、肖波任副主编，陈辉、孙爱春、朱建军、王典贵、李新安、陈演、孙觅儒、陈卓、孙觅参加编写。

由于编者水平有限，书中难免有缺点和错误，恳请广大师生与读者批评指正，以便修订时改进。如读者在使用本书的过程中有其他意见或建议，恳请通过常德市东亚汽车服务有限公司网站踊跃提出宝贵意见(www. cddyjt. cn)。

湖南常德东亚汽车服务有限公司

目　录

第 1 章

总论

1.1 汽车发展史

想一想：什么时候开始有汽车的呢？第一辆汽车是个什么样子？

学习目标	鉴定标准	教学建议
1. 掌握汽车的发展历程 2. 了解汽车对人类的影响 3. 了解中国的汽车发展史	应知：汽车的发展规律	建议：采用多媒体、录像等方式，提高学生的学习兴趣，并可进行讨论，最后教师总结

汽车在社会的经济发展和人们的生活中具有重要的地位。汽车是一种综合性强、技术含量高、批量大的产品，它在国民经济、国防建设和人民生活等方面起着十分重要的作用。汽车的制造和应用是衡量一个国家发达水平的重要标志，许多国家把汽车工业作为国民经济的支柱产业。同时，汽车对人类文明也有着重要的影响，汽车改变了社会形态和人们的生活，影响着人们的学习、工作乃至生活观念、生活方式。

汽车引领着世界的潮流，只有了解汽车发展的历史才能更好地前进。本章将从汽车的前汽车时代、汽车如何登上历史舞台以及世界汽车发展历史年鉴等方面简单介绍汽车发展的进程。

1. 汽车的发展

(1) 前汽车时代　人类使用车辆已有4000多年的历史。在漫长的历史岁月中，车辆一直是由人力或畜力驱动，直至18世纪发明了动力机械后，才出现了机动车。1765年英国的瓦特发明的蒸汽机迅速推广，揭开了工业革命的篇章。1769年法国炮兵工程师尼古拉蒂·古诺把蒸汽机装在一辆木质的三轮车上(图1-1)，制成了最早的机动车。这也是最早的机动交通工具，成为古代交通运输与近代交通运输的分水岭 。蒸汽机是外燃机，燃料在气缸之外燃烧，热效率很低，并且蒸汽车辆庞大笨重，操纵不灵，安全性差。1809年，法国人菲利普·勒本提出了以煤气为燃料的内燃机的工作循环原理。1860 年，埃蒂内·列诺尔(Lenoir)制成了煤气机并成批量生产，使内燃机商品化。

图 1-1　古诺的蒸汽机

1866 年德国工程师尼古拉斯·奥托制造出往复活塞四冲程内燃机，并为现代汽车内燃机发展奠定了四冲程工作循环的理论基础。当时热效率达 12% ~14%，之后人们放弃了热效率只有 3% 左右的煤气机而使用奥托内燃机。

(2) 汽车登上历史舞台　18 世纪，真正的汽车诞生了。1883 年德国人戴姆勒(Gottlieb Daimler)和本茨研制成功汽油机，1885 年德国人卡尔·本茨研制的单缸两冲程汽油机装在一辆三轮车上，是近代车的原形，并在 1886 年获得了专利(图 1-2)。1886 年德国人戴姆勒研制了四轮汽车(图 1-3)，1886 年德国工程师哥特利布·戴姆勒将自制的单缸四冲程内燃机装在一辆改装的马车上，也制成了汽车。本茨和戴姆勒随后共同创办了自己的公司，开始小规模的批量生产内燃机和汽车。他们二人首先把汽车与工业生产联系在一起，并把汽车推向了历史舞台，创造了具有划时代意义的功绩。从那时起，汽车迅速跃升为道路的主角，很快淘汰了马车。

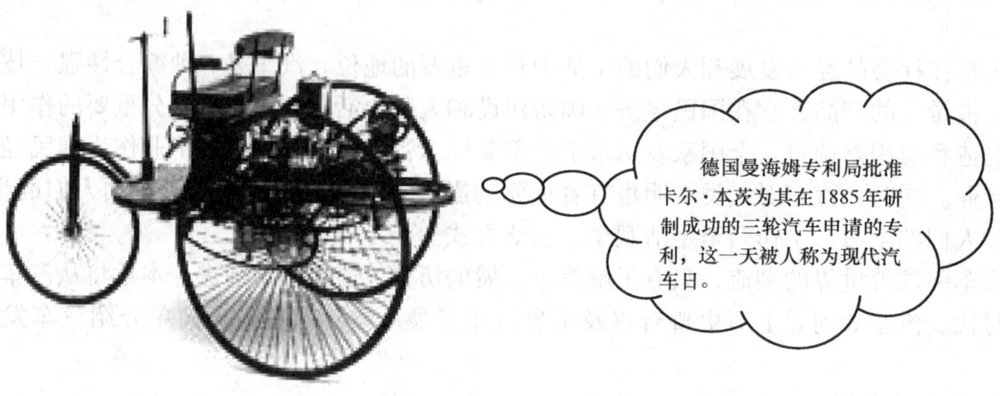

图 1-2　奔驰一号三轮汽车

(3) 世界汽车发展历史年鉴

1886 年，卡尔. 本茨的汽车申请专利。

1889 年，法国人标致发明变速器和差速器。

1892 年，美国人杜里埃发明化油器。

1894 年，米其林发明可拆卸式充气轮胎。

1886年德国人戴姆勒研制的四轮汽车。也有人把1886年作为汽车诞生年，这辆车被世人公认为是世界上第一辆汽车发动机驱动的四轮汽车。

排量：0.46L

转速：650r/min

车速：18km/h

图1-3 戴姆勒一号四轮车

1902年，盘式制动器专利被英国人获得，鼓式制动器专利由法国人雷诺获得。

1908年，福特公司推出T型车，使汽车成为大众化商品。

1911年，车灯问世。

1913年，福特公司建成世界第一条汽车装配流水线。

1952年，座椅安全带在美国问世，1954年燃油喷射式发动机问世。

2. 汽车对社会经济的影响

汽车诞生至今100多年，发展迅速，影响深远。汽车工业在世界经济发展中的地位也越来越重要，汽车对社会经济的影响也越来越大。

（1）汽车工业的发展优化了交通结构　作为交通工具，汽车具有广泛的普遍性和高度的灵活性。汽车是重要的交通工具之一，承担着十分广泛的运输任务。而且，其运输地位居各种交通工具之首。汽车是数量最多、最普及的交通工具，在城市乡村随处可见。在现代社会中，没有哪种交通工具可与汽车所起的作用相媲美。汽车也是最灵活的交通工具之一。汽车运输的优点是可以“全面铺开”和“门对门”，即汽车的活动范围比火车、轮船和飞机广得多，并且可以非常方便地将乘客和货物“从一个门口运送到另一个门口”。正因为如此，汽车在过去数十年中已迅速发展成为最主要、最受青睐的交通工具。

汽车在全社会运输量中所占的比重越来越大，已占据主导地位。美国、德国、法国、英国等国家中，汽车在客运总量中所占的比重已达到90%左右。

（2）汽车工业的发展促进了社会经济的发展　纵观历史，20世纪20年代美国经济的兴起，50年代联邦德国、意大利、法国经济的起飞，60年代日本经济的繁荣，无不以汽车工业的高速增长为前提。汽车已经成为一些国家经济的支柱产业。

从我国近年来的发展来看，汽车保有量增长，对国民经济增长的拉动作用十分明显。汽车拥有量的增长，可拉动GDP相应增长。随着汽车工业的发展，汽车工业在制造业和GDP中的比重也越来越大。

据2005年初步统计，我国已成为世界主要的生产和消费国家，汽车保有量3180万辆，汽车化率24辆/千人。汽车市场潜力巨大，汽车工业增加值占GDP比重1.56%，成为国民经济支柱产业，汽车工业总产值11930亿元，汽车行业拥有国有企业6315家，从业人员216万人，总资产11631亿元。

到2010年，汽车产量突破1000万辆左右，年均增长10%以上，汽车保有量5500万辆左右，汽车化率水平 40 辆/千人，汽车工业总产值 20000 亿元左右，汽车工业增加值占 GDP 比重达到 2.5%。

汽车工业发展对扩大就业，安置下岗职工有很大的促进作用。汽车工业的发展，提供了大量的工作岗位。主要汽车生产国汽车工业和相关产业提供的就业机会，约占全国总就业机会的 10%。据初步估计，汽车工业与相关产业就业人数之比为 1∶11，生产汽车与销售、使用汽车人数比为 1∶3.8。

（3）汽车工业的发展带动了相关产业的发展　汽车工业对相关产业的影响，不仅表现在生产过程中，也表现在使用过程中。它涉及原材料工业、设备制造业、配套产品业、公路建设业、能源工业、销售业、服务业和交通运输业等 34 个行业，影响范围大。在美国，汽车工业消耗的原材料中，橡胶占全国橡胶销量的 10%，钢铁占全国钢铁销量的 20%。

我国的汽车工业在国民经济中占据重要地位，汽车工业产值的增长可使相关产业的产值随之增长，波及效果为 3～5 倍。

（4）汽车产业推动了科学技术的发展　现代汽车上采用了大量的新材料和新结构，特别是应用现代电子技术进行控制操纵，大大地提高了汽车的性能。开发汽车的过程，需要集中一大批优秀的科技人才，开展上千项研究工作，应用最先进的理论、最精确的计算技术、最现代化的设计方法和最完善的测试手段。制造汽车的过程，应用了冶炼、铸造、锻压、机械加工、焊接、装配、涂装等领域许多最新工艺技术成果，在工厂中采用数以百计的自动化生产线并且应用了科学的生产管理手段。毫无疑问，汽车是一种高科技产品，足以体现一个社会科学技术的水平。汽车工业的发展，促进了科学技术的繁荣。

3. 汽车对人类生活的影响

（1）汽车对人类生活的有利作用　汽车发展明显地改变了人们的生活方式，使人们的生活空间更加广阔，交流便利，生活半径增大，同时在一定程度上影响了人们的思维方式，比如可以提升人们的自尊心和信心等，使人们心情愉快，工作效率提高。汽车的拥有从某种意义来看，反映了人们的生活水平和社会地位。

汽车给人类生活带来如下一些便利：

1）汽车自由灵活，富有独立性。汽车让人们的出行时间、方式和质量发生改变，汽车能随时停留、任意选择目的地，人们的活动范围从点扩大到面，提高了生活品质，提高了人们的生活半径。

2）汽车行驶的方便性是其他交通工具无法比拟的，汽车可以到达许多火车所不能到的地方，同时也是其他交通方式的有效补充和连接。汽车车窗敞亮，视野开阔，可观赏沿途风光。对于一些具体目标，汽车站一般比火车站离村镇、名胜古迹较近，更有利于旅游者沿途游览。

（2）汽车对人类生活的不利影响　汽车的产生对人类的影响是多元化的综合效应，在带给人类便利的同时也给人类的生活带来种种问题。这些问题集中表现在三个方面：污染、能源、交通。

1）汽车产业高度消耗自然资源：制造汽车时需要消耗大量的自然资源，除了使用钢铁外，现代的汽车还需要使用能耗很高的铝材和难以回收的塑料；另外，汽车使用时大量消耗石油，全世界一半以上的石油用于运输，而其中三分之一的燃油被用于驱动汽车的内燃机。

2）汽车运行交通拥挤，交通事故频发：汽车引起的交通事故是当今世界上导致人类死伤数最多的原因之一，每年约有数百万人遭受车祸的伤害。同时大量的汽车造成交通拥挤，车辆的停放也日益压缩人们的生活空间。

3）汽车的生产和使用污染环境。汽车排放的尾气对城市大气污染非常严重，使有些城市中的空气不适宜呼吸，以致儿童和老人有时会透不过气来。由尾气引发的光化学烟雾是世界上许多大城市共同面临的难题。另外，市区的噪声和污染，使人精神分散、危害健康。

4. 汽车工业的发展

汽车史上三次重大变革。一百多年的汽车发展史表明：汽车诞生于德国，成长于法国，成熟于美国，兴旺于欧洲，挑战于日本。

1886年，德国人本茨和戴姆勒发明了汽车，接着欧洲出现了生产汽车的公司。最早成立的汽车公司有德国的奔驰公司、戴姆勒公司、法国的标致公司、雷诺公司、英国的奥斯汀公司、罗孚公司、意大利的菲亚特公司等，欧洲是世界汽车工业的摇篮。德国人发明了汽车，而促进汽车最初发展的是法国人。1891年，法国人阿尔芒·标致首次采用前置发动机后驱动形式，奠定了汽车传动系的基本构造。1898年，法国人路易斯·雷诺将万向节首先应用于汽车传动系中，并发明了锥齿轮式主减速器。

尽管以法国为主的欧洲汽车公司占据了当时世界汽车工业的统治地位，但因为都是以手工方式生产汽车，讲究豪华，价格昂贵，从而限制了汽车工业的发展。

在随后的汽车历史发展中，世界汽车工业经历了三次巨大变革。第一次变革是美国福特汽车公司推出了T形车，发明了汽车装配流水线，使世界汽车工业的发展从欧洲转向美国。第二次变革是欧洲通过多品种的生产方式，打破了美国汽车公司在世界车坛上的长期垄断地位，使世界汽车工业的发展从美国又转回欧洲。第三次变革是日本通过完善生产管理体系形成精益的生产方式，全力发展物美价廉的经济型轿车，日本成了继美国、欧洲之后世界第三个汽车工业发展中心，使世界汽车工业的发展从欧洲转到日本。

（1）第一次变革——流水线大批量生产　在最早的时候，汽车是为少数人生产的奢侈品。1908年福特公司推出T型车，T型车的出现，使汽车从有钱人的专利品变成大众化的商品，在长达20年的T型车生产期间，T型车被称为“运载整个世界的工具”。

1913年，福特公司在汽车城底特律市建成了世界上第一条汽车装配流水线，使T型车成为大批量生产的开端，汽车装配时间从12.5h缩短到1.5h。从1908年到1927年，T型车共生产了1500多万辆，售价从开始的一辆850美元，最后降到360美元。1915年，福特一个公司的汽车年产量就占美国汽车公司总产量的70%，而当时生产汽车历史较长的德、英、法等欧洲各国的汽车总产量也不过是美国产量的5%。

（2）第二次变革——汽车产品多样化　第二次世界大战以前，欧洲人就已经开始对美国汽车的一统天下不满。但是，当时欧洲的汽车公司尚不能大批量生产，不能降低售价与美国汽车公司竞争。于是，以新颖的汽车产品，例如发动机前置前驱动、发动机后置后驱动、承载式车身、微型节油车等，尽量适应不同的道路条件、国民爱好等要求，与美国汽车公司抗衡。因此，形成了由汽车产品单一到多样化的变革。针对美国车型单一、体积庞大、油耗高等弱点，欧洲开发了多姿多彩的新型车。例如：严谨规范的奔驰、宝马；轻盈典雅的法拉利、雪铁龙；雍容华贵的劳斯莱斯、美洲虎、神奇的甲壳虫、风靡全球的“迷你”等车型纷纷亮相。多样化的产品成为最大优势，规模效益也得以实现。

到1966年，欧洲汽车产量突破1000万辆，比1955年产量增长5倍，年均增长率为

10.6%，超过北美汽车产量，成为世界第二个汽车工业发展中心。到1973年，欧洲汽车产量提高到1500万辆，世界汽车工业由美国转回欧洲。

（3）第三次变革——精益的生产方式　世界汽车工业的第三次变革发生在日本。日本汽车工业起步较晚，日本第一大汽车公司丰田汽车公司和第二大汽车公司日产汽车公司均创建于1933年，但一直到20世纪50年代，日本的汽车工业仍然发展缓慢。

直到20世纪60年代，日本丰田汽车公司探索出独特的、令世界耳目一新的"丰田生产方式"。它是将生产过程的各个环节联系在一起，组成一个完整体系，并以"精益思想"为根基，以寻求"消除一切浪费，力争尽善尽美"为最佳境界的新的生产经营体系。这一体系从产品计划开始，通过制造的全过程、协作系统的协调一直延伸到用户。它一改以往制造业在大量生产方式体制下的经营思想，以"传票方式"（看板方式）为代表的"三及时"，即"在必要的时间、按必要的量、生产必要的产品"作为理念精髓，以"及时生产"（JIT just in time）即不断地降低成本、无废品、零库存和无止境的产品更新为追求目标，因而被理论界称为"精益生产方式"。可以说，这一思想是丰田集体智慧的结晶，它由丰田普及到日本汽车工业，又从汽车工业扩展到整个制造业，从而将日本推向汽车王国的经济强国之列。

到了1973年，日本汽车出口量达到200万辆；1977年，日本汽车出口量达到400万辆；1980年，日本汽车出口量增到600万辆。

由于日本实现了汽车国内销售量和出口量双高速增长，迎来了日本汽车工业的发展，创造了世界汽车工业发展的奇迹。日本丰田汽车公司的"车到山前必有路，有路必有丰田车"和日产汽车公司"古有千里马，今有日产车"的广告实现了美好的愿望。日本成为继美国、欧洲之后的世界上第三个汽车工业发展中心，即世界汽车工业又发生了从欧洲到日本的第三次转移。

经历了百年发展和技术积累，世界汽车工业在知识经济的推动下，伴随着经济全球化的浪潮，正朝着产业集中化、技术高新化、经营全球化、生产精益化的趋势发展。

5. 世界汽车工业的发展特点

（1）汽车产业的全球性联合重组步伐加快　20世纪90年代以来，由于全球汽车生产能力过剩，安全、排放、节能法规日趋严格，产品开发成本、销售成本大幅度提高，促使汽车工业全球性产业结构调整步伐明显加快，汽车跨国联盟已成为世界汽车工业发展的潮流。戴姆勒与克莱斯勒合并，雷诺和日产联手，通用控股日本五十铃、铃木和富士重工，经过数年的激烈盘整，全球汽车业已基本形成"6+3"的竞争格局。"6"是指通用、福特、戴姆勒·克莱斯勒、丰田、大众、雷诺·日产，这六家合计年产销量已占世界汽车产量80%以上。"3"是指相对独立自主的本田、标致·雪铁龙和宝马，这9家公司的年产销量已占世界汽车产量90%以上。

（2）技术创新能力成为竞争取胜的关键　世界各大汽车公司已把主攻方向从实施精益生产、提高规模效益转向以微电子技术和信息技术等高新技术对汽车工业的开发、生产、销售、服务和回收的全过程进行提升。围绕安全、环保、节能等重点领域，采用新能源、新材料、新工艺开发研制新车型，占领技术制高点。以美国政府发起的"新一代汽车伙伴计划"为代表，用高新技术提升汽车产业已全面展开，并取得重大突破。电子技术的广泛应用使汽车电子产品占整车价值的比例提高到25%～30%，并且还将有较大幅度的增加。电动汽车、混合动力汽车技术取得突破性进展，正在走向实用阶段。互联网技术的应用将更加广泛，跨国汽车集团正将自己雄厚的技术实力、丰富的人力及财力资源与互联网相结合，同客户、经销商、供应商等建立一种新的业务模式。技术高新化体现在传统的汽车主体技术、机构技术将由微电子信息技术、新材料、新能源等高新技术所取代。新一代汽车将轻便化，安全化、环保化、智能化，成为高新技术的集成体。新一轮汽车工业的发展将不仅带动相关传统产业的发展，而且更加有力地促进高新技术的发展。

（3）采用平台战略、全球采购、模块化供货方式已成趋势　国际汽车工业广泛采用平台战略、零部件全球采购、系统开发、模块化供货等方式，使新产品开发费用和工作量部分地转嫁到零部件供应商，风险共担，实现在全球范围内合理配置资源，提高产品通用化程度，有效地控制产品质量，大幅度降低成本。不少汽车跨国公司正在积极研究减少平台数量，增加零部件供货商产品开发的工作量。质量和成本始终是市场竞争的焦点，千方百计提高汽车质量，降低汽车成本是市场提高公司竞争力的根本所在。因此，生产精益化是伴随汽车工业走向未来的永恒主题。

目前，世界汽车工业的发展出现新的特点，汽车产业的全球性联合重组步伐加快，技术创新能力成为竞争取胜的关键，采用平台战略、全球采购、模块化供货方式已成趋势。

6. 世界汽车工业的发展趋势

（1）整车制造业　在未来7～8年内，世界汽车市场的增长动力将主要来自亚洲、东欧和南美洲，汽车制造企业如果在这些地区无所作为，或根本没有建立汽车生产能力，那么其今后的日子将十分艰难，甚至会出现生存危机。至2010年，全球只剩下6～10家重要的汽车制造企业。为集中精力做好核心业务，主机厂家会进一步降低零部件自制率和减少自身做事范围。

汽车产业的快速发展及深刻变化，要求市场参与者建立与之相适应的新的企业文化和社会职能，开发电子、电讯服务系统应用软件的知识及资源，这如同供应链管理的专有知识和技术以及全面的网络组织一样，是事业成功的关键因素之一。而且，只有本行业的佼佼者，其销售利润率在未来5年内可望攀升至10%乃至更高的水平。

（2）相应的零部件工业　目前，世界汽车零部件企业大致可分为两种经营类型：一是大批量生产者；另一种是创新和集成潜力大的企业。进行大批量生产的企业，其产量高，而产品附加值较低，以低廉价格争取用户，从而获得较高的市场占有率。创新和集成潜力大的企业则指那些细分市场者，他们专长于某一业务领域，擅长生产某些部件或系统，产品附加值高。从发展趋势看，这类企业创新能力都比较强，盈利状况好，其发展前景比较光明。

由于整车制造厂越来越减少自身做事范围和工作量，零部件制造业在汽车工业中的作用也更加重要。它们不仅生产绝大多数的汽车零部件、系统、模块等，而且也承担更多的研发工作。然而，这并不是说世界汽车零部件企业的数量会越来越多，相反，该工业部门也将进一步集中和垄断。

7. 中国汽车工业的崛起

（1）新中国的汽车工业发展概况　新中国的汽车工业，与共和国共命运。经过半个世纪的努力，发生了天翻地覆的变化。从一个曾经是“只有载货汽车没有轿车”、“只有公车没有私车”、“只有计划没有市场”的汽车工业，终于形成了一个种类比较齐全、生产能力不断增长、产品水平日益提高的汽车工业体系。回顾中国汽车工业60年来走过的路程，一步一个脚印，处处印证着各个历史时期的时代特色，经历了从无到有、从小到大，创建、成长和全面发展三个历史阶段。

（2）中国汽车工业发展历程

1）创建阶段(1953～1965年)。中国汽车工业的发展始于1953年，1953年7月15日在长春打下了中国第一汽车制造厂的第一根桩，从此拉开了新中国汽车工业筹建工作的帷幕。国产第一辆汽车，“解放牌”载货汽车于1956年7月13日驶下总装配生产线，结束了中国不能制造汽车的历史，圆了中国人自己生产国产汽车之梦。

一汽是我国第一个汽车工业生产基地。同时，也决定了中国汽车业自诞生之日起就重点选择以中型载货车、军用车以及其他改装车为主的发展战略，中国汽车工业的产业结构从开始就形成了“缺重少轻”的特点。

1957年5月，一汽开始仿照国外样车自行设计轿车。1958年试制成功CA71型“东风牌”小轿车和CA72型“红旗牌”高级轿车。同年9月，又一辆国产“凤凰牌”轿车在上海诞生。“红旗牌”高级轿车被列为国家礼宾用车，并用作国家领导人乘坐的庆典检阅车。“凤凰牌”小轿车参加了1959年国庆十周年的献礼活动。1958年以后，中国汽车工业出现了新的情况，由于国家实行企业下放，各省市纷纷利用汽车配件厂和修理厂仿制和拼装汽车，形成了中国汽车工业发展史上第一次“热潮”，产生了一批汽车制造厂、汽车制配厂和改装车厂。汽车制造厂由1953年的1家发展为16家(1960年)，维修改装车厂由16家发展为28家。其中，南京、上海、北京和济南共4个较有基础的汽车制配厂，经过技术改造成为继一汽之后第一批地方汽车制造厂。

各地方发挥自己的力量，在修理厂和配件厂的基础上进行扩建和改建所形成的这些地方汽车制造企业，一方面丰富了中国汽车产品的构成，使中国汽车不但有了中型车，而且有了轻型车和重型车，还有各种改装车，满足了国民经济的需要，为今后发展大批量、多品种生产协作配套体系打下了初步基础。另一方面，这些地方汽车制造企业从自身利益出发，片面追求自成体系，从而造成整个行业投资严重分散和浪费，布点混乱，重复生产的“小而全”畸形发展格局，为以后汽车工业发展留下了隐患。

1966年以前，汽车工业共投资11亿元，主要格局是形成一大四小5个汽车制造厂及一批小型制造厂，年生产能力近6万辆，9个车型品种。1965年年底，全国民用汽车保有量近29万辆，国产汽车17万辆(其中一汽累计生产15万辆)。

2）成长阶段(1966～1980年)。1964年，国家确定在三线建设以生产越野汽车为主的第二汽车制造厂。二汽是我国汽车工业第二个生产基地，与一汽不同，二汽是依靠我国自己的力量创建起来的工厂(由国内自行设计、自己提供装备)，采取了“包建”（专业对口老厂包建新厂、小厂包建大厂）和“聚宝”（国内的先进成果移植到二汽）的方法，同时在湖北省内外安排新建、扩建26个重点协作配套厂。一个崭新的大型汽车制造厂在湖北省十堰市兴建和投产，当时主要生产中型载货汽车和越野汽车。二汽拥有约2万台设备，100多条自动生产线，只有1%的关键设备是引进的。二汽的建成，开创了中国汽车工业以自己的力量设计产品、确定工艺、制造设备、兴建工厂的纪录，检验了整个中国汽车工业和相关工业的水平，标志着中国汽车工业上了一个新台阶。

与此同时，四川和陕西汽车制造厂，分别在重庆市大足县和陕西省宝鸡市(现已迁西安)兴建和投产，主要生产重型载货汽车和越野汽车。为适应国民经济发展对重型载货汽车的需求，济南汽车制造厂扩建“黄河牌”8t重型载货汽车的生产能力，安徽淝河、南阳、丹东、黑龙江和湖南等地方汽车也投入同类车型生产。这一时期，由于当时全国汽车供不应求，再加上国家再次将企业下放给地方，因此造成中国汽车工业发展的第二次热潮。1976年，全国汽车生产厂家增加到53家，专用改装厂增加到166家，但每个厂平均产量不足千辆，大多数在低水平上重复。

3）全面发展阶段(1981至今)。在改革开放方针指引下，汽车工业进入全面发展阶段。汽车老产品(解放、跃进、黄河车型)升级换代，结束30年一贯制的历史。调整商用车产品结构，改变“缺重少轻”的生产格局。引进技术和资金，建设轿车工业，形成生产规模。行业管理体制和企业经营机制改革，使汽车车型品种、质量和生产能力大幅增长。至2000年，中国汽车工业发生了大变革，成为中国汽车工业的一个旧时代的结束和一个新时代开始的分水岭。

从1999年起，中国汽车工业进入高速增长期，每年保持两位数以上的增长。1999年，全国汽车行业共有企业2391家，其中整车企业118家，改装车企业546家，发动机企业51家，零部件企业1540家。汽车行业拥有职工180万人，其中工程技术人员16.9万人。行业总资产5087亿元，其中固定资产原值2243亿元，净值1556亿元。国家批准的轿车建设规模为112万辆，其中国家已经验收或建成的轿车生产能力91万辆。1999年全行业实现总产值3411亿元(1990年不变价)，销售收入3115亿元，工业增加值749亿元，利润总额106.5亿元。2000年，全行业实现销售收入3911亿元，利润177亿元，比1995年分别增长80%和107%；生产汽车207万辆，其中轿车60.5万辆，比1995年分别增长43%和86%；汽车工业出口额为25亿美元，进口额为36亿美元。

2001年我国汽车产销高速增长，汽车总生产量233.44万辆，同比增长12.81%，汽车总销售量236.37万辆，同比增长13.29%。其中，全国轿车产量70.35万辆，销售72.15万辆，同比增长分别为16.35%和18.25%。从生产企业集中度分析可以看出，一汽、东风、上汽三大集团生产集中度进一步提高，达到48.10%，比2000年提高3.35个百分点；三大集团市场占有率为47.46%，比2000年提高2个百分点。

2002年我国生产汽车325.12万辆，比上年同期增长39.7%；销售汽车324.81万辆，比上年同期增长37.4%。在三大车型中，轿车的产销增幅最大，产销分别为109.1万辆和112.6万辆，比上年分别增长55%和56%，轿车产销量首次突破百万辆，并创造了1993年以来的最高增幅。统计显示，2002年我国轿车产销量持续高速增长，全年净增35万辆左右的市场份额。2003年我国生产汽车444.37万辆，比上年同期增长35.20%，销售汽车439.08万辆，同比增长34.21%，其中客车产量119.52万辆，销量120.94万辆，分别增长11.94%和15.15%；载货汽车产量122.96万辆，销量121.14万辆，分别增长10.04%和10.35%；轿车达到创纪录的201.89万辆，同比增长83.25%，比上年净增91.71万辆，销售197.16万辆，同比增长75.28%，其增速为世界汽车发展史少见。目前，中国轿车领域已形成了以一汽、二汽、上汽三大汽车集团为主导，以广州本田、重庆长安、南京菲亚特、浙江吉利、哈飞集团、昌河集团、华晨汽车、北京现代等为重要组成部分的“3+X”的崭新格局。

8. 中国汽车市场变化呈现规律性特征

回顾60年中国汽车市场的变化，存在着明显的规律性波动，而主宰国内汽车市场的三大规律性特征为结构性变动、周期性波动、阶梯性增长。这三大规律性特征对中国汽车市场确实起着重要的作用。

（1）结构性变动　剧烈的结构性变动是汽车行业的首要特征，几十年来变动的轨迹如下：

1）20 世纪 50 年代中 ~60 年代末，汽车产品以军用车为主。

2）20 世纪 70 年代 ~80 年代，汽车产品由军用车向民用车的转换。

3）20 世纪 90 年代后，客、货运输结构的改变对我国汽车工业发展，特别是汽车工业内部结构组成产生更为重要的影响。从这时起，我国汽车工业逐步实现了产品重点从中型车向重型和轻型车的转变，从载货车向客车和轿车的转变。

4）2000 年以后，汽车行业内部的结构性变动主要表现为轿车需求高速增长，以轿车为代表的乘用车增幅强劲，已占据我国汽车市场的半壁江山，成为拉动汽车工业增长的最主要力量。而且乘用车所占市场份额将逐年增加，载货汽车所占市场份额将逐年下降，这个趋势不可扭转。

（2）周期性波动　周期性波动是改革开放后我国汽车工业发展的重要规律，改革开放后我国汽车年产量增长出现过四次周期性波动，经历时间分别为：1979 ~1981 年、1982 ~1986 年、1987 ~1990 年、1991 ~1996 年，目前正处于第五次周期性波动之中。表现出与宏观经济增长同周期、同步波动的鲜明特征，但波动幅度远大于宏观经济增长波动。同时，汽车工业发展的周期性波动也由古典周期转变为增长周期（即：过去汽车产销规模在回落期会表现出总量下降的局面，自 20 世纪 90 年代以后，汽车产销规模即使在回落期也仅表现为增幅的回落，但总量仍保持增长格局）。

（3）阶梯性增长　阶梯性增长是中国汽车市场需求规模变化的主要特征。纵观中国汽车市场的发展，每个发展周期都是经过一段较长时间的盘整期后进入高速增长期。

1958 ~1968 年我国汽车工业发展第一次“盘整”时，汽车产量由 1.6 万辆增长为 2.5 万辆，年均增幅仅 5%；1972 ~1982 年我国汽车工业发展的第二次“盘整”时，汽车产量由 10.8 万辆增长为 19.6 万辆，年均增幅仅 7.4%。2002 年我国汽车市场出现的产销两旺是阶梯性增长典型表现，因为上一次的高速增长期是出现在 20 世纪 90 年代初（1992 年达到高峰，产销增幅为 50%）。然后进入了 1993 ~2000 年长达 8 年的盘整期，从 2001 年起结束了长时间盘整，进入了阶梯型增长的高速增长时期（2002 年达到高峰，产销增幅为 60%）。我国汽车行业内的结构性变动仍是此次高速增长的首要因素。

表 1-1　我国汽车/轿车（1979 ~2006 年）产量一览表

年份	汽车产量/万辆	轿车产量/万辆	轿车比例（%）
1979	18.5		
1980	22.2		
1981	17.5		
1982	19.6		
1983	23.9	0.6	2.5
1984	31.6	0.6	1.9
1985	44.3	0.52	1.2

（续）

年份	汽车产量/万辆	轿车产量/万辆	轿车比例(%)
1986	37.3	1.2	3.2
1987	47.3	2.1	4.4
1988	64.7	3.69	5.7
1989	58.7	4.2	4.9
1990	50.9	8.1	8.2
1991	70.9	16.3	11.4
1992	106.2	23.0	15.3
1993	129.7	25.0	17.3
1994	135.2	32.5	18.5
1995	145.0	39.1	22.4
1996	147.5	48.7	26.5
1997	158.2	50.7	30.8
1998	162.9	57.0	31.1
1999	183.0	60.5	31.1
2000	206.91	70.3	29.2
2001	233.4	109.1	29.9
2002	325.1	108.9	33.5
2003	444.4	201.81	45.4
2004	520	256	49.2
2005	580	299	51.6
2006	640	330	51.6

9. 中国汽车工业的发展特点

中国汽车工业从整体上看，仍然是一个国际竞争力较弱的产业。在加入 WTO 后更加开放的市场环境中，中国汽车工业逐步从制造、研究开发、销售服务、汽车信贷等方面全面融入世界汽车工业体系。通过使自身全面融入世界汽车工业体系，中国汽车工业将获得更加迅速的发展，并且逐步成为世界汽车工业的主要制造基地之一。就长远来看，中国汽车工业也必将获得自主开发的能力，并且逐步提高其在世界汽车工业体系中的地位。

10. 中国汽车工业的总体规模

2002 年，中国汽车工业全年累计生产汽车 325 万辆，比上年同期增长 38%；销售汽车 324.8 万辆，比上年同期增长 37.1%。其中轿车产销均突破百万辆，分别达 109 万辆和 112.6 万辆，比 2001 年分别增长 55% 和 56%。商用汽车的增长也很可观。汽车工业经济效益大幅度提高，完成工业增加值 1515 亿元，同比增长 28.7%；完成销售收入 6465 亿元，同比增长 30.8%；完成利润总额 431 亿元，同比增长 60.94%；汽车消费成为拉动 2002 年经济增长的主要力量。

2003 年，国内汽车市场总体增长幅度达到了 34.21%，产销量均超过 400 万辆，这一成绩也使得我国汽车产量首次超过德国跃居世界第三位。从几年的数据趋势看，汽车市场的这一高速增长势头已经持续两年有余，尽管大多数的预期显示这一势头仍将持续，但部分车型已经开始进入盘整阶段。2003 年生产轿车 201.89 万辆，同比增长 83.25%，销售轿车 197.16 万辆，同比增长 75.28%，产销量分别比上年净增 92.81 万辆和 84.56 万辆。客车行业变化剧烈，轻型客车保持较高增长，微型客车增幅明显下降。累计产销客车 119.52 万辆和 120.78 万辆，同比增长 11.94% 和 15.15%，载货车增长整体呈下滑趋势，其中重型车增幅下降趋势最为明显，累计产销 122.96 万辆和 121.14 万辆，同比增长 10.04% 和 10.35%。

2004 年，国产与进口汽车总销量达到 520.3 万辆，同比增长 15.3%；其中国产车销量达到了 507.1 万辆，同比增长 15.5%。尽管生产厂家竭尽所能地向经销商转移库存，但国产轿车 2004 年全年的销量仍然只有 223 万辆，同比增幅仅为 12.8%，不仅与 2003 年高达 66.4% 的同比增幅相距甚远，也低于各大汽车厂商的最大悲观预计 15%。2004 年中国车市的表现同样也折射了我们对中国汽车产业发展的担忧和希望：中国汽车产业在经过十几年的整合期中进展缓慢，整车生产企业小、乱、散的情况依然存在。1998 年，中国整车生产企业为 115 家，2004 年为 119 家，算上 2004 年的几起并购案，目前数量仍在 100 家左右，这个数量相当于美日欧各主要汽车生产国汽车厂数量之和。

2005 年，我国汽车产销继续快速增长，全年生产汽车 580.7 万辆，销售汽车 582.82 万辆，分别增长 12.55% 和 13.54%，汽车年产量比"九五"末的 2000 年净增 363 万辆。

在汽车产量大幅增加的同时，我国汽车结构也不断优化，据国家统计局统计，2000 年我国汽车产量为 207 万辆，其中轿车产量只有 60.7 万辆，轿车所占比重不到 30%。

2005 年我国轿车比重已经达到 50% 左右。据分析，2005 年我国汽车产销出现四大特点：

1）乘用车特别是轿车的快速增长带动了国内汽车产销的增长。据中汽协统计，2005 年我国乘用车累计生产 393.07 万辆，销售 397.11 万辆，同比分别增长 19.7% 和 21.4%，远高于全年汽车平均增长水平，也高于 2004 年全年 15.17% 的增长水平。

2）国内推出的新车型越来越多，带动了市场热销。据不完全统计，2005 年国内乘用车厂家推出全新车型 31 种，改型车和升级版 100 多种。

3）由于成本上升以及车价下降，国内主要汽车厂家利润出现较大幅度下降。

4）国产汽车的替代作用越来越明显，进口汽车首次出现下降。据海关统计，2005 年我国进口汽车 16.3 万辆，比上年下降 7.3%。

汽车市场的快速发展，使得中国在国际汽车市场中的地位显著提升，已经成为世界汽车市场的不可分割的重要组成部分。中国汽车销量在全球的排名见表 1-2。

表 1-2　中国汽车销量及排名(销量单位:万辆)

2009 年		2010 年		2011 年		2012 年	
销量	排名	销量	排名	销量	排名	销量	排名
1364.8	第一	1826.4	第一	1900	第一	1930	第一

11. 中国汽车工业的产业组织结构与企业规模

世界汽车工业体系已形成了所谓"6 + 3"的格局。中国汽车工业的产业组织结构仍然是分散的，具有法人地位的汽车生产厂有120余家。从控股关系来说，虽然有几十家汽车厂已经分别进入了一汽、东风、上汽3大汽车集团，但从整体上看，中国汽车工业产业组织结构还是比较分散的。与世界级的汽车生产企业相比较，中国汽车工业企业的规模仍然偏小，在世界大汽车公司中排名较后的韩国现代汽车公司的生产能力为250万辆。就亚洲而言，中国也缺乏有影响力的汽车企业。

12. 中国汽车工业的技术水平

中国汽车工业的商用汽车开发能力具有一定的水平和经验，与世界先进水平有5~10年的差距。在产品系列化基础上，中国汽车工业企业已经可以做到每年都推出大量的新产品。以东风汽车公司为例，从2000年到2001年完成了新产品申报1215个。中国汽车工业企业已经能够进行某些轿车车身的开发设计，但尚不具有成熟的、较高水平的整体轿车开发能力。中国主要轿车生产企业在新产品开发中主要承担的是把跨国公司车型进行本土化的工作，对某些产品具有了一定的升级改进能力，并且参加了某些联合设计。由于没有完整的轿车自主开发能力，中国的主要轿车产品没有自己的知识产权。

在汽车零部件的技术开发方面，中国汽车工业企业在某些中低附加值产品方面具有相当的开发能力。在汽车关键零部件的技术开发方面具有一定能力，但是与国际先进水平差距甚大。许多关键零部件仅仅是外国产品的仿制。

13. 中国汽车工业企业的市场运作能力

随着中国加入WTO，各个企业都加大了促销力度。2001年整个汽车行业的销售费用增速高出销售收入，增长近20个百分点。中国汽车企业在销售维修体系方面的建设也在加速。中国的大汽车生产企业已经在全国建立了比较完整的销售系统。尽管如此，与国际大汽车公司相比，中国汽车企业的销售服务仍然是比较落后的。国际上围绕汽车销售发展起来的信贷、金融、保险、租赁已经相当完善，发达国家大汽车集团都具有相当强的实力，而中国汽车企业在这些方面才刚起步。到目前为止，汽车的分销、售后服务，包括维修、汽车市场、汽车租赁、销售等方面手段比较单一，汽车分期付款也就是融资性的销售手段还没有完全开展起来。

14. 中国汽车市场的变化

新产品投入市场速度加快，对产品的排放要求日益严格。北京市已经实行欧Ⅳ排放标准，国家也对排放达到欧Ⅱ标准的轿车、越野车和小客车减征30%的消费税。由于政府从环境保护，可持续发展等角度对汽车产品技术要求提高，使中国汽车市场上汽车产品的技术水平不断提高。20世纪80年代跨国公司拿到中国的产品，要落后于国际市场2~3代，现在则要拿出与国际市场同步推出的产品。中国汽车市场上的竞争日趋激烈，主要表现在轿车领域。中国民营企业正在加速进入轿车工业。跨国公司在2002年大规模进入中国轿车工业，跨国公司间的竞争日益激烈。

课后习题

1. 填空题

1）1765年英国人________发明蒸汽机。

2）1809年，法国人________提出了以煤气为燃料的内燃机的工作循环原理。

3）1860 ________制成了煤气机并成批量生产，使内燃机商品化。

4）1866年德国工程师______制造出往复活塞四冲程内燃机。

5）1885年______设计制造了一个单缸四冲程内燃机和一辆三轮汽车，并在1886年获得了专利。

6）______年中国第一汽车制造厂破土动工。

7）______年我国生产的第一辆汽车下线，毛主席又亲自为其命名——解放。

8）______第一汽车制造厂试制成功东风牌轿车是中国自制的第一部轿车，9月一汽又设计试制成功第一辆红旗牌高级轿车。

9）______年，红旗轿车正式被国家制定为礼宾用车。

2. 简答题。

1）试述前汽车发展的过程。

2）试述汽车登上历史舞台的过程。

3）试述世界汽车发展史年鉴。

4）试述新中国汽车的发展分哪几个阶段。

5）试述中国汽车的光荣史。

1.2 现代汽车类型

想一想：汽车有哪几种类型？

学习目标	鉴定标准	教学建议
掌握汽车的分类	应知：汽车的分类	建议：采用多媒体、录像等方式，提高学生的学习兴趣，并可进行讨论，最后教师总结

汽车(motor vehicle, automobile)的定义是：由自身的动力装置驱动，4轮或4轮以上的非轨道、无架线车辆，其主要用途是载运人员和(或)货物。

汽车的类型较多，分类方法也很多，通常可按其用途、动力装置类型、行驶道路条件、行驶机构的特征及发动机位置及驱动形式等进行分类。

1. 按用途分类

按汽车的用途和结构，汽车可分为轿车、客车、货车、牵引车和汽车列车、特种车、农用车及越野车等类型。

（1）轿车　载运人员为主要用途，最多有9个座位(包括驾驶人座位)的汽车。轿车按发动机排量可分为微型、普通型、中级、中高级和高级轿车，见表1-3。

表1-3　轿车的分类

类型	微型	普通型	中级	中高级	高级
发动机排量/L	≤1.0	1.0~1.6	1.6~2.5	2.5~4.0	>4.0

（2）客车　客车用于载运乘客及其行李，有9个以上座位(包括驾驶人座位)。客车按用途分类可分为旅行客车、城市客车和游览客车等；按长度可分为微型、轻型、中型、大型和超大型，见表1-4。

表1-4 客车的分类

类型	微型	轻型	中型	大型	超大型	
					铰链型	双层
车辆长度/m	≤3.5	3.5～7	7～10	10～12	>12	10～12

(3) 货车　货车主要用于运输货物也可牵引挂车。货车按最大总质量可分为微型、轻型、中型和重型，见表1-5。

表1-5 货车的分类

类型	微型	轻型	中型	重型
总质量/t	≤1.8	1.8～6	6～14	>14

(4) 牵引车和汽车列车

1) 牵引车。牵引车是专门或主要用于牵引挂车的汽车，可分为全挂牵引车和半挂牵引车。全挂牵引车采用牵引杆来牵引挂车，一般都装有辅助货台，可作普通货车使用。半挂牵引车专门用于牵引半挂车，通常装有牵引座。

2) 挂车。挂车本身没有动力和驱动装置，由汽车牵引组成汽车列车。挂车分为全挂车、半挂车和特种挂车等。

(5) 特种车　一种在许多特征上不同于上述任何类型或经过特殊改装之后才能用于运输货物和人员的车辆，它是只用于完成特定任务的车辆。特种车可分为特种轿车(检阅车、指挥车)；特种客车(救护车、监察车)；特种货车(容罐车、自卸车、冷藏车)和特种用途车(专用车)。特种用途车(专用车)包括：箱式汽车、罐式汽车、起重举升汽车、仓栅式汽车、特种结构汽车、专用自卸汽车。

(6) 农用汽车　农用汽车是农村地区运输或农耕作业用汽车。可分为农村运输车、农用作业车和多功能农用车。

(7) 越野车　越野车主要是用于非公路上(也可能是公路上)载运人员和货物或牵引各种装备的汽车。越野车的全部车轮都可以作为驱动轮(即四轮驱动)。按越野汽车的总质量可分为轻型、中型、重型三类，见表1-6。

表1-6 越野车的分类

类型	轻型	中型	重型
总质量/t	≤5.0	>5.0～≤13.0	>13.0

2. 按动力装置类型分类

按汽车动力装置类型分类，汽车可分为内燃机汽车、电动汽车、喷气式汽车及其他动力装置汽车。

(1) 内燃机汽车

1) 活塞式内燃机汽车。活塞式内燃机可按活塞的运动方式分为往复活塞式和旋转活塞式等类型。

目前，汽车几乎都采用往复活塞式内燃机作为动力装置。按照燃料的不同，内燃机汽车又分为汽油机汽车、柴油机汽车和代用燃料汽车。目前，代用燃料主要有：合成液体石油、液化石油气(LPG)、压缩天然气(CNG)、醇类等燃料。

2）燃气轮机汽车。燃气轮机汽车是一种涡轮式内燃机汽车。与活塞式内燃机相比，燃气轮机功率大、质量小、转矩特性好，对燃油没有严格限制；但耗油量较多、噪声较大、制造成本较高。

（2）电动汽车　电动汽车是指以电动机为驱动装置，并有自身供电能源的车辆(不包括依靠架线供电行驶的车辆)。据近期海外权威机构预测，到2015年全球汽车保有量将超过12亿辆。随着环保要求的提高，具有高效节能、低排放或零排放优势的电动汽车重新获得了生机，电动汽车受到世界各国的广泛重视。自2006年起，中国取代日本成为仅次于美国的世界第二大新车消费市场。2030年将超过美国，位列第一。中国消费者对汽车有着巨大需求，在未来相当长一段时间里，中国汽车市场将继续保持世界上最快速发展的态势。石油需求增大，新能源车受青睐。根据预测，2020年，国内石油需求将达到5亿吨以上，自产约2.5亿吨左右，替代3000余万吨，进口2亿多吨。如果中国的汽车业以当前12%的年均增长率发展，如此庞大的汽车数量将对能源和环境产生巨大压力。中国在2030年将需要进口近10亿吨石油来提供汽车燃油。我国虽然不是全球最大的汽车使用国，但是却是全球第二大石油消费国。按传统交通能源动力系统发展下去，不可能使中国这个泱泱汽车大国持续兴起。地球上能源是有限的，尤其石油资源是不可再生的。因此，石油成为全球性战略物资。能源紧缺是全人类面临的日益严重而紧迫的问题，是一个全球性战略问题，关系到全球经济安全和军事安全。曾有一些专家曾经估计，全球能源矿产资源仅够支撑不到100年；而我国的石油只能支持国内消耗30年，煤炭最多能支撑100年。目前，在我国每年有85%的汽油和20%的柴油被汽车烧掉，汽车无疑成为了能源消耗大户，能源紧张与汽车行业发展的关系十分密切。如果中国的人均汽车拥有量追上美国，中国的道路上就会奔跑着6亿多辆小汽车，这一数字将超过世界其他国家小汽车数量的总和，对能源的需求将不言而喻。中国必将成为第一大石油消费和石油进口国。从我国油耗总量来看，继美国之后，取代日本成为全球第二大石油消费国，原油消费年均增长率为6%以上，与国际通行的石油消费强度比较，我国石油消费强度为0.19，大体相当于日本的4倍，欧洲的3倍，美国的2倍。从我国单车油耗量来看，我国平均单车所耗油的实际值约2.5t，比美国高10%~25%，比日本高1倍以上。中国能源问题已经成为国民经济发展的战略问题，从国家安全角度看，石油资源已经和国家安全紧密联系起来。能源资源的稳定供应始终是一个国家特别是依赖进口的国家关注的重点，并成为中国能源安全战略的核心内容。

实现我国交通能源动力系统转型已是大势所趋，新能源汽车拥有广阔的市场前景。如果中国采用一系列先进技术，包括电动汽车、压缩天然气汽车和以天然气为燃料的内燃机技术，到2030年，中国汽车的二氧化碳排放总量有可能降低45%。如果电动汽车在2030年占中国全部乘用车的30%，届时中国将节省其石油总需求量的10%。如果到2030年电动汽车能实现30%的市场占有率，市场规模将达到1.5万亿元以上。

电动车成为全球趋势，目前，麦肯锡公司用了8个多月时间研究北美、欧洲、中国和印度的乘用车市场后，在其研究报告《中国蓄势待发:电动汽车的机遇》中认为：在传统汽车行业，中国落后世界领先水平几十年，但在电动汽车等新能源汽车领域，大家处于相同起跑线，中国有成本和市场优势，有潜力和有可能在全球电动汽车市场取得领先地位。在大力推行节能减排的大趋势下，中国的汽车行业、政府部门和消费者都具备了迎接电动汽车的条件。在中国发展电动汽车，可以大幅减少温室气体排放，降低对进口石油的依赖。

据相关资料显示：20 世纪 70 年代的石油危机和日益严重的环境污染使汽车技术正经历着燃料多元化、动力电气化等重大技术变革。具有高效节能、低排放或零排放优势的电动汽车重新获得了生机，并受到世界各国的广泛重视，是国际节能环保汽车发展的主攻方向，世界上许多国家都开始投入大量资金开发电动汽车。

尽管传统的内燃机汽车仍在当今世界占据主导地位，但发展清洁无污染的电动汽车已是大势所趋，也是世界各国的必然选择。当前全球主要汽车生产国及企业都在加大电动车辆的研制与开发力度，燃料电动汽车已成为世界各大汽车公司 21 世纪初激烈竞争的焦点，动力技术革命将彻底改变 21 世纪汽车业的面貌，这一改变就是在近几年出现的燃料电动汽车。美国的通用福特公司、日本的丰田、日产及本田公司、欧洲的奔驰、雪铁龙公司都在电动汽车的研制与开发上显示了很强的实力。眼下，电动汽车正迅速从研制试验阶段走向商品生产及应用阶段，但纯电动汽车由于受到电池续航能力、充电时间的困扰，目前还没有一款非常完善的产品推向市场。

现代电动汽车一般可分为三类：纯电动汽车（PEV）、混合动力汽车（HEV）、燃料电池电动汽车（FCEV）。但是近几年在传统混合动力汽车的基础上，又派生出一种外接充电式（Plug-In）混合动力汽车，简称 PHEV。目前在全世界，电动汽车一直是各大汽车集团花费巨资研发的新兴领域。本田公司自 20 世纪 80 年代起就开始了电动汽车的研究开发，1996 年终于推出了本田的 EV 车“PLUS”。该车使用的是高能镍氢蓄电池，充电一次可行驶 210 ~ 350km，最高时速可达 130km，1997 年“PLUS”成功地出租到了美国。

丰田推出了油电混合动力汽车“普锐斯”，在节能与续航能力之间找到了完美的结合点。日本的其他汽车厂商也有混合动力车型在市场上销售，如混合动力版本田思域等，也取得了相当好的销售业绩。不过，混合动力是过渡产品，以燃料电池为基础的电动汽车是目前公认的发展方向。

富士和日本电气公司合作开发的“R1e”使用了新型锂电池，这种电池用专用充电器 5min 内可充电 90%。使用这种电池，“R1e”连续运行距离达到 120km。“R1e”的新型电池不仅充电时间缩短、电池重量减少一半以下，而且由于电池中加入了锰，电池寿命也大为延长。三菱推出了蓝瑟 EvolutionMIEV（轮内马达测试车），以闻名遐迩的蓝瑟 EvolutionⅨ为车体，内部安装了锂电池以驱动安装在四轮轮圈内的电动机，提供车辆移动的动力。

此外，在国外已有越来越多的电动汽车采用性能先进的电动轮（又称轮毂电机），它用电机（多为永磁无刷式）直接驱动车轮。因此，无传统汽车的变速器、传动轴、驱动桥等复杂的机械传动部件，汽车结构大大简化。近几年，美、英、法、德等国纷纷将电动轮技术应用于军用越野车和轻型坦克上，并取得了重大成果。例如，美海军陆战队在“悍马”基础上研制出串联式“影子”新型混合动力越野车，采用了电动轮技术。这一重要发展趋势，已引起世界主要汽车厂商的高度关注与跟进研发。

随着全球能源危机的不断加深，石油资源的日趋枯竭以及大气污染、全球气温上升的危害加剧，各国政府及汽车企业普遍认识到节能和减排是未来汽车技术发展的主攻方向，发展电动汽车将是解决这两个技术难点的最佳途径。电动汽车由于具有环保特性，因此代表着汽车产业未来的发展方向。

据相关资料显示：我国虽然在传统汽车领域落后于发达国家近二三十年，失去了追赶的机会，但在电动汽车领域，我国与国外的技术水平和产业化程度差距相对较小，基本处在同一起跑线上，并有机会在该领域获得重要席位。这也为我国汽车工业技术实现跨越发展提供了一次历史性的机遇，更重要的是我国还有后发优势。目前，我国电动汽车的研发已具备一定的基础，一些企业在20世纪90年代中期就推出了电动汽车样车。

从中国的能源资源和环境条件，也要求中国未来的汽车工业必须探求新的思路。我国“八五”以来电动汽车被正式列入国家攻关项目，对电动汽车的投入显著增加。我国的汽车企业和高校、科研院所等200多家单位投入了大量的人力、财力和物力研发电动汽车，并取得了一系列科研成果。“九五”期间，开发电动汽车项目列入国家重大科技产业工程项目，“十五”与“十一五”期间，电动汽车被列入“863”计划12个重大专项之一，全国汽车标准化技术委员会于1998年新组建了电动汽车车辆标准化分技术委员会。科技部又于2001年启动了电动汽车重大科技专项，使我国电动汽车技术水平和产业化程度与国外处在同一起跑线上。

目前，我国在燃料电池汽车、混合动力电动汽车、纯电动汽车等多个领域的自主研发中不断取得突破，已经具备了一定的基础，在车用电池上已经取得了群体性突破，使我国在电动汽车领域初步构建起自主知识产权技术体系。通过开发自己的电动汽车，申请专利，制定相关技术标准，保护自己的汽车工业，并有望为中国汽车工业开拓新的增长点。

（3）喷气式汽车　喷气式汽车是依靠航空发动机或火箭发动机以及特殊燃料，并以喷气反作用力驱动的轮式汽车。普通汽车和竞赛汽车都不允许采用这种结构形式，这种汽车只能用于创造速度记录。

图1-4　“猎犬SSC”喷气式汽车

英国研究人员研制的新型“猎犬SSC”喷气式汽车(图1-4)，速度高达1690 km/h，是一辆比子弹还要快的超音速汽车。“猎犬SSC”喷气式汽车外形类似铅笔，长12.8m，高2.7m，重6.4t，以喷气式发动机和火箭为动力。

（4）其他动力装置汽车　如早期的蒸汽机汽车和新研制的太阳能汽车(图1-5)等。

3. 按行驶道路条件分类

按行驶道路条件，汽车可分为公路用汽车、非公路用汽车。

（1）公路用汽车　公路用汽车是指适于公路和城市道路上行驶的汽车。这种汽车的外廓尺寸(总长、总宽、总高)和单轴负荷等均受交通法规的限制。

（2）非公路用汽车　非公路用汽车分为两类：一类是其外廓尺寸和单轴负荷等参数超过公路用汽车法规的限制，只能在矿山、机场、工地、专用道路等非公路地区使用；另一类

图1-5 太阳能汽车

是能在无路地面上行驶的高通过性汽车，称为越野汽车。

越野汽车可以是轿车、客车、货车或其他用途的汽车。

4. 按行驶机构的特征分类

（1） 轮式汽车 通常按驱动形式轮式汽车分为非全轮驱动和全轮驱动两种类型。

汽车的驱动形式常用符号“$n \times m$”表示，其中n是车轮总数(装在同一个轮毂上的双轮胎仍算1个车轮)，m是驱动轮数。

（2） 其他类型行驶机构的汽车 包括履带式、雪橇式(图1-6)汽车，从广义上讲还可包括气垫式、公路铁路两用式等汽车。

图1-6 雪橇式汽车

5. 按发动机位置及驱动形式分类

按发动机位置及驱动形式，轿车可分为前置发动机前轮驱动轿车(FF)、前置发动机后轮驱动轿车(FR)、中置发动机后轮驱动(MR)、后置发动机后轮驱动轿车(RR)及四轮驱动轿车(4WD)。

客车可分为前置发动机后轮驱动客车、中置发动机后轮驱动客车和后置发动机后轮驱动客车；货车基本上都采用前置发动机后轮驱动形式。

课后习题

1. 填空题

1） 轿车按发动机排量可分为________、________、________、________和________。

2） 客车按长度可分为________、________、________、________和________。

3） 汽车按动力装置类型分类，可分为________、________、________及________。

4） 汽车按行驶道路条件分类，可分为________、________。

5） 汽车按行驶机构的特征分类，可分为________、________。

2. 问答题。

1） 汽车按发动机位置及驱动形式可分哪几类？

2）什么是内燃机汽车？

3）什么是电动汽车？

4）什么是喷气式汽车？

5）特种车可分为哪几类？

1.3 汽车的总体构造

想一想：汽车的基本结构，由哪些部分组成？

学 习 目 标	鉴 定 标 准	教 学 建 议
掌握汽车的总体结构和技术参数	应知：熟悉汽车的总体结构	建议：采用教师启发式讲解、学生讨论相结合的方式，最后教师总结

汽车是由上万个零件组成的机动交通工具，根据其动力装置、运送对象和使用条件的不同，汽车的总体构造有较大差异，但基本结构主要由发动机、底盘、车身和电气设备四大部分组成。

1. 汽车发动机

发动机是汽车的动力装置。一般由曲柄连杆机构、配气机构、冷却系、润滑系、燃料供给系、起动系和点火系（柴油机没有点火系）等组成。发动机按燃料分有汽油和柴油发动机两种；按工作方式分有二冲程和四冲程两种，一般发动机为四冲程发动机。

四冲程发动机的工作过程：四冲程发动机是活塞往复四个行程完成一个工作循环，包括进气、压缩、做功、排气四个过程。四行程柴油机和汽油机一样经历进气、压缩、做功、排气的过程。但与汽油机的不同之处在于：汽油机是点燃，柴油机是压燃。

2. 汽车底盘

汽车底盘的作用是支承、安装汽车发动机及其各部件、总成，形成汽车的整体造型，并接受发动机的动力，使汽车产生运动并按驾驶人的操控而正常行驶的部件。

汽车底盘由传动系、行驶系、转向系和制动系四部分组成。

3. 汽车电气

汽车电气系统是现代汽车最重要的组成部分，通常由电源系统、起动系统、点火系统、照明与信号系统、仪表与报警系统、空调系统、辅助装置和电子控制系统等组成。

4. 汽车车身

汽车车身的主要功用是：

1）给驾驶人提供良好的操作条件和舒适的工作场所。

2）由于车身可以隔离汽车行驶时的振动、噪声、废气以及恶劣气候的影响，所以车身可以为乘员提供舒适的乘坐条件。

3）保证完好无损地运载货物且装卸方便。

4）车身结构和设备可以保证行车安全和减轻事故后果。

5）车身合理的外部形状，可以在汽车行驶时有效引导周围的气流，提高汽车的动力性、燃料经济性和行驶稳定性，改善发动机的冷却条件和驾驶室内的通风。

车身结构包括：车身壳体、车身钣金件、车门、车窗、车身外部装饰件和内部装饰件、座椅以及通风、暖气、空调装置等。在货车和专用汽车上还包括货箱和其他装备。

课后习题

1. 填空题

1）汽车主要由________、________、________与________四大部分组成。

2）发动机是汽车的动力装置。由________、________、________、________、________和________等组成。

3）发动机按燃料分有汽油和柴油发动机两种；按工作方式分有________和________两种，一般发动机为四冲程发动机。

4）四冲程发动机的工作过程：四冲程发动机是活塞往复四个行程完成一个工作循环，包括________、________、________、________四个过程。

2. 简答题

1）汽车发动机的作用及结构组成分别是什么？

2）汽车底盘的作用及结构组成分别是什么？

3）汽车电气的作用及结构组成分别是什么？

4）汽车车身的作用及结构组成分别是什么？

1.4 汽车的主要技术参数

学习目标	鉴定标准	教学建议
掌握汽车的技术参数	应知：熟悉汽车的技术参数	建议：采用教师启发式讲解、学生讨论相结合的方式，最后教师总结

1. 汽车主要尺寸参数(图1-7)

汽车的主要尺寸参数包括轴距、轮距、总长、总宽、总高、前悬、后悬、接近角、离去角、最小离地间隙等。

（1）轴距L　轴距L的选择要考虑它对整车其他尺寸参数、质量参数和使用性能的影响。轴距短一些，汽车总长、质量、最小转弯半径和纵向通过半径就小一些。

1）载货汽车的轴距。在整车选型初期，可根据要求的货厢长度及驾驶室布置尺寸初步确定轴距L，$L=L_H+L_J+S-L_R$

式中：L_H——货厢长度；L_J——前轮中心至驾驶室后壁的距离；S——驾驶室与货厢之间的间隙；L_R——后悬尺寸。

2）轿车的轴距。轿车的轴距与其类型、用途、总长有密切关系。

3）大客车的轴距。大客车的轴距范围一般为4～7.2m。总长为11～12m的城市大客车，其轴距多为5.5～6.3m；而总长在10m以内的大客车，其轴距多为4.5～5m。

（2）前后轮距B_1与B_2　汽车轮距对汽车的总宽、总质量、横向稳定性、机动性都有较大的影响。

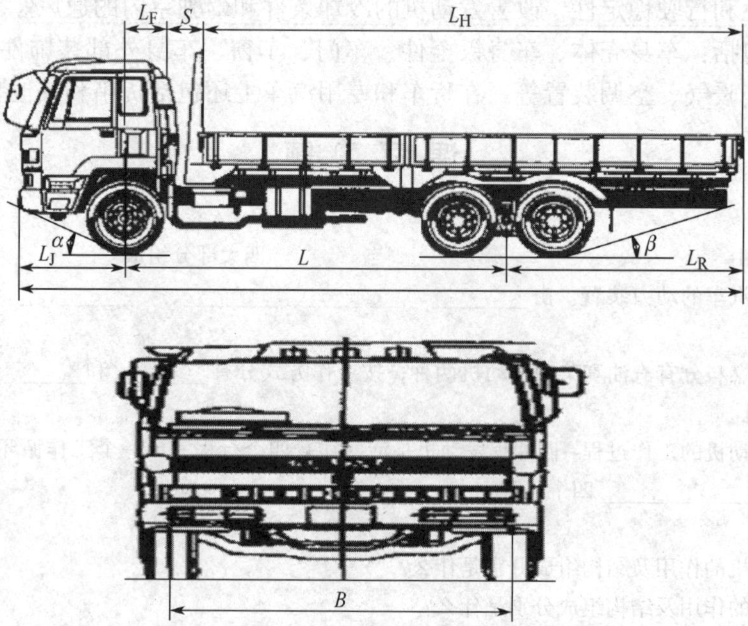

图 1-7　汽车主要尺寸参数

轮距愈大，则悬架的角刚度愈大，汽车的横向稳定性愈好，车厢内横向空间也愈大。

（3）汽车的外廓尺寸　汽车的外廓尺寸包括其总长、总宽、总高。它应根据汽车的类型、用途、承载量、道路条件、结构选型与布置以及有关标准、法规限制等因素来确定。

（4）汽车的前悬 L_F 和后悬 L_R　汽车的前悬 L_F 和后悬 L_R 尺寸是由总布置最后确定的。前悬处要布置发动机、散热器、风扇、弹簧前支架、车身前部或驾驶室的前支点、保险杠、转向器等，要有足够的纵向布置空间。

2. 汽车质量参数

（1）汽车的装载质量 m_G　轿车的装载质量即载客量，是指其最多乘坐人数，并以座位数表示。

载货汽车的装载质量系指该车在良好的硬路面上行驶时装载货物量的最大限额，通常其单位以 t 表示。

（2）汽车的整备质量 m_0　汽车的整备质量就是汽车经整备后在完备状态下的自身质量，即指汽车在加满燃料、润滑油、工作油液（例如制动液等）及发动机冷却液和装备（随车工具及备胎等）齐全后但未载人、货时的质量。

（3）汽车的总质量 m_a　汽车的总质量指已整备完好、装备齐全并按规定载满人、货时的汽车质量。

（4）汽车的整备质量利用系数 η_{m0}　载货汽车的 η_{m0} 是载货汽车的装载量 m_G 与其整备质量 m_0 之比。

（5）汽车的轴荷分配　汽车的轴荷分配是汽车的重要质量参数，它对汽车的牵引性、通过性、制动性、操纵稳定性等主要使用性能以及轮胎的使用寿命都有很大的影响。

3. 发动机技术参数

（1）动力性　动力性是车用发动机的主要指标之一。评价动力性的指标主要是额定功率和最大转矩。

(2) 经济性 车用发动机目前绝大部分采用石油燃料，少量采用液化石油气、天然气及其他代用燃料。

衡量发动机经济性的重要指标是有效热效率 η_{et} 和比油耗 g_e。

(3) 振动和噪声 发动机作为整车的振动和噪声源，对车内外行驶噪声和振动影响很大。发动机的噪声主要由燃烧噪声、气体动力噪声和机械噪声三部分组成。

(4) 可靠性与耐久性 发动机的可靠性与耐久性直接关系到使用维修费用，是用户最关心的性能之一。耐用性通常用大修寿命或首次大修里程来评价。

4. 汽车的使用性能参数

(1) 汽车的动力性 汽车动力性是指汽车在良好路面上直线行驶时由汽车受到的纵向外力决定的、所能达到的平均行驶速度。

1) 直接档最大动力因数 D_{0max}：D_{0max} 的选择主要是根据对汽车加速性与燃料经济性的要求，以及汽车类型、用途和道路条件而异。轿车的 D_{0max} 随发动机排量的增大而增大。

2) Ⅰ档最大动力因数 D_{Imax}：D_{Imax} 直接影响汽车的最大爬坡能力和通过困难路段的能力以及起步并连续换档时的加速能力。它和汽车总质量的关系不明显而主要取决于所要求的最大爬坡度和附着条件。

3) 汽车的最高车速 U_{amax}：汽车最高车速是指在附着良好的水平路面上，汽车额定满载，变速器最高档，节气门全开，汽车达到的最大速度。

4) 汽车所能爬上的最大坡度 i_{max}：汽车所能爬上的最大坡度是指在附着良好的坡道上，汽车额定满载，变速器在Ⅰ档，节气门全开，汽车所能爬上的最大坡度。

根据我国的公路路线设计规范，高速公路平原微丘区最大纵坡为3%，山岭重丘区为5%；一级汽车专用公路平原微丘区最大坡度为4%，山岭重丘区为6%；一般四级公路平原微丘区最大坡度为5%，山岭重丘区为9%。

5) 汽车的加速时间：加速时间用汽车原地起步加速时间和超车加速时间来表示。

6) 汽车的比功率和比转矩：这两个参数分别表示发动机最大功率和最大转矩与汽车总质量之比。比功率是评价汽车动力性能如速度性能和加速性能的综合指标，比转矩则反映了汽车的比牵引力或牵引能力。

(2) 汽车的燃油经济性 汽车燃油经济性是指在保证汽车动力性的条件下，汽车以尽量少的燃油消耗量经济行驶的能力，称作汽车的燃油经济性。

1) 使用方面。

① 行驶车速。如图1-8所示可以看出，汽车在接近于低速的中等车速时燃油消耗量最低，高速时随车速增加燃油消耗量迅速加大。

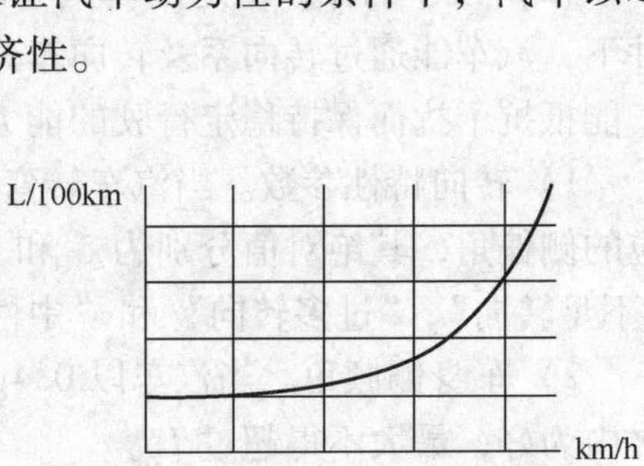

图1-8 行驶车速与油耗的关系图

② 档位选择。

③ 挂车的应用。

④ 正确地保养与调整。

2) 汽车结构方面。在汽车结构方面，可以通过下述途径来改善燃油经济性。

① 缩减轿车总尺寸和减轻质量。

② 发动机。

a. 提高现有汽油发动机的热效率与机械效率。

b. 扩大柴油发动机的应用范围。

c. 增压化(目前常提倡选用增压汽油机,采用增压的柴油机已很普遍)。

d. 广泛采用电子计算机控制技术。

③ 传动系。

④ 汽车外形与轮胎。

(3) 汽车的排放性　影响排放污染的因素大多也是影响发动机运转性能和汽车燃油经济性的因素。在汽车结构方面，可以通过下述途径改善汽车的排放。

① 曲轴箱强制通风系统(PCV)。为了减少 HC 的排放量，目前汽车采用封闭式曲轴箱强制通风装置。

② 燃油蒸气回收系统。

③ 废气再循环系统(EGR)。从排气管中引出部分废气，使其经进气管进入气缸中参与燃烧，这种方法称为废气再循环。

④ 空气喷射。空气喷射又称二次燃烧，其工作原理是用空气泵向排气歧管喷入空气，使排气中的有害成分 HC、CO 在排气高温下继续进行氧化反应生成 CO_2 和 H_2O 达到排放净化的目的。

⑤ 催化净化装置。催化净化装置是一种内部装有催化剂的装置，装在发动机的排气管中。催化剂能使发动机排气中的有害成分加速变成无害成分。

⑥ 压缩比。

(4) 汽车的制动性　汽车的制动性是指汽车行驶时能在短距离内停车且维持行驶方向稳定性和在下长坡时能维持一定车速的能力。

汽车的制动性主要由下列三方面来评价;

1) 制动效能，即制动距离与制动减速度。

2) 制动效能的恒定性，即抗热衰退性能。

3) 制动时汽车的方向稳定性，即制动时汽车不发生跑偏、侧滑以及失去转向能力的性能。

(5) 汽车的操纵稳定性　汽车的操纵稳定性是指在驾驶者不感到过分紧张、疲劳的条件下，汽车能通过转向系及转向车轮遵循驾驶者给定的方向行驶，且当遭遇外界干扰时，汽车能抵抗干扰而保持稳定行驶的能力。

1) 转向特性参数。当汽车转弯或受侧向风力作用时由于轮胎的侧偏使前、后轴产生相应的侧偏角，其绝对值分别为 δ_1 和 δ_2。其角度差($\delta_1 - \delta_2$)为正、负、零时使汽车分别获得“不足转向”、“过多转向” 和 “中性转向” 等特性。

2) 车身侧倾角。当汽车以 0.4g 的向心加速度作定圆等速行驶时，其车身侧倾角在 3°之内为好，最大不得超过 7°。

3) 制动点头角。汽车以 0.4g 的减速度制动时的车身点头角应不大于 1.5°，否则将影响乘坐舒适性。

(6) 汽车的行驶平顺性　汽车的平顺性主要是保持汽车在行驶过程中产生的振动和冲击环境对乘员舒适性的影响在一定界限之内，因此平顺性主要根据乘员主观感觉的舒适性来评价，对于载货汽车还包括保持货物完好的性能，它是现代高速汽车的主要性能之一。

（7）汽车的通过性　汽车的通过性（越野性）是指它能以足够高的平均车速通过各种坏路和无路地带（如松软地面、凹凸不平地面等）及各种障碍（如陡坡、侧坡、壕沟、台阶、灌木丛、水障等）的能力。根据地面对汽车通过性影响的原因，它又分为支承通过性和几何通过性。

1）汽车支承通过性评价指标。

2）汽车通过性几何参数（图1-9）。

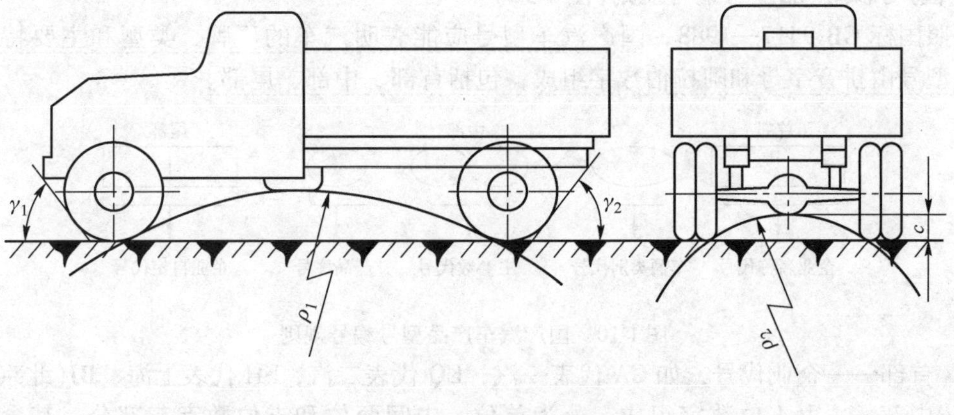

图1-9　汽车的通过性几何参数

γ_1—接近角　γ_2—离去角　ρ_1—纵向通过半径　ρ_2—横向通过半径　c—最小离地间隙

① 最小离地间隙。

② 接近角与离去角。

③ 纵向通过半径与横向通过半径。

④ 最小转弯半径。

课后习题

1. 填空题

1）汽车的主要技术参数有________、________、________、________。

2）整车技术参数包括汽车________、________。

3）汽车的主要尺寸参数包括________、________、________、________、________、________、________、________等。

4）发动机技术参数包括________、________、________、________。

5）汽车的使用性能参数包括________、________、________、________、________、________、________。

2. 问答题。

1）什么是汽车通过性能？什么是汽车的行驶平顺性？

2）什么是汽车的操纵稳定性？什么是汽车的制动性？

3）什么是燃油经济性？什么是汽车的动力性？

4）汽车质量参数包括哪些？各质量参数的含义是什么？

1.5 国内外汽车产品型号编号规则

学 习 目 标	鉴 定 标 准	教 学 建 议
掌握汽车的编号规则	应知：熟悉汽车的编号规则	建议：采用教师启发式讲解、学生讨论相结合的方式，最后教师总结

1. 国产汽车产品型号编号规则（图 1-10）

按照国标 GB 9417—1988，国产汽车型号应能表明汽车的厂牌、类型和主要特征参数等。该型号由拼音字母和阿拉伯数字组成，包括首部、中部、尾部。

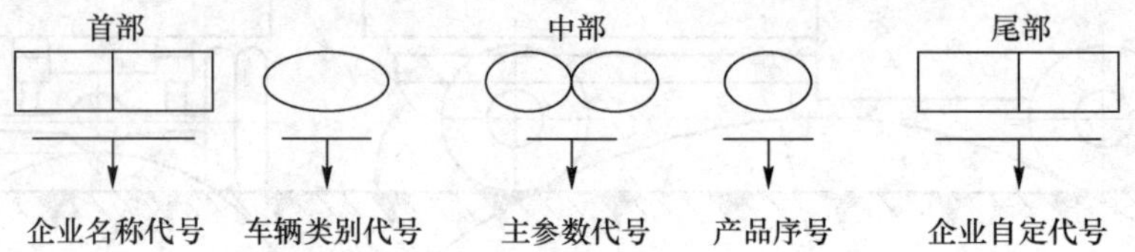

图 1-10 国产汽车产品型号编号规则

1）首部——企业代号，如 CA 代表一汽，EQ 代表二汽，SH 代表上海、BJ（北京）等。

2）中部——由 4 位数字组成，分为首位、中间两位和末位数字三部分。其含义见表 1-7。

表 1-7 国产汽车型号中部 4 位数字含义

<table>
<tr><th>首位数字（1 ~ 9）
表示车辆类别</th><th>中间两位数字
表示汽车主要特征参数</th><th>末位数含义</th></tr>
<tr><td>1—载货汽车</td><td rowspan="5">汽车的总质量②</td><td rowspan="8">企业自定产品序号</td></tr>
<tr><td>2—越野汽车</td></tr>
<tr><td>3—自卸汽车</td></tr>
<tr><td>4—牵引汽车</td></tr>
<tr><td>5—专用汽车①</td></tr>
<tr><td>6—客车</td><td>数字 x0. 1m 表示车总长度③</td></tr>
<tr><td>7—轿车</td><td>数字 x0. 1L 表示发动机排量</td></tr>
<tr><td>8—半挂车或专用半挂车</td><td>汽车的总质量</td></tr>
</table>

① 专用汽车指专用货车或特种作业汽车。

② 汽车总质量大于 100t 时允许用 3 位数字。

③ 汽车长度大于 10m 时，计算单位为 m。

3）尾部——专用汽车分类或变型车与基本型的区别，如 X 表示厢式汽车、G 表示罐式汽车等，见表 1-8。

表1-8 专用汽车分类代号

厢式汽车	罐式汽车	专用自卸汽车	特种结构汽车	起重举升汽车	仓栅式汽车
X	G	Z	T	J	C

[示例]

CA1092——一汽货车，总质量9t，2表示在原车型CA1091上改进车型。

CA7226L——一汽轿车，发动机排量2.2L，6表示安装6缸发动机的车型，L表示加长型。

SGM7161LXAT轿车——指通用轿车、排气量为1.6L的凯越自动档车型。

BJ2020S——BJ代表北京汽车制造厂，2代表越野车，02代表该车总质量为2t，0代表该车为第一代产品，S为厂家自定义。

TJ7131U——TJ代表天津汽车制造厂，7代表轿车，13代表排气量为1.3L，1代表该车为第二代产品，U为厂家自定义。

2. 世界汽车产品型号编号规则(图1-11)

现在世界各国汽车公司生产的汽车大部分都使用了车辆识别代号编码(Vehicle Identification Number, VIN)，由一组字母和阿拉伯数字组成，共17位，称为17位识别代号编码。它是识别一辆汽车不可缺少的工具，一辆汽车只有一个代号，就像人的身份证号码，故又称为“汽车身份证”。此编码国际通用，每辆车均有单一对应一个编码。我国1999年1月1日后生产的所有汽车均使用了VIN码。

图1-11 世界汽车产品型号编号规则

(1) VIN码分三部分

1) 第一部分为世界制造厂识别代号(WMI)。包括前三个字母或数字，第一位为字母或数字，表示地理区域，第二位一般为生产企业或部门，第三位各厂家用法不同，有些表示厂家的一部分，有些表示车型类别。

注：代表字母或数字；数字为0~9共10个阿拉伯数字，字母为A~Z共23个大写英文字母(I、O、Q不能使用)。

第一位生产国家(地理区域)代码见表1-9。

表1-9 生产国家代码

1—美国；2—加拿大；3—墨西哥；6—澳大利亚；J—日本；K—韩国；L—中国；W—德国；M—泰国；Z—意大利

2) 第二部分为车辆特征代码(VDS)。从四到九位，包含车型类别、车身类型、发动机型号、乘员保护装置、方向盘位置，不再一一说明。

3) 第三部分为车辆指示部分(VIS)。从十到十七位：第十位是生产年款代码，每三十年一循环，见表1-10。

表 1-10 生产年款代码

A—2010；B—2011 B—1981；C—1982；D—1983；E—1984；F—1985；G—1986；H—1987；J—1988；K—1989；L—1990；M—1991；N—1992；P—1993；R—1994；S—1995；T—1996；V—1997；W—1998；X—1999；Y—2000；1—2001；2—2002；3—2003；4—2004；5—2005；6—2006；7—2007；8—2008；9—2009；

第十一位一般为总装配厂代码，第十二位到第十七位为生产序号，对我们没什么意义，不再细说。

（2）VIN 识别代码主要用于以下几个方面

① 车辆管理；

② 车辆检测；

③ 车辆防盗；

④ 车辆维修；

⑤ 二手车交易；

⑥ 汽车召回；

⑦ 车辆保险。

（3）VIN 标牌的安装位置 VIN 标牌的安装位置各大汽车厂不完全一样。一般在：左风窗玻璃仪表盘侧、或门柱上；发动机、车架等大部件上；左侧轮罩内、转向柱上；散热器支架上；发动机前部的加工垫上；质保和保养手册、车主手册上。

课后习题

1. 填空题

1）国产汽车型号应能表明汽车的厂牌、类型和主要特征参数等，该型号由拼音字母和阿拉伯数字组成，包括________、________、________。

2）车辆识别代号由________、________、________三部分组成。

3）VIN 识别代码主要用于________、________、________、________、________、________。

2. 简答题

1）试写出下列车辆型号代码的含义：EQ2080、JN6481、TJ7100。

2）试写出下列 VIN 识别代码的含义 LE4EJ68WAV5700321。

3）试写出 VIN 标牌的安装位置。

1.6 常用(专用)工具和量具

提示：根据现场的工具讲解其使用方法。

学习目标	鉴定标准	教学建议
1. 掌握工具的种类 2. 掌握常用工具的使用方法	应知：工具的种类及使用方法 应会：常用工具的使用	建议：采用教师启发式讲解、学生讨论相结合的方式，最后教师总结

1.6.1 常用工具

1. 螺钉旋具

（1）种类和用途 螺钉旋具是用来拆装有槽口的螺钉工具。在汽车维护作业中，常用的螺钉旋具有：标准螺钉旋具、重级螺钉旋具、偏置螺钉旋具和十字螺钉旋具，如图 1-12 所示。

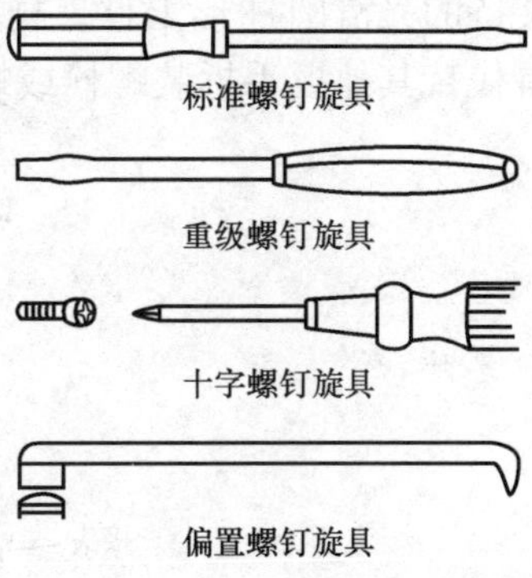

图 1-12 螺钉旋具

（2）使用方法

1）螺钉旋具口应与螺栓（钉）槽口的形状和大小适合。

2）使用前应擦净螺钉旋具口上的油污，以免工作时滑脱。

3）以右手握持螺钉旋具，手心抵住柄端，使螺钉旋具口与螺栓槽口垂直且吻合。使用较长的螺钉旋具时，可用右手压紧和转动手柄，左手握螺钉旋具柄中间，使它不致滑脱，保证工作安全。

4）禁止用螺钉旋具当撬棒或凿子使用，也不准在螺钉旋具柄或口处另用扳手或长钳子来增加扭力，以防损坏螺钉旋具。

2. 钳子

（1）种类和用途 常用的钳子有鲤鱼钳和尖嘴钳两种，如图 1-13 所示。

鲤鱼钳用来切割金属丝、扭弯金属材料及夹持各种小型工件。尖嘴钳用来夹持一些小零件。

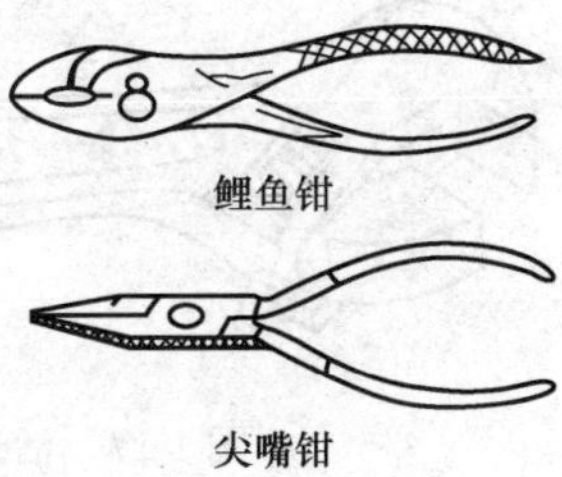

图 1-13 钳子

（2）使用方法

1）使用前后应擦净钳上的油污。

2）使用时必须将工作物夹牢后再用力切割或扭弯。

3）禁止用钳子代替扳手拆装螺栓或用钳柄代替撬棒使用，不准用钳子夹持过热的工件或夹持工件在火中加热，以免损坏或退火。

3. 扳手

（1）种类和用途 扳手是拆装有棱角螺栓的工具。常用的有：开口扳手、梅花扳手、套筒扳手、活动扳手、管钳扳手等。

1）开口扳手。开口扳手的结构形式有双头和单头两种，其开口大小不等，如图 1-14 所示，扳手的开口与本体通常成 15°、45°或 90°角，借以增加扳手使用的旋转度。

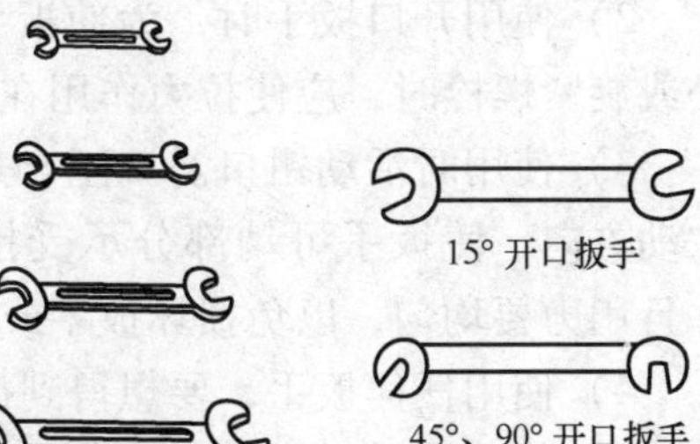

图 1-14 开口扳手

2）梅花扳手。用途和开口扳手相同。不同的是它的两端是套筒式，工作时不易滑脱，可靠性强，如图 1-15 所示。

3）套筒扳手。是一种组合型工具，使用时由几件共同组合成一把扳手。可根据需要装配各种不同尺寸的套筒，如图 1-16 所示。

4）活动扳手。开口尺寸可以在一定范围内自由调节，用于拆装不规则的带有棱角的螺母或螺栓，如图 1-17 所示。

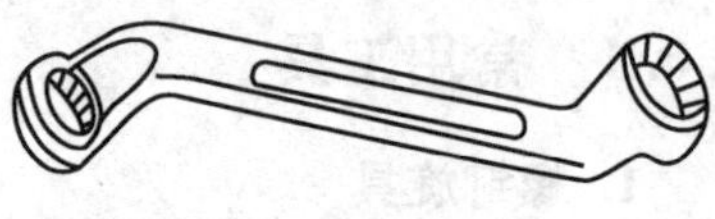
图 1-15　梅花扳手

5）管钳扳手。用来扭转管子、圆棒及其他用扳手难以夹持的光滑圆柱形工件，样式如图 1-18 所示。管钳扳手不得代替其他扳手拆装螺栓或螺母。

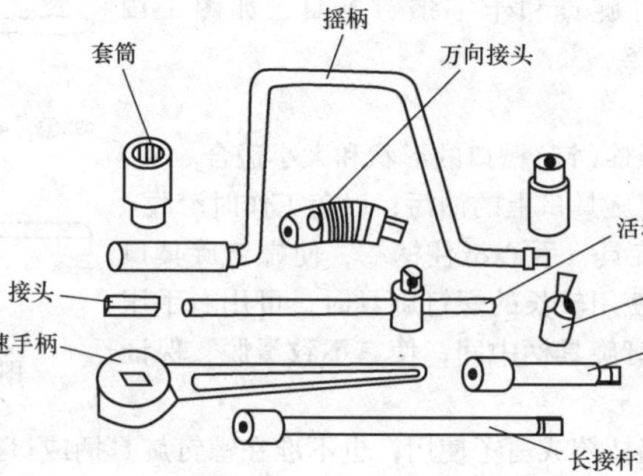

图 1-16　套筒扳手

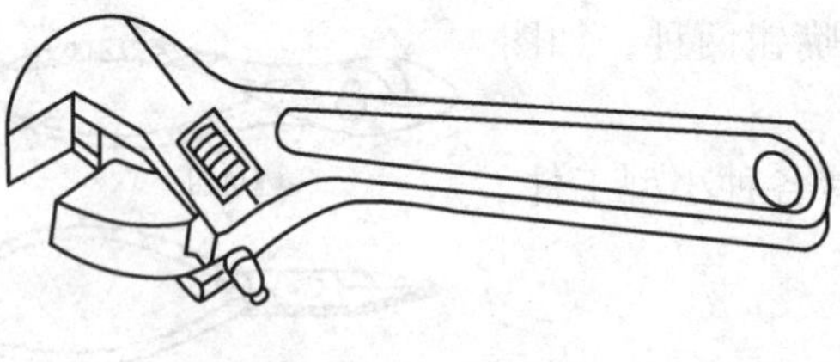
图 1-17　活动扳手

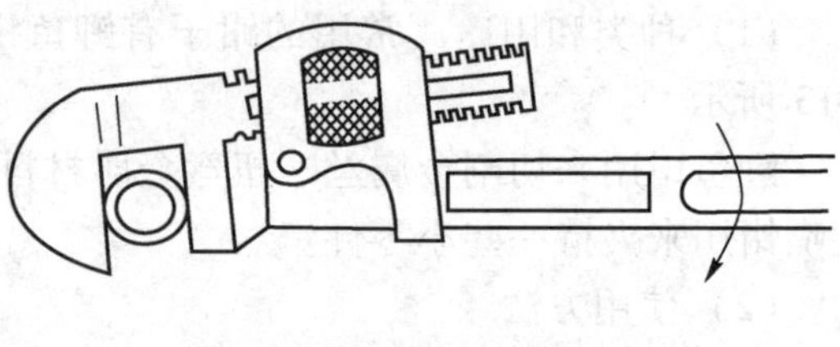
图 1-18　管钳扳手及使用方法

（2）使用方法

1）选用各种扳手时，扳口大小必须符合螺母或螺栓头的尺寸，如图 1-19 所示。

2）使用开口扳手时，为使扳手不致损坏和滑出，在旋松或旋紧螺栓时，应使拉力作用在扳口较厚的一边上。

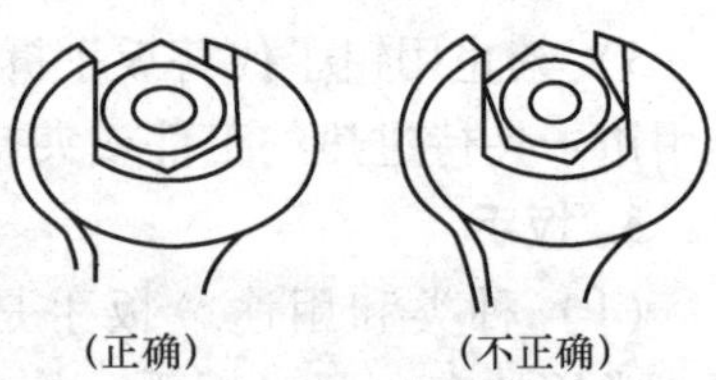

图 1-19　开口扳手的使用

3）使用时活动钳口需调至合适的尺寸，同时必须注意拉动方向，使扳手可动部分承受推力，固定部分承受拉力并且用力要均匀，以免损坏扳手或造成棱角变形、打滑而发生事故，如图 1-20 所示。

4）使用任何扳手，要想得到最大的扭力，拉力的方向一定要和扳手成直角。

5）使用扳手时，最好的效果是拉动，若必须推动时，也只能用手掌来推，并且手指要伸开，以防螺栓突然松动碰伤手指。

4. 锤子

（1）种类和用途　常用锤子用锻钢制成，其重量一般为 0.25 ~ 0.75kg，有圆头、横头等类型，如图 1-21 所示。用于捶击工件，使工件变形、位移等。

（2）使用方法

1）工作前应检查锤头是否松动，如有松动现象应楔牢，以免工作时锤头飞出伤人。

2）擦净手和锤柄上的汗水、油污，避免工作时锤从手中滑脱，损物伤人。

3）锤击时，使锤面平击在工件上。

5. 千斤顶

（1）种类和用途　按照工作原理千斤顶可分为机械丝杆式和液压式，有3t、5t、8t等规格，外形如图1-22所示。千斤顶是一种常用的起重工具，目前广泛使用的为液压式千斤顶。

（2）液压千斤顶使用方法

1）起顶汽车前，拧紧液压开关，将千斤顶顶面擦拭干净，把千斤顶放置在被顶部位的垂直下方。

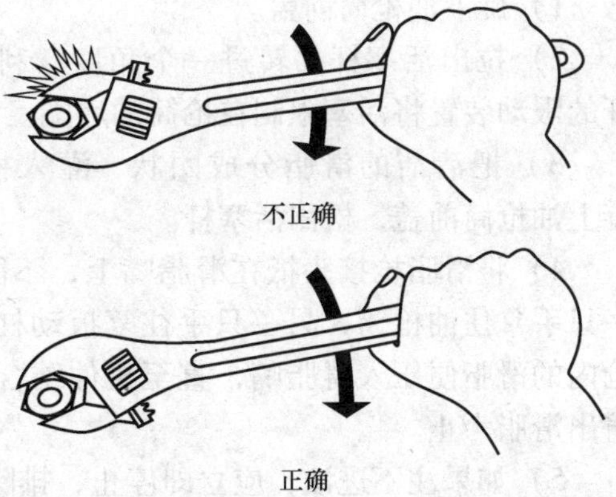

图1-20　活动扳手的使用

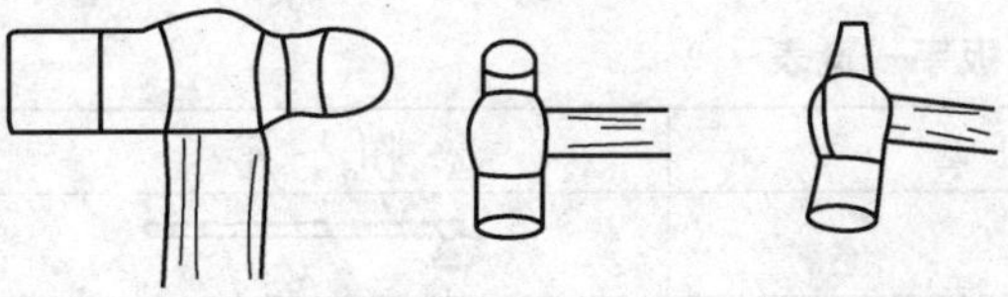

图1-21　手锤

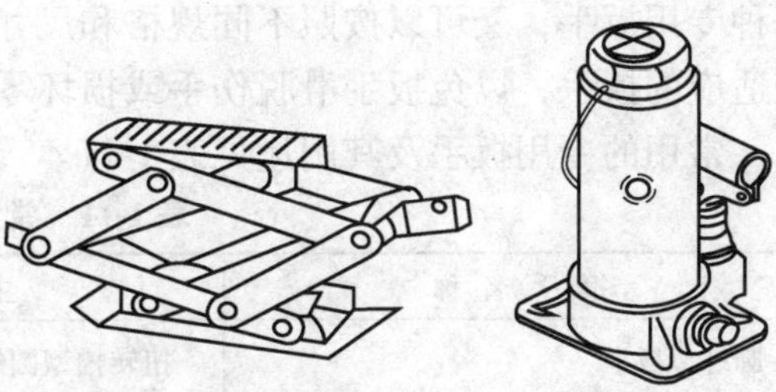

图1-22　千斤顶

2）旋转顶面螺杆，改变千斤顶顶面与被顶部位的原始距离。

3）用三角形垫木，将汽车着地车轮前后塞住。

4）用手上下压动千斤顶手柄，使汽车逐渐升到一定高度，在车架下放入搁车凳，禁止用砖头等易碎物支垫汽车。落车时，应先检查车下是否有障碍物。

（3）注意事项

1）汽车在起顶或下降过程中，绝对禁止在车下作业。

2）应慢慢拧松液压开关，使汽车缓慢下降，汽车下降速度不能过快，否则易发生事故。

3）在松软路面上使用千斤顶起顶汽车时，应在千斤顶底座下加垫有较大表面积且能承受压力的材料（如木块等），防止千斤顶由于汽车重压而下沉。

4）千斤顶把汽车顶起后，当液压开关处于拧紧状态时，若发生自动下降故障，则应立即查找原因，及时排除故障后方可继续使用。

5）如发现千斤顶缺油时，应及时补充规定油液，不能用其他油液或水代替。

6）冬季不可烘烤千斤顶，以防皮碗、皮圈损坏。

7）千斤顶必须垂直放置，以免因油液渗漏而失效。

6. 滑脂枪

（1）用途　用来加注润滑脂的专用工具。常用的是手压杠杆式滑脂枪，如图1-23所示。

（2）使用方法

1）旋下油枪筒前盖。

2）拉出活塞杆并转过一个角度，利用活塞杆的限动装置将活塞限制在枪筒的后端。

3）把清洁的滑脂分成团状，灌入枪筒内。旋上油枪筒前盖，松回活塞杆。

4）将滑脂枪接头抵在滑脂嘴上，不能偏斜，一只手拿住油枪筒，另一只手往复扳动杠杆，油枪内的滑脂便压入滑脂嘴，直至机件结合的缝隙挤出滑脂为止。

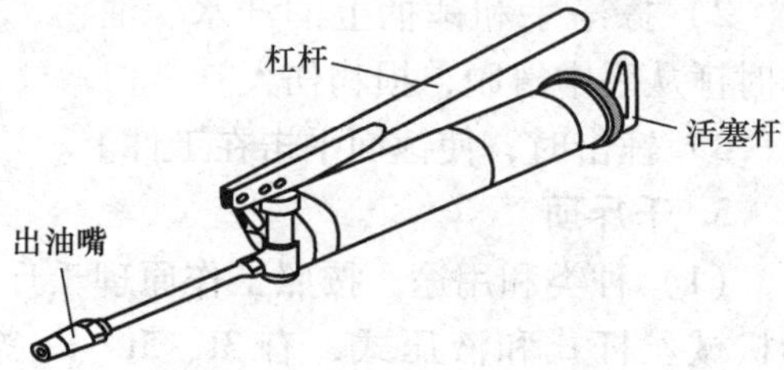

图 1-23　滑脂枪

5）如果注不进油，应立即停止，排除堵塞原因后再进行注油。

7. 专用扳手

专用扳手是一种用途较为单一的特殊扳手的通称，通常以其用途或结构特点来命名。每一种专用扳手，又可以按照不同规格和尺寸进行分类。在使用专用扳手时，必须选用与零件相适应的扳手，以免扳手滑脱伤手或损坏零件。

常用的专用扳手及其用途见表 1-11。

表 1-11　常用专用扳手一览表

扳 手 名 称	主 要 用 途	图　示
圆螺母扳手	扭转槽型圆螺母	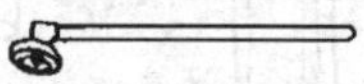
内六角扳手	扭转内六角头部的螺栓	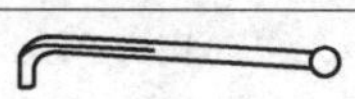
叉形扳手	扭紧圆柱孔定位的螺母	
气门芯扳手	拆装轮胎气门芯	
钩型扳手	扭转槽形圆槽螺母等	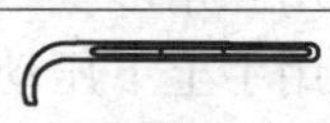
机油滤清器扳手	拆装机油滤清器总成	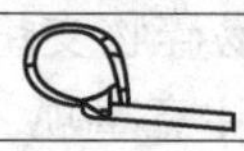
叉形凸缘及转向螺母套筒扳手	扭转轮毂轴承调整锁紧螺母	
轮胎螺母套筒	拆装轮胎螺母的专用工具	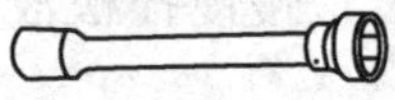
火花塞套筒扳手	拆装火花塞的专用工具	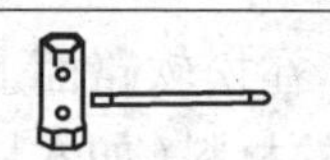

8. 扭力扳手

（1）种类及用途　扭力扳手是一种与套筒扳手中的套筒相配合使用且能显示力矩大小的专用工具，如图 1-24 所示。扭力扳手主要用于发动机和底盘关键部件螺栓（帽）的拧紧，扭紧力矩单位为 N · m。

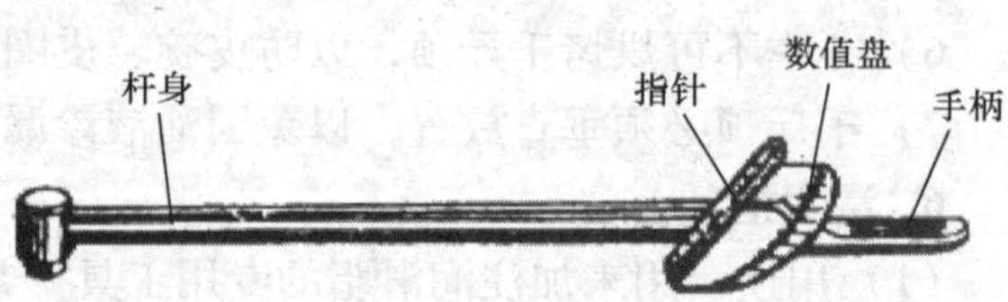

图 1-24　扭力扳手

（2）使用方法

1）右手握紧扳柄，手臂与杆身成 90°，用力要均匀，不可晃动或用手掌推动。

2）边扳动边观看指针所指数值至规定力矩数值。

3）工作力矩必须在规定范围内，禁止超过最大额定值。

9. 充气连接管

充气连接软管是用来连接汽车自带气源(空压机)向汽车的气路系统充气的工具。

1.6.2 常用量具

常用量具的种类很多，根据用途和特点，可分为三种类型：

万用量具。这类量具一般都有刻度，在测量范围内，用以测量零件和产品形状、尺寸的具体数值。如钢直尺、游标卡尺等。

专用量具。这类量具不能测出零件的尺寸，只能测定零件和产品的形状、尺寸是否合格。如卡规、塞规等。

标准量具。这类量具只能制成某一固定尺寸，通常是用来校对和调整其他量具，也可作为标准与被测零件进行比较，如块规。

1. 塞尺

（1）用途　塞尺是一种由多片厚薄不同的标准钢片组成的测量工具。钢片上刻有数字，表明钢片的厚度，单位为mm，如图1-25所示。主要用于测量两个接合面之间的间隙值。使用时，可以用一片进行测量，也可以由多片组合在一起进行测量。

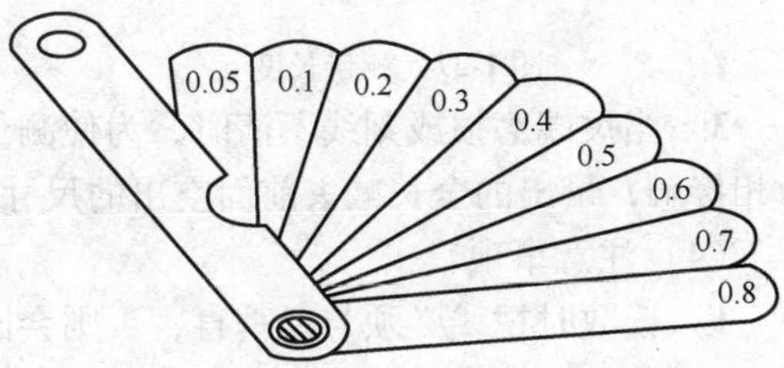

图1-25　塞尺

（2）使用方法

1）用干净布将塞尺片擦净，塞尺片沾有油污会影响测量结果的准确性。

2）将塞尺片插入被测间隙中，来回拉动塞尺片，感到稍有阻力时，表明该间隙值接近塞尺片上所标数值。如果拉动时阻力过大或过小，则该间隙值小于或大于塞尺片上所标出的数值。

3）在测量过程中，不允许剧烈弯折塞尺片，或用较大的力硬将塞尺片插入被检测间隙中，否则会损坏塞尺片。

4）测量后，应将塞尺片擦拭干净，并涂上一薄层润滑油或工业凡士林，然后将塞尺片收回夹框内，以防锈蚀、弯曲或变形。

2. 钢直尺

钢直尺主要用于测量精度不高的机件实际尺寸，还可作为划线直尺和检查平面用。

（1）刻线　钢直尺一般都刻有公制与英制两种度量单位。有的只刻有公制度量单位，尺的背面刻有英寸与mm对照表，如图1-26所示。

公制尺寸刻有0.5mm、1mm、5mm等刻线和标有1、2、3…等数字的厘米刻线，精度为0.5mm。

（2）规格　钢直尺的规格分为150mm、300mm、500mm、1000mm和1200mm等数种，常用的是150mm和300mm两种。

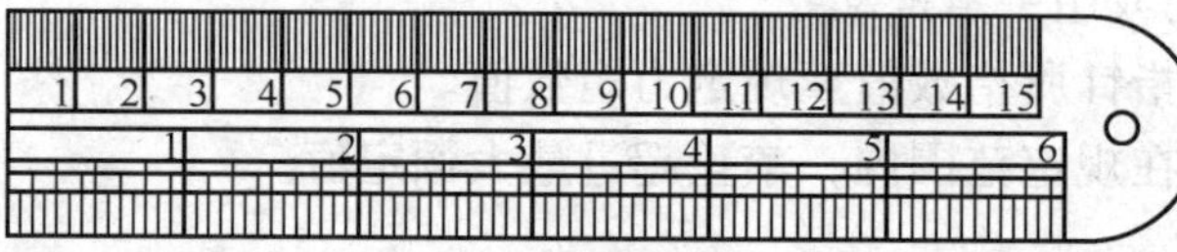

图 1-26　钢直尺

（3）使用方法

1）测量长度时，钢直尺应和工件平面相平行或与其顶端垂直。测量圆形工件长度时，钢直尺须与工件的轴线平行，如图 1-27 所示。

2）测量直径时，把钢直尺的尺端靠齐圆柱边缘固定不动，使其另一端左右移动，通过圆心以求量取最大尺寸，如图 1-28 所示。

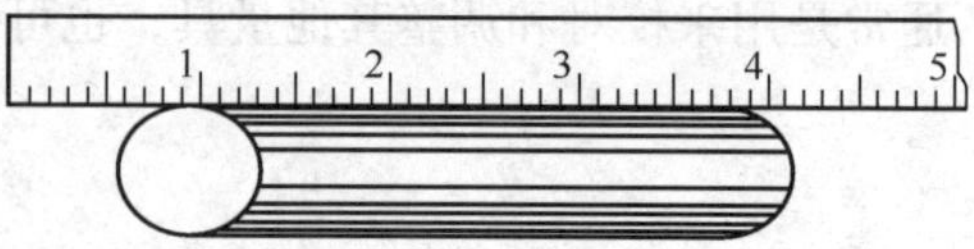

图 1-27　测量长度

图 1-28　测量直径

3）当尺端磨损或刻线不清时，为使测量尺寸准确，可使工件端面与钢直尺的第二段整数相接触，量出的全长减去前面空出的尺寸，即为实际测量尺寸。

（4）注意事项

1）读数时视线必须与尺垂直，否则会因视线歪斜而引起误差。

2）禁止用钢直尺测量温度过高的工件，否则不仅会损坏钢直尺，而且由于材料的热胀冷缩，测量也不会准确。

3）禁止用钢直尺撬东西或当螺钉旋具用。

4）用后要擦净并涂上一薄层润滑油，以防锈蚀。

3. 游标卡尺

应用游标读数原理制成的量具有游标卡尺、高度游标卡尺、深度游标卡尺、游标量角尺（如万能量角尺）和齿厚游标卡尺等，用以测量零件的外径、内径、长度、宽度、厚度、高度、深度、角度以及齿轮的齿厚等，应用范围非常广泛。

游标卡尺是一种常用的量具，具有结构简单、使用方便、精度中等和测量的尺寸范围大等特点，可以用它来测量零件的外径、内径、长度、宽度、厚度、深度和孔距等，应用范围很广。

（1）游标卡尺有三种结构型式

1）测量范围为 0 ~ 125mm 的游标卡尺，制成带有刀口形的上下量爪和带有深度尺的型式，如图 1-29 所示。

2）测量范围为 0 ~ 200mm 和 0 ~ 300mm 的游标卡尺，可制成带有内外测量面的下量爪和带有刀口形的上量爪的型式，如图 1-30 所示。

3）测量范围为 0 ~ 200mm 和 0 ~ 300mm 的游标卡尺，也可制成只带有内外测量面的下量爪的型式，如图 1-31 所示。而测量范围大于 300mm 的游标卡尺，只制成这种仅带有下量爪的型式。

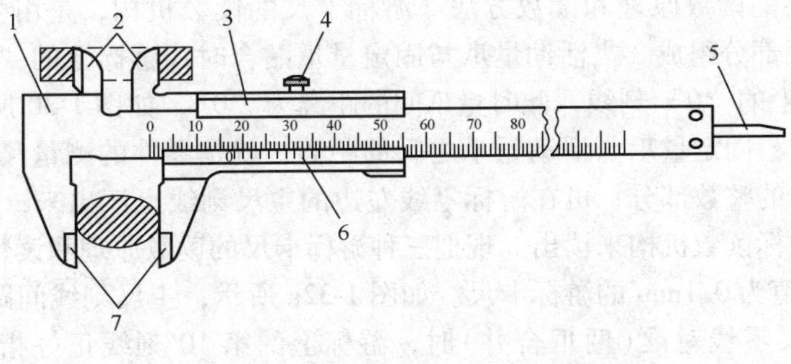

图 1-29　游标卡尺的结构型式之一

1—尺身　2—上量爪　3—尺框　4—紧固螺钉　5—深度尺　6—游标　7—下量爪

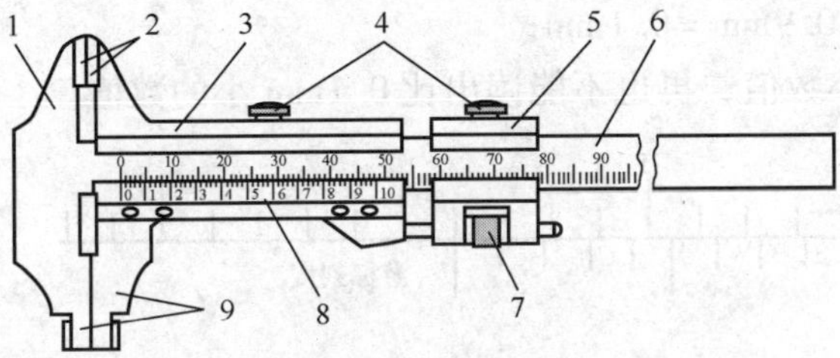

图 1-30　游标卡尺的结构型式之二

1—尺身　2—上量爪　3—尺框　4—紧固螺钉

5—微动装置　6—主尺

7—微动螺母　8—游标　9—下量爪

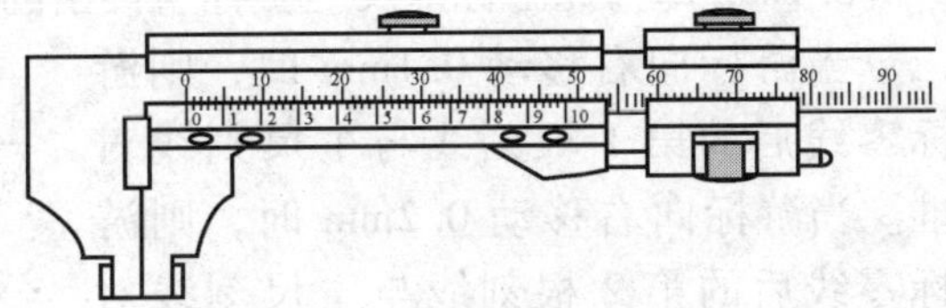

图 1-31　游标卡尺的结构型式之三

（2）游标卡尺主要由下列几部分组成

1）具有固定量爪的尺身，如图 1-29 中的 1。尺身上有类似钢尺一样的主尺刻度，如图 1-30 中的 6。主尺上的刻线间距为 1mm。主尺的长度决定于游标卡尺的测量范围。

2）具有活动量爪的尺框，如图 1-29 中的 3。尺框上有游标，如图 1-30 中的 8，游标卡尺的游标读数值可制成 0.1、0.05 和 0.02mm 三种。游标读数值，就是指使用这种游标卡尺测量零件尺寸时，卡尺上能够读出的最小数值。

3）在 0 ~ 125mm 的游标卡尺上，还带有测量深度的深度尺，如图 1-29 中的 5。深度尺固定在尺框的背面，能随着尺框在尺身的导向凹槽中移动。测量深度时，应把尺身尾部的端面靠紧在零件的测量基准平面上。

4）测量范围等于和大于 200mm 的游标卡尺，带有随尺框作微动调整的微动装置，如图 1-30 中的 5。使用时，先用固定螺钉 4 把微动装置 5 固定在尺身上，再转动微动螺母 7，活动量爪就能随同尺框 3 作微量的前进或后退。微动装置的作用，是使游标卡尺在测量时用力均匀，便于调整测量压力，减少测量误差。游标卡尺的测量范围和游标卡尺读数值见表 1-12。

表 1-12　游标卡尺的测量范围和游标卡尺读数值　（单位：mm）

测量范围	游标读数值	测量范围	游标读数值
0 ~ 125	0.02；0.05；0.10	300 ~ 800	0.05；0.10
0 ~ 200	0.02；0.05；0.10	400 ~ 1000	0.05；0.10
0 ~ 300	0.02；0.05；0.10	600 ~ 1500	0.05；0.10
0 ~ 500	0.05；0.10	800 ~ 2000	0.10

(3) 游标卡尺的读数原理和读数方法　游标卡尺的读数机构，是由主尺和游标(如图1-30中的6和8)两部分组成。当活动量爪与固定量爪贴合时，游标上的“0”刻线(简称游标零线)对准主尺上的“0”刻线，此时量爪间的距离为“0”，如图1-30所示。当尺框向右移动到某一位置时，固定量爪与活动量爪之间的距离，就是零件的测量尺寸，如图1-29所示。此时零件尺寸的整数部分，可在游标零线左边的主尺刻线上读出来，而比1mm小的小数部分，可借助游标读数机构来读出。现把三种游标卡尺的读数原理和读数方法介绍如下。

1）游标读数值为0.1mm的游标卡尺。如图1-32a所示，主尺刻线间距(每格)为1mm，当游标零线与主尺零线对准(两爪合并)时，游标上的第10刻线正好指向等于主尺上的9mm，而游标上的其他刻线都不会与主尺上任何一条刻线对准。

游标每格间距 = 9mm ÷ 10 = 0.9mm；

主尺每格间距与游标每格间距相差 = 1mm − 0.9mm = 0.1mm；

0.1mm即为此游标卡尺上游标所读出的最小数值，再也不能读出比0.1mm小的数值。

当游标向右移动0.1mm时，则游标零线后的第1根刻线与主尺刻线对准。当游标向右移动0.2mm时，则游标零线后的第2根刻线与主尺刻线对准，依次类推。若游标向右移动0.5mm，如图1-32b所示，则游标上的第5根刻线与主尺刻线对准。由此可知，游标向右移动不足1mm的距离，虽不能直接从主尺读出，但可以由游标的某一根刻线与主尺刻线对准时，该游标刻线的次序数乘其读数值而读出其小数值。例如，图1-32b的尺寸即为：5 × 0.1 = 0.5(mm)。

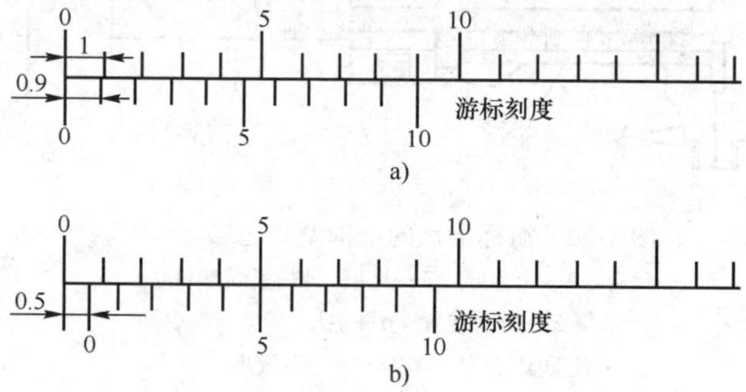

图1-32　游标读数原理

另有1种读数值为0.1mm的游标卡尺，如图1-33a所示，是将游标上的10格对准主尺的19mm，则游标每格 = 19mm ÷ 10 = 1.9mm，使主尺2格与游标1格相差 = 2 − 1.9 = 0.1mm。这种增大游标间距的方法，其读数原理并未改变，但使游标线条清晰，更容易看准读数。

在游标卡尺上读数时，首先要看游标零线的左边，读出主尺上尺寸的整数是多少毫米，其次是找出游标上第几根刻线与主尺刻线对准，该游标刻线的次序数乘其游标读数值，读出尺寸的小数，整数和小数相加的总值，就是被测零件尺寸的数值。

在图1-33b中，游标零线在2mm与3mm之间，其左边的主尺刻线是2mm，所以被测尺寸的整数部分是2mm，再观察游标刻线，这时游标上的第3根刻线与主尺刻线对准。所以，被测尺寸的小数部分为3 × 0.1 = 0.3(mm)，被测尺寸即为2 + 0.3 = 2.3(mm)。

2）游标读数值为0.05mm的游标卡尺。如图1-33c所示，主尺每小格1mm，当两爪合并时，游标上的20格刚好等于主尺的39mm，则游标每格间距 = 39mm ÷ 20 = 1.95mm

主尺2格间距与游标1格间距相差 = 2 − 1.95 = 0.05(mm)

0.05mm即为此种游标卡尺的最小读数值。同理，也有用游标上的20格刚好等于主尺上的19mm，其读数原理不变。

在图1-33d中，游标零线在32mm与33mm之间，游标上的第11格刻线与主尺刻线对准。所以，被测尺寸的整数部分为32mm，小数部分为11×0.05=0.55(mm)，被测尺寸为32+0.55=32.55(mm)。

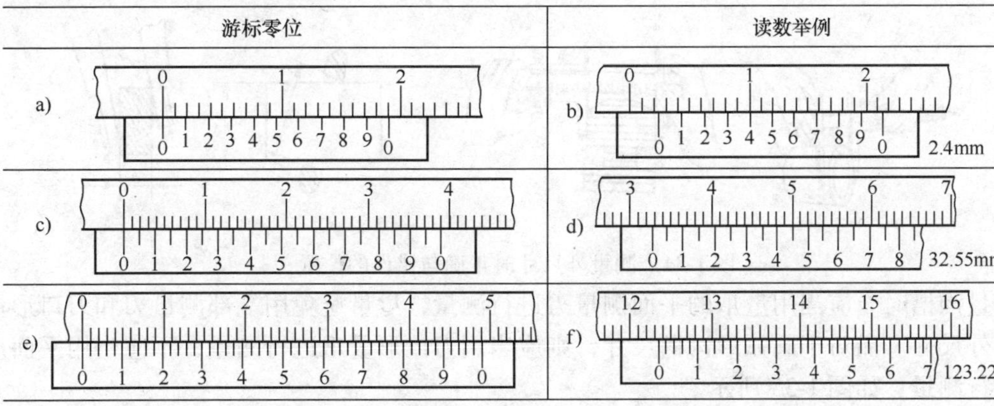

图1-33 游标零和读数举例

3）游标读数值为0.02mm的游标卡尺。如图1-33e所示，主尺每小格1mm，当两爪合并时，游标上的50格刚好等于主尺上的49mm，则游标每格间距=49mm÷50=0.98mm。

主尺每格间距与游标每格间距相差=1－0.98=0.02(mm)，0.02mm即为此种游标卡尺的最小读数值。

在图1-33f中，游标零线在123mm与124mm之间，游标上的11格刻线与主尺刻线对准。所以，被测尺寸的整数部分为123mm，小数部分为11×0.02=0.22(mm)，被测尺寸为123+0.22=123.22(mm)。

我们希望直接从游标尺上读出尺寸的小数部分，而不要通过上述的换算，为此，把游标的刻线次序数乘其读数值所得的数值，标记在游标上，这样使读数就方便了。

(4) 游标卡尺的使用方法 量具使用得是否合理，不但影响量具本身的精度，而且直接影响零件尺寸的测量精度，如果使用不当甚至会发生质量事故，给国家造成不必要的损失。所以，我们必须重视量具的正确使用，对测量技术精益求精，以获得正确的测量结果，确保产品质量。

使用游标卡尺测量零件尺寸时，必须注意下列几点：

1）测量前应把卡尺擦干净，检查卡尺的两个测量面和测量刀口是否平直无损，把两个量爪紧密贴合时，应无明显的间隙，同时游标和主尺的零位刻线要相互对准。这个过程称为校对游标卡尺的零位。

2）移动尺框时，活动要自如，不应有过松或过紧，更不能有晃动现象。用固定螺钉固定尺框时，卡尺的读数不应改变。在移动尺框时，不要忘记松开固定螺钉，固定螺钉亦不宜过松以免掉了。

3）当测量零件的外尺寸时：卡尺两测量面的连线应垂直于被测量表面，不能歪斜。测量时，可以轻轻摇动卡尺，放正垂直位置，如图1-34所示。否则，量爪若在如图1-34所示的错误位置上，将使测量结果a比实际尺寸b要大；先把卡尺的活动量爪张开，使量爪能自由地卡进工件，把零件贴靠在固定量爪上，然后移动尺框，用轻微的压力使活动量爪接触零件。如卡尺带有微动装置，此时可拧紧微动装置上的固定螺钉，再转动调节螺母，使量爪接触零件并读取尺寸。决不可把卡尺的两个量爪调节到接近甚至小于所测尺寸，把卡尺强制的卡到零件上去。这样做会使量爪变形，或使测量面过早磨损，使卡尺失去应有的精度。

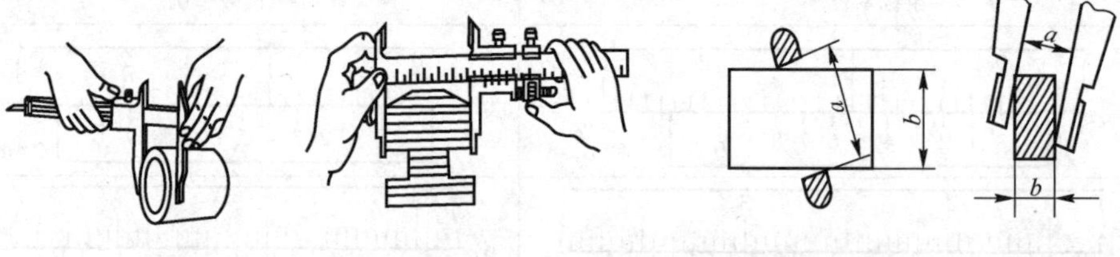

图 1-34　测量外尺寸时正确与错误的位置

测量沟槽时，应当用量爪的平面测量刃进行测量，尽量避免用端部测量刃和刀口形量爪去测量外尺寸。而对于圆弧形沟槽尺寸，则应当用刀口形量爪进行测量，不应当用平面形测量刃进行测量，如图 1-35 所示。

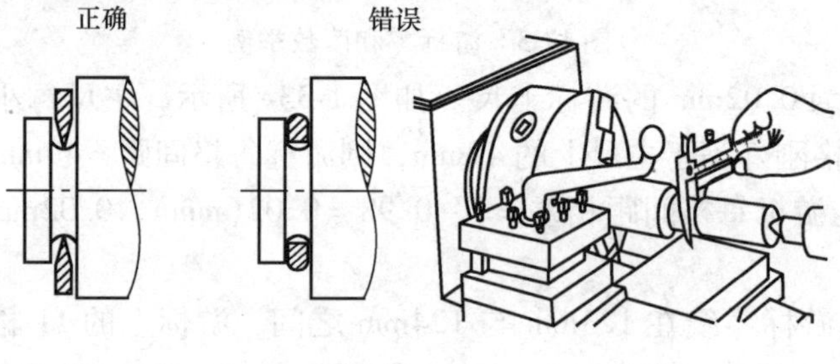

图 1-35　测量沟槽时正确与错误的位置

测量沟槽宽度时，也要放正游标卡尺的位置，应使卡尺两测量刃的连线垂直于沟槽，不能歪斜。否则，量爪若在如图 1-36 所示的错误位置上，也将使测量结果不准确(可能大也可能小)。

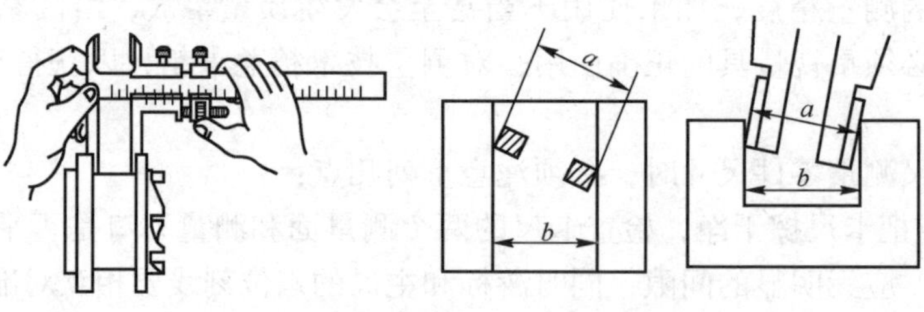

图 1-36　测量沟槽宽度时正确与错误的位置

4）当测量零件的内尺寸时(图 1-37)。要使量爪分开的距离小于所测内尺寸，进入零件内孔后，再慢慢张开并轻轻接触零件内表面，用固定螺钉固定尺框后，轻轻取出卡尺来读数。取出量爪时，用力要均匀，并使卡尺沿着孔的中心线方向滑出，不可歪斜，以免使量爪扭伤、变形和受到不必要的磨损，同时会使尺框走动，影响测量精度。

卡尺两测量刃应在孔的直径上，不能偏歪。如图 1-38 所示为带有刀口形量爪和带有圆柱面形量爪的游标卡尺在测量内孔时正确和错误的位置。当量爪在错误位置时，其测量结果，将比实际孔径 D 要小。

5）用下量爪的外测量面测量内尺寸时，如用图 1-37 和图 1-38 所示的两种游标卡尺测量内尺寸，在读取测量结果时，一定要把量爪的厚度加上去。即游标卡尺上的读数，加上量爪的厚度，才是被测零件的内尺寸。测量范围在 500mm 以下的游标卡尺，量爪厚度一般为 10mm。但当量爪磨损和修理后，量爪厚度就要小于 10mm，读数时这个修正值也要考虑进去。

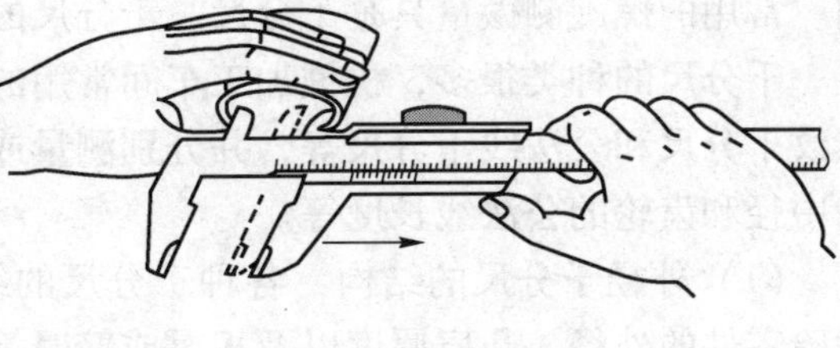

图 1-37 内孔的测量

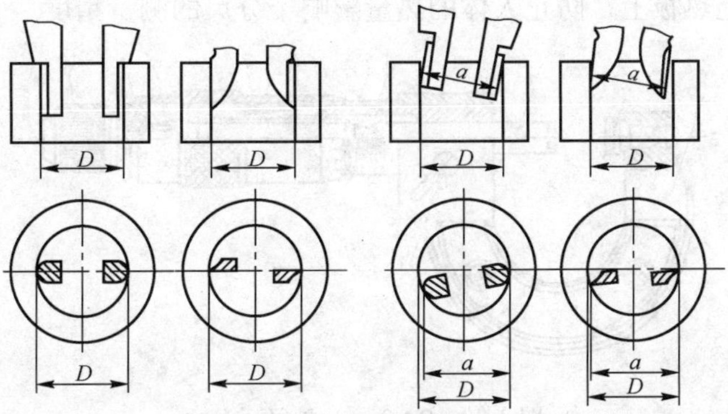

图 1-38 测量内孔时正确与错误的位置

6）用游标卡尺测量零件时，不允许过分地施加压力，所用压力应使两个量爪刚好接触零件表面。如果测量压力过大，不但会使量爪弯曲或磨损，且量爪在压力作用下产生弹性变形，使测量的尺寸不准确(外尺寸小于实际尺寸,内尺寸大于实际尺寸)。

在游标卡尺上读数时，应把卡尺水平的拿着，朝着亮光的方向，使人的视线尽可能和卡尺的刻线表面垂直，以免由于视线的歪斜造成读数误差。

7）为了获得正确的测量结果，可以多测量几次。即在零件的同一截面上的不同方向进行测量。对于较长零件，则应当在全长的各个部位进行测量，以获得一个比较正确的测量结果。

8）为了使读者便于记忆，更好的掌握游标卡尺的使用方法，把上述提到的几个主要问题，整理成顺口溜，供参考。

量爪贴合无间隙，主尺游标两对零。

尺框活动能自如，不松不紧不摇晃。

测力松紧细调整，不当卡规用力卡。

量轴防歪斜，量孔防偏歪。

测量内尺寸，爪厚勿忘加。

面对光亮处，读数垂直看。

4. 螺旋测微量具

它的测量精度比游标卡尺高，并且测量比较灵活，因此，当加工精度要求较高时多被应用。常用的螺旋测微量具是千分尺。千分尺的读数值为0.01mm。

千分尺的种类很多，机械加工车间常用的有外径千分尺、内径百分表、深度千分尺以及螺纹千分尺和公法线千分尺等，并分别测量或检验零件的外径、内径、深度、厚度以及螺纹的中径和齿轮的公法线长度等。

（1）外径千分尺的结构　各种千分尺的结构大同小异，常用外径千分尺是用以测量或检验零件的外径、凸肩厚度以及板厚或壁厚等（测量孔壁厚度的千分尺，其量面呈球弧形）。千分尺由尺架、测微头、测力装置和制动器等组成。图1-39所示是测量范围为0～25mm的外径千分尺。尺架1的一端装着固定测砧2，另一端装着测微螺杆。固定测砧和测微螺杆的测量面上都镶有硬质合金，以提高测量面的使用寿命。尺架的两侧面覆盖着绝热板12，使用千分尺时，手拿在绝热板上，防止人体的热量影响千分尺的测量精度。

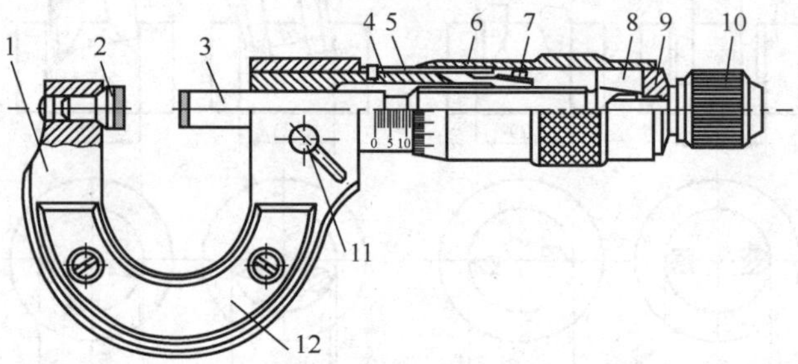

图1-39　0～25mm外径千分尺

1—尺架　2—固定测砧　3—测微螺杆　4—螺纹轴套　5—固定刻度套筒　6—微分筒　7—调节螺母　8—接头　9—垫片　10—测力装置　11—锁紧螺钉　12—绝热板

（2）千分尺的测量范围　千分尺测微螺杆的移动量为25mm，所以千分尺的测量范围一般为25mm。为了使千分尺能测量更大范围的长度尺寸，以满足工业生产的需要，千分尺的尺架做成各种尺寸，形成不同测量范围的千分尺。目前，国产千分尺测量范围的尺寸分段为：

0～25mm；25～50mm；50～75mm；75～100mm；100～125mm；125～150mm；150～175mm；175～200mm；200～225mm；225～250mm；250～275mm；275～300mm；300～325mm；325～350mm；350～375mm；375～400mm；400～425mm；425～450mm；450～475mm；475～500mm；500～600mm；600～700mm；700～800mm；800～900mm；900～1000mm。

测量上限大于300mm的千分尺，也可把固定测砧做成可调式的或可换测砧，从而使此千分尺的测量范围为100mm。

测量上限大于1000mm的千分尺，也可将测量范围制成500mm，目前国产最大的千分尺为2500～3000mm的千分尺。

（3）千分尺的工作原理和读数方法

1）千分尺的工作原理。如外径千分尺的工作原理就是应用螺旋读数机构，它包括一对精密的螺纹——测微螺杆与螺纹轴套，如图1-39中的3和4，和一对读数套筒——固定套筒与微分筒，如图1-39中的5和6。

用千分尺测量零件的尺寸，就是把被测零件置于千分尺的两个测量面之间。所以两测砧面之间的距离，就是零件的测量尺寸。当测微螺杆在螺纹轴套中旋转时，由于螺旋线的作用，测量螺杆就有轴向移动，使两测砧面之间的距离发生变化。如测微螺杆按顺时针的方向旋转一周，两测砧面之间的距离就缩小一个螺距。同理，若按逆时针方向旋转一周，则两砧面的距离就增大一个螺距。常用千分尺测微螺杆的螺距为0.5mm。因此，当测微螺杆顺时针旋转一周时，两测砧面之间的距离就缩小0.5mm。当测微螺杆顺时针旋转不到一周时，缩小的距离就小于一个螺距，它的具体数值，可从与测微螺杆结成一体的微分筒的圆周刻度上读出。微分筒的圆周上刻有50个等分线，当微分筒转一周时，测微螺杆就推进或后退0.5mm，微分筒转过它本身圆周刻度的一小格时，两测砧面之间转动的距离为：0.5(mm)÷50(mm)=0.01(mm)

由此可知：千分尺上的螺旋读数机构，可以正确地读出0.01mm，也就是千尺的读数值为0.01mm。

2）千分尺的读数方法。在千分尺的固定套筒上刻有轴向中线，作为微分筒读数的基准线。另外，为了计算测微螺杆旋转的整数转，在固定套筒中线的两侧，刻有两排刻线，刻线间距均为1mm，上下两排相互错开0.5mm。千分尺的具体读数方法可分为三步。

① 读出固定套筒上露出的刻线尺寸，一定要注意不能遗漏应读出的0.5mm的刻线值；

② 读出微分筒上的尺寸，要看清微分筒圆周上哪一格与固定套筒的中线基准对齐，将格数乘0.01mm即得微分筒上的尺寸；

③ 将上面两个数相加，即为千分尺上测得尺寸。

如图1-40a所示，在固定套筒上读出的尺寸为8mm，微分筒上读出的尺寸为27(格)×0.01mm =0.27mm，上两数相加即得被测零件的尺寸为8.27mm；如图1-40b所示，在固定套筒上读出的尺寸为8.5mm，在微分筒上读出的尺寸为27(格)×0.01mm =0.27mm，上两数相加即得被测零件的尺寸为8.77mm。

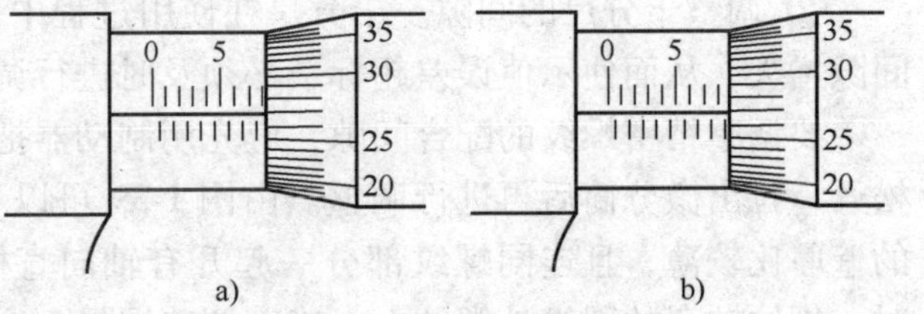

图1-40 千分尺的读数

3）千分尺的精度(表1-13)及其调整。

表1-13 千分尺的精度要求 （单位:mm）

测量上限	示值误差		两测量平行度	
	0级	1级	0级	1级
15；25	±0.002	±0.004	0.001	0.002
50	±0.002	±0.004	0.0012	0.0025
75；100	±0.002	±0.004	0.0015	0.003

千分尺是一种应用很广的精密量具，按它的制造精度，可分为0级和1级两种，0级精度较高，1级次之。千分尺的制造精度，主要由它的示值误差和测砧面的平面平行度公差的大小来决定。从千分尺的精度要求可知，用千分尺测量IT6～IT10级精度的零件尺寸较为合适。

千分尺在使用过程中，由于磨损，特别是使用不妥当时，会使千分尺的示值误差超标，所以应定期进行检查、拆洗或调整，以便保持千分尺的测量精度。

① 校千分尺的零位。千分尺如果使用不妥，零位就要走动，使测量结果不正确，容易造成产品质量事故。所以，在使用千分尺的过程中，应当校对千分尺的零位。所谓“校对千分尺的零位”，就是把千分尺的两个测砧面擦干净，转动测微螺杆使它们贴合在一起（这是指0～25mm的千分尺而言，若测量范围大于0～25mm时，应该在两侧砧面间放上校对样棒），检查微分筒圆周上的“0”刻线，是否对准固定套筒的中线，微分筒的端面是否正好使固定套筒上的“0”刻线露出来。如果两者位置都是正确的，就认为千分尺的零位是对的，否则就要进行校正，使之对准零位。

如果零位是由于微分筒的轴向位置不对，如微分筒的端部盖住固定套筒上的“0”刻线，或“0”刻线露出太多，0.5的刻线搞错，必须进行校正。此时，可用制动器把测微螺杆锁住，再用千分尺的专用扳手，插入测力装置轮轴的小孔内，把测力装置松开（逆时针旋转），微分筒就能进行调整，即轴向移动一点。使固定套筒上的“0”线正好露出来，同时使微分筒的零线对准固定套筒的中线，然后把测力装置旋紧。

如果零位是由于微分筒的零线没有对准固定套筒的中线，也必须进行校正。此时，可用千分尺的专用扳手，插入固定套筒的小孔内，把固定套筒转过一点，使之对准零线。但当微分筒的零线相差较大时，不应当采用此法调整，而应该采用松开测力装置转动微分筒的方法来校正。

② 调整千分尺的间隙。千分尺在使用过程中，由于磨损等原因，会使精密螺纹的配合间隙增大，从而使示值误差超标，必须及时进行调整，以便保持千分尺的精度。

要调整精密螺纹的配合间隙，应先用制动器把测微螺杆锁住，再用专用扳手把测力装置松开，拉出微分筒后再进行调整。由图1-39可以看出，在螺纹轴套上，接近精密螺纹一段的壁厚比较薄，且连同螺纹部分一起开有轴向直槽，使螺纹部分具有一定的胀缩弹性。同时，螺纹轴套的圆锥外螺纹上，旋着调节螺母7。当调节螺母往里旋入时，因螺母直径保持不变，就迫使外圆锥螺纹的直径缩小，于是精密螺纹的配合间隙就减小了。然后，松开制动器进行试转，看螺纹间隙是否合适。间隙过小会使测微螺杆活动不灵活，可把调节螺母松出一点，间隙过大则使测微螺杆有松动，可把调节螺母再旋进一点。直至间隙调整好后，再把微分筒装上，对准零位后把测力装置旋紧。

经过上述调整的千分尺，除必须校对零位外，还应当用检定量块，检验千分尺的五个尺寸的测量精度，确定千分尺的精度等级后，才能移交使用。例如，用5.12；10.24；15.36；21.5；25五个块规尺寸检定0～25mm的千分尺，它的示值误差应符合表1-13的要求，否则应继续修理。

4）千分尺的使用方法。千分尺使用得是否正确，对保持精密量具的精度和保证产品质量的影响很大，必须重视量具的正确使用，以获得正确的测量结果，确保产品质量。使用千分尺测量零件尺寸时，必须注意下列几点。

① 使用前，应把千分尺的两个测砧面擦干净，转动测力装置，使两测砧面接触（若测量上限大于25mm时，在两测砧面之间放入校对量杆或相应尺寸的量块），接触面上应没有间隙和漏光现象，同时微分筒和固定套筒要对准零位。

② 转动测力装置时，微分筒应能自由灵活地沿着固定套筒活动，没有任何轧卡和不灵活的现象。如有活动不灵活的现象，应送计量站及时检修。

③ 测量前，应把零件的被测量表面擦干净，以免有脏物存在时影响测量精度。绝对不

允许用千分尺测量带有研磨剂的表面，以免损伤测量面的精度。用千分尺测量表面粗糙的零件亦是错误的，这样易使测砧面过早磨损。

④ 用千分尺测量零件时，应当手握测力装置的转帽来转动测微螺杆，使测砧表面保持标准的测量压力，即听到嘎嘎的声音，表示压力合适，并可开始读数。要避免因测量压力不等而产生测量误差。

绝对不允许用力旋转微分筒来增加测量压力，使测微螺杆过分压紧零件表面，致使精密螺纹因受力过大而发生变形，损坏千分尺的精度。有时用力旋转微分筒后，虽因微分筒与测微螺杆间的连接不牢固，对精密螺纹的损坏不严重，但是微分筒打滑后，千分尺的零位走动了，就会造成质量事故。

⑤ 使用千分尺测量零件时(图1-41)，要使测微螺杆与零件被测量的尺寸方向一致。如测量外径时，测微螺杆要与零件的轴线垂直，不要歪斜。测量时，可在旋转测力装置的同时，轻轻地晃动尺架，使测砧面与零件表面接触良好。

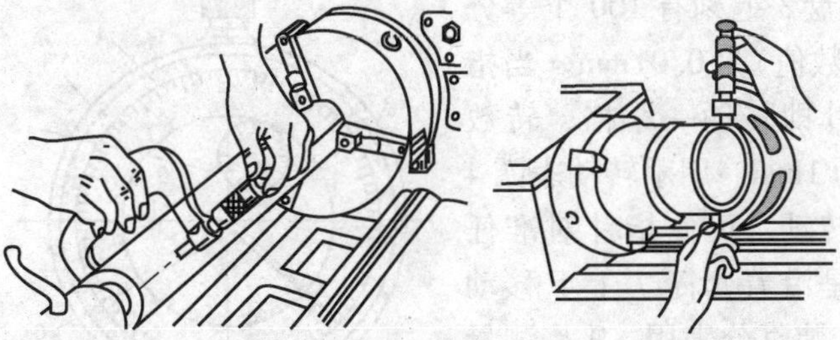

图1-41　在车床上使用外径千分尺的方法

⑥ 用千分尺测量零件时，最好在零件上进行读数，放松后取出千分尺，这样可减少测砧面的磨损。如果必须取下读数时，应用制动器锁紧测微螺杆后，再轻轻滑出零件，把千分尺当卡规使用是错误的，因这样做不但易使测量面过早磨损，甚至会使测微螺杆或尺架发生变形而失去精度。

⑦ 在读取千分尺上的测量数值时，要特别留心不要读错0.5mm。

⑧ 为了获得正确的测量结果，可在同一位置上再测量一次。尤其是测量圆柱形零件时，应在同一圆周的不同方向测量几次，检查零件外圆有没有圆度误差，再在全长的各个部位测量几次，检查零件外圆有没有圆柱度误差等。

⑨ 对于超常温的工件，不要进行测量，以免产生读数误差。

⑩ 用单手使用外径千分尺时，如图1-42a 所示，可用大拇指和食指或中指捏住活动套筒，小指勾住尺架并压向手掌上，大拇指和食指转动测力装置就可测量。用双手测量时，可按图1-42b 所示的方法进行。

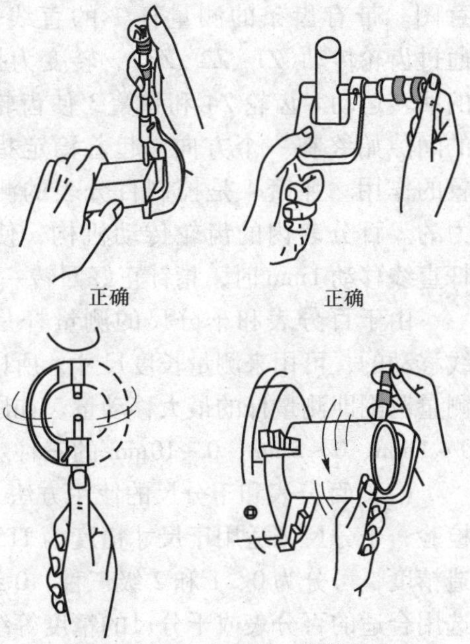

图1-42　外径千分尺使用

a）单手使用　b）双手使用

值得提出的是几种使用外径千分尺的错误方法，比如用千分尺测量旋转运动中的工件，很容易使千分尺磨损，而且测量也不准确；又如贪图快一点得出读数，握着微分筒来回转（图1-42）等，这同碰撞那样，也会破坏千分尺的内部结构。

5. 百分表

指示式量具是以指针指示出测量结果的量具。车间常用的指示式量具有：百分表、千分尺、杠杆百分表和内径百分表等。主要用于校正零件的安装位置、检验零件的形状精度和相互位置精度以及测量零件的内径等。

（1）百分表的结构　百分表和千分尺，都是用来校正零件或夹具的安装位置检验零件的形状精度或相互位置精度的。它们的结构原理没有什么大的不同，就是千分尺的读数精度比较高，即千分尺的读数值为0.001mm，而百分表的读数值为0.01mm。车间里经常使用的是百分表，因此，本节主要是介绍百分表。

百分表的外形如图1-43所示。8为测量杆，6为指针，表盘3上刻有100个等分格，其刻度值(即读数值)为0.01mm。当指针转一圈时，小指针即转动一小格，转数指示盘5的刻度值为1mm。用手转动表圈4时，表盘3也跟着转动，可使指针对准任一刻线。测量杆8是沿着套筒7上下移动的，套筒7可作为安装百分表用。9是测量头，2是手提测量杆用的圆头。

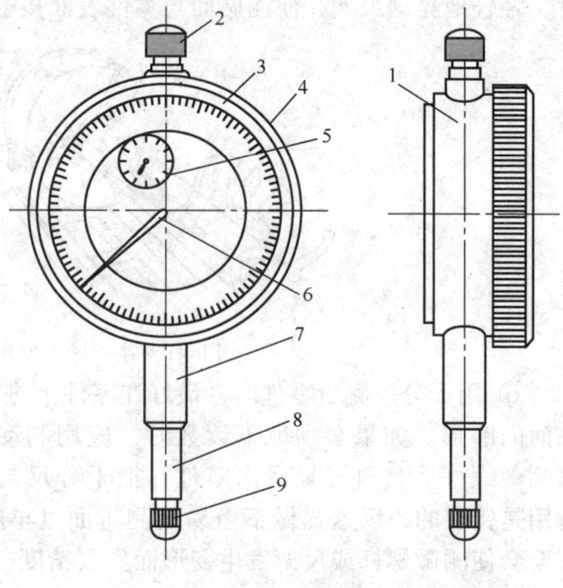

图1-43　百分表

1—表架　2—手提测量杆用的圆头　3—表盘　4—表圈　5—转数指示盘　6—指针　7—套筒　8—测量杆　9—测量头

如图1-44所示是百分表内部机构的示意图。带有齿条的测量杆1的直线移动，通过齿轮传动(Z1、Z2、Z3)，转变为指针2的回转运动。齿轮Z4和弹簧3使齿轮传动的间隙始终在一个方向，起着稳定指针位置的作用。弹簧4是控制百分表的测量压力的。百分表内的齿轮传动机构，使测量杆直线移动1mm时，指针正好回转一圈。

由于百分表和千分尺的测量杆是作直线移动的，可用来测量长度尺寸，所以它内部结构也是长度测量工具。目前，国产百分表的测量范围即测量杆的最大移动量。如图1-44所示是百分表内部机构的示意图，测量范围为0～1mm、0～5mm、0～10mm的三种。

（2）百分表和千分尺的使用方法　百分表适用于尺寸精度为IT6～IT8级零件的校正和检验；千分尺则适用于尺寸精度为IT5～IT7级零件的校正和检验。百分表和千分尺按其制造精度，可分为0、1和2级三种，0级精度较高。使用时，应按照零件的形状和精度要求，选用合适的百分表或千分尺的精度等级和测量范围。

① 内径百分表是内量杠杆式测量架和百分表的组合，用以测量或检验零件的内孔、深孔直径及其形状精度。

内径百分表测量架的内部结构如图1-45所示。在三通管3的一端装着活动测量头1，另一端装着可换测量头2，垂直管口一端，通过连杆4装有百分表5。活动测头1的移动，使传动杠杆7回转，通过活动杆6，推动百分表的测量杆，使百分表指针产生回转。由于杠杆7的两侧触点是等距离的，当活动测头移动1mm时，活动杆也移动1mm，推动百分表指针回转一圈。所以，活动测头的移动量，可以在百分表上读出来。两触点量具在测量内径时，不容易找正孔的直径方向，定心护桥8和弹簧9就起了一个帮助找正直径位置的作用，使内径百分表的两个测量头正好在内孔直径的两端。活动测头的测量压力由活动杆6上的弹簧控制，保证测量压力一致。内径百分表活动测头的移动量，小尺寸的只有0~1mm，大尺寸的有0~3mm，它的测量范围是由更换或调整可换测头的长度来达到的。因此，每个内径百分表都附有成套的可换测头。国产内径百分表的读数值为0.01mm，测量范围有10~18mm；18~35mm；35~50mm；50~100mm；100~160mm；160~250mm；250~450mm。

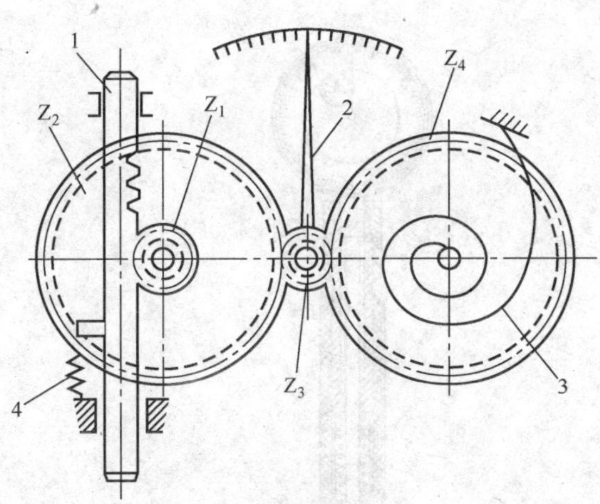

图1-44　百分表内部机构的示意图

1—测量杆　2—指针　3、4—弹簧　Z_1、Z_2、Z_3、Z_4—齿轮

用内径百分表测量内径是一种比较量法，测量前应根据被测孔径的大小，在专用的环规或千分尺上调整好尺寸后才能使用。调整内径百分表的尺寸时，选用可换测头的长度及其伸出的距离（大尺寸内径百分表的可换测头，是用螺纹旋上去的，故可调整伸出的距离，小尺寸的不能调整），应使被测尺寸在活动测头总移动量的中间位置。内径百分表的示值误差比较大，如测量范围为35~50mm的，示值误差为±0.015mm。为此，使用时应当经常在专用环规或千分尺上校对尺寸（习惯上称校对零位），必要时可在如图1-46所示的由块规附件装夹好的块规组上校对零位，并增加测量次数，以便提高测量精度。

内径百分表的指针摆动读数，刻度盘上每一格为0.01mm，盘上刻有100格，即指针每转一圈为1mm。

② 内径百分表的使用方法。内径百分表用来测量圆柱孔，它附有成套的可调测量头，使用前必须先进行组合和校对零位，如图1-47所示。组合时，将百分表装入连杆内，使小指针指在0~1的位置上，长针和连杆轴线重合，刻度盘上的字应垂直向下，以便于测量时观察，装好后应予紧固。

粗加工时，最好先用游标卡尺或内卡钳测量。因内径百分表同其他精密量具一样属贵重仪器，其好坏与精确直接影响到工件的加工精度和其使用寿命。粗加工时工件加工表面粗糙不平而测量不准确，也使测头易磨损。因此，须加以爱护和保养，精加工时再进行测量。

测量前应根据被测孔径大小用外径千分尺调整好尺寸后才能使用，如图1-47所示。在调整尺寸时，正确选用可换测头的长度及其伸出距离，应使被测尺寸在活动测头总移动量的中间位置。测量时，连杆中心线应与工件中心线平行，不得歪斜，同时应在圆周上多测几个点，找出孔径的实际尺寸，看是否在公差范围以内，如图1-48所示。

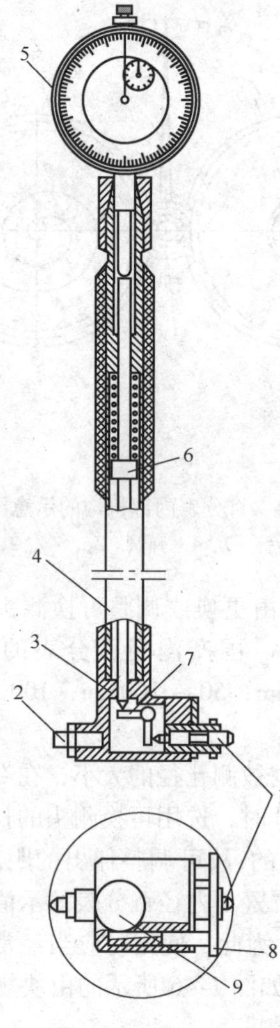

图 1-45　内径百分表测量架的内部结构

1—活动测量头　2—可换测量头　3—三通管

4—连杆　5—百分表　6—活动杆

7—传动杠杆　8—定心护桥　9—弹簧

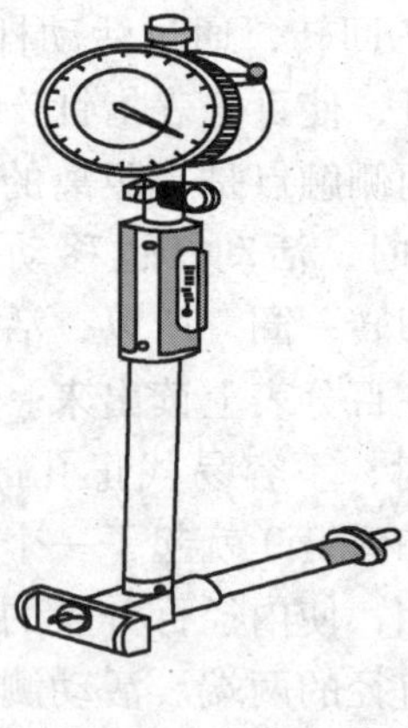

图 1-46　内径百分表校对零位

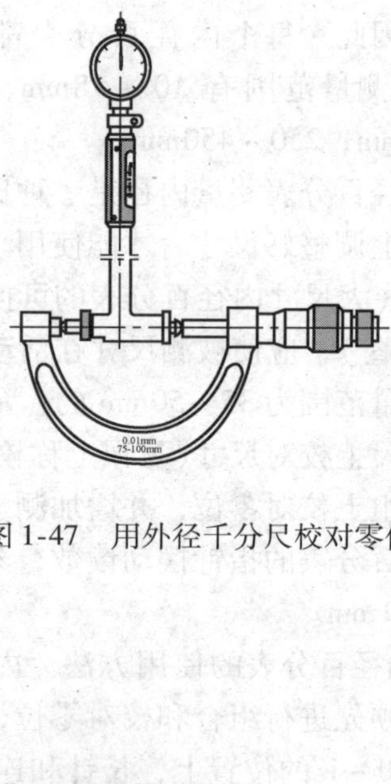

图 1-47　用外径千分尺校对零位

图 1-48　内径百分表的使用方法

课后习题

1. 填空题

1）常用螺钉旋具分为________、________、________、________四种 。

2）常用的钳子有________和________两种。

3）扳手常用的有________、________、________、________、________等。

4）常用锤子用锻钢制成，其重量一般为________、________等类型。

5）按照工作原理千斤顶可分为________式和________式。

2. 问答题

1）试述游标卡尺使用方法及组成。

2）试述外径千分尺使用方法及组成。

3）试述内径百分表使用方法及组成。

实训1　常用工具和量具的使用

1. 实训目的

1）认识各种维修工量具。

2）掌握各种工量具的正确使用方法。

2. 实训内容

1）各种维修工量具的认识。

2）各种工量具的正确使用方法。

3. 实训设备

1）各种维修工量具各一个。

2）完整的发动机一台。

3）工具车、零件车各一个。

4）工作台一个。

4. 实训方法及步骤

1）实训方法　每班分成两个大组，分两个内容进行实训：一个大组进行汽车保养维修常用工具的认识及使用方法的操作，另一个大组进行汽车保养维修常用量具的认识及使用方法的操作。二个大组依次进行轮换，分两次完成。课内实训时以指导老师讲解、演示为主，学生提问进行教学互动。课外时间开放实训室，学生根据实训报告和考核的要求，完成实训内容。

(2) 使用方法及步骤(见正文所示)。

(3) 实训报告内容(自选其一写实训报告)。

1）试述几种工具的使用方法。

2）试述几种量具的使用方法。

在发动机实训室内提供：①装备齐全的汽油发动机一台；②专业工量具若干套、工具车一个、零件车一个。进入考核程序后，考生准备考试所需的器材，将考试相应内容记录在工单上，整理场地后结束考试。

5. “常用工具和量具的使用”评分标准和操作工单

“常用工具和量具的使用”评分标准

序号	考核项目	配分	扣分标准(每项累计扣分不能超过配分)
1	安全文明否决		造成人身、设备重大事故，或恶意顶撞考官严重扰乱考场秩序，立即终止考试，此项目记0分
2	安全文明生产	10分	(1) 不穿工作服、工作鞋、工作帽各扣1分 (2) 零件乱放每次扣2分 (3) 油、水落地或零部件表面未及时清理每次扣1分 (4) 考试完后不清理场地扣3分 (5) 不服从考官、出言不逊，每次扣3分
3	工量具准备与检查	5分	(1) 工量具每少准备一件扣1分 (2) 工量具选择不当，每次扣2分
4	工具选择	15分	一次不正确扣3分
5	工具认识	15分	一件不认识扣3分
6	工具使用	15分	使用错一次扣3分
7	读数不正确	15分	错一次扣3分
8	不能说出工具用途	10分	少说或说错一次扣3分
9	工具损坏	10分	一件扣10分
10	填写工单	5分	根据填写内容及规范程度酌情给分
11	合计	100分	

“常用工具和量具的使用”操作工单

班级：________ 姓名：________ 总分：________

车型		发动机型号	

一、准备工作

(1) 工量具准备与检查	
(2) 考试用具准备	

二、操作过程

要求：能正确认识汽车保养与维修的常用工量具并掌握其使用方法，填在下面表格中。

工具的认识	
量具的认识	
工具的使用	
量具的使用	

第 2 章

发动机工作原理

发动机是汽车的动力源，是把燃料(汽油或柴油)在气缸内燃烧产生的热能转变为机械能的一种机器，由于燃料燃烧是在发动机内部进行的，所以也叫内燃机。除为数不多的新能源(天然气、电动等)汽车外，现代汽车所使用的发动机主要是汽油机和柴油机。

本章介绍了汽车发动机的类型、总体构造、常用术语和工作原理以及实践部分。

2.1 发动机的基本结构、常用术语

提示：采用发动机的零部件现场讲解。

学习目标	鉴定标准	教学建议
1. 掌握汽车发动机的类型、总体构造、基本术语和工作原理 2. 内燃机的名称、型号和主要参数	应知：熟悉汽车发动机的类型、总体构造、基本术语和工作原理	建议：采用教师启发式讲解、学生讨论相结合的方式，最后教师总结

1. 发动机的基本结构

目前汽车上广泛采用的是四冲程往复活塞式柴油发动机和汽油发动机。柴油发动机由两大机构、四大系统组成；汽油发动机则由两大机构、五大系统组成(比柴油机多点火系)。

(1) 曲柄连杆机构　由机体组、活塞连杆组和曲轴飞轮组等组成，是发动机进行能量转换和传递动力的机构(图 2-1)。

(2) 配气机构　由气门组和气门传动组组成，是发动机的换气机构(图 2-2)。

(3) 燃油供给系　由燃油箱、输油泵、燃油滤清器、空气滤清器、进气歧管、排气歧管、排气消声器等机件组成，汽油机包括燃油喷射系统或化油器，柴油机包括喷油泵、调速器、喷油器等组成(图 2-3)。

(4) 润滑系　由机油泵、集滤器、机油滤清器、限压阀、润滑油道和机油散热器、油

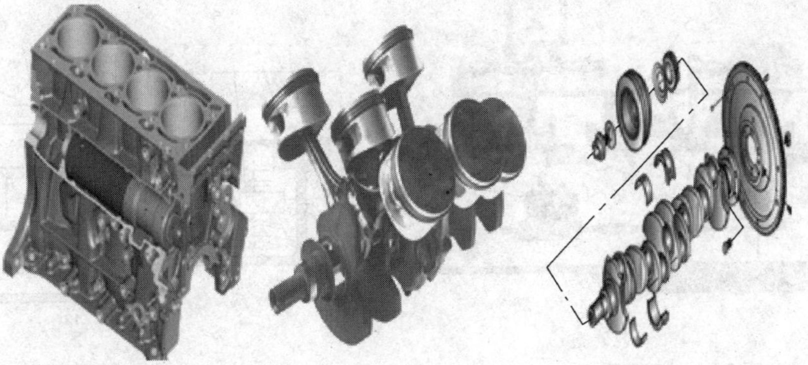

图 2-1　曲柄连杆机构

a）机体组　b）活塞连杆组　c）曲轴飞轮组

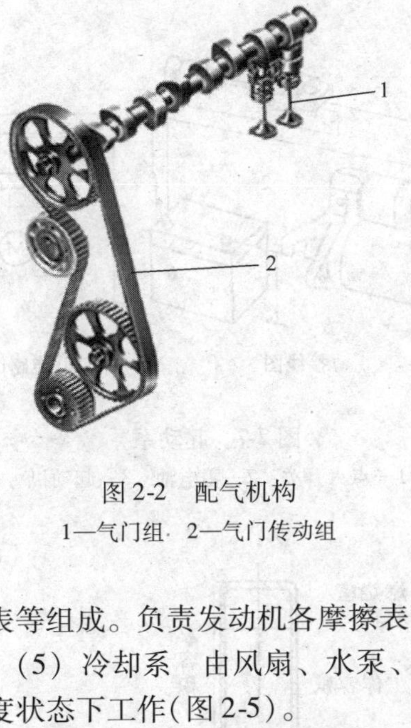

图 2-2　配气机构

1—气门组　2—气门传动组

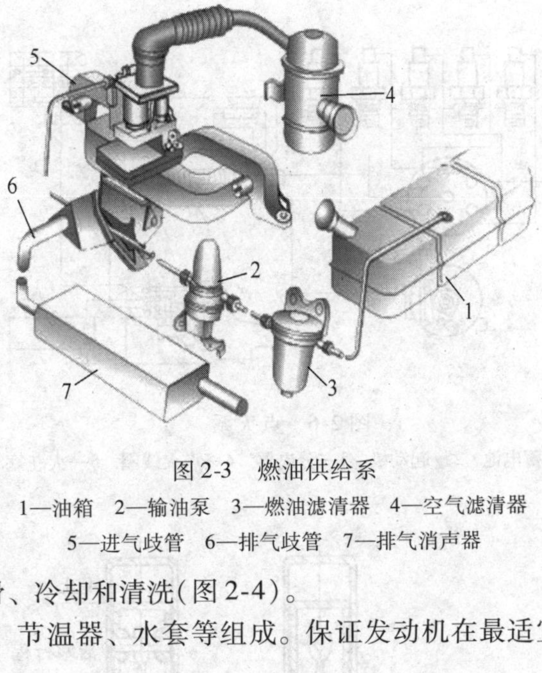

图 2-3　燃油供给系

1—油箱　2—输油泵　3—燃油滤清器　4—空气滤清器　5—进气歧管　6—排气歧管　7—排气消声器

压表等组成。负责发动机各摩擦表面的润滑、冷却和清洗(图 2-4)。

(5) 冷却系　由风扇、水泵、散热器、节温器、水套等组成。保证发动机在最适宜的温度状态下工作(图 2-5)。

(6) 点火系　由蓄电池、发电机、分电器、点火线圈和火花塞等组成。功用是定时点燃气缸内的可燃混合气(图 2-6)。

(7) 起动系　由起动机及其附属装置组成，负责发动机的起动(图 2-7)。

2. 发动机常用术语(图 2-8)

1) 工作循环：发动机每完成进气、压缩、做功、排气四个行程，称为一个工作循环。

2) 上止点：活塞在气缸内向上运动达到的最高点的位置。

3) 下止点：活塞在气缸内向下运动达到的最低点的位置。

4) 活塞行程：活塞由上止点运动到下止点所走的距离。活塞每移动一个活塞行程，曲轴旋转半周(180°)。

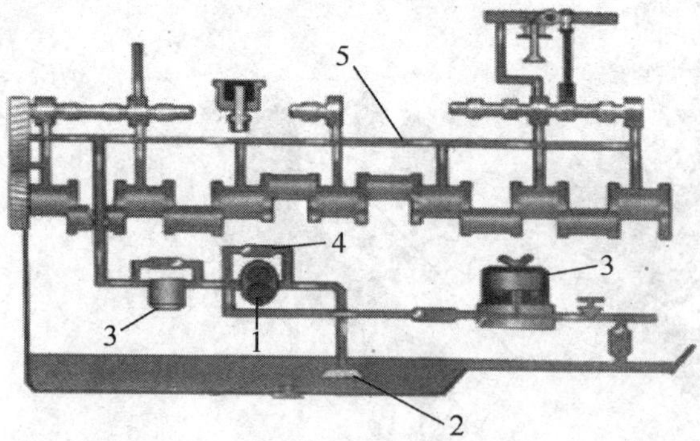

图 2-4　润滑系

1—机油泵　2—集滤器　3—机油滤清器

4—限压阀　5—润滑油道

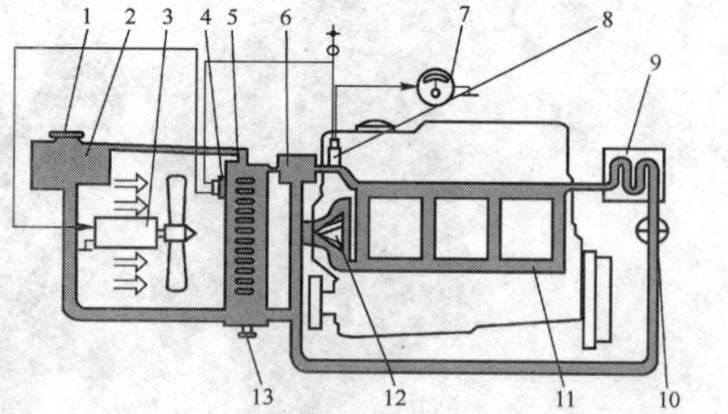

图 2-5　冷却系

1—散热器盖　2—膨胀水箱　3—风扇　4—温控开关

5—散热器　6—节温器　7—冷却液温度表　8—温度传感器

9—暖气水箱　10—气阀门　11—水套

12—水泵　13—放水开关

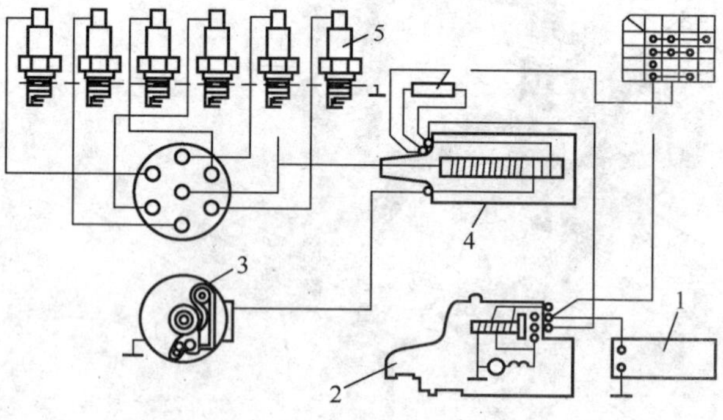

图 2-6　点火系

1—蓄电池　2—起动机　3—分电器　4—点火线圈　5—火花塞

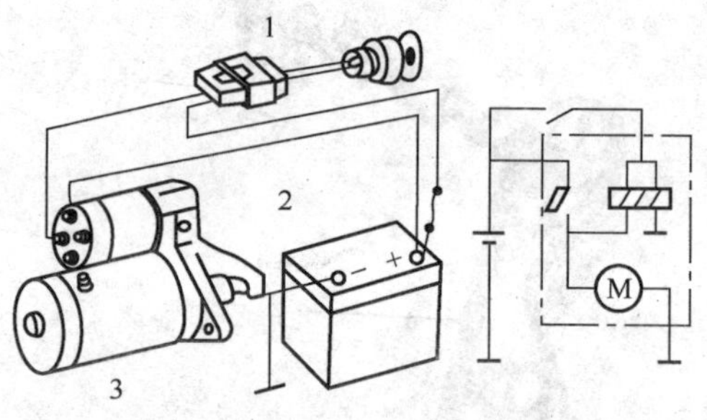

a) 接线图　　b) 电路图

图 2-7　起动系

1—点火开关　2—蓄电池　3—起动机

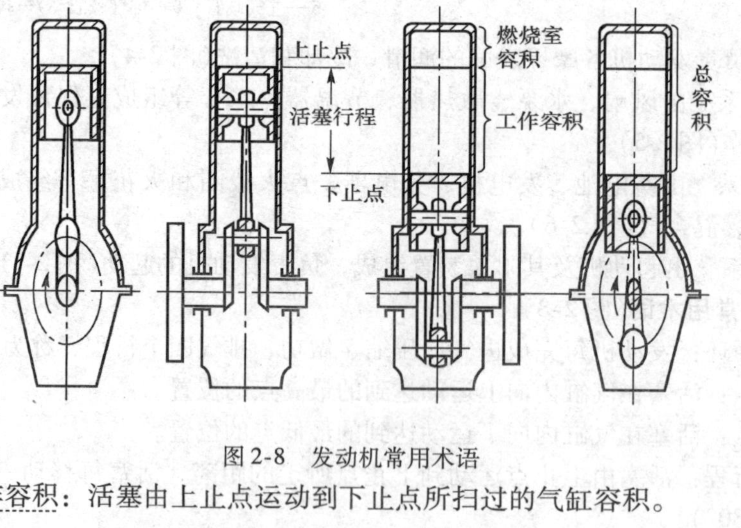

图 2-8　发动机常用术语

5）气缸工作容积：活塞由上止点运动到下止点所扫过的气缸容积。

6）发动机排量：多缸发动机全部气缸工作容积的总和称为发动机排量。

7）燃烧室容积：当活塞在上止点时，活塞顶部与气缸盖之间的容积。

8）气缸总容积：气缸工作容积与燃烧室容积之和。

9）压缩比：气缸总容积与燃烧室容积的比值。

3. 内燃机的名称、型号和主要参数

为了便于内燃机的生产、识别、管理与使用，国家标准《内燃机产品名称和型号编制规则》（GB752—1982）对内燃机的名称和型号的编制作了统一规定。其内容如下：

1）内燃机产品名称按所采用的燃料命名，例如汽油机、柴油机、煤气机、双（多种）燃料发动机等。

2）内燃机型号由阿拉伯数字和汉语拼音字母组成，包括四部分：

首部：为产品系列符号和换代标志符号，由制造厂根据需要自选相应字母表示，但需主管部门核准。

中部：由表示气缸数、气缸排列形式、冲程、缸径的符号（数字或拼音字母）组成。

后部：结构特征和用途特征符号，以字母表示。

尾部：变型符号，用数字表示改型顺序，中间用短线连接。同一系列产品因改型等原因需要区分时，由制造厂选用适当符号表示。

3）内燃机型号的排列顺序及符号所代表的意义。

① 发动机编号规则。内燃机型号的排列顺序及符号所代表的意义规定如图 2-9 所示。

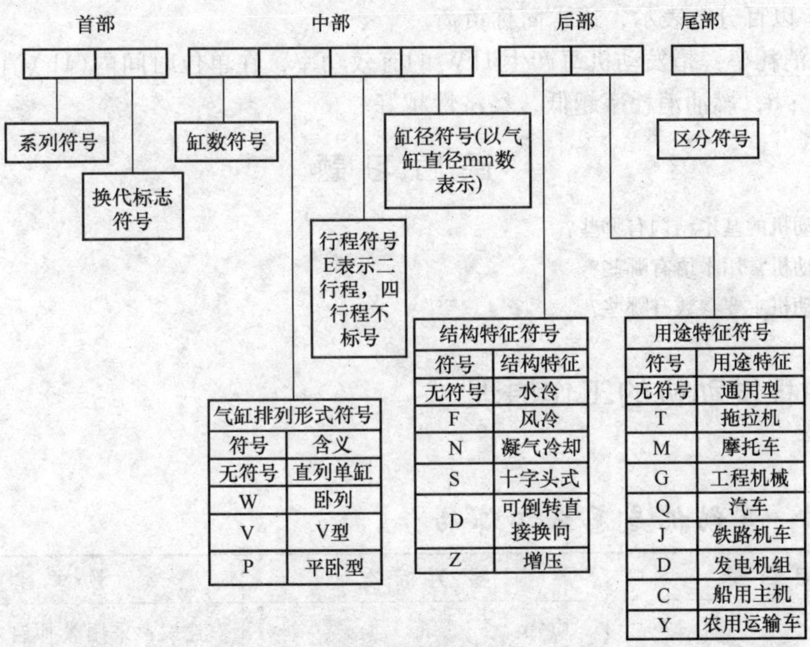

气缸排列形式符号	
符号	含义
无符号	直列单缸
W	卧列
V	V型
P	平卧型

结构特征符号	
符号	结构特征
无符号	水冷
F	风冷
N	凝气冷却
S	十字头式
D	可倒转直接换向
Z	增压

用途特征符号	
符号	用途特征
无符号	通用型
T	拖拉机
M	摩托车
G	工程机械
Q	汽车
J	铁路机车
D	发电机组
C	船用主机
Y	农用运输车

图 2-9　发动机编号规则

② 发动机的型号编制举例。

CA6102Q 型汽油机——表示由第一汽车集团公司生产，六缸、直列、四冲程、缸径 102mm、水冷、车用汽油机。

CA6110/125Z1A2 型柴油机(CA1121J 型汽车用)——表示由第一汽车集团公司生产，六缸、直列、四冲程、缸径 110mm、发动机活塞行程 125mm、生产企业产品代号为 Z1A2。

EQ6100Q－1 型汽油机——表示由第二汽车制造厂生产、六缸、直列、四冲程、缸径 100mm、水冷、车用汽油机、且为第一次改型后的产品。

康明斯 EQ6BTA5. 9 型柴油机(EQ1118GA 型汽车用)——表示第二汽车制造厂生产，六缸、四冲程、B 系列、废气涡轮增压、中间冷却、排量为 5. 9L 的柴油机。

玉柴 YC6105QC 型柴油机——表示由广西玉柴机器股份有限公司生产，六缸、直列、四冲程、缸径 105mm、水冷、车用柴油机，第二次改型产品。

4. 发动机主要参数

1）发动机转速：指发动机曲轴旋转速度，单位是 r/min。解放 CA6110/125Z1A2、东风 EQ6BT5. 9 型发动机最高转速均为 2600r/min。

2）有效转矩：指发动机飞轮对外输出的转矩，单位是 N · m。是指燃料燃烧膨胀做功所产生的力。除克服各摩擦阻力和驱动辅助装置(如风扇、水泵、发电机、机油泵、凸轮轴等)最后可在飞轮上供给外界使用的转矩。

3）有效功率：指发动机飞轮在单位时间内对外做功的量，单位是 kW。

4）工况：指发动机在某一时刻的运行状况。以该时刻发动机输出的有效功率和曲轴转速表示。曲轴转速即为发动机转速。

5）负荷率：指发动机在某一转速下发出的有效功率与相同转速下所能发出的最大有效功率的比值，以百分数表示，通常简称负荷。

6）燃油消耗率：指发动机每产生 1kW 的有效功率，在单位时间内(1h)消耗的燃油量，单位是 g/kW · h，燃油消耗率越低，经济性越好。

课后习题

1. 汽车发动机的基本结构有哪些?
2. 汽车发动机常用术语有哪些?
3. 汽车发动机主要参数有哪些?

2.2 四冲程发动机的工作原理

想一想：发动机是怎么工作的?

学习目标	鉴定标准	教学建议
掌握发动机的工作原理。	应知： 1. 汽油机工作原理 2. 柴油机工作原理	建议：采用教师启发式讲解与学生讨论相结合的方式，最后教师总结

1. 柴油机的工作原理(图 2-10)

四冲程柴油机在四个活塞行程内完成进气、压缩、做功和排气四个工作过程，即在一个活塞行程内只进行一个过程。因此，活塞行程可分别用四个过程命名。

(1) 进气行程(图 2-10a)　活塞在曲轴的带动下由上止点运动到下止点。此时排气门关闭，进气门开启。在活塞运动过程中，气缸容积逐渐增大，气缸内形成一定的真空度，被吸入气缸的只是纯净的空气。由于柴油机进气系统阻力较小，残余废气的温度较低。因此，进气行程结束时气缸内气体的压力较高(约 0.085 ~ 0.095MPa)，温度较低(约为 310 ~ 340K)。

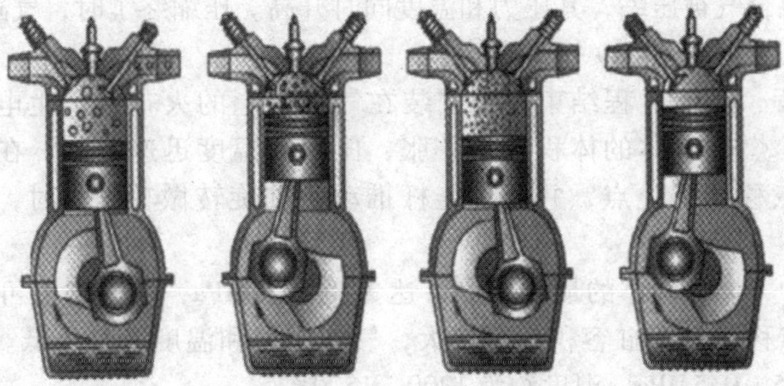

a)　b)　c)　d)

图 2-10　发动机的工作行程

a) 进气行程　b) 压缩行程　c) 做功行程　d) 排气行程

(2) 压缩行程(图 2-10b)　进气行程结束后，曲轴继续带动活塞由下止点移至上止点。这时，进、排气门均关闭。随着活塞移动，气缸容积不断减小，气缸内的空气被压缩，其压力和温度同时升高。因为柴油机的压缩比大，压缩终了时气缸内空气压力可达 3.5 ~ 4.5MPa，温度高达 750 ~ 1000K，大大超过了柴油的自燃温度(约 600K)。

(3) 做功行程(图 2-10c)　在压缩行程结束时，喷油泵将柴油泵入喷油器，并通过喷油器喷入燃烧室。因喷油压力高，喷孔直径很小，所以喷出的柴油呈细雾状，迅速与空气混合形成可燃混合气，气缸内的温度远高于柴油的自燃点，因此柴油随即自行着火燃烧。燃烧气体的压力、温度迅速升高，体积急剧膨胀。在气体压力的作用下，活塞推动连杆，连杆推动曲轴旋转做功。在做功行程中，燃烧气体的最大压力可达 6 ~ 9MPa，最高温度可达 1800 ~ 2200K。做功行程结束时，压力为 0.2 ~ 0.5MPa，温度为 1000 ~ 1200K。

(4) 排气行程(图 2-10d)　排气行程开始，排气门开启，进气门仍然关闭，曲轴通过连杆带动活塞由下止点移至上止点，此时膨胀过后的燃烧气体(或称废气)在其自身剩余压力和在活塞的推动下，经排气门排出气缸之外。当活塞到达上止点时，排气行程结束，排气门关闭。在做功行程中混合气燃烧产生的废气必须从气缸中排出，以便进入下一个进气行程。排气终了时气缸内残余废气的压力为 0.105 ~ 0.120MPa，温度为 700 ~ 900K。

至此，四冲程柴油机经过进气、压缩、做功和排气四个行程完成了一个工作循环。这期间活塞在上、下止点间往复运动四个行程，曲轴旋转两周(720°)，即每一个行程有 180°的曲轴转角，活塞上行和下行共四次，进、排气门各开闭一次。

2. 汽油机工作原理

四冲程汽油机的工作循环同样包括进气、压缩、做功和排气四个过程，在各个活塞行程中，进、排气门的开闭和曲柄连杆机构的运动与柴油机完全相同。只是由于汽油和柴油的使用性能不同，使汽油机和柴油机在混合气形成方法及着火方式上有着根本的差别。因此，在叙述汽油机工作原理时只涉及与柴油机的不同之处。

（1）进气行程　空气和汽油的混合物通过进气门被吸入气缸，并在气缸内进一步混合形成可燃混合气。进气终了时气缸内的气体压力约为0.08～0.09MPa，温度约为320～380K。

（2）压缩行程　进气行程结束后，曲轴继续带动活塞由下止点移至上止点。随着活塞移动，气缸内的混合气被压缩，其压力和温度同时升高。压缩终了时，气缸内气体的压力约为0.8～1.5MPa，温度约为600～750K。

（3）做功行程　压缩行程结束时，安装在气缸盖上的火花塞产生电火花，点燃气缸内的可燃混合气，燃烧气体的体积急剧膨胀，压力和温度迅速升高。在气体压力的作用下，活塞由上止点移至下止点，并通过连杆推动曲轴旋转做功。这时，进、排气门仍旧关闭。

在做功行程中，燃烧气体的最大压力可达3.0～6.5MPa，最高温度可达2200～2800K。随着活塞向下止点移动，气缸容积不断增大，气体压力和温度逐渐降低。在做功行程结束时，压力约为0.35～0.5MPa，温度约为1200～1500K。

（4）排气行程　排气行程终了时，在燃烧室内尚残留少量废气，称其为残余废气。因为排气系统有阻力，所以残余废气的压力比大气压力略高，约为0.105～0.12MPa，温度约为900～1100K。

3. 汽油机与柴油机的对比

（1）四冲程汽油机与柴油机的共同点

1）每个工作循环都包含进气、压缩、做功和排气四个活塞行程，每个行程占180°曲轴转角，曲轴每旋转两周完成一个工作循环。

2）四个活塞行程中只有一个做功行程，其余三个是耗功行程。

（2）四冲程柴油机与汽油机的不同点

1）所用燃料不同(柴油与汽油)。

2）混合气形成过程不同(缸内与缸外)。

3）压缩比不同(柴油机为16～22,汽油机为6～9)。

4）着火方式不同(自燃与点燃)。

课后习题

1. 填空题

1）按发火方式可分为________与________。

2）汽油机由两大机构和五大系统组成，即由________及________、________、________、________、________和________组成。

2. 问答题

1）什么叫上止点、下止点、气缸工作容积、燃烧室容积、压缩比、发动机排量？

2）内燃机运行中，如果连杆弯曲，压缩比会如何变化？

3）什么叫发动机循环、四行程发动机、二行程发动机？四行程发动机有何特点？

4）举例说明内燃机的编号规则。如1E65F、495T、4100Q、6E135C。

5）四冲程柴油机与四冲程汽油机工作过程比较。

6）发动机的主要性能指标有哪些？各自的定义是什么？

7）某汽油机有 4 个气缸。气缸直径 87.5mm，活塞行程 92mm，压缩比为 8，试计算其气缸工作容积、燃烧室容积及发动机排量。

实训 2　发动机总体结构认识

1. 实训目的

1）掌握汽车发动机各系统的组成。

2）初步认识汽车发动机主要部件的名称、外形及安装连接关系。

3）初步了解汽车发动机的工作过程。

4）掌握发动机基本术语和各部件在发动机上的具体位置。

2. 实训内容

1）汽车发动机的各系统组成。

2）汽车发动机的整体结构和主要零部件的认识。

3）汽车发动机工作过程。

3. 实训设备

1）装备齐全的汽油发动机一台。

2）拆散但零件齐全的汽油发动机一台。

3）透明能运转的发动机一台。

4）工具车一个，零件车一个。

5）发动机及各系统的电动示教板一套。

4. 实训方法及步骤

（1）实训方法　每班分成三个大组，分三个内容进行实训。一个大组进行汽车发动机整体及外围部件认识，另一个大组进行发动机内部主要部件的认识，第三个大组通过透明教具、解剖教具、电动示教板了解发动机及各系统的工作过程。三个大组依次进行轮换，分三次完成。课内实训时以指导老师讲解、演示为主，学生提问进行教学互动。课外时间开放实训室，学生根据实训报告及考核要求，完成实训内容。

（2）实训步骤

1）拆下气缸盖固定螺栓，注意螺栓应从两端向中间交叉旋松，如图 2-11 所示。

2）取下气缸垫，注意气缸垫的安装朝向。

3）翻转发动机，拆卸油底壳固定螺栓（注意螺栓也应从两端向中间旋松）。

4）拆下油底壳和油底壳密封垫，如图 2-12 所示。

5）旋松机油粗滤器固定螺栓，拆卸机油滤清器、机油泵链轮和机油泵，如图 2-13 所示。

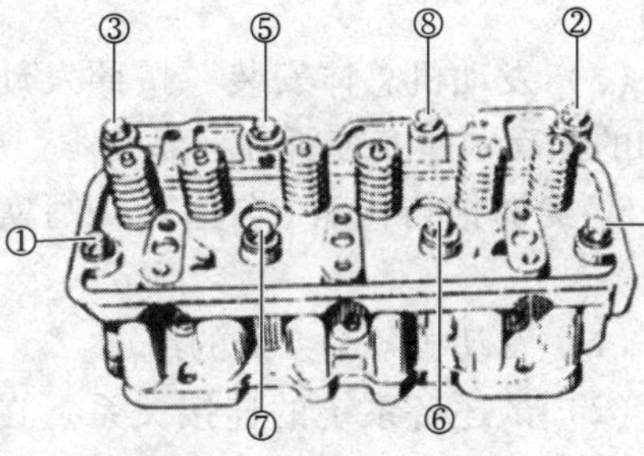

图 2-11　气缸盖固定螺栓拆卸顺序

6）拆卸发动机活塞连杆组，转动曲轴，使发动机 1、4 缸活塞处于下止点。

7）分别拆卸 1、4 缸的连杆紧固螺母，取下连杆轴承盖，注意连杆配对记号，并按顺序放好，如图 2-14 所示。

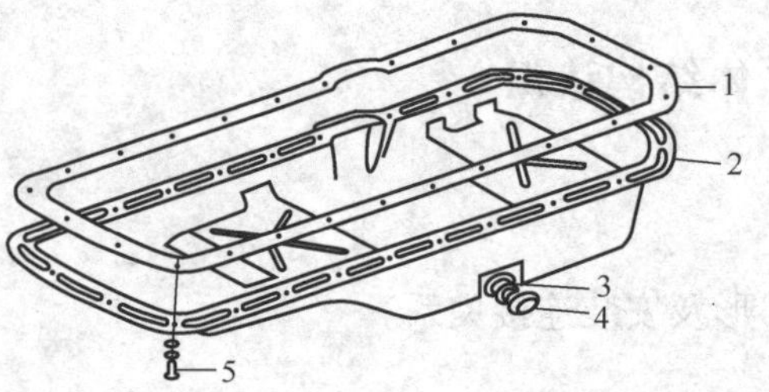

图 2-12　油底壳及其密封垫

1—油底壳密封垫　2—油底壳　3—垫圈

4—磁性放油螺塞　5—螺钉

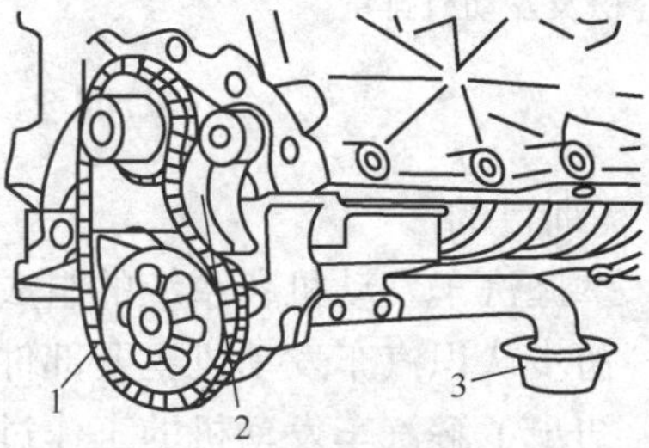

图 2-13　链条与集滤器

1—链条　2—链条张紧器　3—集滤器

8）用橡胶锤或锤子木柄分别推出 1、4 缸的活塞连杆组件，用手在气缸出口接住并取出活塞连杆组件，注意活塞安装方向。

9）将连杆轴承盖、连杆螺栓、螺母按原位置装回，不同缸的连杆不能互相调换。用同样方法拆卸 2、3 缸的活塞连杆组。

图 2-14　取下连杆轴承盖

10）拆卸发动机曲轴飞轮组，旋松飞轮紧固螺钉，拆卸飞轮(图 2-15)。飞轮比较重，拆卸时注意安全。拆卸曲轴前端和后端密封凸缘及油封。

11）从两端到中间旋松曲轴主轴承盖紧固螺栓，并注意主轴承盖的装配记号与朝向，不同缸的主轴承盖及轴瓦不能互相调换。

12）抬下曲轴，再将主轴承盖及垫片按原位装回，并将固定螺钉拧入少许。注意曲轴推力轴承的定位及开口的安装方向。

（3）发动机总体安装　按照发动机拆卸的相反顺序安装所有零部件。

图 2-15　拆卸飞轮

5. 实训报告内容(自选其一写实训报告)

（1）发动机各个系统的组成

（2）试述各系统的连接关系。在发动机实训室内提供装备齐全的汽油发动机一台；拆散但零件齐全的汽油发动机一台；透明能运转的发动机一台；工具车一个、零件车一个；发动机及各系统的电动示教板一套。

进入考核程序后，考生准备考试所需的器材，将考试相应内容记录在工单上，整理场地后结束考试。

6. “发动机总体结构认识”评分标准及操作工单

“发动机总体结构认识”评分标准

序号	考核项目	配分	扣分标准(每项累计扣分不能超过配分)
1	安全文明否决		造成人身、设备重大事故，或恶意顶撞考官严重扰乱考场秩序，立即终止考试，此项目记 0 分
2	安全文明生产	10 分	(1) 不穿工作服、工作鞋、工作帽各扣 1 分 (2) 零件乱放每次扣 2 分 (3) 油、水落地或零部件表面未及时清理每次扣 1 分 (4) 考试完后不清理场地扣 3 分 (5) 不服从考官、出言不逊，每次扣 3 分
3	工量具准备与检查	5 分	(1) 工量具每少准备一件扣 1 分 (2) 工量具选择不当，每次扣 2 分
4	机体组	10 分	少说一件或说错一件扣 3 分
5	曲柄连杆机构	10 分	少说一件或说错一件扣 3 分
6	配气机构	10 分	少说一件或说错一件扣 3 分
7	润滑系	10 分	少说一件或说错一件扣 3 分
8	冷却系	10 分	少说一件或说错一件扣 3 分
9	燃料供给系	10 分	少说一件或说错一件扣 3 分
10	点火系	10 分	少说一件或说错一件扣 3 分
11	起动系	10 分	少说一件或说错一件扣 3 分
12	填写工单	5 分	根据填写内容及规范程度酌情给分
13	合计	100 分	

“发动机总体认识”操作工单

班级：________　　　　姓名：________　　　　总分：________

车型		发动机型号	

一、准备工作

（1）工量具准备与检查	
（2）考试用具准备	

二、操作过程

要求：能正确地认识发动机的几大系统并填在下面表格中。

机体组	
曲柄连杆机构	
配气机构	
润滑系	
冷却系	
燃料供给系	
点火系	
起动系	
整理场地	

第 3 章

机体组的构造与维修

想一想：什么是机体组？它的结构与作用是什么？

提示：通过之前的学习可知机体组是构成发动机的骨架，是发动机各机构和各系统的安装基础。因此，机体必须要有足够的强度和刚度。

学 习 目 标	鉴 定 标 准	教 学 建 议
1. 掌握发动机机体组的类型、作用与总体构造。 2. 机体组的拆装与检修	应知：发动机机体组的类型、作用与总体构造。 应会：机体组的拆装与检修	建议：采用教师启发式讲解与学生讨论相结合的方式，最后教师总结。

机体是构成发动机的骨架，是发动机各机构和各系统的安装基础，其内、外安装着发动机的所有主要零件和附件，承受各种载荷。因此，机体必须要有足够的强度和刚度。机体组主要由气缸体(图 3-1)、曲轴箱、气缸盖和气缸垫等零件组成。

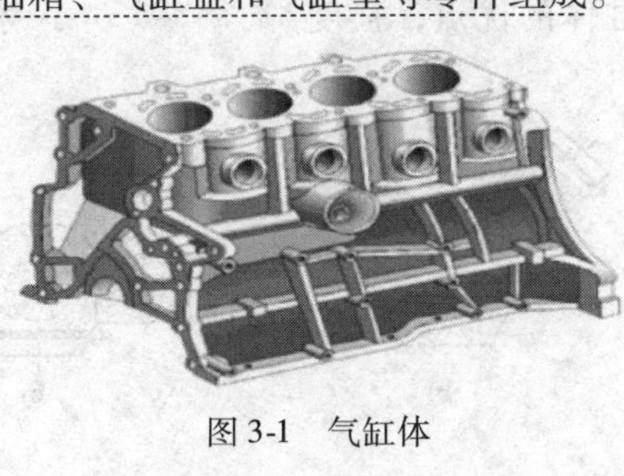

图 3-1　气缸体

3.1　机体组的结构与作用

1. 气缸体

水冷发动机的气缸体和上曲轴箱常铸成一体，称为气缸体—曲轴箱，也可称为气缸体。

气缸体一般由灰铸铁铸成，气缸体上部的圆柱形空腔称为气缸，下半部为支承曲轴的曲轴箱，其内腔为曲轴运动的空间。在气缸体内部铸有许多加强筋、冷却水套和润滑油道等。气缸体应具有足够的强度和刚度，根据气缸体与油底壳安装平面的位置不同，通常把气缸体分为以下三种形式(图3-2)。

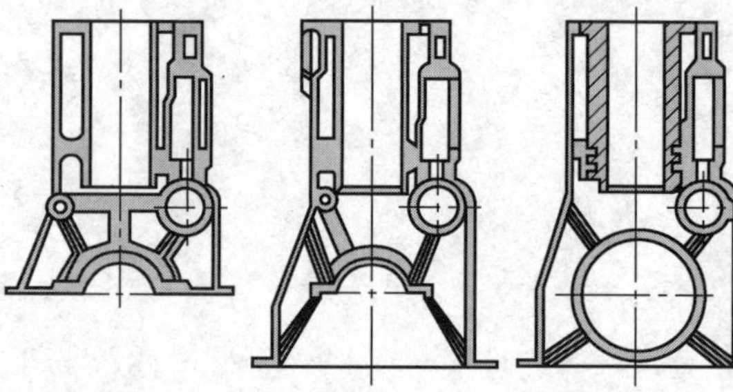

图3-2　气缸体的三种形式
a）一般式　b）龙门式　c）隧道式

1）一般式气缸体：其特点是油底壳安装平面和曲轴旋转中心在同一高度。这种气缸体的优点是机体高度小，重量轻，结构紧凑，便于加工，曲轴拆装方便。但其缺点是刚度和强度较差。

2）龙门式气缸体：其特点是油底壳安装平面低于曲轴的旋转中心。它的优点是强度和刚度都好，能承受较大的机械负荷；但其缺点是工艺性较差，结构笨重，加工较困难。

3）隧道式气缸体：这种形式的气缸体曲轴的主轴承孔为整体式，采用滚动轴承，主轴承孔较大，曲轴从气缸体后部装入。其优点是结构紧凑，刚度和强度好，但其缺点是加工精度要求高，工艺性较差，曲轴拆装不方便。

为了能够使气缸内表面在高温下正常工作，必须对气缸和气缸盖进行适当地冷却。冷却形式有两种：一种是水冷，另一种是风冷，如图3-3所示。气缸体的排列形式还可以分成直列式、V型和对置式三种，如图3-4所示。

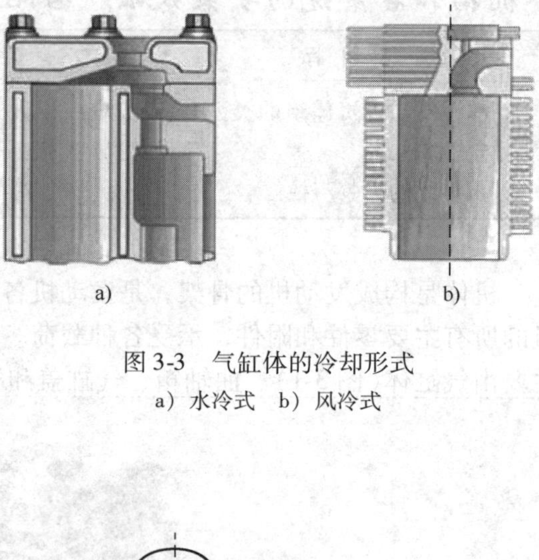

图3-3　气缸体的冷却形式
a）水冷式　b）风冷式

气缸套有干式气缸套和湿式气缸套两种，如图3-5所示。干式气缸套的特点是气缸套装入气缸体后，其外壁不直接与冷却水接触，而和气缸体的壁面直接接触，壁厚较薄，一般为1～3mm。它具有整体式气缸体的优点，强度

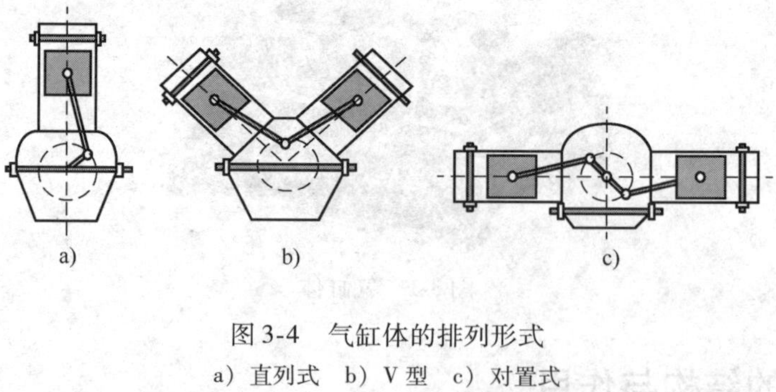

图3-4　气缸体的排列形式
a）直列式　b）V型　c）对置式

和刚度都较好，但加工比较复杂，内、外表面都需要进行精加工，拆装不方便，散热不良。

水冷发动机的气缸周围和气缸盖中都加工有冷却水套，并且气缸体和气缸盖冷却水套相通，冷却水在水套内不断循环，带走部分热量，对气缸和气缸盖起冷却作用。现代汽车上基

本都采用水冷多缸发动机，对于多缸发动机，气缸的排列形式决定了发动机外形尺寸和结构特点，同时对发动机机体的刚度和强度也有影响，并关系到汽车的总体布置。湿式气缸套的特点是气缸套装入气缸体后，其外壁直接与冷却水接触，气缸套仅在上、下各有一圆环地带和气缸体接触，壁厚一般为 5 ~ 9mm。它散热良好，冷却均匀，加工容易，通常只需要精加工内表面，而与水接触的外表面不需要加工，拆装方便，但缺点是强度、刚度都不如干式气缸套好，而且容易产生漏水现象。应该采取一些防漏措施。

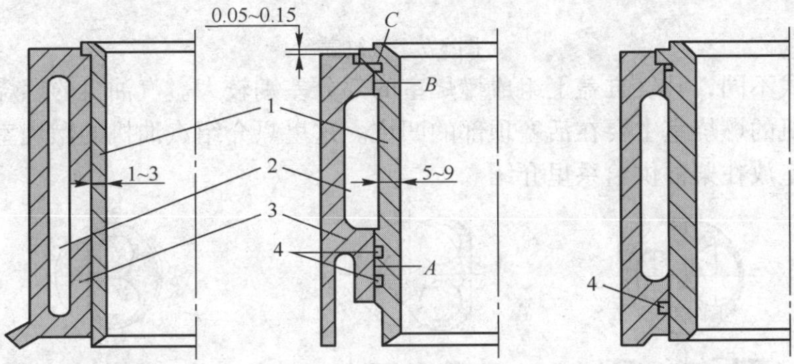

图 3-5　气缸套

1—气缸套　2—水套　3—气缸套　4—橡胶密封圈

A—下支承密封带　B—上支承密封带　C—缸套凸缘平面

2. 曲轴箱

气缸体下部用来安装曲轴的部位称为曲轴箱，曲轴箱分上曲轴箱和下曲轴箱。上曲轴箱与气缸体铸成一体，下曲轴箱用来储存润滑油，并封闭上曲轴箱，故又称为油底壳（图 3-6）。油底壳受力很小，一般采用薄钢板冲压而成，其形状取决于发动机的总体布置和机油的容量。油底壳内装有稳油挡板，以防止汽车颠动时油面波动过大。油底壳底部还装有放油螺塞，通常放油螺塞上装有永久磁铁，以吸附润滑油中的金属屑，减少发动机的磨损。在上下曲轴箱接合面之间装有衬垫，防止润滑油泄漏。

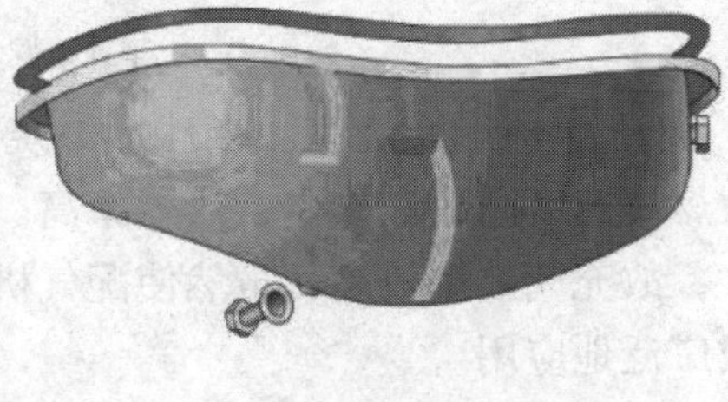

图 3-6　油底壳

3. 气缸盖（图 3-7）

气缸盖安装在气缸体的上面，从上部密封气缸并构成燃烧室。它经常与高温高压燃气相接触，因此承受很大的热负荷和机械负荷。水冷发动机的气缸盖内部制有冷却水套，缸盖下端面的冷却水孔与缸体的冷却水孔相通。利用循环水来冷却燃烧室等高温部分。

缸盖上还装有进、排气门座和气门导管孔，用于安装进、排气门，还有进气通道和排气通道等。汽油机的气缸盖上加工有安装火花塞的孔，而柴油机的气缸盖上加工有安装喷油器的孔。顶置凸轮轴式发动机的气缸盖上还加工有凸轮轴轴承孔，用以安装凸轮轴。

气缸盖一般采用灰铸铁或合金铸铁铸成，铝合金的导热性好，有利于提高压缩比，所以近年来铝合金气缸盖被采用得越来越多。

气缸盖是燃烧室的组成部分，燃烧室的形状对发动机的工作影响很大，由于汽油机和柴

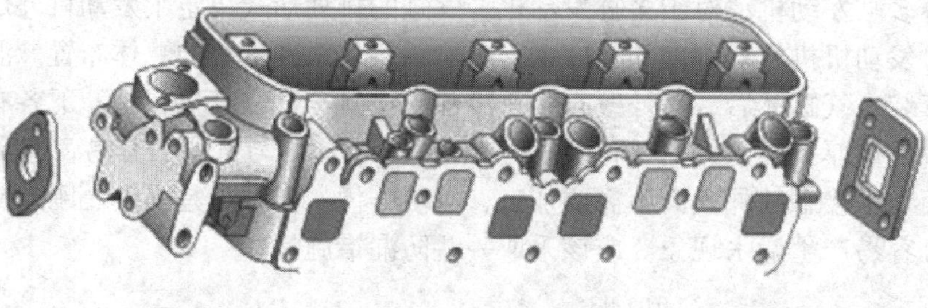

图 3-7 气缸盖

油机的燃烧方式不同，其气缸盖上组成燃烧室的部分差别较大。汽油机的燃烧室主要在气缸盖上，而柴油机的燃烧室主要在活塞顶部的凹坑。这里只介绍汽油机的燃烧室(图 3-8)，而柴油机的燃烧室放在柴油供给系里介绍。

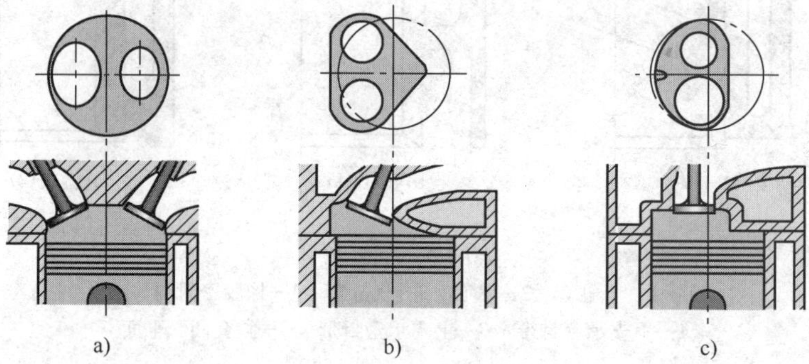

图 3-8 汽油机燃烧室常见的三种形式

a）半球形燃烧室 b）楔形燃烧室 c）盆形燃烧室

① 半球形燃烧室。半球形燃烧室结构紧凑，火花塞布置在燃烧室中央，火焰行程短，故燃烧速度高，散热少，热效率高。这种燃烧室结构上也允许气门双行排列，进气口直径较大，故充气效率较高，虽然使配气机构变得较为复杂，但有利于排气净化，在轿车发动机上被广泛地应用。

② 楔形燃烧室。楔形燃烧室结构简单、紧凑，散热面积小，热损失也小，能保证混合气在压缩行程中形成良好的涡流运动，有利于提高混合气的混合质量，进气阻力小，提高了充气效率。气门排成一列，使配气机构简单，但火花塞置于楔形燃烧室高处，火焰传播距离长些，切诺基轿车发动机采用这种形式的燃烧室。

③ 盆形燃烧室。盆形燃烧室，气缸盖工艺性好，制造成本低，但因气门直径易受限制，进、排气效果要比半球形燃烧室差。捷达轿车发动机、奥迪轿车发动机采用盆形燃烧室。

④ 气缸垫。气缸垫装在气缸盖和气缸体之间，如图 3-9 所示，其功用是保证气缸盖与气缸体接触面的密封，防止漏气、漏水和漏油。气缸垫的材料要有一定的弹性，能补偿结合面的不平度，以确保密封，同时要有好的耐热性和耐压性，在高温高压下不烧损、不变形。目前应用较多的是铜皮—棉结构的气缸垫，由于铜皮—棉气缸垫翻边处有三层铜皮，压紧时较之石棉不易变形。有的发动机还采用在石棉中心用编织的钢丝网或有孔钢板为骨架，两面用石棉及橡胶粘结剂压成的气缸垫。注意：安装气缸垫时，首先要检查气缸垫的质量和完好程度，所有气缸垫上的孔要和气缸体上的孔对齐，将光滑的一面朝向气缸体，使其与气缸体

表面较好贴合，防止被高温气体冲坏。其次要严格按照说明书上的要求拧紧气缸盖螺栓。拧紧气缸盖螺栓时，必须按中央对称地向四周扩展的顺序分 2 ~ 3 次进行，最后一次拧紧到规定的力矩。

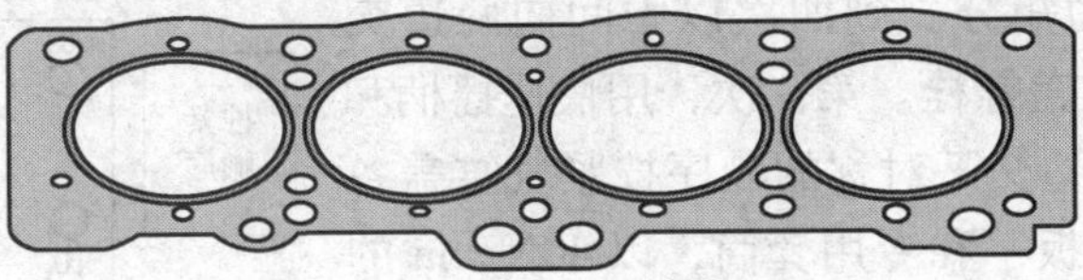

图 3-9　气缸垫

3.2　机体组的拆装与检修

1. 气缸盖的拆卸（图 3-10）

第一步：分两到三次以两边向中间交叉对称的顺序拆卸气缸盖螺栓。

第 1 次用扭力扳手和专用套筒，以两边向中间交叉对称的顺序拧松气缸盖各螺栓。

第 2 次用快速摇柄和专用套筒，按同样顺序拧出气缸盖各螺栓。

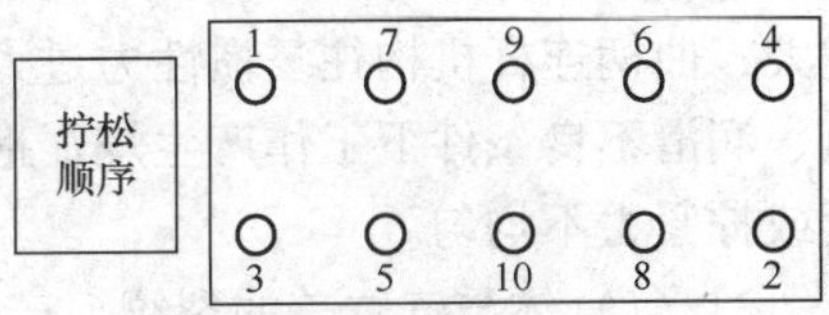

图 3-10　气缸盖的拆卸顺序

第二步：取下气缸盖并侧置于合适位置，取下气缸垫置于合适位置。

2. 气缸盖的清洗

第一步：用铲刀清除气缸盖与气缸体工作面及燃烧室的积炭，如图 3-11 所示。

第二步：用汽油与毛刷清洗缸盖内外部，使其显出金属本色。

3. 气缸盖的检测

第一步：目测气缸盖有无裂纹，螺栓螺孔的螺纹有无损伤，如图 3-12 所示。

图 3-11　用铲刀清除气缸盖的积炭

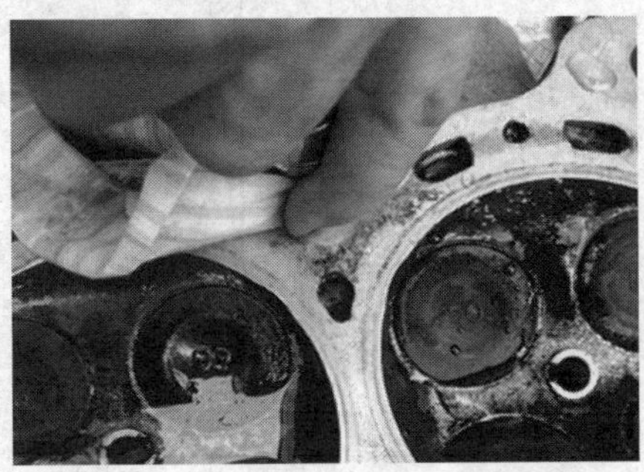

图 3-12　目测气缸盖裂纹

第二步：用刀口尺（可用钢直尺代替）检测气缸盖（体）平面度，各平面度误差不超过 0.1mm。

4. 气缸盖的安装

第一步：用干净的毛巾再次清洁气缸体、气缸和气缸盖平面。

第二步：安装新气缸垫，在气缸垫上涂上一层密封胶，有标记的一面朝上，并对准气缸体上的螺孔。

第三步：将气缸盖平稳地置于气缸垫上，并对准螺孔。

第四步：润滑与安装新气缸盖螺栓。

第五步：按规定力矩分三到四次以中间向两边交叉对称的顺序拧紧气缸盖螺栓。第一次，用快速摇柄和专用套筒，以中间向两边交叉对称的顺序拧紧气缸盖各螺栓。第二次，用扭力扳手和专用套筒，以40N · m的力矩以同样顺序拧紧气缸盖各螺栓，用红丹油在螺栓尾部做上标记。第三次，以同样顺序用扭力扳手和专用套筒拧紧，将气缸盖各螺栓再拧过180°，如图3-13所示。

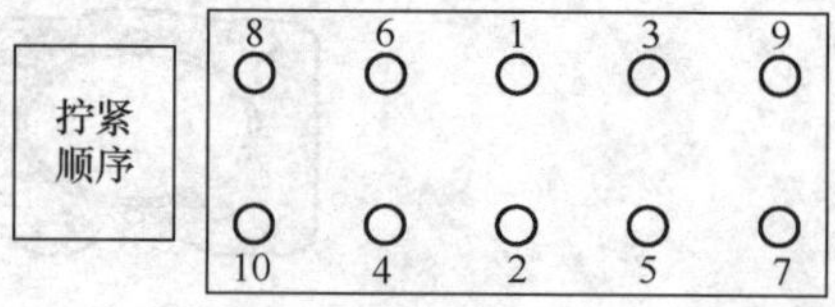

图3-13　气缸盖螺栓的拧紧顺序

5. 气缸体与气缸盖的损伤

气缸体与气缸盖常见的损伤有变形、裂纹、磨损。

1）气缸体与气缸盖的变形。变形的原因：①热应力过大；制造加工时留有的残余应力过大；曲柄连杆机构往复惯性力过大，使气缸体受拉压和弯扭作用。②发动机在高速、大负荷、润滑不良条件下工作产生烧瓦抱轴。③拧紧气缸盖螺栓时，不按规定顺序和规定力矩拧紧或拧紧力不均匀。

2）气缸体与气缸盖的裂纹。产生裂纹的原因：①冷却水结冰冻裂。②气缸体碰撞受力过大。③铸造加工时的残余应力过大。④气缸体所受交变应力过大。

3）气缸的磨损如图3-14所示。

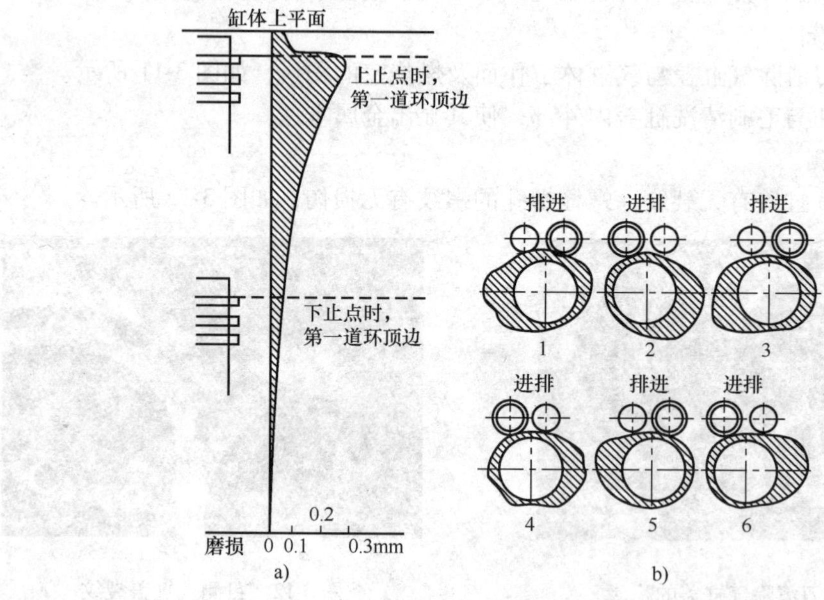

图3-14　气缸的磨损

a）气缸的锥形磨损　b）气缸的椭圆磨损

① 气缸的磨损规律。

a. 轴向的磨损规律。从气缸的纵断面看，活塞环行程内的磨损一般是上大下小即称为“锥形”。如图3-14a所示，磨损的最大部位在活塞位于上止点时第一道活塞环所对应的缸壁处。

b. 径向的磨损规律。从气缸横断面来看，气缸的磨损也是不均匀的，磨损呈不规则的椭圆形，如图3-14b所示。

c. 各气缸沿圆周方向的最大磨损部位随气缸结构、车型、使用条件的不同而异。一般是进气门对面附近缸壁磨损最大。

② 气缸磨损的原因。

a. 机械磨损。发动机工作时，活塞环的自身弹力和高压气体窜入活塞环背面，致使活塞环对气缸壁的正压力大，摩擦力也大，润滑油膜被破坏，形成半干摩擦或干摩擦。造成活塞位于上止点时，第一道活塞环对应的气缸壁磨损最为严重，形成沿气缸轴向上大下小的锥形磨损。

b. 腐蚀磨损。气缸内可燃混合气燃烧后，产生水蒸气和酸性氧化物CO_2、SO_2、NO_2。

c. 磨料磨损。空气中的尘埃，机油中的机械杂质，发动机自身的磨削。

6. 气缸体与气缸盖的检修

1）气缸体与气缸盖基准面的检验。将气缸体下平面放在平板上，用高度游标卡尺或专用设备检测气缸体的高度，如图3-15所示 。

2）气缸体与气缸盖变形的检测。如图3-16所示，按图3-16中线条轨迹把平尺放在平面上（气缸体与气缸盖接触面），用塞尺测量平尺与平面间的间隙。

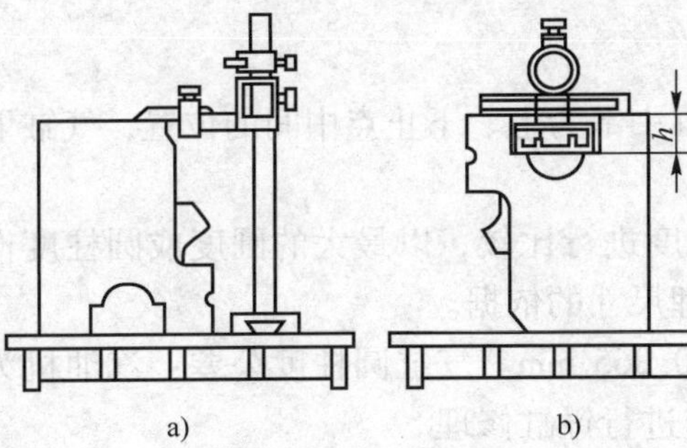

图3-15　气缸体基准面的检测

a）检查上下平面的高度

b）检查上下平面至主轴承座孔盖结合面的距离

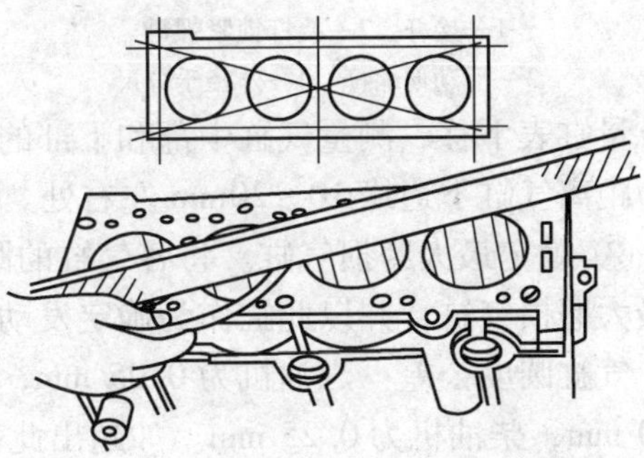

图3-16　气缸体与气缸盖变形的检测

检验标准。气缸体上平面的平面度误差，每50mm×50mm范围内均应不大于0.05mm，与其配合的整个气缸体上平面应不大于0.20mm。

3）气缸体主轴承座孔、气缸盖凸轮轴轴承座孔的检测。

① 主轴承座孔的检验。先用外径千分尺或内径百分表检验座孔圆度及圆柱度误差，标准：不大于0.01mm，再检验主轴承座孔的同轴度误差。

② 气缸盖凸轮轴轴承座孔的检验。先清洗，再观察磨损情况，如有单边磨损现象，说明凸轮轴轴承座孔的同轴度误差过大 。

4）气缸体与气缸盖裂纹的检验。

① 气缸体与气缸盖裂纹的检验有水压试验和气压试验两种方法。

② 方法。在0.3~0.4MPa的压力下，保持约5min，应没有任何渗漏现象。

5）气缸磨损的检测。

① 安装、校正量缸表，如图 3-17 所示。根据气缸直径的尺寸，选择合适的接杆装入量缸表的下端。接杆装好后，接杆与活动伸缩杆的总长度应与被测气缸尺寸相适应。

校正量缸表的尺寸。将外径千分尺校准到被测气缸的标准尺寸，再将量缸表校准到外径千分尺的尺寸，并使伸缩杆有 2 mm 的压缩行程，旋转表盘使表针对准零位。

② 气缸磨损的测量，如图 3-18 所示。将量缸表的测杆伸入到气缸的上部，根据气缸磨损规律，测量第一道活塞环在上止点位置时所对应的气缸壁。

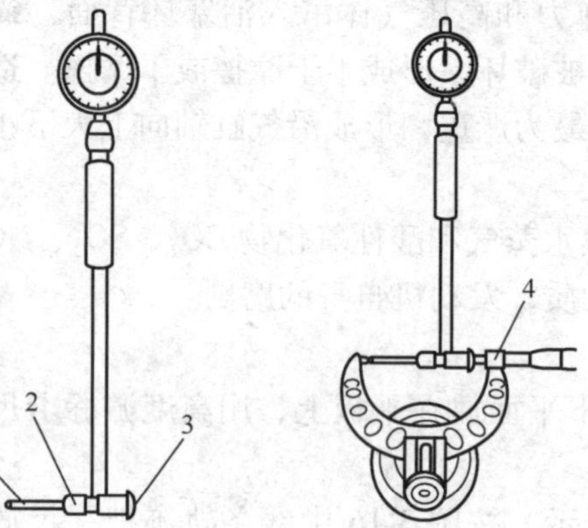

图 3-17　安装、校正量缸表

1—接杆　2—接杆锁紧螺母

3—活动伸缩杆　4—外径千分尺

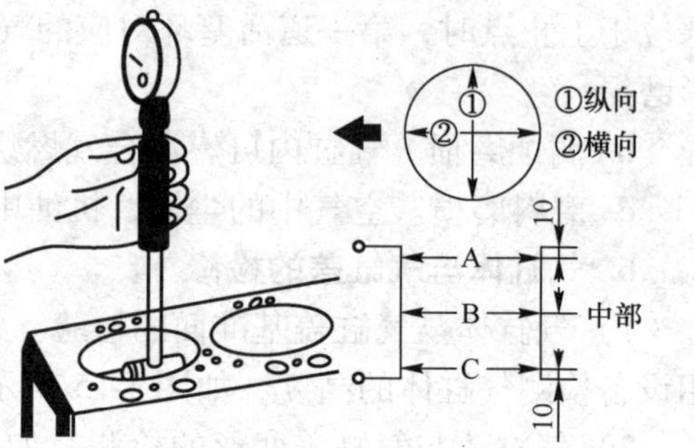

图 3-18　气缸磨损的测量

量缸表下移，测量气缸中部和下部的磨损。气缸中部为上、下止点中间的位置，气缸下部为距离气缸下边缘 10 ~ 20mm 左右处。

③ 确定最大磨损气缸。将各气缸的圆度和圆柱度进行比较，以最大的圆度或圆柱度作为最大磨损气缸，并以此缸作为确定发动机气缸修理尺寸的依据。

气缸圆度公差：汽油机为 0. 05 mm，柴油机为 0. 065 mm。气缸圆柱度公差：汽油机为 0. 20 mm，柴油机为 0. 25 mm。如超出此范围，则应进行镗缸修理。

④ 确定发动机气缸修理尺寸。以最大磨损气缸尺寸为依据，来确定发动机气缸的修理尺寸。

⑤ 气缸的修理。当气缸磨损后，可以用修理尺寸法修复，对气缸进行镗削或磨削修理。

7. 气缸体与气缸盖修理

1）气缸体与气缸盖变形的修理。当变形后平面的平行度误差较大时，用铣、磨加工方法修整 。变形较小时，把缸盖放在气缸体上用研磨膏研磨。

2）气缸体与气缸盖裂纹的修理。修理方法有胶粘结法、焊结法、堵漏剂堵漏法。

3）气缸磨损的修理。

气缸修理尺寸的确定。气缸修理尺寸一般分为六级(桑塔纳气缸分三级)。一级修理尺寸为 0. 25mm，二级为 0. 50mm，三级为 0. 75mm，四级为 1. 00mm，五级为 1. 25mm，六级为 1. 50mm。每次大修气缸的磨损程度都要超过一级修理尺寸(0. 25mm)，所以常用的气缸修理尺寸为： +0. 50mm， +1. 00mm， +1. 50mm 三级。

实际修理中，可根据下式选择某一级修理尺寸 D_x，然后将得出的数值与标准修理尺寸对照，选择合理的修理级别。

$$D_x = D_{max} + X$$

式中，D_{max}为磨损最大气缸的直径(mm)；X为加工余量(mm)。

例题，测得 CA6102 型发动机最大磨损气缸的最大直径为 102.35mm，加工余量取 0.2mm，则气缸修理尺寸为：

$$D_x = D_{max} + X = (102.35 + 0.20)\text{mm} = 102.55\text{mm}$$

对照修理资料可知，此数值接近于第四级修理尺寸 102.60mm，故最后选定为第四级修理尺寸，再选择同级别修理尺寸的活塞与之相配。同一台发动机的各缸应采用同一级别的修理尺寸。

将气缸磨损的使用极限(每 100mm 缸径最大磨损 0.24mm)和加工每一级修理尺寸(0.25mm)相比较，可以看出，在正常磨损的情况下，每次大修气缸的磨损程度都要超过一级修理尺寸(0.25mm)，所以常用的气缸修理尺寸为：+0.50mm，+1.00mm，+1.50mm 三级。湿式缸套缸径加大值不应大于 2.00mm。

8. 气缸的镗削量和镗削尺寸的确定

1）气缸镗缸量的计算。活塞与气缸的配合要求较高，在修理尺寸确定后，可选择同一级修理尺寸的活塞。镗缸时必须按活塞的实际尺寸进行，并结合必要的缸壁间隙和镗缸余量，通过下列公式计算各缸的镗削量。

镗削量 = 活塞最大直径 − 气缸最小直径 + 配合间隙 − 镗缸余量

2）确定镗削次数。

3）气缸的镗削。

① 检修气缸体的上平面，如有不平现象和杂质，将影响缸体的定位，使镗杆倾斜，镗出的气缸轴线与缸体基准面(上平面)不垂直，影响修理质量。所以此时要用油石或细锉刀进行修平，并将气缸体上平面和镗缸机底座擦拭干净。

② 安装镗缸机，将镗缸机放置在气缸体上，使镗杆对正需镗削的气缸孔，初步固定镗缸机。

③ 选择和安装定心指，根据气缸直径选择一套长度相适应的定心指。清洁后插入镗杆定心指孔内，用弹簧箍紧，然后转动定心指旋钮，使定心指收缩。

④ 定位中心的选择。有同心法和不同心法两种。

⑤ 选择刀架和镗刀并整理镗刀，根据气缸直径选择刀架和镗刀，将镗刀装入镗杆头上的刀架孔内，然后用专用的测微器调整镗刀。

⑥ 镗头转速、进给量和背吃刀量的选择通常根据气缸材料的硬度、气缸直径以及刀具性能、铸削工序要求来选择。

⑦ 镗削时，将镗刀降到缸口，用手转动镗头，检测背吃刀量是否过大，镗刀在气缸圆周的各个方向的背吃刀量是否均匀。

⑧ 校正自动停刀装置。

⑨ 缺口导角，每镗好一缸，应随时用切削刃的角度在气缸上口镗出导角，便于活塞与活塞环装入气缸。

9. 气缸的磨削

1）磨削的目的。减小气缸壁的表面粗糙度值，达到气缸加工的最终要求，以延长气缸和活塞的使用寿命。

2）磨缸的主要加工工具。带有砂条的珩磨头。

3）磨缸程序和注意事项。

① 将磨过的气缸彻底清洁，稳妥地安装好气缸体，按说明进行磨缸。

② 安装磨缸头，调整磨条压力。

③ 选择合适的圆周速度和往复运动速度。

④ 磨缸时尽量使磨缸主轴、磨缸头和气缸在同一直线上，以防偏磨。

⑤ 磨缸时要加注切削液，用以冷却和清洗磨料。

磨缸应先粗磨、后精磨，磨缸顺序由第一缸—第三缸—第二缸—第四缸，隔缸进行。

10. 镶气缸套

气缸镗削超过最后一级修理尺寸，或气缸壁上有特殊损伤，可在气缸内镶配缸套(干式)或在气缸体上换配新缸套(湿式)，以延长气缸的使用寿命。

1）干式气缸套的镶配。

① 根据气缸套的外形尺寸，将气缸镗到所需的尺寸和一定的表面粗糙度值，以保证气缸与缸套的良好结合。给气缸体第一次镶缸套时，应选用外径尺寸最小的气缸套，以便提高发动机的修理次数。

② 根据所选气缸套的外形尺寸，将气缸镶至所需要的尺寸和应有的表面粗糙度。

③ 镶配时，应在气缸套的外壁涂以润滑油，放正气缸套，垫以平整垫木，用压床徐徐压入，或用手操纵专用压具压入新缸套，在压入 20 ~ 30mm 的过程中，可松压几次，使缸套的少许偏斜自行得到矫正。压力应逐渐增加，不能过大或过小。为了防止气缸变形，应采用隔缸压入。

④ 气缸套压入后，应与气缸体上平面平齐，不得低于气缸体上平面；若有高出，不得超过 0. 01mm，否则可用挫削或磨削修平。

在气缸套镶配完毕后，进行水压试验。如图 3-19 所示。

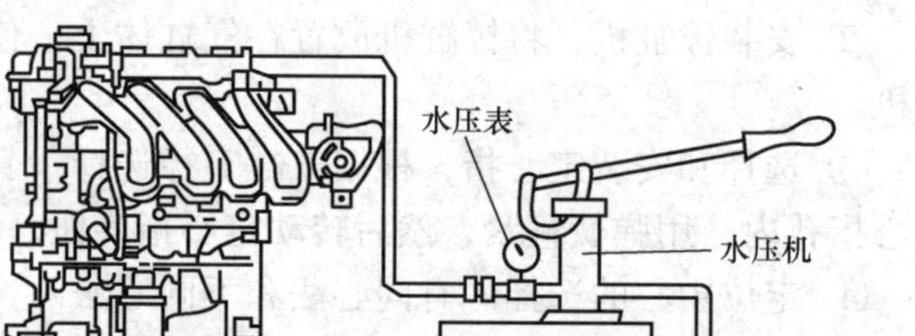

图 3-19　水压试验

2）湿式缸套的换配。

① 拆卸旧缸套时，可轻轻敲击缸套底部，用手或专用工具取出。清理气缸体内污垢，气缸体与气缸套的结合处必须光滑。气缸体上下承孔的圆度和圆柱度误差应不大于 0. 015mm。

② 气缸套在压入前，应装入新的涂以白漆的防漏水的橡胶圈，气缸套与座孔的配合应符合机型的规定。

③ 装入气缸套，按机型规定，检查气缸套端面高出气缸体上平面的距离。距离过大或过小，可通过气缸套上部台肩下的铜垫厚度来调整。(应不装密封圈先试装,保证高出量,最后装密封圈)。

④ 气缸套压入后，应进行水压试验。

3）提高气缸使用寿命的措施。

① 选用耐磨、耐腐蚀材料。

② 提高维修质量。

③ 合理使用和保养。

课 后 习 题

1. 填空题

1）机体组主要由________、________、________和________等零件组成。

2）根据气缸体与油底壳安装平面的位置不同，通常把气缸体分为________、________、________三种形式。

3）气缸和气缸盖冷却形式有________、________两种。

4）按照气缸的排列方式不同，气缸体可以分成________、________和________三种。

5）气缸套有________和________两种 。

6）汽油机燃烧室常见的三种形式________、________、________。

7）气缸体与气缸盖常见的损伤有________、________、________。

8）气缸体与气缸盖裂纹的修理方法有________、________、________。

2. 问答题

1）机体组的作用及组成分别是什么？

2）隧道式、龙门式、一般式三种形式的缸体各有什么特点？

3）直列式，V 型和对置式三种缸体的概念及特点分别是什么？

4）气缸体与气缸盖产生变形和裂纹的原因是什么？

5）气缸磨损的原因有哪些？

6）气缸体与气缸盖要检验哪些内容？

7）气缸磨损的修理步骤是什么？

实训 3　气缸盖的拆装与检测

1. 实训目的

1）掌握气缸盖的构造及作用。

2）掌握气缸盖的检测方法。

3）掌握气缸盖的维修方法。

2. 实训内容

1）气缸盖的拆装。

2）气缸盖裂纹的检修。

3）气缸盖变形的检修。

3. 实训设备

1）常用工量具若干套。

2）完整的发动机气缸盖总成若干个。

3）工具车、零件车若干个。

4）工作台若干个。

4. 实训方法及步骤

（1）实训方法　每班分成三个大组，分四个内容进行实训。一个大组进行气缸盖的拆装，另一个大组进行气缸盖裂纹的检修，第三个大组进行气缸盖变形的检修。三个大组依次进行轮换，分四次完成。课内实训时以指导老师讲解、演示为主，学生提问进行教学互动。课外时间开放实训室，学生根据实训报告和考核的要求，完成实训内容。

（2）实训步骤　气缸盖的拆装

1）气缸盖的拆卸如图 3-20 所示。

第一步：分两到三次以两边向中间交叉对称的顺序拆卸气缸盖螺栓。

第 1 次，用扭力扳手和专用套筒，以两边向中间交叉对称的顺序拧松气缸盖各螺栓。

第 2 次，用快速摇柄和专用套筒，同样顺序拧出气缸盖各螺栓。

第二步：取下气缸盖，并取下气缸垫置于合适位置。

2）气缸盖裂纹的检测如图 3-21 所示。

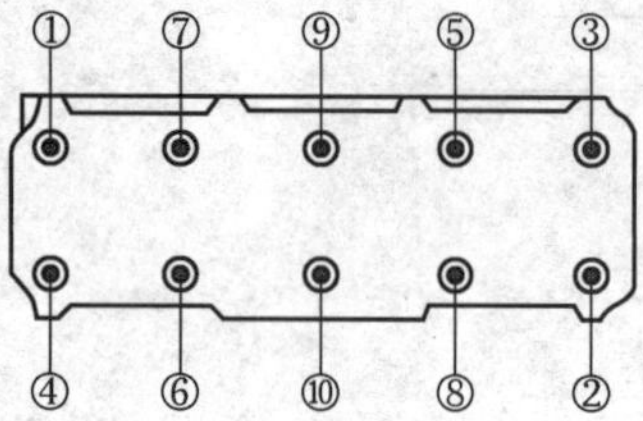

图 3-20　气缸盖的拆卸

图 3-21　目测气缸盖有无裂纹

3）气缸盖变形的检测如图 3-22 所示。

4）气缸盖的安装如图 3-23 所示。

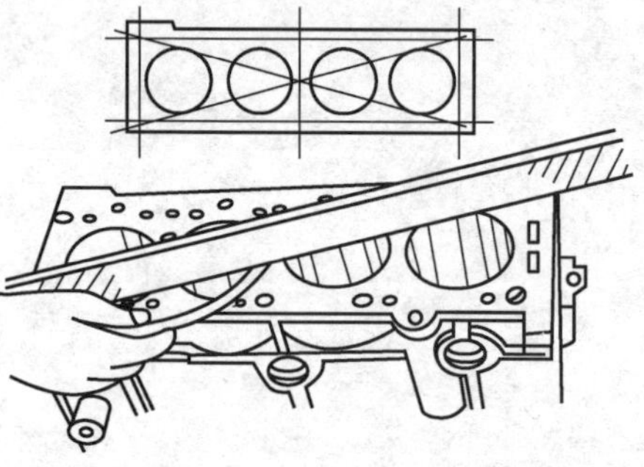

图 3-22　气缸盖变形的检测

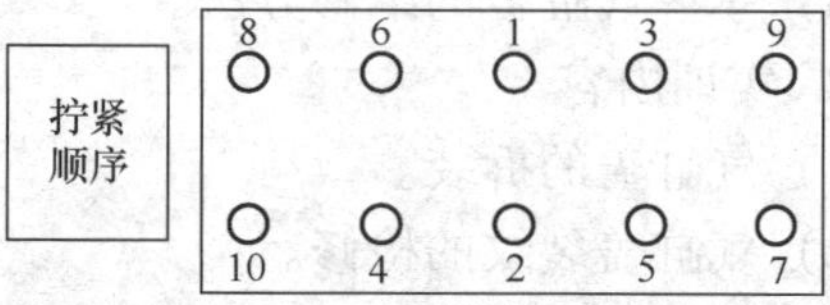

图 3-23　气缸盖螺栓的拧紧顺序

5. 注意事项

1）听从老师安排。

2）不随意乱动实训设备。

6. “气缸盖的拆装与检测”评分标准及操作工单

在发动机拆装台上，拆卸发动机气缸盖螺栓，将发动机气缸盖从发动机总成上拆除；在工作台上对气缸盖下平面的平面度进行检测，根据检测结果提出维修方案；然后将气缸盖装配到发动机缸体上。考核时间 30min。在发动机实训室内提供：常用工量具一套、完整的发动机总成一个、工具车、零件车若干个、工作台若干个。进入考核程序后，考生准备考试所需的器材，将考试相应内容记录在工单上整理场地后结束考试。

“气缸盖的拆装与检测”评分标准

序号	考核项目	配分	扣分标准(每项累计扣分不能超过配分)
1	安全文明否决		(1) 造成人身、设备重大事故,或恶意顶撞考官严重扰乱考场秩序,立即终止考试,此项目记0分。
2	安全文明生产	20分	(1) 不穿工作服、工作鞋、工作帽各扣1分 (2) 工零件乱放混放每次扣2分 (3) 油、水落地或零部件表面未及时清理每次扣1分 (4) 考试完后不清理工零件或场地各扣3分 (5) 不服从考官、出言不逊,每次扣3分 (6) 拆装前不检查发动机台架锁止情况(含每次被考官提醒),每次扣3分
3	工量具准备与检查	5分	(1) 工量具每少准备一件扣1分 (2) 工量具选择不当,每次扣2分 (3) 未校验量具每次扣2分
4	维修手册使用	10分	每查错一个数据或漏查一个数据扣3分,根据工单填写情况对照维修手册标准值评分
5	缸盖的拆卸	15分	(1) 未使用扭力扳手旋松螺栓扣3分 (2) 拆卸缸盖螺栓顺序每错一处扣1分 (3) 未分几次旋松缸盖螺栓扣2分 (4) 工具、零件落地每次扣2分
6	缸盖变形的检测	20分	(1) 未清洁检查部位扣1分 (2) 检测点不正确每个位置扣一分 (3) 量具未清洁扣一分 (4) 检测方法不规范扣3分 (5) 测量数据不正确每个测点扣1分 (6) 最终结果不正确扣2分 (7) 不能判断检测结果扣4分
7	缸盖的装配	25分	(1) 未检查气缸盖定位螺栓长度扣3分 (2) 未在气缸盖螺栓的螺纹和螺栓头部涂润滑油扣2分 (3) 拧紧缸盖螺栓顺序每错一处扣1分 (4) 未分次拧紧缸盖螺栓扣2分 (5) 缸盖螺栓未拧到规定力矩扣5分 (6) 工具零件落地每次扣2分
8	维修记录	5	(1) 维修记录字迹潦草扣2分 (2) 填写不完整,每项扣1分
9	合计	100分	

“气缸盖的拆装与检测”操作工单

班级：________　　姓名：________　　总分：________

车型		发动机型号	

一、准备工作

(1) 工量具准备与检查	
(2) 维修手册准备	
(3) 固定发动机拆装台架	

二、操作过程

要求：会使用维修手册；能用正确的方法拆卸和装复气缸盖；能正确使用量具检测气缸盖下平面的平面度，并判定检测结果。

<table>
<tr><td>气缸盖的拆卸</td><td>将气缸盖螺栓拆装顺序填入下图中
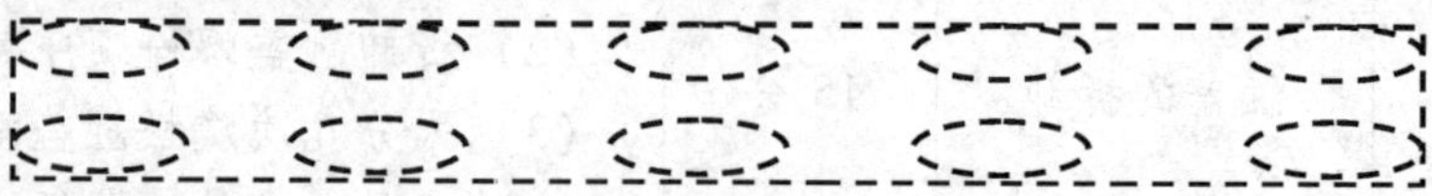</td></tr>
<tr><td>气缸盖变形的检测</td><td>(1) 测量结果　　单位：mm
<table>
<tr><td></td><td>第 1 次</td><td>第 2 次</td><td>第 3 次</td><td>第 4 次</td><td>第 5 次</td><td>第 6 次</td><td>最终测量结果</td></tr>
<tr><td>气缸盖平面度</td><td></td><td></td><td></td><td></td><td></td><td></td><td></td></tr>
</table>
(2) 查维修手册，该发动机气缸盖允许最大翘曲变形是________
(3) 根据测量结果，提出维修方案</td></tr>
<tr><td>气缸盖的装配</td><td>(1) 将气缸盖螺栓安装顺序填入下图中
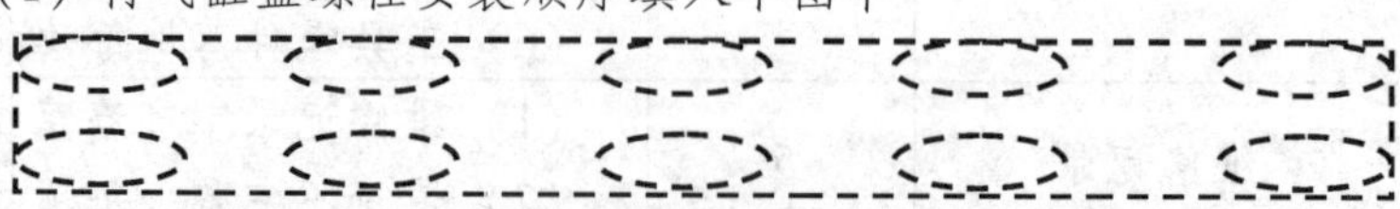
(2) 查询维修手册，气缸盖螺栓拧紧力矩为________</td></tr>
</table>

实训 4　气缸磨损检测

1. 实训目的

掌握气缸磨损检测的方法。

2. 实训内容

气缸磨损的检测。

3. 实训设备

气缸体、内径百分表、外径千分尺、游标卡尺等。

4. 实训方法及注意事项

（1）实训方法　每班分成若干个小组，实训时以老师讲解、演示、学生操作、考核为主，学生完成实训报告及考核，完成实训内容。

（2）实训注意事项

1）听从安排，不要随意走动。

2）不要随意操作车上的各个系统。

3）操作所学的系统时必须在指导老师的指导下完成。

4）注意保持教学场地卫生。

5）不能野蛮操作。

5. 实训内容及步骤

在发动机拆装台上对指定的某一气缸进行磨损检测，测量出该气缸的圆度误差、圆柱度误差、最大磨损直径，并根据检测结果提出维修方案。

（1）估测缸径大小　使用游标卡尺(图 3-24)直接测量气缸的内表面直径。如果我们知道所测缸径的大小，这一步可以省略。

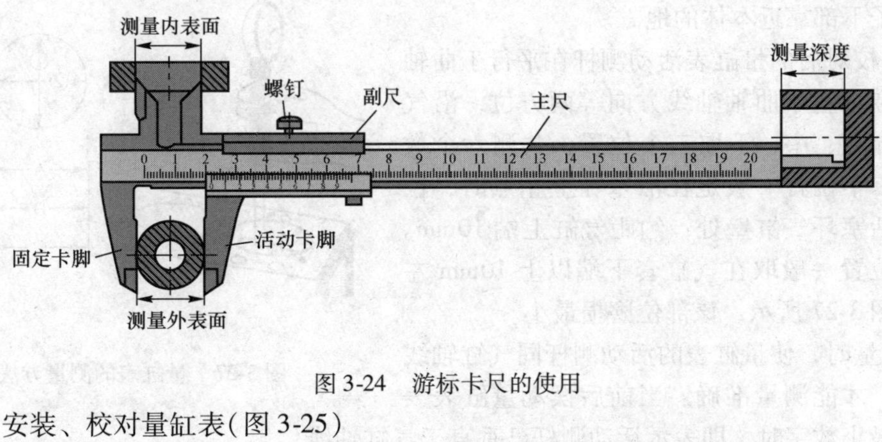

图 3-24　游标卡尺的使用

（2）安装、校对量缸表(图 3-25)

1）按被测气缸的标准尺寸、选择合适的接杆，装上后暂不拧紧固定螺母。

2）把外径千分尺调到被测气缸的标准尺寸，将装好的量缸表放入千分尺。

3）稍微旋动接杆，使量缸表指针转动约 2mm，使指针对准刻度零处，扭紧接杆的固定螺母。

（3）读数方法

1）百分表（图 3-26）表盘刻度为 100，大指针在圆表盘上转动一格为 0.01mm，转动一圈为 1mm；小指针移动一格为 1mm。

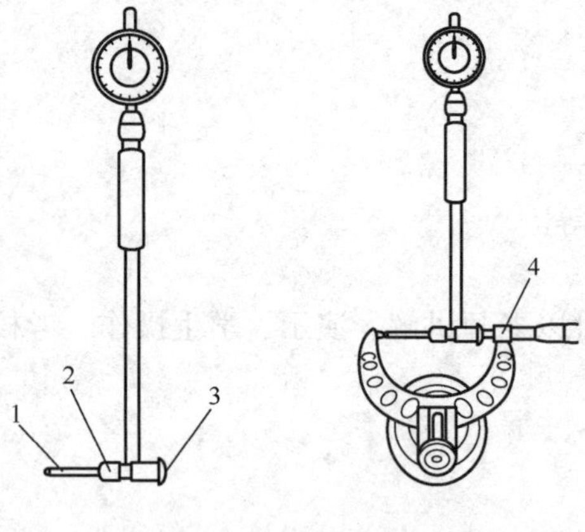

图 3-25　安装、校正量缸表

1—接杆　2—接杆锁紧螺母

3—活动伸缩杆　4—外径千分尺

图 3-26　百分表

2）测量时，当表针顺时针方向离开“0”位，表示缸径小于标准尺寸的缸径，它是标准缸径与表针离开“0”位格数的差；若表针逆时针方向离开“0”位，表示缸径大于标准尺寸的缸径，它是标准缸径与表针离开“0”位格数之和。

3）若测量时，小针移动超过 1 mm，则应在实际测量值中加上或减去 1 mm。

（4）测量方法

1）使用量缸表，一只手拿住隔热套，另一只手托住管子下部靠近本体的地方。

2）将校对后的量缸表活动测杆在平行于曲轴轴线方向和垂直于曲轴轴线方向等两方位，沿气缸轴线方向上、中、下取三个位置，共测六个数值。上面一个位置一般定在活塞在上止点时，位于第一道活塞环气缸壁处，约距气缸上端 10mm。下面一个位置一般取在气缸套下端以上 10mm 左右处，如图 3-27 所示，该部位磨损最小。

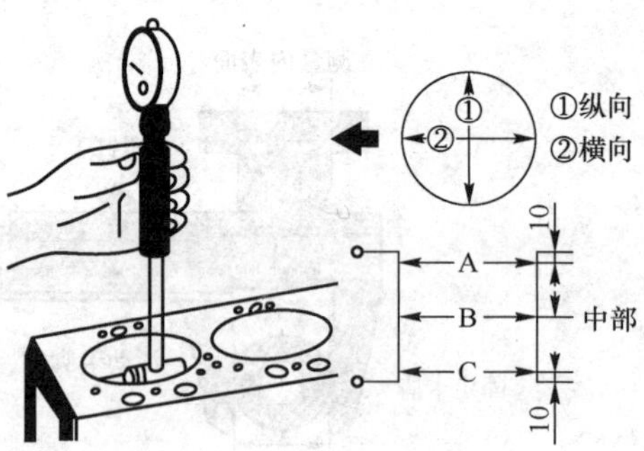

图 3-27　量缸表的测量方法

3）测量时，使量缸表的活动测杆同气缸轴线保持垂直，才能测量准确。当前后摆动量缸表表针指示到最小数字时，即表示活动测杆已垂直于气缸轴线。

6. 实训考核

进入考核程序后，考生准备考试所需的器材，将考试相应内容记录在工单上，整理场地后结束考试。考核时间为 30min。

"气缸磨损检测"评分标准

序号	考核项目	配分	扣分标准(每项累计扣分不能超过配分)
1	安全文明否决		造成人身、设备重大事故，或恶意顶撞考官严重扰乱考场秩序，立即终止考试，此项目记0分
2	安全文明生产	20分	(1) 不穿工作服、工作鞋、工作帽各扣1分 (2) 工零件乱放混放每次扣2分 (3) 油、水落地或零部件表面未及时清理每次扣1分 (4) 考试完后不清理工零件或场地各扣3分 (5) 不服从考官、出言不逊，每次扣3分 (6) 拆装前不检查发动机台架锁止情况(含每次被考官提醒)，每次扣3分
3	工量具准备与检查	5分	(1) 工量具每少准备一件扣1分 (2) 工量具选择不当，每次扣2分 (3) 未校验量具每次扣2分
4	维修手册使用	10分	每查错一个数据或漏查一个数据扣3分，根据工单填写情况对照维修手册标准值评分
5	气缸圆度、圆柱度测量	30分	(1) 未清洁被测气缸扣2分 (2) 未清洁量具扣2分 (3) 不按被测气缸标准直径选择测量杆扣3分 (4) 工具、零件落地每次扣2分 (5) 安装量缸表时未使用千分尺扣1分、量缸表在千分尺上校零时未留预压量扣2分 (6) 测量部位每错一处扣1分 (7) 不能找到气缸直径位置扣5分 (8) 测量数据每错一个扣1分 (9) 圆度、圆柱度计算每错一项扣3分
6	气缸最大磨损直径测量	30分	(1) 未清洁被测气缸扣2分 (2) 未清洁量具扣2分 (3) 不按被测气缸标准直径选择测量杆扣2分 (4) 工具、零件落地每次扣2分 (5) 安装量缸表时未使用千分尺扣1分、量缸表在千分尺上校零时未留预压量扣3分 (6) 不能找到最大磨损直径扣10分 (7) 检查数据不正确扣5分 (8) 不能判断检测结果扣5分
7	维修记录	5分	(1) 维修记录字迹潦草扣2分 (2) 填写不完整，每项扣1分
8	合计	100分	

“气缸磨损检测”操作工单

班级：________　　姓名：________　　总分：________

车型		发动机型号	

一、准备工作

(1) 工量具准备与检查	
(2) 维修手册准备	
(3) 固定发动机拆装台架	

二、操作过程

要求：会使用维修手册；能正确使用量具完成气缸圆度、圆柱度的测量和气缸最大磨损直径的测量；能根据测量结果提出维修方案。

校验量具	记录量具误差(不调整)：
检测部位	记录：
气缸圆度、圆柱度检测	检测结果：（见下表）
气缸最大磨损直径检测	检测结果：

测量部位	A 向/mm	B 向/mm	圆度误差	圆柱度误差
上				
中				
下				

三、维修结论

1）查维修手册，该发动机气缸的标准直径是________；维修标准是________。

2）根据检测结果，提出维修方案(确定气缸修理尺寸级别)。

第 4 章

活塞连杆组的构造与维修

提示：查看各种车型的维修手册，来学习本节内容。

学习目标	鉴定标准	教学建议
1. 活塞连杆组的构造 2. 活塞连杆组的拆装与检修	应知：活塞连杆组的构造 应会：活塞连杆组的拆装与检修	建议：采用教师启发式讲解与学生讨论相结合的方式，最后教师总结

4.1 活塞连杆组的构造

活塞连杆组由活塞、活塞环、活塞销、连杆、连杆轴瓦等组成如图 4-1 所示。

1. 活塞

活塞的功用是承受气体压力，并通过活塞销传给连杆驱使曲轴旋转，活塞顶部还是燃烧室的组成部分。工作条件：高温、高压、高速、润滑不良。活塞直接与高温气体接触，瞬时温度可达 2500K 以上，因此，受热严重，而散热条件又很差，所以活塞工作时温度很高，顶部高达 600 ~ 700K，且温度分布很不均匀；活塞顶部承受气体压力很大，特别是做功行程压力最大，汽油机高达 3 ~ 5MPa，柴油机高达 6 ~ 9MPa，这就使得活塞产生冲击，并承受侧压力的作用。活塞在气缸内以很高的速度(8 ~ 12m/s)往复运动，且速度在不断地变化，惯性力很大，使活塞受到很大的附加载荷。活塞在这种恶劣的条件下工作，会产生变形并加速磨损，还会产生附加载荷和热应力，同时受到燃气的化学腐蚀作用(图 4-2)。

综上所述要求活塞具备以下性能：① 要有足够的刚度和强度，传力可靠。
② 导热性能好，要耐高压、耐高温、耐磨损。
③ 质量小，重量轻，尽可能地减小往复惯性力。

铝合金材料基本上满足上面的要求，因此，活塞一般都采用高强度铝合金，但在一些低速柴油机上采用高级铸铁或耐热钢。

构造：活塞可分为三部分：活塞顶部、活塞头部和活塞裙部。

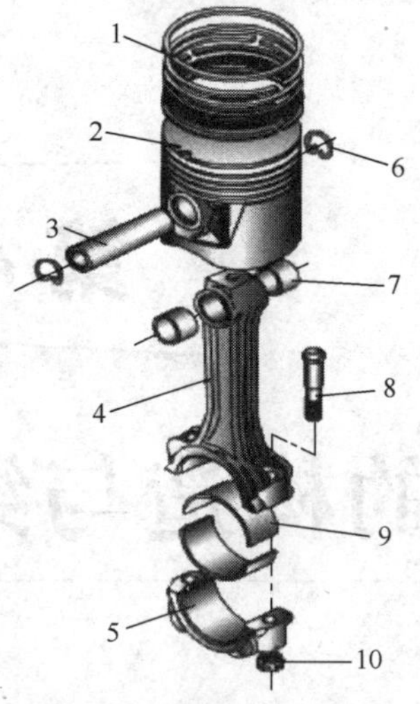

图 4-1 活塞连杆组

1—活塞环 2—活塞 3—活塞销 4—连杆 5—连杆盖 6—活塞销卡环 7—连杆衬环 8—连杆螺栓 9—连杆轴承 10—连杆螺母

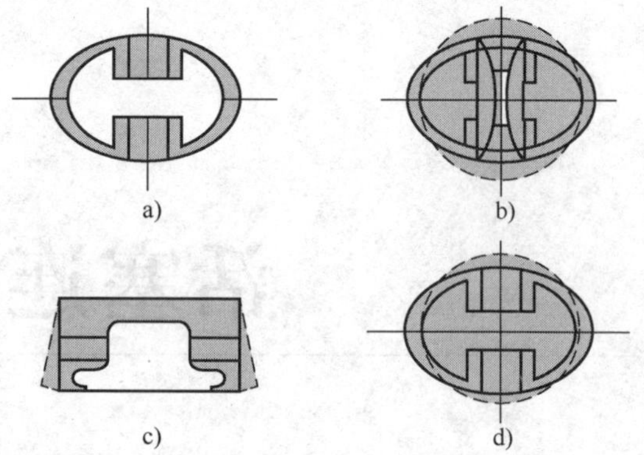

图 4-2 活塞工作变形示意图

a）销座热膨胀 b）挤压变形 c）弯曲变形 d）裙部变形

1）活塞顶部(图 4-3)。活塞顶部承受气体压力，它是燃烧室的组成部分，其形状、位置、大小都和燃烧室的具体形式有关。为满足可燃混合气形成和燃烧的要求，其顶部形状分为四大类：平顶活塞、凸顶活塞、凹顶活塞和成形顶活塞。平顶活塞顶部是一个平面，结构简单，制造容易，受热面积小，顶部应力分布较为均匀，一般用在汽油机上，柴油机很少采用，如图 4-3a 所示。

凸顶活塞顶部凸起呈球顶形，其顶部强度高，起导向作用，有利于改善换气过程，二行程汽油机常采用凸顶活塞，如图 4-3b 所示。

凹顶活塞顶部呈凹陷形，凹坑的形状和位置必须有利于可燃混合气的燃烧，有双涡流凹坑、球形凹坑、U 形凹坑等，如图 4-3c 所示。

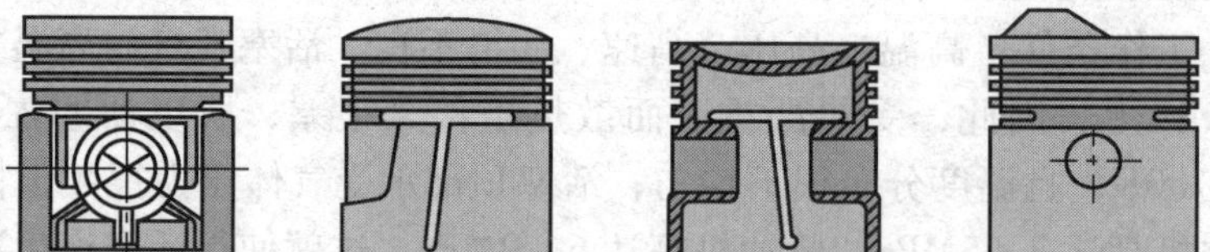

图 4-3 活塞顶部形状

a）平顶活塞 b）凸顶活塞 c）凹顶活塞 d）成形顶活塞

2）活塞头部。活塞头部指第一道活塞环槽到活塞销孔以上部分。它有数道环槽，用以安装活塞环，起密封作用，又称为防漏部。柴油机压缩比高，一般有四道环槽，上部三道安装气环，下部安装油环。汽油机一般有三道环槽，其中有两道气环槽和一道油环槽，在油环槽底面上钻有许多径向小孔，被油环从气缸壁上刮下的机油经过这些小孔流回油底壳。第一道环槽工作条件最恶劣，一般应离顶部较远些。

活塞顶部吸收的热量主要也是经过防漏部通过活塞环传给气缸壁，再由冷却液带走。总之，活塞头部的作用除了用来安装活塞环外，还有密封作用和传热作用，与活塞环一起密封气缸，防止可燃混合气漏到曲轴箱内，同时还将70%～80%的热量通过活塞环传给气缸壁。

3）活塞裙部。活塞裙部指从油环槽下端面起至活塞最下端的部分。它包括装活塞销的销座孔。活塞裙部对活塞在气缸内的往复运动起导向作用，并承受侧压力（图4-4）。裙部的长短取决于侧压力的大小和活塞直径。所谓侧压力是指在压缩行程和做功行程中，作用在活塞顶部的气体压力的水平分力使活塞压向气缸壁。压缩行程和做功行程气体的侧压力方向正好相反，由于燃烧压力大大高于压缩压力，所以，做功行程中的侧压力也大大高于压缩行程中的侧压力。活塞裙部承受侧压力的两个侧面称为推力面，它们处于与活塞销轴线相垂直的方向上。

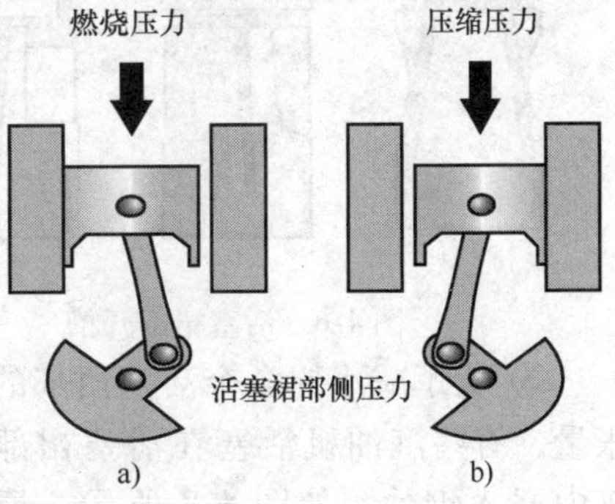

图4-4　活塞所受侧压力

a）做功行程　b）压缩行程

活塞裙部结构特点：

① 预先做成椭圆形如图4-5所示。为了使裙部两侧承受气体压力并与气缸保持小而安全的间隙，要求活塞在工作时具有正确的圆柱形。但是，由于活塞裙部的厚度很不均匀，活塞销座孔部分的金属厚，受热膨胀量大，沿活塞销座轴线方向的变形量大于其他方向。另外，裙部承受气体侧压力的作用，导致沿活塞销轴向变形量较垂直活塞销方向大。这样，如果活塞冷态时裙部为圆形、那么工作时活塞就会变成一个椭圆，使活塞与气缸之间圆周间隙不相等，造成活塞在气缸内卡住，发动机就无法正常工作。因此，在加工时预先把活塞裙部做成椭圆形状。椭圆的长轴方向与销座垂直，短轴方向沿销座方向，这样活塞工作时趋近正圆。

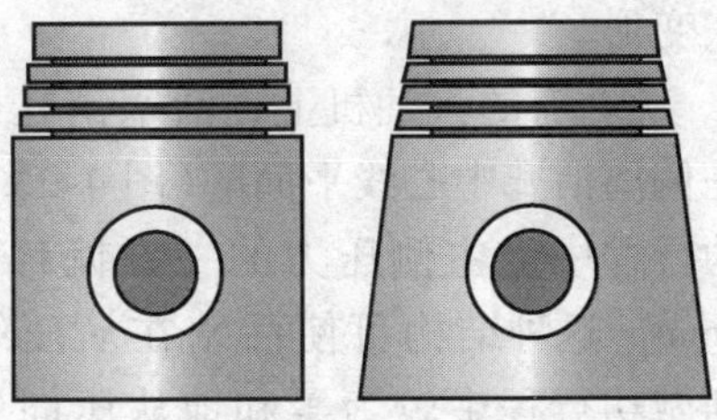

图4-5　椭圆形活塞裙部

② 预先做成阶梯形、锥形。活塞沿高度方向的温度很不均匀，活塞的温度是上部高、下部低，膨胀量也相应是上部大、下部小。为了使活塞工作时上下直径趋于相等，即为圆柱形，就必须预先把活塞制成上小下大的阶梯形、锥形。

③ 活塞裙部开槽，如图4-6所示。为了减小活塞裙部的受热量，通常在裙部开横向的隔热槽，为了补偿裙部受热后的变形量，裙部开有纵向的膨胀槽。槽的形状有“T”形或“Π”形槽。横槽一般开在最下一道油环槽中或裙部上边缘，其作用是切断从活塞头部向裙部传输的部分热流通道，以减小头部热量向裙部传递，故称为隔热槽。竖槽会使裙部具有一定的弹性，从而使活塞装配时与气缸间具有尽可能小的间隙，而在热态时又具有补偿作用，不致造成活塞在气缸中卡死，故将竖槽称为膨胀槽。裙部开竖槽后，会使其开槽的一侧刚度变小，在装配时应使其位于做功行程中承受侧压力较小的一侧。柴油机活塞受力大，裙部一般不开槽。

④ 有些活塞为了减轻重量，在裙部开孔或把裙部不受侧压力的两边切去一部分，以减小惯性力，减小销座附近的热变形量，形成拖板式活塞或短活塞。拖板式结构裙部弹性好，

质量小，活塞与气缸的配合间隙较小，适用于高速发动机(图4-7)。

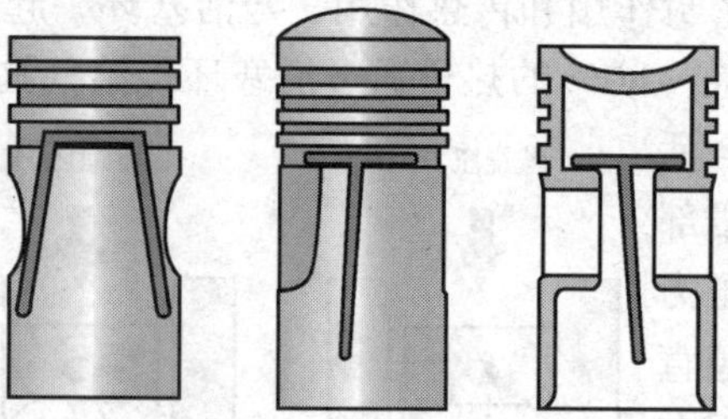

图4-6　活塞裙部开槽

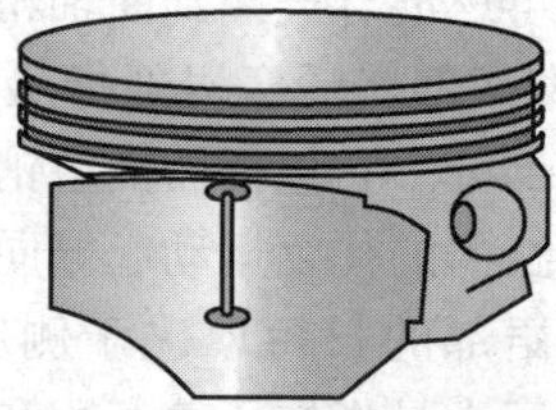

图4-7　拖板式活塞

⑤ 为了减小铝合金活塞裙部的热膨胀量，有些汽油机活塞在活塞裙部或销座内嵌入钢片，如图4-8所示。恒范钢片式活塞的结构特点：由于恒范钢为含镍33%～36%的低碳铁镍合金，其膨胀系数仅为铝合金的1/10，而销座通过恒范钢片与裙部相连，牵制了裙部的热膨胀变形。

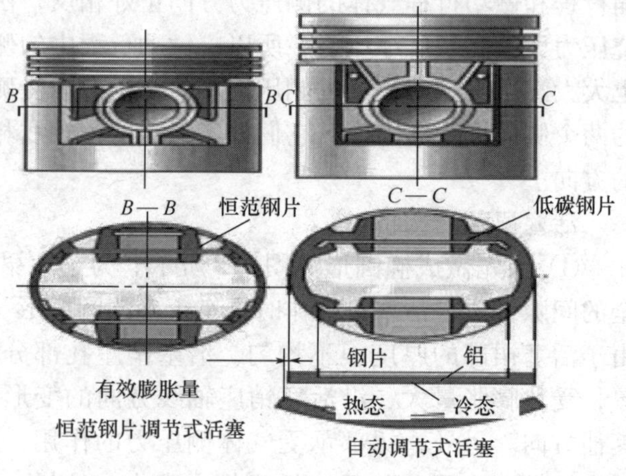

图4-8　调节式活塞

⑥ 有的汽油机上，活塞销孔中心线是偏离活塞中心线平面的(图4-9)，向做功行程中受主侧压力的一方偏移了1～2mm。这种结构可使活塞在从压缩行程到做功行程中较为柔和地从压向气缸的一面过渡到压向气缸的另一面，以减小敲缸的声音。在安装时，这种活塞销偏置的方向不能装反，否则换向敲击力会增大，使裙部受损。

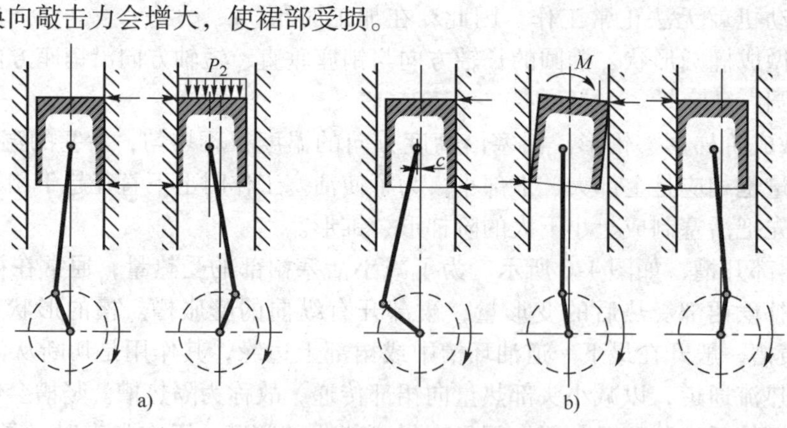

图4-9　活塞销位置与活塞的换向过程
a）活塞销对称布置　b）活塞销偏移布置

2. 活塞环(图4-10)

活塞环是具有弹性的开口环，有气环和油环之分。气环是保证气缸与活塞间的密封性，防止漏气，并且把活塞顶部吸收的大部分热量传给气缸壁，由冷却液带走。其中密封作用是主要的，因为密封是传热的前提，如果密封性不好，高温燃气将直接从气缸表面流入曲轴箱。这样不但由于环面和气缸壁面贴合不严而不能很好散热，而且由于外圆表面吸收附加热量而导致活塞和气环烧坏；油环起布油和刮油的作用，下行时刮除气缸壁上多余的机油，上行时在气缸壁上铺涂一层均匀的油膜。这样既可以防止机油窜入气缸燃烧掉，又可以减少活塞、活塞环与气缸壁的摩擦阻力，此外，油环还能起到封气的辅助作用。

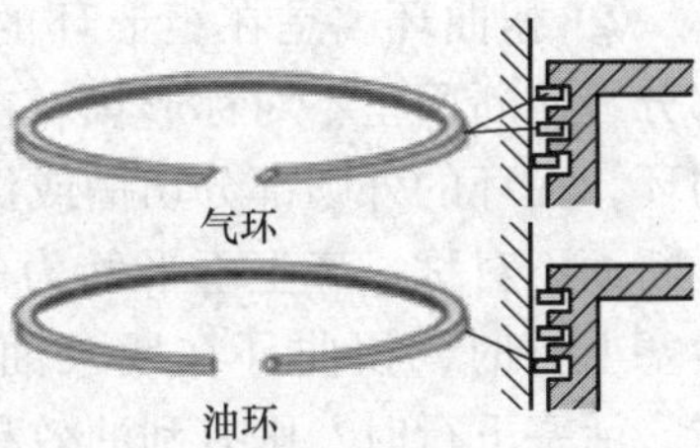

图 4-10　活塞环

工作条件：活塞环在高温、高压、高速和润滑极其困难的条件下工作，尤其是第一道环最为困难。长期以来，活塞环一直是发动机上使用寿命最短的零件。活塞环工作时受到气缸中高温高压燃气的作用，温度很高(特别是第一道环温度可高达 600K)，活塞环在气缸内随活塞一起作高速运动，加上高温下机油可能变质，使环的润滑条件变坏，难以保证良好的润滑，因而磨损严重。另外，由于气缸壁的锥度和椭圆度，活塞环随活塞往复运动时，沿径向会产生一张一缩运动，使环受到交变应力而容易折断。因此，要求活塞环弹性好，强度高、耐磨损。目前广泛采用的活塞环材料是合金铸铁(在优质灰铸铁中加入少量铜、铬、钼等合金元素)，第一道环镀铬，其余环一般镀锡或磷化。

1）气环。气环开有切口，具有弹性，在自由状态下外径大于气缸直径，它与活塞一起装入气缸后，外表面紧贴在气缸壁上，形成第一密封面，被封闭的气体不能通过环周与气缸之间，便进入了环与环槽的空隙。一方面把环压到环槽端面形成第二密封面(图 4-11)，同时，作用在环背的气体压力又大大加强了第一密封面的密封作用。气环密封效果一般与气环数量有关，汽油机一般采用 2 道气环，柴油机一般多采用 3 道气环。气环的断面形状很多，最常见的有矩形环、扭曲环、锥面环、梯形环和桶面环(图 4-12)。

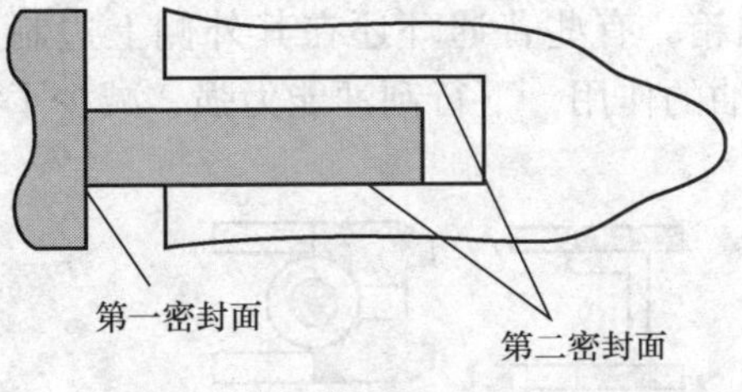

图 4-11　气环的密封面

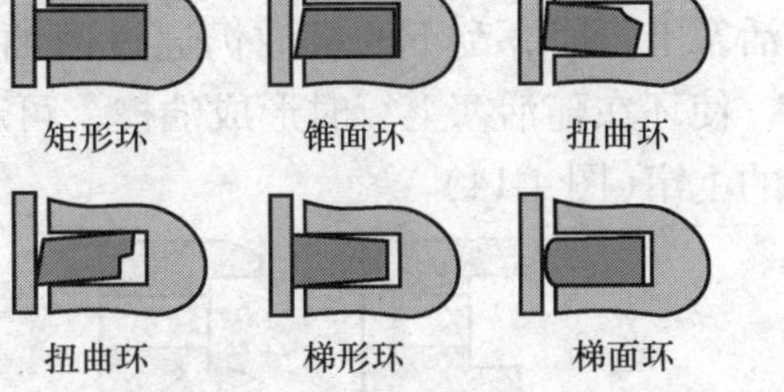

图 4-12　气环断面形状

① 矩形环。断面为矩形，其结构简单，制造方便，易于生产，应用最广。但是矩形环随活塞往复运动时，会把气缸壁面上的机油不断送入气缸中。这种现象称为“气环的泵油作用”，如图 4-13 所示。活塞下行时，由于环与气缸壁的摩擦阻力及环的惯性，环被压靠在环槽的上端面上，气缸壁面上的油被刮入下边隙和内边隙；活塞上行时，环又被压靠在环槽的下端面。结果第一道环背隙里的机油就进入燃烧室，窜入燃烧室的机油，会在燃烧室内形成积炭，造成机油的消耗量增加。另外，上窜的机油也可能在环槽内形成积炭，使环在环槽内卡死而失去密封作用，划伤气缸壁，甚至使环折断。可见泵油作用是很有害的，必须设法消除。为了消除或减少有害的泵油作用，除了在气环的下面装有油环外，广泛采用了非矩形断面的扭曲环。

② 扭曲环。是在矩形环的内圆上边缘或外圆下边缘切去一部分，使断面呈不对称形状。在环的内圆部分切槽或倒角的称内切环，在环的外圆部分切槽或倒角的称外切环。装入气缸后，由于断面不对称，产生不平衡力的作用，使活塞环发生扭曲变形。活塞上行时，扭曲环在残余油膜上浮，可以减小摩擦，减小磨损。活塞下行时，则有刮油效果，避免机油烧掉。同时，由于扭曲环在环槽中上、下跳动的行程缩短，可以减轻“泵油”的副作用。目前被广泛地应用于第 2 道活塞环槽上，安装时必须注意断面形状和方向，内切口朝上，外切口朝下，不能装反。

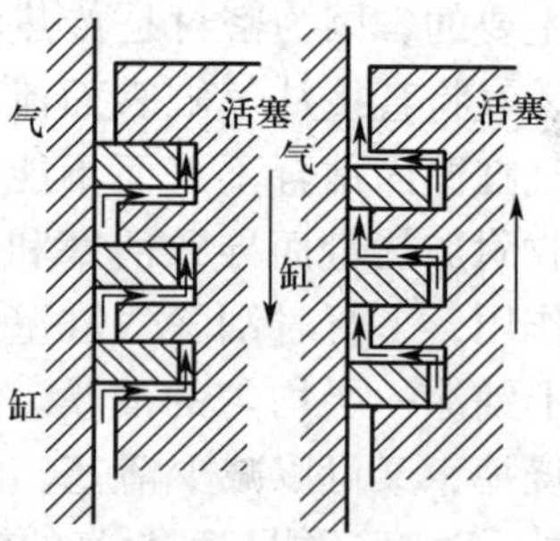

图 4-13　气环的泵油作用

③ 锥面环。断面呈锥形，外圆工作面上加工一个很小的锥面(0.5°~1.5°)，减小了环与气缸壁的接触面，提高了表面接触压力，有利于磨合和密封。活塞下行时，便于刮油；活塞上行时，由于锥面的“油楔”作用，能在油膜上“飘浮”过去，减小磨损，安装时，不能装反，否则会引起机油上窜。

④ 梯形环。断面呈梯形，工作时，梯形环在压缩行程和做功行程随着活塞受侧压力的方向不同而不断地改变位置，这样会把沉积在环槽中的积炭挤出去，避免了环被粘在环槽中而折断。可以延长环的使用寿命。但是主要缺点是加工困难，精度要求高。

⑤ 桶面环。桶面环的外圆为凸圆弧形，是近年来兴起的一种新型结构。当桶面环上下运动时。均能与气缸壁形成楔形空间，使机油容易进入摩擦面，减小磨损。由于它与气缸呈圆弧接触，故对气缸表面的适应性和对活塞偏摆的适应性均较好，有利于密封，但凸圆弧表面加工较困难。

2）油环。油环有普通油环和组合油环两种。

① 普通油环。普通油环又叫整体式油环，环的外圆柱面中间加工有凹槽，槽中钻有小孔或开切槽，当活塞向下运动时，将缸壁上多余的机油刮下，通过小孔或切槽流回曲轴箱；当活塞上行时，刮下的机油仍通过回油孔流回曲轴箱。有些普通环还在其外侧上边制有倒角，使环在随活塞上行时形成油楔，可起均布润滑油的作用，下行刮油能力强，减少了润滑油的上窜(图 4-14)。

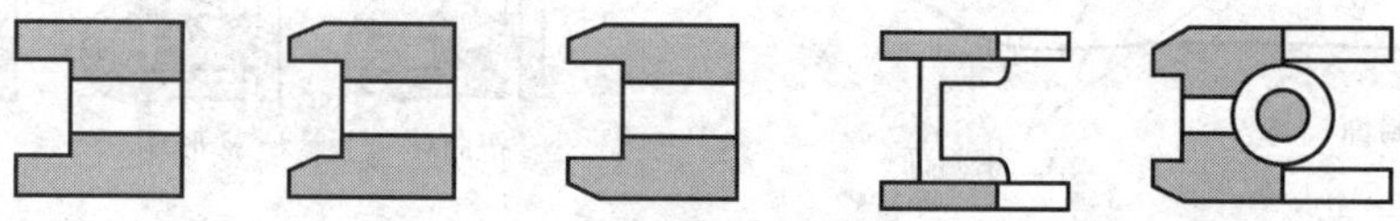

图 4-14　油环的断面形状

a）切槽　b）倒角方向相同　c）倒角方向不相同　d）组合式　e）螺旋衬环式

② 组合式油环(图 4-15b)。油环由上下两片侧轨环与中间的扩张器组成，侧轨环用镀铬钢片制成，扩张器的周边比气缸内圆周略大一些，可将侧轨环紧紧压向气缸壁。这种油环的接触压力高，对气缸壁面适应性好，而且回油通路大，重量小，刮油效果明显。右侧所示的组合环由三个刮油钢片和两个弹性衬环组成，它具有上述组合环的优点。近年来汽车发动机上越来越多地采用了组合式油环。它的缺点主要是制造成本高。

3. 活塞销(图 4-16)

活塞销的功用是连接活塞和连杆小头，并把活塞承受的气体压力传给连杆。

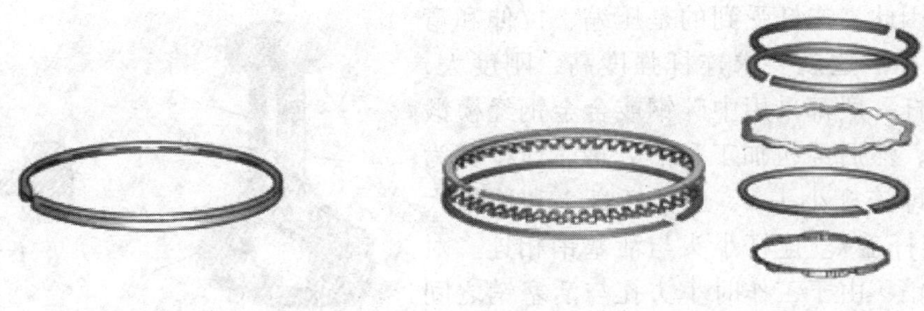

a)　　　　　　　　　　　　　　　　b)

图 4-15　油环的形式

a）普通油环　b）组合油环

活塞销在高温下周期地承受很大的冲击载荷，其本身又作摆转运动，而且处于润滑条件很差的情况下工作。因此，要求活塞销具有足够的强度和刚度，表面韧性好，耐磨性好，重量轻。所以，活塞销一般都做成空心圆柱体，采用低碳钢和低碳合金钢制成，外表面经渗碳淬火处理以提高硬度，精加工后进行磨光，有较高的尺寸精度和表面粗糙度。

图 4-16　活塞销

活塞销的内孔有三种形状：①圆柱形；②两段截锥与一段圆柱组合；③两段截锥形。圆柱形孔结构简单，加工容易，但从受力角度分析，中间部分应力最大，两端较小，所以这种结构质量较大，往复惯性力大。为了减小质量，减小往复惯性力，活塞销做成两段截锥形孔，接近等强度梁，但孔的加工较复杂。组合形孔的结构介于二者之间。活塞销与活塞销座孔及连杆小头衬套孔的连接配合有两种方式：“全浮式”安装和“半浮式”安装(图 4-17)。

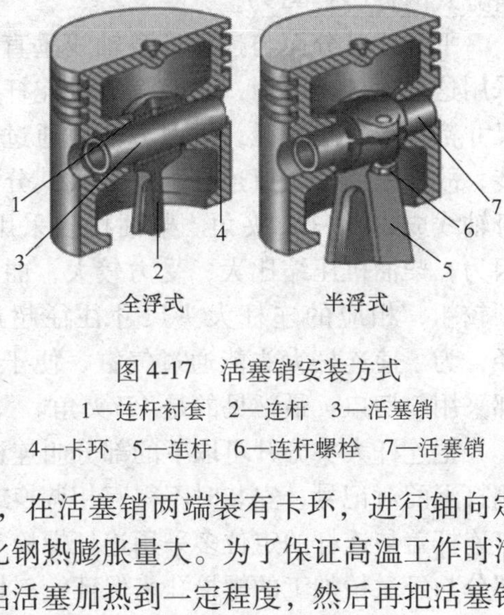

图 4-17　活塞销安装方式

1—连杆衬套　2—连杆　3—活塞销

4—卡环　5—连杆　6—连杆螺栓　7—活塞销

全浮式安装的特点是：当发动机工作时，活塞销、连杆小头和活塞销座都有相对运动，这样，活塞销能在连杆衬套和活塞销座中自由摆动，使磨损均匀。为了防止全浮式活塞销轴向窜动刮伤气缸壁，在活塞销两端装有卡环，进行轴向定位。由于活塞是铝活塞，而活塞销采用钢材料，铝比钢热膨胀量大。为了保证高温工作时活塞销与活塞销座孔为过渡配合。装配连杆时，先把铝活塞加热到一定程度，然后再把活塞销装入，这种安装方式应用较广泛。

半浮式安装的特点是活塞中部与连杆小头采用紧固螺栓连接，活塞销只能在两端销座内作自由摆动，而与连杆小头没有相对运动。活塞销不会作轴向窜动，不需要锁片。小轿车上应用较多。

4. 连杆(图 4-18)

连杆的功用是连接活塞与曲轴。连杆小头通过活塞销与活塞相连，连杆大头与曲轴的连杆轴颈相连。并把活塞承受的气体压力传给曲轴，使得活塞的往复运动转变成曲轴的旋转运动。连杆工作时，承受活塞顶部气体压力和惯性力的作用，而这些力的大小和方向都是周期性变化的。因此，连杆受到的是压缩、拉伸和弯曲等交变载荷。这就要求连杆强度高，刚度大，重量轻。连杆一般都采用中碳钢或合金钢经模锻或辊锻而成，然后经机加工和热处理。连杆分为三个部分：即连杆小头 1、连杆杆身 2 和连杆大头 3(包括连杆盖)。连杆小头与活塞销相连。对全浮式活塞销，由于工作时小头孔与活塞销之间有相对运动，所以常常在连杆小头孔中压入减磨的青铜衬套。为了润滑活塞销与衬套，在小头和衬套上铣有油槽或钻有油孔以收集发动机运转时飞溅上来的润滑油。有的发动机连杆小头采用压力润滑，在连杆杆身内钻有纵向的压力油通道。半浮式活塞销是与连杆小头紧配合的，所以小头孔内不需要衬套，也不需要润滑。连杆杆身通常做成“I”字形断面，抗弯强度好，重量轻，大圆弧过渡，且上小下大采用压力润滑的连杆，杆身中部都制有连通大、小头的油道。连杆大头与曲轴的连杆轴颈相连。大头有整体式和分开式两种。一般都采用分开式，分开式又分为平分式和斜分式两种(图 4-19)。

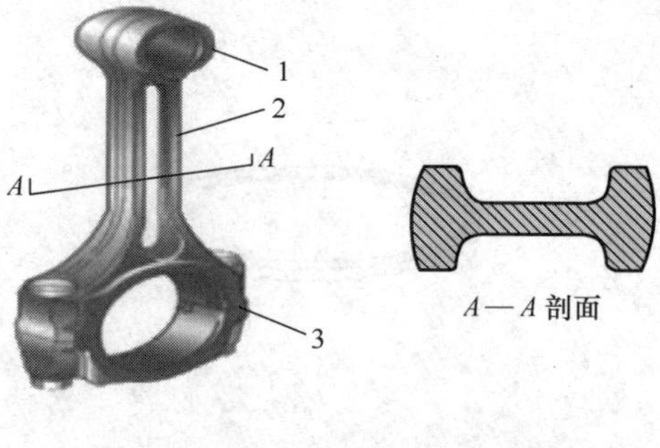

图 4-18　连杆结构

1—连杆小头　2—连杆杆身　3—连杆大头

平分式其分面与连杆杆身轴线垂直。汽油机多采用这种连杆。因为，一般汽油机连杆大头的横向尺寸都小于气缸直径，可以方便地通过气缸进行拆装，故常采用平切口连杆。斜分式其分面与连杆杆身轴线成 30°～60°夹角。柴油机多采用这种连杆。因为，柴油机压缩比大，受力较大，曲轴的连杆轴颈较粗，相应的连杆大头尺寸往往超过了气缸直径，为了使连杆大头能通过气缸，便于拆装，一般都采用斜切口，最常见的是 45°夹角。

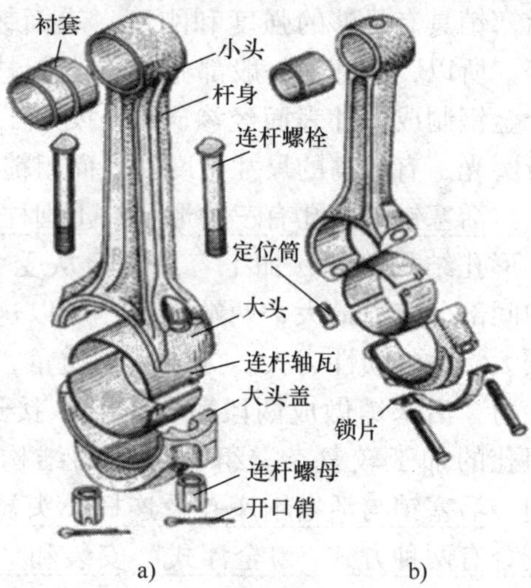

图 4-19　平分式与斜分式

a）平分式　b）斜分式

把连杆大头分开可取下的部分叫连杆盖，连杆与连杆盖配对加工。加工后，在它们同一侧打上配对记号，安装时不得互相调换或变更方向。为此，在结构上采取了定位措施。平切口连杆盖与连杆的定位多采用连杆螺栓定位，利用连杆螺栓中部精加工的圆柱凸台或光圆柱部分与经过精加工的螺栓孔来保证。斜切口连杆常用的定位方法有锯齿定位、圆销定位、套筒定位和止口定位。连杆盖和连杆大头用连杆螺栓连在一起，连杆螺栓在工作中承受很大的冲击力，若折断或松脱，将造成严重事故。为此，连杆螺栓都采用优质合金钢，并经加工和热处理特制而成。安装连杆盖拧紧连杆螺栓螺母时，要用扭力扳手分2～3次交替均匀地拧紧到规定的力矩，拧紧后还应可靠的锁紧。连杆螺栓损坏后绝不能用其他螺栓来代替。连杆轴瓦如图 4-20 所示，为了减小摩擦阻力和曲轴连杆轴颈的磨损，连杆大头孔内装有瓦片式滑动轴承，简称连杆轴瓦。轴瓦分上、下两个半片，目前多采用薄壁钢背轴瓦，在其内表面浇注有耐磨合金层，连杆轴瓦耐磨合金层具有质软、容易保持油膜、磨合性好、摩擦阻力小、不易磨损等特点。耐磨合金常采用巴氏合金、铜铝合金、高锡铝合金。连杆轴瓦的背面有很高的光洁度。半个轴瓦在自由状态下不是半圆形，当它们装入连杆大头孔内时，又有过盈，故能均匀地紧贴在大头孔壁上，具有很好的承受载荷和导热的能力，可以提高工作可靠性和延长使用寿命。

连杆轴瓦上制有定位凸键，供安装时嵌入连杆大头和连杆盖的定位槽中，以防轴瓦前后移动或转动，有的轴瓦上还制有油孔，安装时应与连杆上相应的油孔对齐。

V 型发动机左右两侧对应两个气缸的连杆是装在曲轴的一个连杆轴颈上的，称为叉形连杆(图 4 －21)。

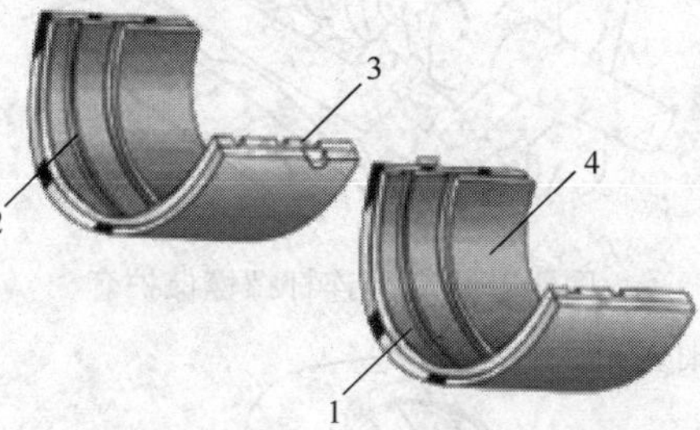

图 4-20　连杆轴瓦

1—钢背　2—油槽　3—定位凸键　4—减摩合金

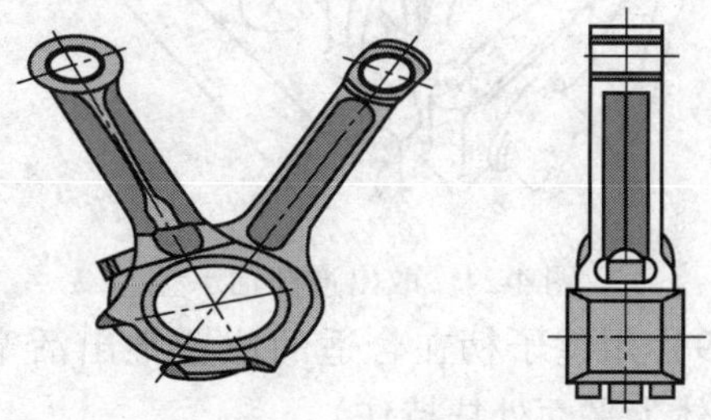

图 4-21　叉形连杆

4.2　活塞连杆组的拆卸步骤

1）将指定活塞连杆旋转到上止点位置，检查连杆是否有明显弯曲现象，检查活塞连杆组的序号是否与气缸体上的序号一致(图 4-22)。

2）将指定活塞连杆旋转到下止点位置，用抹布清洁气缸(检查有无缸肩和积炭)。

3）翻转台架，使油底壳位置向上。

4）检查或设置装配标记。如果无原车标记，用记号笔在连杆和连杆轴承盖上做记号，如图 4-23 所示。

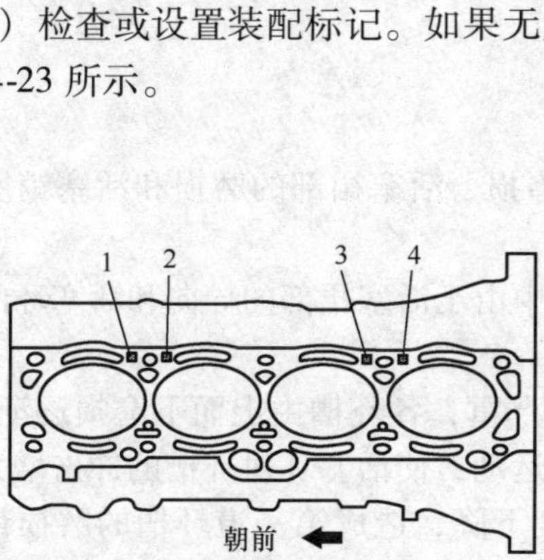

图 4-22　气缸体序号标记(1,2,3,4)

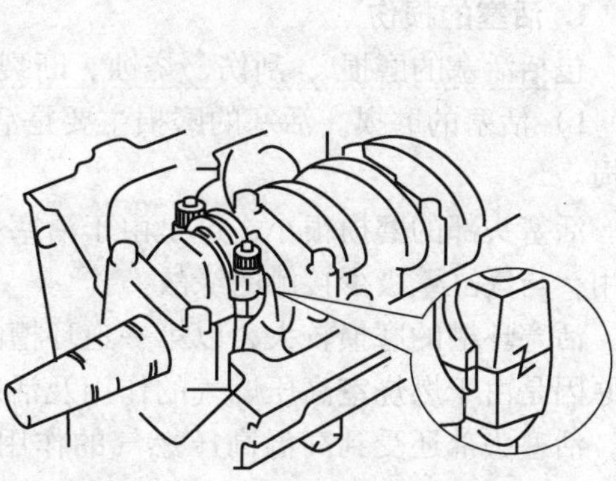

图 4-23　装配标记

6）用指针式扭力扳手和14#套筒分2次旋松连杆螺母，手旋并取下螺母。

7）用橡胶锤轻敲连杆螺栓，取出连杆轴承盖（注意连杆轴承不要掉落），同时取下盖上的连杆轴承（图4-24）。

8）套上连杆螺栓保护套，如图4-25所示。

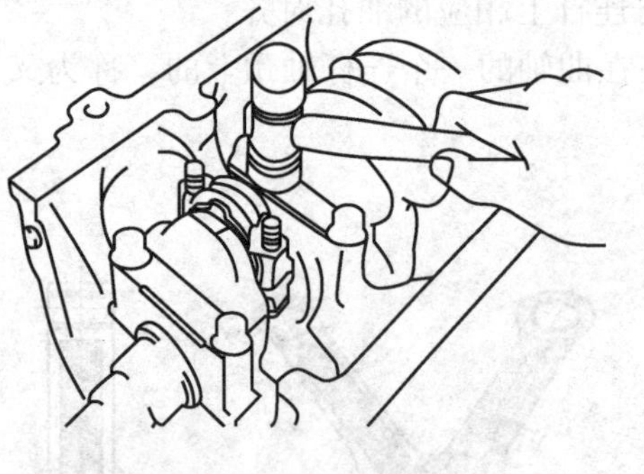

图4-24　取出连杆轴承盖

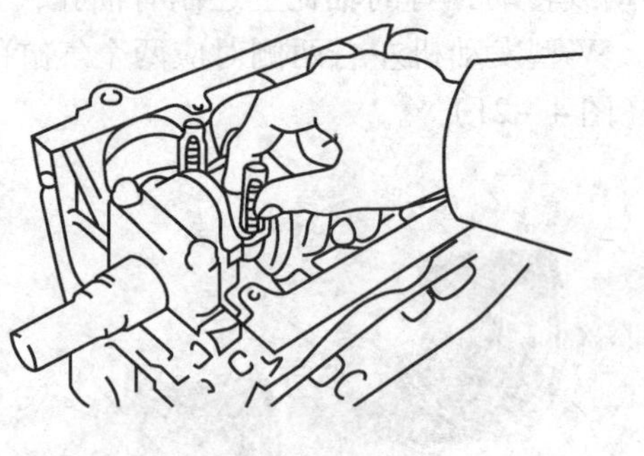

图4-25　套上连杆螺栓保护套

9）用锤子柄在合适的位置推出活塞连杆组（用左手在缸体上平面处扶持住）。

10）取下连杆螺栓上的护套，取下连杆和连杆轴承盖上的连杆轴承，并按顺序摆放。

11）使用活塞环扩张器拆下两道压缩环，用手拆下组合油环，用铲刀清理活塞顶面积炭（图4-26）。

12）用抹布清洁活塞连杆、活塞环、连杆轴承（两片,并注意原来的安装位置摆放）、连杆轴承盖、连杆螺母、气缸和连杆轴颈。

13）用压缩空气吹净上述清洗零件。

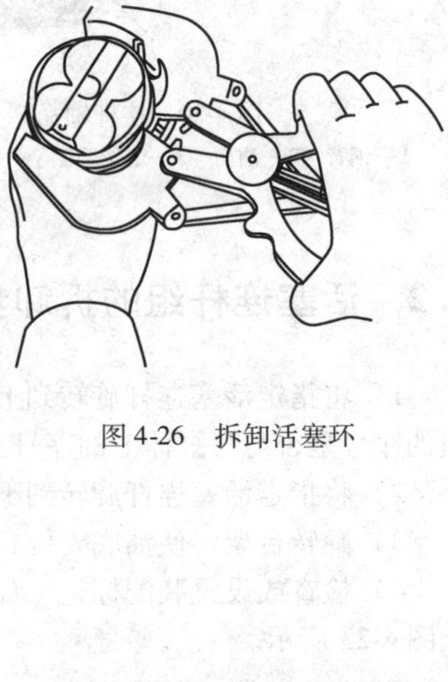

图4-26　拆卸活塞环

4.3　活塞、活塞环、活塞销的损伤与选配

1. 活塞的损伤

包括活塞的磨损 、刮伤、烧蚀、断裂。

1）活塞的磨损。活塞的磨损主要是活塞环槽的磨损、活塞裙部的磨损和活塞销座孔的磨损。

活塞头部的磨损很小，这是由于活塞头部在工作中由于活塞裙部的导向和活塞环的支承作用，与气缸壁极少接触的缘故。

活塞环槽的磨损较大，以第一道环槽的磨损最为严重，各环槽由上而下磨损逐渐减轻。其原因是由于燃烧室高压燃气的作用及活塞高速往复运动，使活塞环对环槽的冲击增大。此外，活塞头部还受到高温高压燃气的作用，使其强度下降，造成第一道环槽的磨损最为严重。环槽的磨损将引起活塞环与环槽侧隙的增大，活塞环的泵油作用增大，使气缸漏气和窜机油量增多，密封性降低。

活塞裙部的磨损较小。活塞裙部虽与气缸壁直接接触，但单位面积压力较小，润滑条件较好，所以磨损较轻。通常只在侧压力较大的一侧发生轻微的磨损和擦伤。

活塞销座孔的磨损是由于工作时活塞受气体压力和往复惯性力的作用，使活塞销座孔产生上、下方向较大的磨损。使活塞销座孔与活塞销产生配合松旷，工作中出现活塞销响。

2）活塞的刮伤。主要是由于活塞与气缸壁的配合间隙小，润滑条件变差和较大机械杂质进入摩擦表面而引起的。

3）活塞的烧蚀。是发动机长期超负荷或爆燃工作而引起的。

4）活塞的脱顶断裂。其原因是活塞环的开口间隙过小或侧隙过小，使活塞运动时，活塞头部与裙部产生断裂。

2. 活塞的选配

1）按气缸的修理尺寸选用同一修理尺寸和同一分组尺寸的活塞。

2）活塞是成套选配的，同一台发动机必须选用同一厂牌的活塞，以保证其材料和性能的一致性。

3）在选配的成组活塞中，其尺寸差一般不大于 0.01 ~ 0.015mm，质量差不大于 4 ~ 8g。

3. 活塞环的损伤

活塞环的损伤包括磨损、弹性减弱、折断。

4. 活塞环的选配

活塞环的选配以气缸的修理尺寸为依据，同一台发动机应选用与气缸和活塞修理尺寸等级相同的活塞环。

活塞环的要求：

① 与气缸、活塞的修理尺寸一致。

② 具有规定的弹力以保证气缸的密封性。

③ 环的漏光性、间隙应符合原厂设计规定。

5. 活塞销的选配

1）活塞销座孔的选配。

2）试配，如图 4-27 所示。

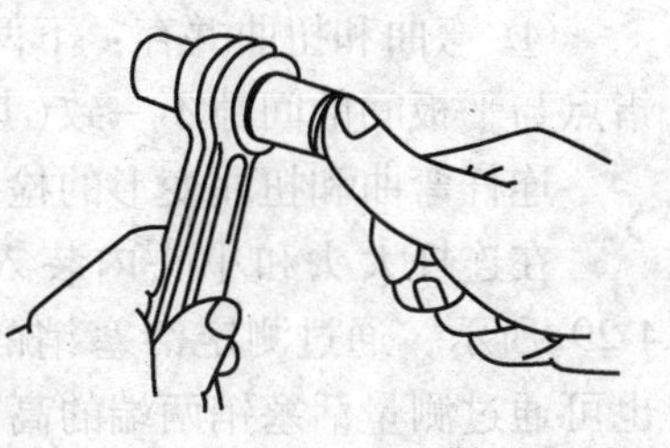

图 4-27　活塞销与连杆衬套的试配

4.4　活塞连杆组的检修

1. 连杆变形的检测与校正

（1）连杆变形的检测

1）连杆弯曲。一般产生在大小头轴线所形成的平面内（前后弯），弯曲后，连杆大小头轴承孔轴线不平行。

2）连杆扭曲。连杆扭曲是由于大小头轴线不处在同一平面内，在校正时，校正部位与弯曲部位不一致而产生的。这时大小头中心线在同一平面内，但中心线间的距离缩短了。连杆弯曲和扭曲变形，可用连杆检验器或连杆校正器或直线度检验仪检查。

如图 4-28 所示，连杆检验器上有支持连杆大头孔的心轴与平板相垂直。进行连杆的弯曲检验时，首先卸去轴瓦，将连杆盖与连杆装合，按扭力要求拧紧、检查内孔圆度、圆柱度误差，误差值不得大于 0.0025mm。然后，再将连杆大头装在检验器的横轴上，并使心轴的定心块向外扩张，将连杆固定在检验器上。测量工具是一个带有 V 形块的"三点规"。三点规上的三个点共面与 V 形块垂直，下面两点间的距离为 100mm，上测点与两下测点连线的垂直距离也是100mm。

若连杆衬套与活塞销间隙合适，则将活塞销插入连杆小头衬套内，骑上“三点规”，若衬套由于磨损而过松，则将衬套拆除，改用测量心轴直接装入连杆小头孔再测量。仔细观察三个量脚点与精磨平面的接触情况，用塞尺测量其间隙，记录其数据；将连杆翻面再检测一次，记录其数据。根据两次记录，进行弯曲度和扭曲度的计算，取其平均值作为检验结果。连杆在直线度检验仪上检验时，量规的三个量脚点的情况是：

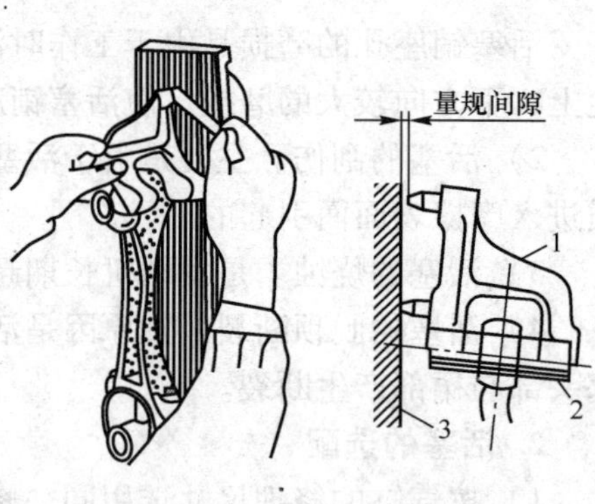

图4-28　连杆的弯曲检测

1—量规　2—活塞销　3—检测平面

① 正直：量规的三个指点全部与平板接触。

② 弯曲：量规的下两个指点(或上一指点)与平板接触。而上一指点(或下两指点)不与平板接触。这时用塞尺测得的测点与平板间的间隙值，即为连杆在100mm长度上的弯曲度值。连杆弯曲程度不得大于0.05mm/100mm。

③ 扭曲：上一指点、下两指点中的一指点接触平板，而另一指点不接触平板。这时该指点与平板间隙为连杆在100mm长度上的扭曲度数值。连杆扭曲程度不得大于0.05mm/100mm。

④ 弯曲和扭曲并存：下两指点中的一个指点接触平板或仅上一指点接触平板，而下两指点与平板间的间隙不一致(其接触间隙太小,可用不同的塞尺测得)。

连杆弯曲和扭曲变形的检查也可采用通用量具，其检查方法如下：

在连杆大头和小头内装入标准心轴，放在平板上的V形铁上，用百分表测量，如图4-29a所示，通过测定活塞销的两端高度差，即可计算出连杆弯曲值；另如图4-29b所示，也可通过测量活塞销两端的高度差，从而计算出连杆的扭曲值。

(2) 连杆变形的校正(图4-30)　经过检测发现连杆产生弯曲和扭曲，应使用专用工具予以校正或更换。当有弯、扭同时并存时，一般先校正其扭转变形，再校正其单向弯曲或双向弯曲变形。

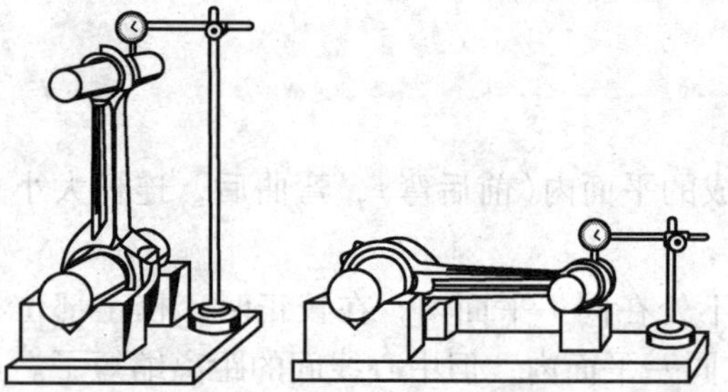

图4-29　连杆弯曲的测量

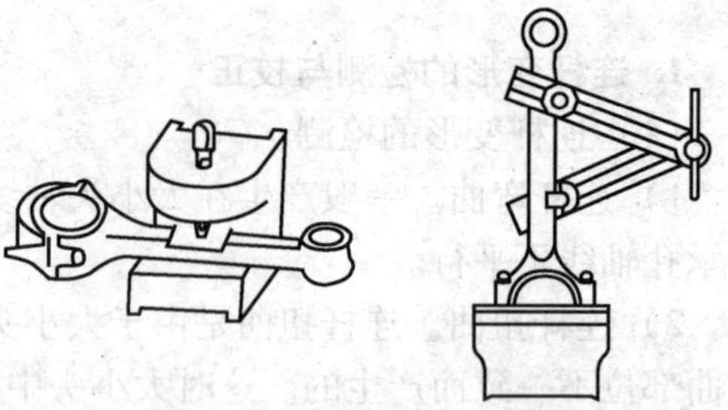

图4-30　连杆弯曲和扭曲的校正

a) 连杆弯曲的校正　b) 连杆扭曲的校正

双重弯曲校正比较困难，因此有条件时，为保证发动机修理质量，最好更换弯曲、扭曲较严重的连杆。

(3) 连杆衬套的修复　如果连杆小头衬套磨损逾限或已损坏，就要将其更换。衬套磨损较大时，有时也可按照活塞销的加大尺寸对衬套进行铰削或压削。

(4) 连杆其他损伤检修(连杆大头孔及端面磨损的检测与修理)　连杆大头孔磨损可用内径千分尺测量；端面磨损可将连杆放在平板上，用塞尺测缝隙和用深度尺测量大头孔的深度来测量。连杆小头铜套孔磨损采用铰削成修理尺寸或用镶套法修复。

连杆大头孔磨损时，因其圆度误差超过极限值、因端面磨损而减薄超过允许值或因修挫结合面而使杆身缩短等均应进行大修。可采用堆焊修复，恢复设计要求。

(5) 连杆螺栓的检查(图 4-31)把螺母装到连杆螺栓上，检查能用手容易地将螺母拧到底，如果螺母转动困难，用游标卡尺测量螺栓外径(在距离螺栓底面 15mm 处测量)。

标准外径：8.60~9.00mm，最大外径：9.00mm。

结论：如果外侧的直径小于最小值，一起更换连杆螺栓和螺母。

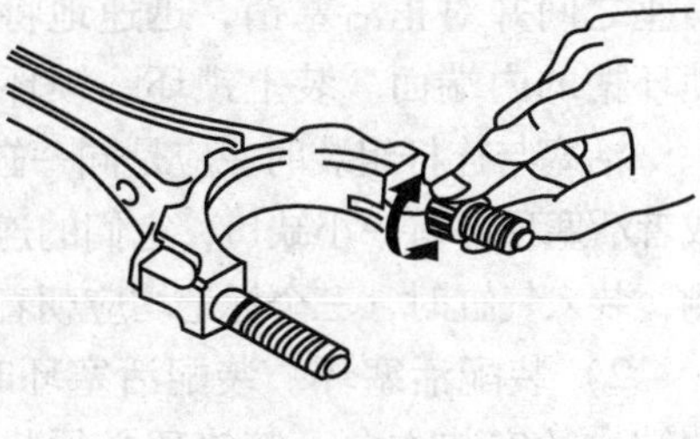
图 4-31　检查连杆螺栓

2. 活塞环的检查

(1) 活塞环弹力的检验　活塞环的弹力是指使活塞环端隙达到规定值时作用在活塞环上的径向力。活塞环的弹力是保证气缸密封性的条件之一。

弹力过大：增加摩擦损失，气缸壁容易早期磨损；

弹力过小：活塞环在气缸内就不能起到良好的密封作用，容易使气缸漏气窜油。

因此，活塞环的弹力必须符合技术性能要求。活塞环弹性的检验可以在专用检验器上进行，各车型均有具体要求。但随着活塞环制造技术的提高和制造质量的稳定，在修理中一般不做活塞环的弹力检验。

(2) 活塞环的漏光度检验　为了保证活塞环的密封作用，要求活塞环的外表面处与气缸壁贴合。漏光度过大，活塞环局部接触面积小，易造成漏气和机油上窜。在选配活塞时，最好进行漏光度的检查。

漏光度的简易检查方法：将活塞环平放在气缸内，在活塞环一边放一个灯泡，上面放一块盖板盖住活塞环的内圈，观察活塞环与缸壁之间的漏光缝隙。

要求：在活塞环开口端左右 30°范围内不允许有漏光点存在，在同一个活塞环上漏光不应多于两处，其他部位每处的漏光弧长所对应的圆心角不得超过 25°，同一活塞环上漏光弧长所对应的圆心角总和不得超过 45 °，漏光处的缝隙应不大于 0.03mm。

(3) 活塞环“三隙”的检测　检查活塞环与活塞的侧隙。侧隙是指活塞环与活塞环槽上、下平面间的间隙。侧隙过大，将影响活塞环的密封作用，过小则可能卡死在环槽内，造成拉缸事故。新装时侧隙为 0.02~0.05mm，极限间隙为 0.15mm。超过极限间隙时，应更换活塞环。

检查活塞环端隙。活塞环端隙是指将活塞环置入已镗好的气缸内，在活塞环开口处的间隙。它是防止活塞环受热膨胀而卡死在气缸里，端隙的大小与气缸直径有关。检查方法：将活塞环平正地放入气缸，用一个活塞顶部将环推到环行程的底部，因为这里的磨损是最小的。然后取出活塞，用塞尺测量端口间隙。如果间隙过大，则不能使用；如果间隙过小，取出来可用细锉刀锉环口一端予以调整。新装时活塞环端隙为 0.2~0.5mm，其磨损极限为 1.00mm。

检查活塞环的背隙。背隙是指活塞与活塞环装入气缸后，在活塞环背部与活塞环槽之间的间隙。常以槽深与环宽之差来表示，一般为0.10～0.35mm。如果背隙过小，会使活塞环在气缸中卡死，这时可更换活塞环或车深活塞环槽(但有些发动机不允许车深活塞环槽)。

4.5 活塞连杆组的安装

1）装配活塞连杆。将活塞置于水中加热80～85℃，迅速擦拭干净活塞销座孔。在座孔和活塞销上涂上少许润滑油，把活塞销插入一个座孔并稍微露出，随即将连杆小头伸入活塞销座之间并对正活塞销，迅速地将活塞销轻轻敲入并通过连杆衬套，直至活塞另一侧销座孔锁环槽的内端面。装上锁环，锁环嵌入环槽中的深度应不小于锁环直径的2/3。

活塞与连杆组装时，应是同一缸号的活塞和连杆。应注意安装方向，如活塞顶部标有箭头，或者活塞顶部有一小缺口，它们的连杆和连杆盖上均有一个小凸点。装配时三个标记应朝着同一侧，装入气缸时，三个标记均应朝着发动机前方。活塞裙部的纵槽向着做功行程受力较小一侧。

2）装配活塞环。装配活塞环时，应采用专用的活塞环钳。活塞环的安装应注意各道环的结构的安装方向。镀铬环必须装在第一道环槽内，内切口的扭曲环，切口一面朝上装，外切口的扭曲环切口一面朝下装，锥形环有标记的一面朝上装。为了提高气缸的密封性，要求活塞环的开口相互错开。

3）油环装配到位，气环开口在安装活塞前错开。将连杆轴承安装到相应位置，套上连杆螺栓保护套(图4-32)。

4）用压缩空气再次吹净气缸，清洁连杆轴颈(用布擦)和连杆上的连杆轴承(用布擦)，润滑气缸、活塞裙部、活塞环、活塞销和连杆轴承(连杆上的轴承)。

5）放入活塞安装工具，调整安装工具，按照装配记号放入活塞，用橡胶锤轻轻推入(推入深度与缸体平面平齐)，取下活塞安装工具，再次用橡胶锤将活塞推入到位，如图4-33所示。

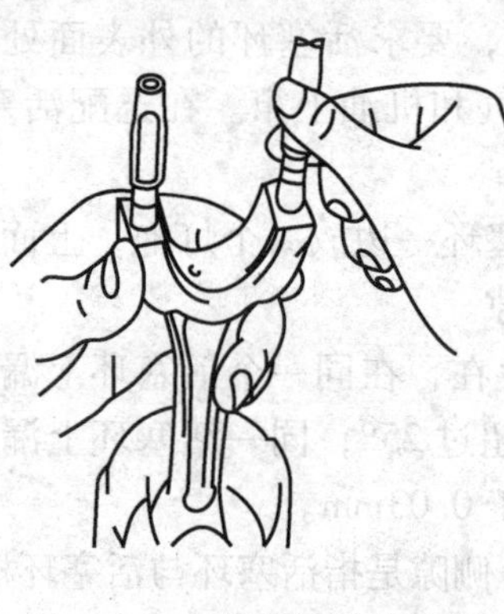

图4-32 套上连杆螺栓保护套

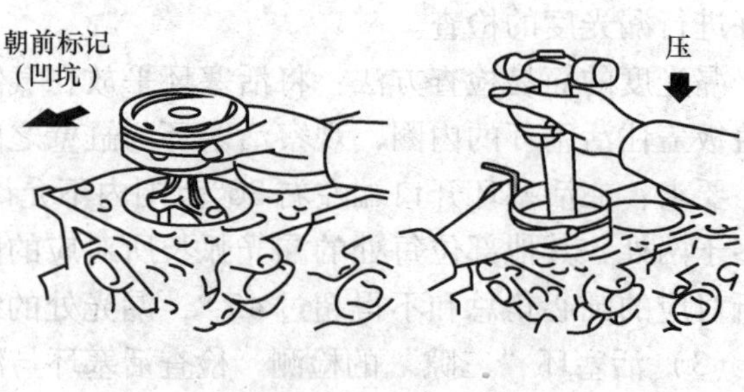

图4-33 活塞的安装

6）取下连杆螺栓保护套，清洁(用布擦)并润滑连杆轴承盖，装入连杆轴承盖。

7）注意连杆螺母的安装方向，润滑螺母的旋转平面，用手拧入连杆螺母，分两次拧紧到29N·m(第一次15N·m，第二次29N·m)。

8）转动曲轴，使活塞旋转到上止点位置，确认安装良好。如图4-34所示。

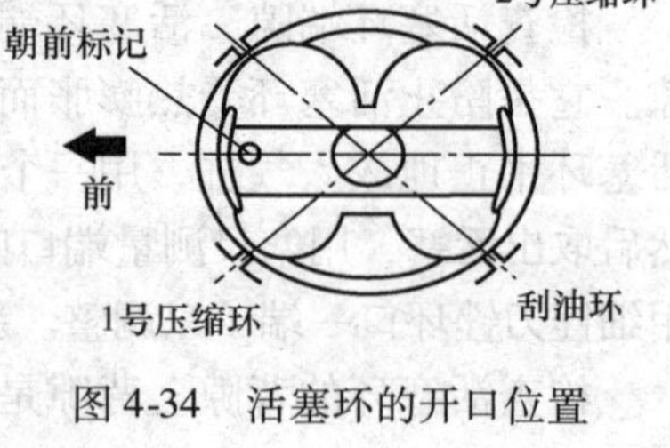

图4-34 活塞环的开口位置

9）清洁整理现场，检查工单，报告操作完毕。

过程提示：在整个操作过程中牵涉到测量的过程，每测一个项目以后，及时把测量数据填写到工单的相应栏里，并得出结论。

4.6　连杆轴瓦异响故障

连杆轴瓦异响故障及诊断程序见表 4-1 和如图 4-35 所示。

表 4-1　连杆轴瓦异响故障现象、原因及排除方法

连杆轴瓦异响	故障编号	DYZJ401
故障现象	故障原因	故障排除方法
发动机急加速时产生明显的敲击声，响声清脆短促，并随转速升高而增大，随负荷增大而增强；微抖加速踏板可听到“咯铃、咯铃”声；发动机温度变化时，异响无明显变化。	连杆螺栓松动	如果连杆轴瓦只是松动，按规定力矩拧紧螺栓
	轴瓦间隙过大	检查连杆轴瓦间隙，其标准值为 0.020 ~ 0.063mm，如果间隙超过极限值 0.1mm，需根据测得的连杆轴径尺寸，按技术要求重新选配连杆轴瓦
	轴瓦过度磨损、松动或断裂等	检查连杆轴瓦表面是否有剥落、磨损、烧蚀及其他异常情况，如果轴瓦失效应更换
	机油泵压力不正常	检查机油压力，不正常也会导致异响，必要时更换机油泵
	机油质量不好	更换机油
	机油过稀	更换机油
	机油滤清器堵塞	更换机油滤清器

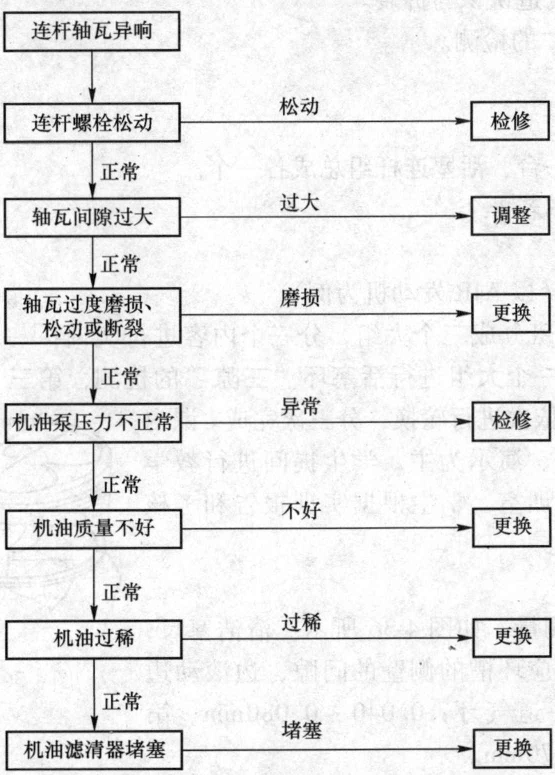

图 4-35　连杆轴瓦异响故障诊断及排除

课后习题

1. 填空题

1）活塞连杆组由________、________、________、________、________等组成。

2）活塞可分为三部分：________、________和________。

3）活塞环是具有弹性的________，有________和________之分。

4）连杆的功用是连接________与________。连杆小头通过________与________相连，连杆大头与________相连。

5）活塞的损伤包括________、________、________、________。

6）活塞环的损伤包括________、________、________。

2. 简答题

1）叙述活塞连杆组的功用。

2）叙述活塞连杆组的拆装注意事项。

实训5　活塞环“三隙”的检测

1. 实训目的

1）掌握活塞连杆组的构造及作用。

2）掌握活塞连杆组的检测方法。

3）掌握活塞连杆组的维修方法。

2. 实训内容

1）活塞连杆组的构造认识与拆装。

2）活塞环“三隙“的检测。

3. 实训设备

1）常用工量具一套。

2）完整的发动机一台、活塞连杆组总成各一个。

3）工具车、零件车若干个。

4）工作台若干个。

4. 实训方法及步骤(以 AJR 发动机为例)

(1) 实训方法　每班分成三个大组，分三个内容进行实训：一个大组进行活塞连杆组的构造认识与拆装，另一个大组进行活塞环“三隙“的检测，第三个大组进行发动机配缸间隙的检测。三个大组依次进行轮换，分三次完成。课内实训时以指导老师讲解、演示为主，学生提问进行教学互动。课外时间开放实训室，学生根据实训报告和考核的要求，完成实训内容。

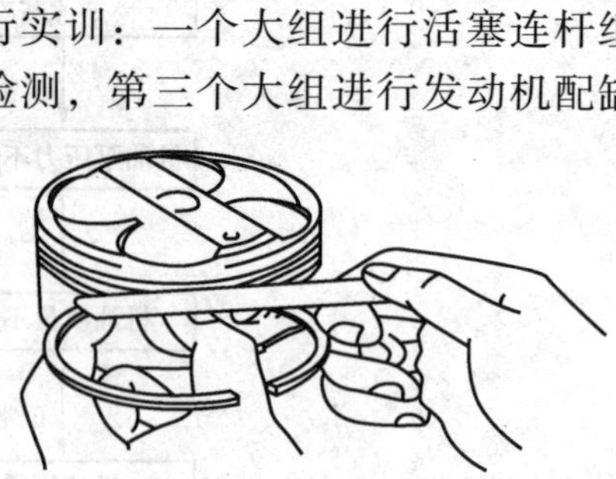

图 4-36　活塞环侧隙的测量

(2) 实训步骤

1）活塞环侧隙的测量，如图 4-36 所示。清洁塞尺，用塞尺测量活塞环与相应环槽的侧壁的间隙，边滚动边测量(3 点位置)，第一道气环：0.040 ~ 0.080mm、第二道气环：0.030 ~ 0.070mm。

结论：如果测量间隙超过标准，则更换活塞。

2）测量活塞环端隙，如图 4-37 所示。用钢直尺或是游标卡尺的深度尺测量活塞高度(50.00mm)，将第一道(或第二道)气环放入相应气缸，用活塞将活塞环推入气缸(可以用钢直尺借用活塞销平面处测量,此时的距离为 47mm)，取出活塞，用钢直尺再次检查推入深度应为 97mm。清洁塞尺，测量端隙。

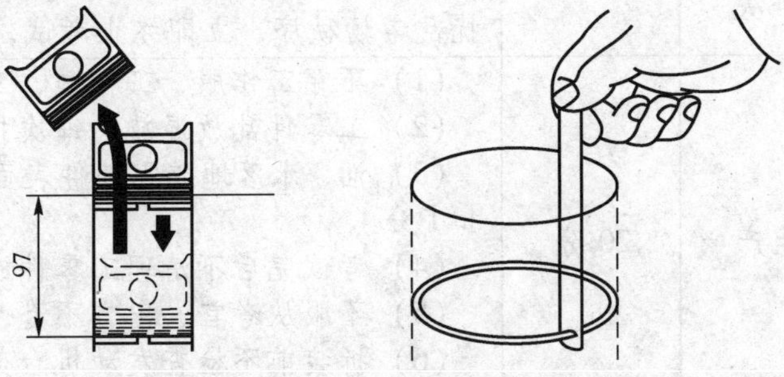

图 4-37　活塞环端隙

第一道气环：0.250 ~ 0.450mm(使用极限为 1.05mm)。

第二道气环：0.350 ~ 0.600mm(使用极限为 1.20mm)；油环：0.150 ~ 0.500mm(使用极限为 1.10mm)。

结论：如果端隙超过使用极限，更换活塞环，如果使用新活塞环，端隙超过最大值，重新镗削所有气缸或更换气缸体。

3）活塞环背隙的检测，如图 4-38 所示。活塞环背隙：活塞环(气环)的径向厚度与活塞环槽的深度的差值。

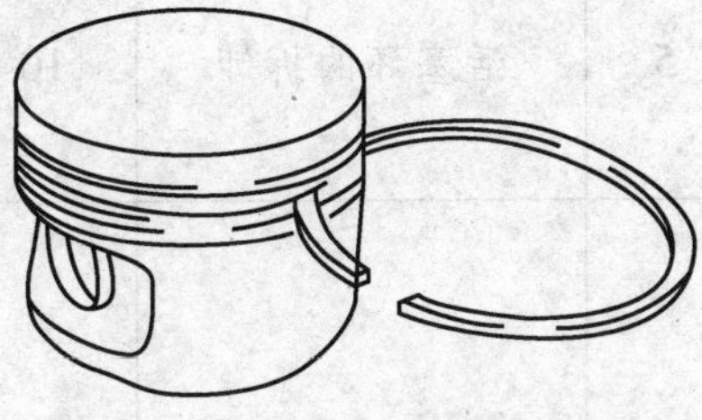

图 4-38　活塞环背隙的检测

(3) 实训报告内容(自选其一写实训报告)。

1）活塞连杆组的构造认识与拆装。

2）活塞环“三隙“的检测。

3）发动机配缸间隙的检测。

5. 活塞环“三隙”检测的评分标准和操作工单

考生用专用工具将活塞环从活塞上取下，按要求对活塞环的端隙、侧隙进行检测，并根据检测结果提出维修方案；同时口述活塞环背隙的检测方法并记录。在发动机实训室考点内提供：常用工量具、活塞环拆装钳、工具车、零件车、工作台和维修手册。进入考核程序后，考生准备考试所需的器材，将考试相应内容记录在工单上，整理场地后结束考试。考核时间为 30min。

活塞环“三隙”检测评分标准

序号	考核项目	配分	扣分标准(每项累计扣分不能超过配分)
1	安全文明否决		造成人身、设备重大事故，或恶意顶撞考官严重扰乱考场秩序，立即终止考试，此项目记0分
2	安全文明生产	20分	(1) 不穿工作服、工作鞋、工作帽各扣1分 (2) 工零件乱放混放，每次扣2分 (3) 油、水落地或零部件表面未及时清理，每次扣1分 (4) 考试完后不清理工零件或场地各扣3分 (5) 不服从考官、出言不逊，每次扣3分 (6) 拆装前不检查发动机台架锁止情况(含每次被考官提醒)，每次扣3分
3	工量具准备与检查	5分	(1) 工量具每少准备一件扣1分 (2) 工量具选择不当，每次扣2分 (3) 未校验量具，每次扣2分
4	维修手册使用	10分	每查错一个数据或漏查一个数据扣3分，根据工单填写情况对照维修手册标准值评分
5	活塞环的拆卸	10分	(1) 未使用活塞环拆装钳拆卸，每次扣2分 (2) 拆卸顺序不正确，每次扣2分 (3) 活塞环拆装钳使用不正确扣2分 (4) 每少拆一道环扣2分
6	活塞环端隙测量	20分	(1) 未清洁被测气缸、被测活塞各扣2分 (2) 未清洁量具扣1分 (3) 量具使用不正确扣2分 (4) 工具、零件落地，每次扣2分 (5) 活塞环放置气缸的位置不正确扣5分 (6) 测量数据不正确扣2分 (7) 检测结果判断不正确扣4分
7	活塞环侧隙测量	20分	(1) 未清洁被测零件各扣2分 (2) 未清洁量具扣1分 (3) 量具使用不正确扣2分 (4) 工具、零件落地每次扣2分 (5) 活塞环放置活塞的位置不正确扣5分 (6) 测量数据不正确扣2分 (7) 检测结果判断不正确扣4分
8	活塞环背隙测量	10分	口述测量方法并填入记录表中，每漏述一个步骤扣2分
9	维修记录	5分	(1) 维修记录字迹潦草扣2分 (2) 填写不完整，每项扣1分
10	合计	100分	

活塞环“三隙”的检测操作工单

班级：________ 姓名：________ 总分：________

车型		发动机型号	

一、准备工作

（1）工量具准备与检查	
（2）维修手册准备	
（3）被测工件准备	

二、操作过程

要求：会使用维修手册；能正确使用量具完成活塞环“三隙“的测量；能根据测量结果提出维修方案。

校验量具	记录量具误差		
活塞环端隙、侧隙的检测	检测结果		
	测量部位	端隙	侧隙
	第一道气环		
	第二道气环		
	油环		
口述活塞环背隙的测量方法	测量步骤记录		

三、维修结论

1. 查维修手册，该发动机活塞环间隙的标准值端隙：第一道气环________、第二道气环________、油环________；侧隙：第一道气环________、第二道气环________；油环________。

2. 根据检测结果，提出维修方案。

实训6　发动机配缸间隙检测

1. 实训目的

掌握发动机配缸间隙检测方法。

2. 实训内容

发动机配缸间隙检测。

3. 实训设备

发动机、内径百分表、外径千分尺等。

4. 实训方法及注意事项

（1）实训方法　每班分成若干个小组，实训时以老师讲解、演示、学生操作、考核为主，学生完成实训报告及考核，完成实训内容。

（2）实训注意事项

1）听从安排，不要随意走动。

2）不要随意操作车上的各个系统。

3）操作所学的系统时必须在指导老师的指导下完成。

4）注意保持教学场地卫生。

5）不能野蛮操作。

5. 实训步骤

发动机活塞与气缸的配缸间隙是极为重要的技术参数。不同车型的发动机，特别是现代强化发动机，由于其各自的结构、材质及其他各种技术参数不同，活塞与气缸的配缸间隙也不尽相同。

（1）活塞裙部直径测量　如图4-39所示。裙部尺寸用外径千分尺按操作规范仔细测量，当不明确裙部尺寸测量位置时，可用千分尺沿裙部主、次推力面方向从上至下逐点测量，其最大直径即为裙部尺寸。

（2）气缸直径测量　如图4-40所示，用百分表进行气缸的直径测量。

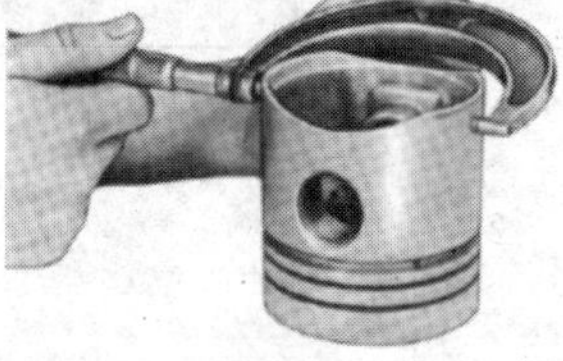

图4-39　活塞裙部直径测量

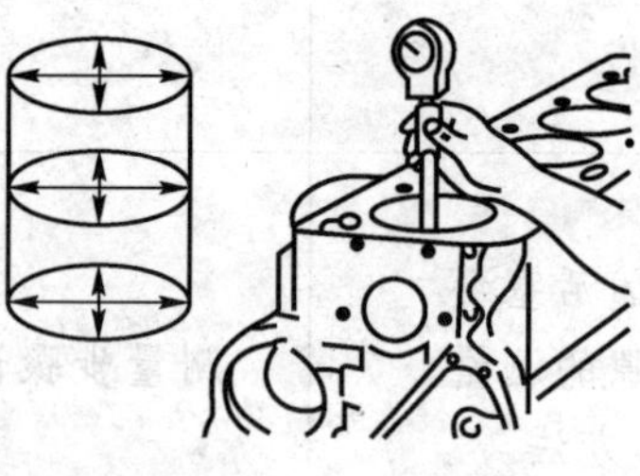

图4-40　气缸直径测量

（3）配缸间隙的计算　气缸内径与裙部尺寸之差即为配缸间隙。

6. “发动机配缸间隙检测”的评分标准和操作工单

"发动机配缸间隙检测"评分标准

序号	考核项目	配分	扣分标准(每项累计扣分不能超过配分)
1	安全文明否决		造成人身、设备重大事故，或恶意顶撞考官严重扰乱考场秩序，立即终止考试，此项目记 0 分
2	安全文明生产	20 分	(1) 不穿工作服、工作鞋、工作帽各扣 1 分 (2) 工零件乱放混放，每次扣 2 分 (3) 油、水落地或零部件表面未及时清理，每次扣 1 分 (4) 考试完后不清理零部件或场地各扣 3 分 (5) 不服从考官、出言不逊，每次扣 3 分 (6) 拆装前不检查发动机台架锁止情况(含每次被考官提醒)，每次扣 3 分
3	工量具准备与检查	5 分	(1) 工量具每少准备一件扣 1 分 (2) 工量具选择不当，每次扣 2 分 (3) 未校验量具每次扣 2 分
4	维修手册使用	10 分	每查错一个数据或漏查一个数据扣 3 分，根据工单填写情况对照维修手册标准值评分
5	活塞裙部直径测量	20 分	(1) 未使用千分尺测量此项不得分 (2) 未清洁活塞裙部扣 3 分 (3) 未清洁量具扣 2 分 (4) 测量部位不正确扣 5 分 (5) 量具使用错误扣 5 分 (6) 测量数据不正确扣 5 分
6	气缸直径测量	35 分	(1) 未清洁被测气缸扣 3 分 (2) 未清洁量具扣 2 分 (3) 不按被测气缸直径选择测量杆扣 5 分 (4) 安装量缸表时未使用千分尺扣 2 分；量缸表在千分尺上校零时未留预压量扣 5 分 (5) 测量位置不正确扣 3 分 (6) 不能找到气缸直径位置扣 5 分 (7) 测量数据不正确扣 5 分 (8) 结果判定不正确扣 5 分
7	计算配缸间隙	5 分	计算错误扣 5 分
8	维修记录	5 分	(1) 维修记录字迹潦草扣 2 分 (2) 填写不完整，每项扣 1 分
9	合计	100 分	

“发动机配缸间隙检测”操作工单

班级：________　　　姓名：________　　　总分：________

车型		发动机型号	

一、准备工作

(1) 工量具准备与检查	
(2) 维修手册准备	
(3) 被测工件准备	

二、操作过程

要求：会使用维修手册；能正确使用量具完成发动机配缸间隙测量；能根据测量结果提出维修方案。

校验量具	记录量具误差
活塞裙部直径测量	测量部位 检测结果
气缸直径测量	测量部位 检测结果
配缸间隙	计算结果

三、维修结论

1. 查维修手册，该发动机标准配缸间隙是________；最大间隙是________。

2. 根据检测结果，提出维修方案。

第5章

曲轴飞轮组

提示：查看各种车型的维修手册，来学习本章内容。

学习目标	鉴定标准	教学建议
1. 曲轴飞轮组的构造 2. 四缸四行程发动机的发火顺序和曲拐布置 3. 掌握曲轴飞轮组故障排除方法	应知： 1. 曲轴飞轮组的构造 2. 四缸四行程发动机的发火顺序和曲拐布置 应会：曲轴飞轮组的检修	建议：采用教师启发式讲解、学生讨论相结合的方式，最后教师总结

5.1 曲轴飞轮组的构造

曲轴飞轮组主要由曲轴、飞轮及附件组成(图5-1)。

曲轴(图5-2)是发动机最重要的机件之一。它与连杆配合将作用在活塞上的气体压力变为旋转的动力，传给底盘的传动机构。同时，驱动配气机构和其他辅助装置，如风扇、水泵、发电机等。工作时，曲轴承受气体压力、惯性力及惯性力矩的作用，受力大而且受力复杂，并且承受交变负荷的冲击作用。同时，曲轴又是高速旋转件。因此，要求曲轴具有足够的刚度和强度，具有良好的承受冲击载荷的能力，耐磨损且润滑良好。

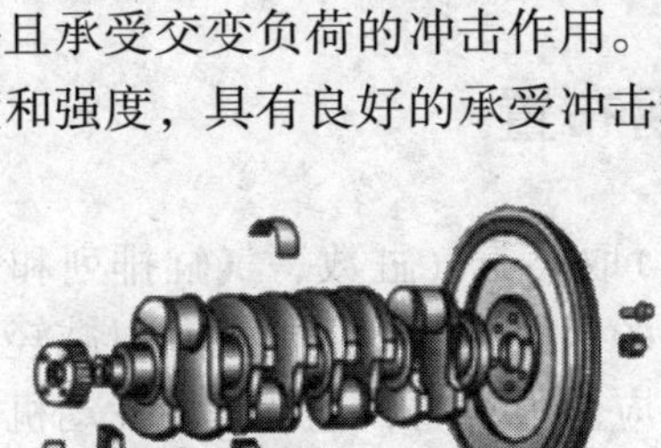

图5-1　曲轴飞轮组

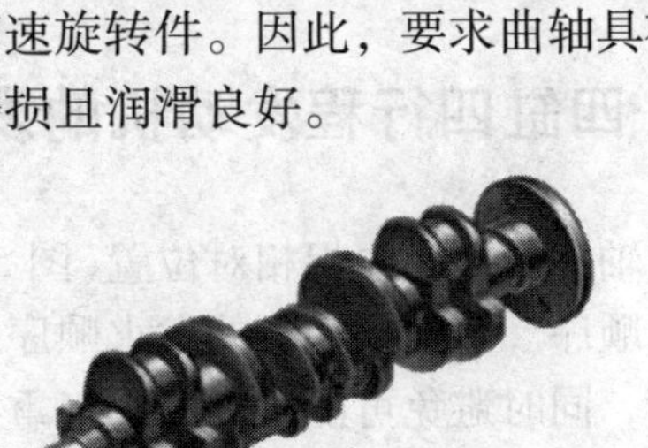

图5-2　曲轴

曲轴一般用中碳钢或中碳合金钢模锻而成。为提高耐磨性和耐疲劳强度，轴颈表面经高频淬火或氮化处理，并经精磨加工，以达到较高的表面硬度和表面粗糙度的要求。

曲轴一般由主轴颈、连杆轴颈、曲柄、平衡块、前端和后端等组成。一个主轴颈、一个连杆轴颈和一个曲柄组成了一个曲拐，曲轴的曲拐数目等于气缸数(直列式发动机)；V 型发动机曲轴的曲拐数等于气缸数的一半。

主轴颈是曲轴的支承部分，通过主轴承支承在曲轴箱的主轴承座中。主轴承的数目不仅与发动机气缸数目有关，还取决于曲轴的支承方式。曲轴的支承方式一般有两种：一种是全支承曲轴，另一种是非全支承曲轴。全支承曲轴：曲轴的主轴颈数比气缸数目多一个，即每一个连杆轴颈两边都有一个主轴颈。如六缸发动机全支承曲轴有七个主轴颈。四缸发动机全支承曲轴有五个主轴颈。这种支承，曲轴的强度和刚度都比较好，并且减轻了主轴承载荷，减小了磨损。柴油机和大部分汽油机多采用这种形式。非全支承曲轴：曲轴的主轴颈数比气缸数目少或与气缸数目相等(图 5-3)。这种支承方式叫非全支承曲轴，虽然这种支承的主轴承载荷较大，但缩短了曲轴的总长度，使发动机的总体长度有所减小。有些汽油机，承受载荷较小可以采用这种曲轴型式。

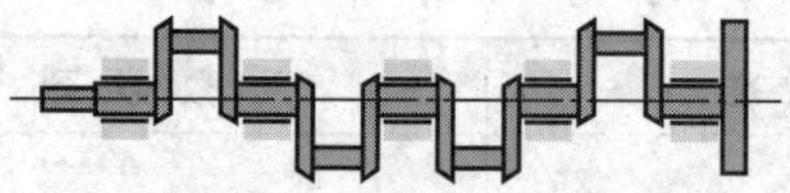

a)

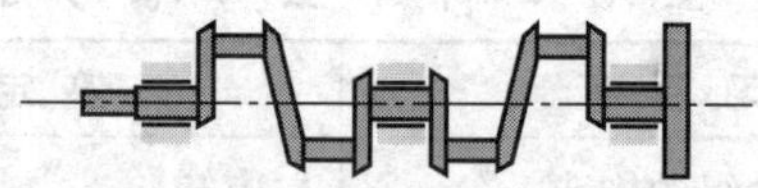

b)

图 5-3　曲轴支承

a）全支承曲轴　b）非全支承曲轴

曲轴的连杆轴颈是曲轴与连杆的连接部分，通过曲柄与主轴颈相连，在连接处用圆弧过渡，以减少应力集中。直列发动机的连杆轴颈数目和气缸数相等。V 型发动机的连杆轴颈数等于气缸数的一半。

曲柄是主轴颈和连杆轴颈的连接部分，断面为椭圆形，为了平衡惯性力，曲柄处铸有(或紧固有)平衡重块。平衡重块用来平衡发动机不平衡的离心力矩，有时还用来平衡一部分往复惯性力，从而使曲轴旋转平稳。

曲轴前端装有正时齿轮、驱动风扇和水泵的带轮以及起动爪等。为了防止机油沿曲轴轴颈外漏，在曲轴前端装有一个甩油盘，在齿轮室盖上装有油封。曲轴的后端用来安装飞轮，在后轴颈与飞轮凸缘之间制成挡油凸缘与回油螺纹，以阻止机油向后窜漏。

5.2　四缸四行程发动机的发火顺序和曲拐布置

曲轴的形状和曲拐相对位置(图 5-4,即曲拐的布置)取决于气缸数、气缸排列和发动机的发火顺序。多缸发动机的发火顺序应注意使连续做功的两缸相距尽可能远，以减轻主轴承的载荷，同时避免可能发生的进气重叠现象。做功间隔应力求均匀，也就是说发动机在完成一个工作循环的曲轴转角内，每个气缸都应发火做功一次，而且各缸发火的间隔时间以曲轴转角表示，称为发火间隔角。

1）四行程发动机完成一个工作循环曲轴转两圈，其转角为 720°，在曲轴转角 720°内发动机的每个气缸应该发火做功一次，且发火间隔角是均匀的。因此，四行程发动机的发火间隔角为 720°/i，（i 为气缸数目），即曲轴每转 720°/i，就应有一缸做功，以保证发动机运转平稳。

2）四缸四行程发动机的发火间隔角为 720°/4 = 180°，曲轴每转半圈（180°）做功一次，四个缸的做功行程是交替进行的，并在 720°内完成。因此，可使曲轴获得均匀的转速，工作平稳柔和。对于每一个气缸来说，其工作过程和单缸机的工作过程完全相同，只不过是要求它按照一定的顺序工作，即为发动机的工作顺序，也叫做发动机的发火顺序。可见，多缸发动机的工作顺序（发火顺序）就是各缸完成同名行程的次序。

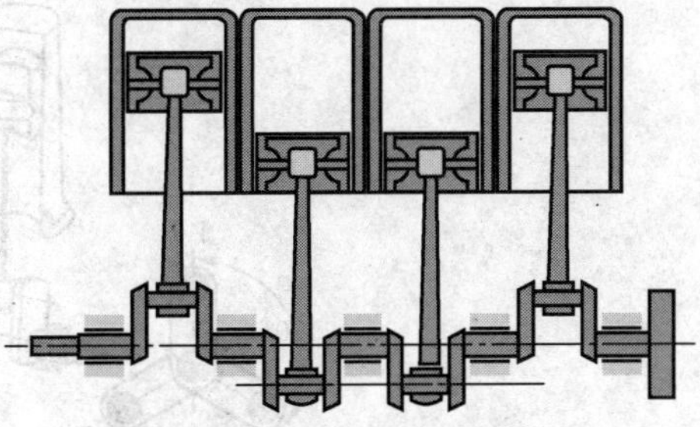

图 5-4　四缸四行程发动机曲拐布置

四缸发动机四个曲拐布置在同一平面内。1、4 缸在上，2、3 缸在下，互相错开 180°，其发火顺序的排列只有两种可能，即为 1-3-4-2 或为 1-2-4-3，两种工作顺序的发动机工作循环分别见表 5-1 和表 5-2。

表 5-1　四缸发动机工作循环表

（发火顺序为 1-3-4-2）

曲轴转角	第一缸	第二缸	第三缸	第四缸
0°～180°	做功	排气	压缩	进气
180°～360°	排气	进气	做功	压缩
360°～540°	进气	压缩	排气	做功
540°～720°	压缩	做功	进气	排气

表 5-2　四缸发动机工作循环表

（发火顺序为 1-2-4-3）

曲轴转角	第一缸	第二缸	第三缸	第四缸
0°～180°	做功	压缩	排气	进气
180°～360°	排气	做功	进气	压缩
360°～540°	进气	排气	压缩	做功
540°～720°	压缩	进气	做功	排气

3）四行程直列六缸发动机的发火顺序和曲拐布置。四行程直列六缸发动机发火间隔角为 720°/6 = 120°（图 5-5），六个曲拐分别布置在三个平面内，一种发火顺序是 1-5-3-6-2-4，国产汽车的六缸直列发动机都用这种，其工作循环见表 5-3，另一种发火顺序是 1-4-2-6-3-5。

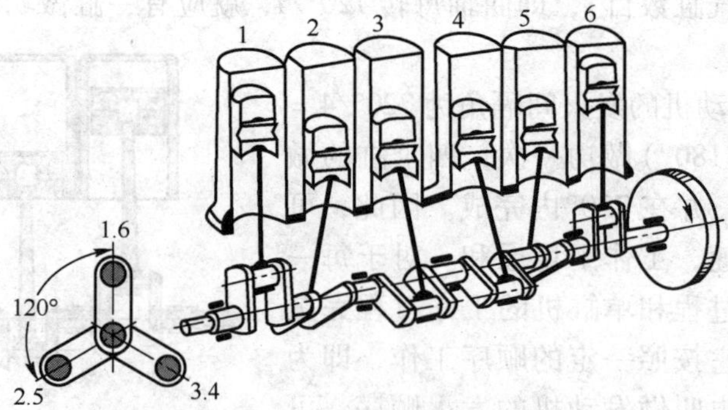

图 5-5　六缸直列发动机曲拐布置

表 5-3　六缸直列发动机工作循环表

（发火顺序为 1-5-3-6-2-4）

<table>
<tr><th colspan="2">曲轴转角</th><th>第一缸</th><th>第二缸</th><th>第三缸</th><th>第四缸</th><th>第五缸</th><th>第六缸</th></tr>
<tr><td rowspan="3">0°～180°</td><td>60°</td><td rowspan="3">做功</td><td rowspan="2">排气</td><td>进气</td><td>做功</td><td rowspan="2">压缩</td><td rowspan="3">进气</td></tr>
<tr><td>120°</td><td rowspan="3">压缩</td><td rowspan="3">进气</td></tr>
<tr><td>180°</td><td rowspan="3">进气</td><td rowspan="3">做功</td></tr>
<tr><td rowspan="3">180°～360°</td><td>240°</td><td rowspan="3">排气</td><td rowspan="3">压缩</td></tr>
<tr><td>300°</td><td rowspan="3">做功</td><td rowspan="3">排气</td></tr>
<tr><td>360°</td><td rowspan="3">压缩</td><td rowspan="3">排气</td></tr>
<tr><td rowspan="3">360°～540°</td><td>420°</td><td rowspan="3">进气</td><td rowspan="3">做功</td></tr>
<tr><td>480°</td><td rowspan="3">排气</td><td rowspan="3">压缩</td></tr>
<tr><td>540°</td><td rowspan="3">做功</td><td rowspan="3">进气</td></tr>
<tr><td rowspan="3">540°～720°</td><td>600°</td><td rowspan="3">压缩</td><td rowspan="3">排气</td></tr>
<tr><td>660°</td><td rowspan="2">进气</td><td rowspan="2">做功</td></tr>
<tr><td>720°</td><td>排气</td><td>压缩</td></tr>
</table>

4）四行程 V 型八缸发动机的发火顺序。四行程 V 型八缸发动机的发火间隔角为 720°/8 = 90°，V 型发动机左右两列中对应的一对连杆共用一个曲拐，所以 V 型八缸发动机只有四个曲拐。

曲拐布置可以与四缸发动机相同，四个曲拐布置在同一平面内，也可以布置在两个互相错开 90°的平面内，使发动机得到更好的平衡，如图 5-6 所示。其发动机发火顺序为 1-8-4-

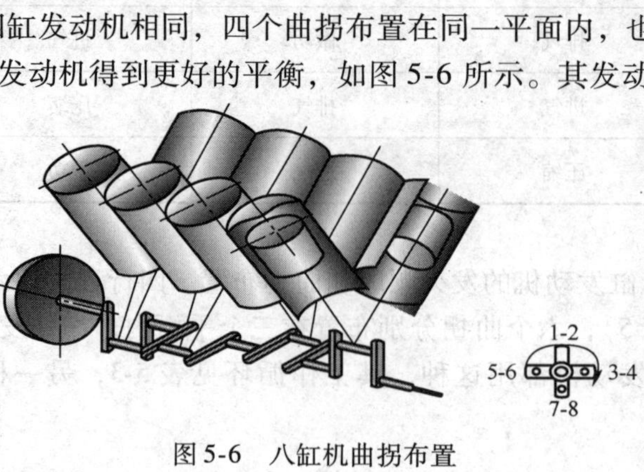

图 5-6　八缸机曲拐布置

3-6-5-7-2，其工作循环见表 5-4。

表 5-4　八缸发动机工作循环表

（发火顺序 1-8-4-3-6-5-7-2）

<table>
<tr><th colspan="2">曲轴转角</th><th>第一缸</th><th>第二缸</th><th>第三缸</th><th>第四缸</th><th>第五缸</th><th>第六缸</th><th>第七缸</th><th>第八缸</th></tr>
<tr><td rowspan="2">0°～180°</td><td>90°</td><td rowspan="2">做功</td><td>做功</td><td>进气</td><td rowspan="2">压缩</td><td>排气</td><td rowspan="2">进气</td><td rowspan="2">排气</td><td>压缩</td></tr>
<tr><td>180°</td><td rowspan="2">排气</td><td rowspan="2">压缩</td><td rowspan="2">进气</td><td rowspan="2">做功</td></tr>
<tr><td rowspan="2">180°～360°</td><td>270°</td><td rowspan="2">排气</td><td rowspan="2">做功</td><td rowspan="2">压缩</td><td rowspan="2">进气</td></tr>
<tr><td>360°</td><td rowspan="2">进气</td><td rowspan="2">做功</td><td rowspan="2">压缩</td><td rowspan="2">排气</td></tr>
<tr><td rowspan="2">360°～540°</td><td>450°</td><td rowspan="2">进气</td><td rowspan="2">排气</td><td rowspan="2">做功</td><td rowspan="2">压缩</td></tr>
<tr><td>540°</td><td rowspan="2">压缩</td><td rowspan="2">排气</td><td rowspan="2">做功</td><td rowspan="2">进气</td></tr>
<tr><td rowspan="2">540°～720°</td><td>630°</td><td rowspan="2">压缩</td><td rowspan="2">进气</td><td rowspan="2">排气</td><td rowspan="2">做功</td></tr>
<tr><td>720°</td><td>做功</td><td>进气</td><td>排气</td><td>压缩</td></tr>
</table>

5.3　飞轮

飞轮（图 5-7）的主要功用是用来储存做功行程的能量，用于克服进气、压缩和排气行程的阻力和其他阻力，使曲轴能均匀地旋转。飞轮外缘压有的齿圈与起动机的驱动齿轮啮合，供起动发动机用；汽车离合器也装在飞轮上，利用飞轮后端面作为驱动件的摩擦面，用来对外传递动力。

飞轮是高速旋转件，因此，要进行精确地平衡校准，平衡性能要好，达到静平衡和动平衡。飞轮是一个很重的铸铁圆盘，用螺栓固定在曲轴后端的接盘上，具有很大的转动惯量。飞轮轮缘上镶有齿圈，齿圈与飞轮紧配合，有一定的过盈量。

在飞轮轮缘上作有记号（刻线或销孔），供找压缩上止点用，四缸发动机为 1 缸或 4 缸压缩上止点；六缸发动机为 1 缸或 6 缸压缩上止点）。当飞轮上的记号与外壳上的记号对正时，正好是压缩上止点。奥迪 100 飞轮上有一“0”标记（图 5-8）。

图 5-7　飞轮

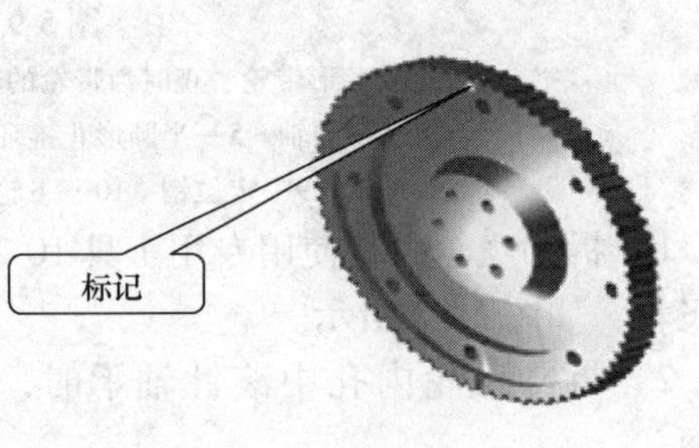

图 5-8　飞轮标记

飞轮与曲轴在制造时一起进行过动平衡实验，在拆装时为了不破坏它们之间的平衡关系，飞轮与曲轴之间应有严格不变的相对位置。通常用定位销和不对称布置的螺栓来定位。

5.4 曲轴扭转减振器

曲轴是一种扭转弹性零件，其本身具有一定的自振频率。在发动机工作过程中，经连杆传给连杆轴颈的作用力的大小和方向都是周期性变化的，所以曲轴各个曲拐的旋转速度也是忽快忽慢呈周期性变化。安装在曲轴后端的飞轮转动惯量最大，可以认为是匀速旋转，由此造成曲轴各曲拐的转动比飞轮时快时慢，这种现象称之为曲轴的扭转振动。当振动强烈时甚至会扭断曲轴。扭转减振器的功用就是吸收曲轴扭转振动的能量，消减扭转振动，避免发生强烈的共振及其引起的严重后果。一般低速发动机不易达到临界转速。但缸数多及转速高的发动机，由于自振频率低，强迫振动频率高，容易达到临界转速而发生强烈的共振，因而加装扭转减振器就很有必要。

5.5 曲轴飞轮组的拆装

现以 AFE 型发动机曲轴飞轮组的拆装为例讲述。

AFE 型发动机曲轴飞轮组的分解图如图 5-9 所示，具体操作过程中应注意以下问题。

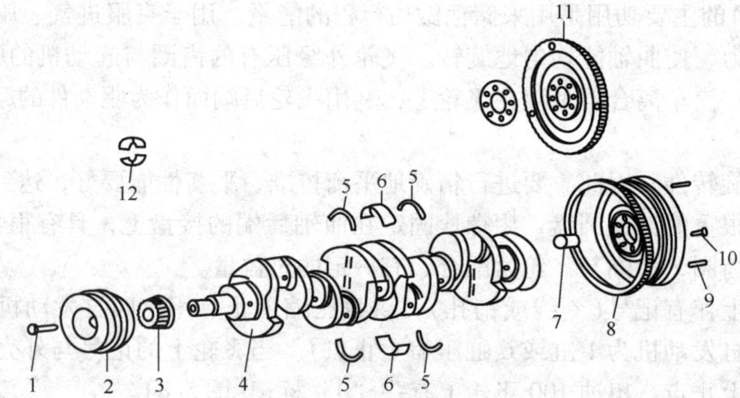

图 5-9 曲轴飞轮组分解图

1—曲轴 V 形带轮、正时齿带轮的轴向紧固螺栓 2—V 形带轮 3—曲轴正时齿带轮
4—曲轴 5—半圆形止推环 6—主轴承 7—滚针轴承 8—飞轮齿圈
9—定位销 10—飞轮紧固螺栓 11—飞轮 12—连杆轴承

1）拆卸飞轮时，使用专用工具 10-201 卡住飞轮齿圈，拧下飞轮紧固螺栓，从曲轴上拆下飞轮，如图 5-10 所示。

2）拆卸飞轮内孔中滚针轴承时，使用专用工具 10-202。轴承打印标记必须在朝外一面。

安装滚针轴承时，滚针轴承有字的一面向外，安装好后应清晰可见。安装时使用专用工具 VW207C。

安装好后，滚针轴承外端面与飞轮安装孔外端面的距离为 1. 5mm。

3）飞轮与曲轴凸缘有 6 个不对称布置的紧固螺栓，其紧固力矩为 75N · m。安装飞轮时，螺栓上应涂 D6 防松胶。

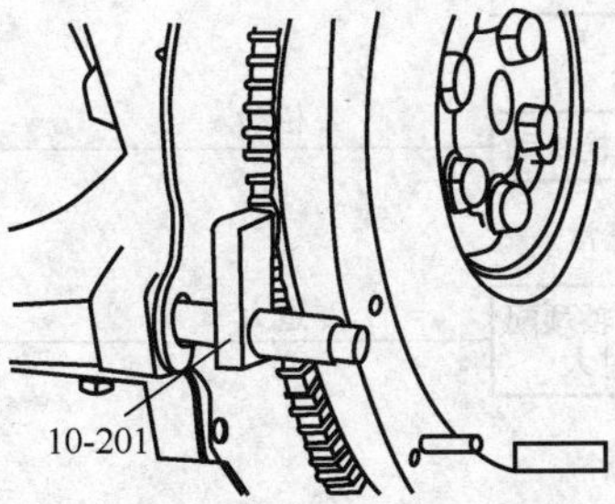

图 5-10　拆卸与安装飞轮

5）曲轴后端飞轮与附属装置的拆卸顺序如图 5-11 所示。

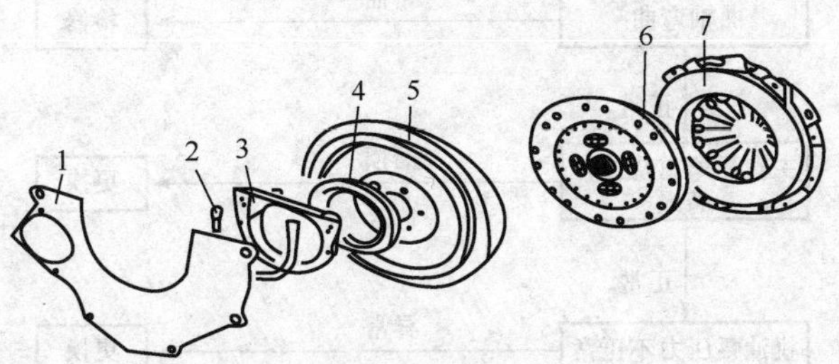

图 5-11　飞轮与后端附属装置

1—中间支板　2—油封衬垫　3—后油封凸缘　4—后油封　5—飞轮　6—离合器从动盘　7—离合器压盘

5.6　曲轴轴瓦异响故障排除

曲轴轴瓦异响故障及诊断程序见表 5-5 和图 5-12。

表 5-5　曲轴轴瓦异响故障及诊断程序

曲轴轴瓦异响	故障编号	DYZJ501
故障现象	故障原因	故障排除方法
曲轴轴瓦异响，曲轴箱内响声粗重，发出“通、通”沉闷的响声；发动机转速越快，响声越大；急加速时，响声更突出。严重时发动机机体振动，润滑油压力下降；发动机温度变化时响声无变化	主轴瓦盖螺栓松动	如果主轴瓦只是松动，应按规定力矩拧紧主轴瓦盖螺栓
	主轴瓦与主轴颈配合间隙过大	检查主轴瓦与主轴颈的配合间隙，其值为 0.020～0.059mm，如果间隙超过极限值 0.1mm，需根据测得的主轴颈直径尺寸，按技术要求重新选配主轴瓦(经验值)
	止推片止推间隙过大	在止推片处测量曲轴止推间隙，其值为 0.087～0.177mm，如果超过极限值 0.300mm，应更换止推片(经验值)
	曲轴弯曲	检查曲轴弯曲度，如果弯曲超过极限值 0.1mm，应对曲轴进行校正或更换(经验值)
	主轴瓦严重烧蚀、磨损	检查轴瓦表面是否有剥落、烧蚀及其他异常情况，如果轴瓦失效应更换
	机油泵压力不正常	检查机油压力，不正常也会导致异响，必要时更换机油泵
	发动机冷却液温度高	按冷却液温度高故障项目排除，既可解决
	机油质量不好	更换机油
	机油滤清器堵塞	更换机油滤清器

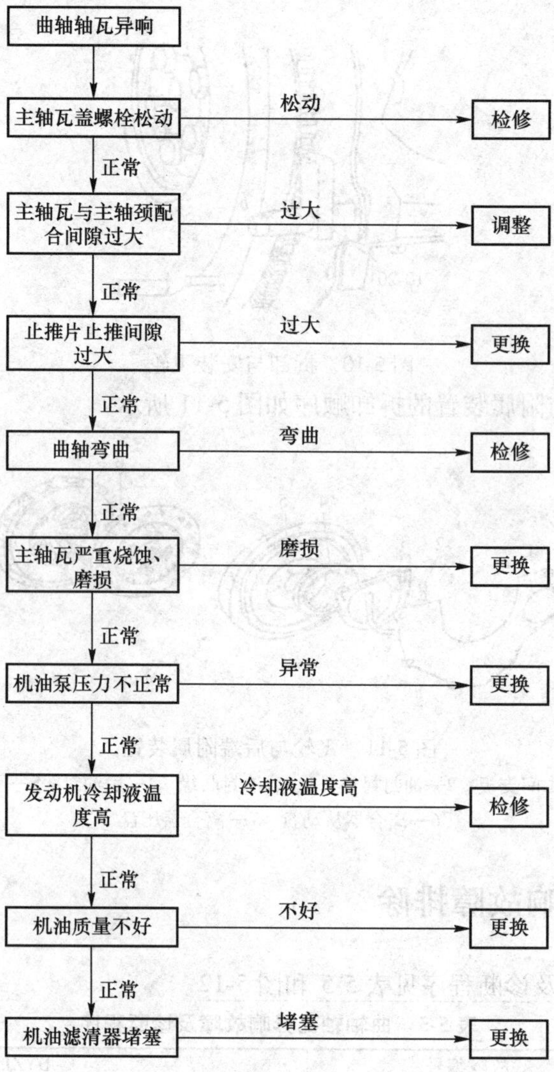

图 5-13　曲轴轴瓦异响故障及诊断

课后习题

简答题

1. 曲轴怎么样进行轴向定位？为什么只能在一处进行轴向定位？
2. 曲轴扭转减振器的减振原理是什么？常用的扭转减振器有哪几种？
3. 怎么样检查曲轴的轴向间隙？

实训 7　曲轴的拆装与检测

1. 实训目的

1）熟练检测曲轴的轴向间隙。

2）掌握曲轴飞轮组的拆装要领。

2. 实训内容

曲轴的拆装。

3. 实训设备

1）桑塔纳发动机 1 台。

2）常用工量具 1 套、桑塔纳专用工具 1 套、机油少许。

3）相关挂图或图册若干。

4. 实训方法及注意事项

（1）实训方法　每班分成若干个小组，实训时以老师讲解、演示、学生操作、考核为主，学生完成实训报告及考核，完成实训内容。

（2）实训注意事项

1）不要随意操作车上的各个系统。

2）操作所学的系统时必须在指导老师的指导下完成。

3）不能野蛮操作。

4）注意保持教学场地卫生。

5. 实训技术标准及要求

1）曲轴主轴承盖螺栓拧紧力矩 65N · m。

2）曲轴前后密封法兰紧固力矩 M8 为 10N · m，M10 为 20N · m。

3）曲轴后端滚针轴承应低于曲轴后端面 1.5mm。

4）飞轮紧固螺栓按对角线，分 2 ~ 3 次旋紧，拧紧力矩为 75N · m。

6. 实训步骤

（1）曲轴飞轮组的拆卸

1）将气缸体倒置在工作台上，拆卸中间轴密封凸缘。

2）拆卸气缸体前端中间轴密封凸缘中的油封，装配时必须更换。

3）拆卸中间轴，拆卸带轮端曲轴油封，拆卸前油封凸缘及衬垫。

4）旋出飞轮固定螺栓，从曲轴凸缘上拆下飞轮，如图 5-13 所示。

5）拆下曲轴主轴承盖紧固螺栓，不能一次全部拧松，必须分 2 ~ 3 次从两端到中间逐步拧松，如图 5-14 所示。

图 5-13　拆下飞轮

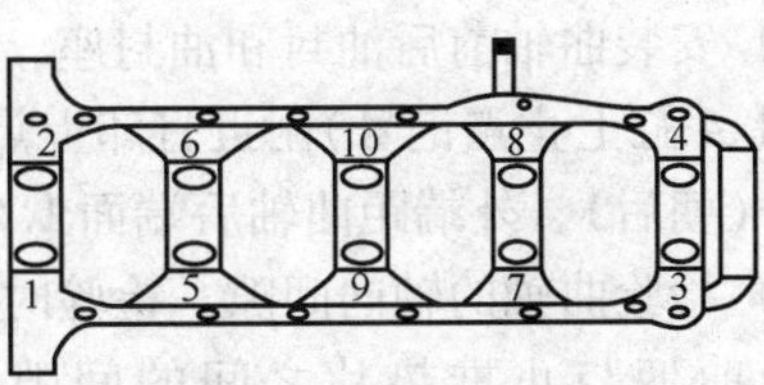

图 5-14　曲轴主轴承盖紧固螺栓拆卸顺序

6）抬下曲轴，再将轴承盖及垫片按原位装回，并将固定螺栓拧入少许。

注意：推力轴承的定位及开口的安装方向，轴瓦不能互换。

曲轴及其附件分解图见图 5-15。

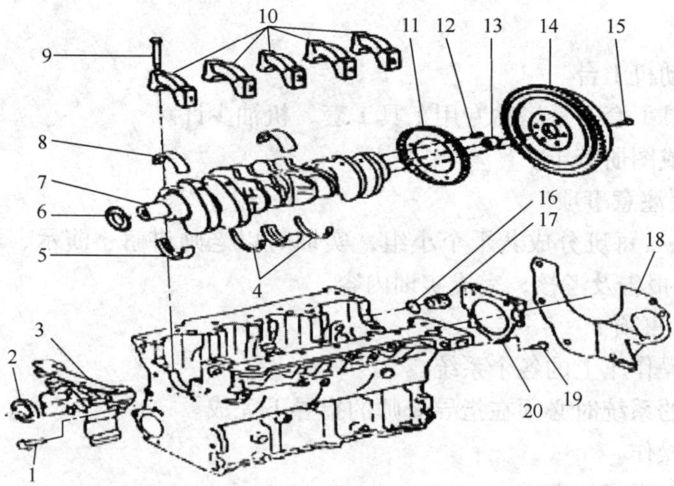

图 5-15　曲轴及其附件分解图

1—前密封凸缘螺栓(拧紧力矩 16N·m)　2—密封圈　3—前密封凸缘　4—止推环(用于缸体内 3 号轴承,润滑槽朝向外侧)　5—主轴承(用于带机油槽的缸体,不能与使用过的轴承混用)　6—链轮(用于驱动机油泵)　7—曲轴　8—主轴承(用于不带机油槽的缸体,不能与使用过的轴承混用)　9—主轴承盖螺栓(拧紧力矩:65N·m+90°)　10—轴承盖　11—脉冲传感器轮(用于发动机转速传感器 G28,只有一个安装位置)　12—脉冲传感器轮螺栓(拧紧力矩 10N·m+1/4 圈)　13—滚针轴承　14—飞轮　15—飞轮紧固螺栓(拧紧力矩:60N·m+90°)　16—密封圈　17—螺塞(拧紧力矩 100N·m)　18—中间支板　19—后密封凸缘螺栓(拧紧力矩 16N·m)　20—曲轴后密封凸缘

(2) 曲轴飞轮组的装配

1) 将经过清洗和擦拭干净的曲轴、飞轮、选配及修配好的轴承、轴承盖等零件依次摆放整齐，准备装配。

2) 将曲轴安装在气缸体上。在第 3 道主轴颈两侧安装半圆止推垫片，其开口必须朝向曲轴。定位半圆止推垫片装于轴承盖上(注意:轴承盖按 1 ~ 5 序号安装,不得装错和装反。1、2、4、5 道曲轴轴瓦,只有装在缸体上的轴瓦有油槽,装在瓦盖上的无油槽,但第 3 道轴瓦两片均有油槽)，从中间轴承盖向左右对称紧固螺栓。

3) 安装曲轴前后油封和油封座，安装飞轮和滚针轴承。新换飞轮时，还应在飞轮“0”标记(1、4 缸上止点记号)附近打印上点火正时记号。变速器输入端外端的滚针轴承安装时标记朝外(朝后)，外端距曲轴后端面 1.5mm。

4) 检验曲轴的轴向间隙。检验时，先用撬棍将曲轴撬挤向一端，再用塞尺在推力轴承处测量曲柄与止推垫片之间的间隙。新装配时间隙值为 0.07 ~ 0.17mm，磨损极限为 0.25mm。如曲轴轴向间隙过大，应更换推力轴承。

(3) 检修

1) 检查曲轴弯曲量(图 5-16)。用 V 形铁将曲轴两端水平支承在平台上，使百分表的测量触头垂直抵压到第三道主轴颈上。转动曲轴一周，百分表指针所指示的最大和最小读数差值的一半即为曲轴的直线度误差，其值应不大于 0.03mm，否则应进行压校或更换曲轴。

2）曲轴的磨削量。用外径千分尺测量曲轴主轴颈和连杆轴颈的圆度和圆柱度，其标准值应为 0.01 mm，磨损极限值为 0.02mm。超过标准要求时，可用曲轴磨床按修理尺寸法对轴颈进行修磨，曲轴磨损后磨削数据见表 5-6。

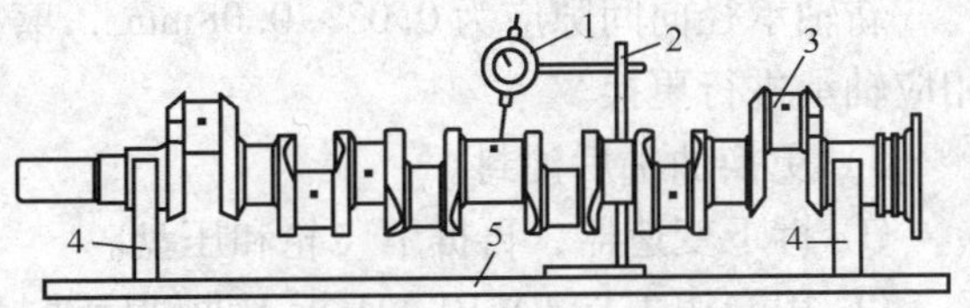

图 5-16　曲轴弯曲量的检查

1—百分表　2—表架　3—曲轴　4—V 形铁　5—测量平台

表 5-6　曲轴维修技术数据

尺寸	曲轴主轴承轴颈/mm	连杆轴颈/mm
标准尺寸	$54.00^{-0.022}_{-0.042}$	$47.80^{-0.022}_{-0.042}$
第一次缩小尺寸	$53.75^{-0.022}_{-0.042}$	$47.55^{-0.022}_{-0.042}$
第二次缩小尺寸	$53.50^{-0.022}_{-0.042}$	$47.30^{-0.022}_{-0.042}$
第三次缩小尺寸	$53.25^{-0.022}_{-0.042}$	$47.05^{-0.022}_{-0.042}$

3）检查曲轴轴向间隙。将曲轴撬向一端，用塞尺检查第三道主轴承的轴向间隙（配合间隙），如图 5-17 所示。新的轴承轴向间隙为 0.07 ~ 0.17mm，磨损极限值为 0.25mm。轴向间隙超过极限值时，应更换第三道主轴承两侧的半圆止推环。

4）曲轴径向间隙的检测。已装好的发动机可用塑料间隙测量片检查径向间隙。

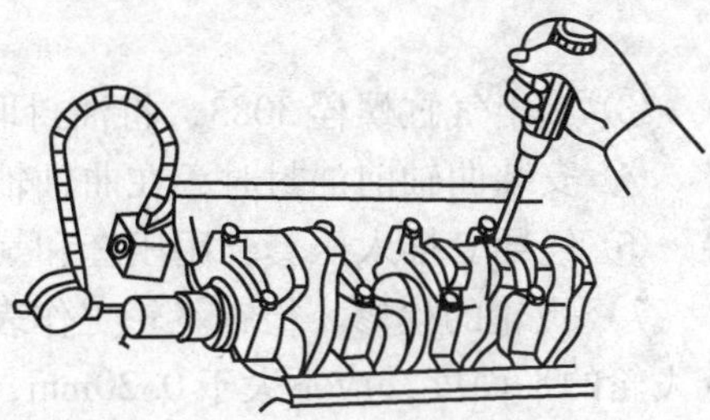
图 5-17　曲轴轴向间隙的检测

① 拆下曲轴轴承盖，清洁曲轴轴承和曲轴轴颈。

② 将塑料间隙测量片放在轴颈或轴承上，如图 5-18 所示。

③ 装上曲轴主轴承盖，并用 65N · m 力矩紧固，不得使曲轴转动。

④ 拆下曲轴主轴承盖，测量挤压过的塑料间隙测量片的厚度，如图 5-19 所示。

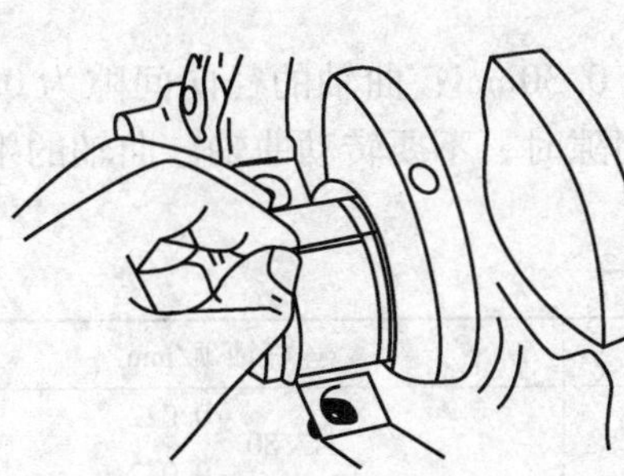
图 5-18　在曲轴轴颈上放置塑料测量片

图 5-19　曲轴径向间隙的检测

新轴承径向间隙应为 0.03 ~ 0.08mm，磨损极限值为 0.17mm。超过磨损极限时，应对相应轴承进行更换。

5）更换曲轴后油封。

① 拆下变速器，再拆下飞轮和压盘。

② 用专用工具 VW10-221 拆下曲轴后油封，如图 5-20 所示。

③ 安装油封时，在其外圈和唇边涂一层薄润滑油，使用专用工具 VW2003/2A 装上油封，并用专用工具 VW2003/l 将油封压到底。

6）更换曲轴前油封。

① 拆下 V 形带，再拆下正时齿带轮。

② 将油封取出器 VW2085 内件（如图 5-21 箭头 A 所示）从外件中旋出 2 圈（约 2mm），并用滚花螺钉（如图 5-21 箭头 B 所示）锁紧。

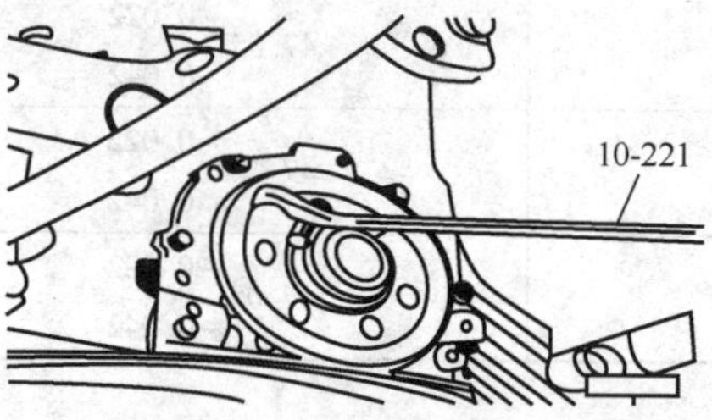

图 5-20　拆卸曲轴后油封

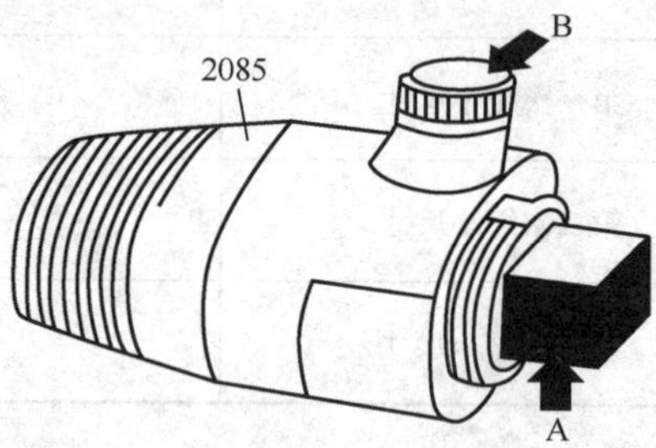

图 5-21　油封取出器

A—内件　B—滚花螺钉

③ 旋出气缸螺栓 3083，将油封取出器 VW2085 旋进曲轴，拆出油封。

④ 安装曲轴前油封时，在曲轴轴颈上套上导套，在油封外圈和唇边涂薄润滑油。

⑤ 经导套推入压套，用压套和气缸螺栓将油封压入到底。

7）飞轮的检修。检查飞轮工作表面是否有明显的划伤沟槽，用直尺、塞尺或百分表检查飞轮的平面度，应不大于 0.20mm，否则应更换飞轮。

飞轮齿圈轮齿磨损严重或出现裂纹时，可将齿圈均匀加热至 50 ~ 200℃，然后轻轻敲下，再将新齿圈加热到 200℃，趁热压装到飞轮上。更换齿圈后，必须对飞轮进行静平衡试验，不平衡量不得超过 10g · cm。

8）AJR 型发动机曲轴飞轮组的结构与维修。曲轴飞轮组的拆卸与安装可参照图 5-10 所示进行。

曲轴的轴向间隙为 0.07 ~ 0.21mm，磨损极限值为 0.30mm；曲轴的径向间隙为 0.01 ~ 0.04mm，磨损极限值为 0.15mm。在测量曲轴的径向间隙时，不要转动曲轴。曲轴的维修技术参数见表 5-7。

表 5-7　曲轴的修理尺寸

尺寸	曲轴主轴承轴颈/mm	连杆轴颈/mm
标准尺寸	$54.00^{-0.022}_{-0.042}$	$47.80^{-0.022}_{-0.042}$
第一次缩小尺寸	$53.75^{-0.022}_{-0.042}$	$47.55^{-0.022}_{-0.042}$

（续）

尺寸	曲轴主轴承轴颈/mm	连杆轴颈/mm
第二次缩小尺寸	$53.50_{-0.042}^{-0.022}$	$47.30_{-0.042}^{-0.022}$
第三次缩小尺寸	$53.25_{-0.042}^{-0.022}$	$47.05_{-0.042}^{-0.022}$

9）曲轴 V 形带轮端油封的拆卸。

① 拆下发电机 V 形带，拆下正时齿带。

② 拆下正时齿带轮。用专用工具 3099 固定正时齿带轮，如图 5-22 所示，旋上专用工具时在正时齿带轮和工具之间放入两个垫片。将正时齿带轮的中间螺栓旋入到曲轴以提供支承。拉出器 3203 的内件旋出外件约 2 圈(约 3mm)，然后用滚花螺钉拧紧。

③ 在拉出器 3203 的螺纹头上涂润滑油，并将其尽可能深地打入到油封内，如图 5-23 所示。

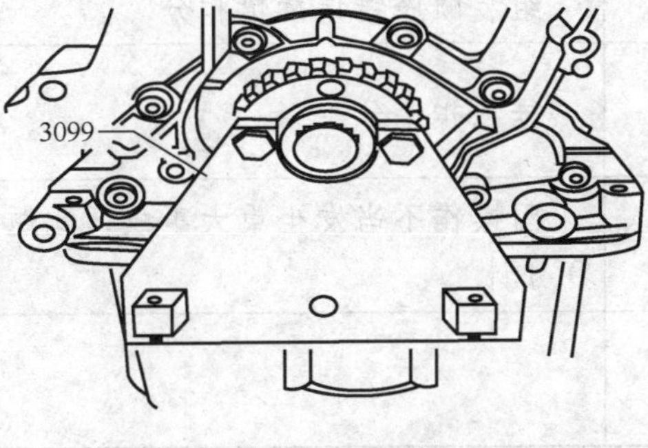

图 5-22　用专用工具固定正时齿带轮

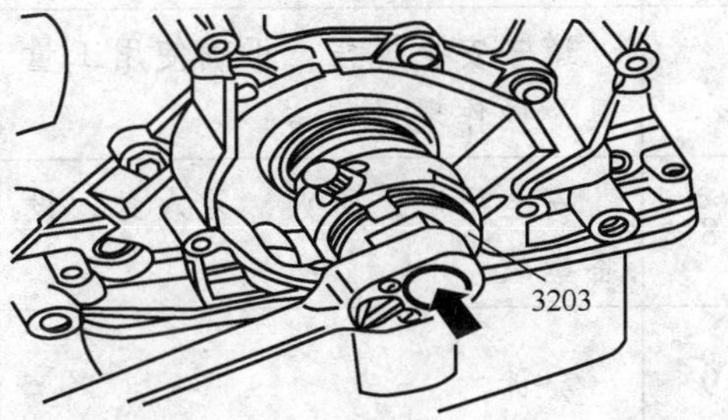

图 5-23　将拉出器拧入油封内

④ 松开滚花螺钉，将内件对着曲轴转动，直到拉出油封为止。

10）曲轴 V 形带轮端油封的安装：

① 在油封的密封唇上涂上少量润滑油。

② 将导向套筒定位在曲轴轴颈上。

③ 将油封导入导向衬套内。用正时齿带轮中间螺栓将油封压入。

④ 安装曲轴正时齿带轮，并锁定。

⑤ 更换正时齿带轮与曲轴的连接螺栓，拧紧力矩为 90N · m + 90°(1/4 圈)，安装正时齿带。

7. “曲轴飞轮组拆装”的评分标准和操作工单

考生用专用工具将曲轴飞轮拆下，按要求对曲轴飞轮的要求进行检测，并根据检测结果提出维修方案。在发动机实训室考点内提供：常用工量具、工具车、零件车、工作台、维修手册。进入考核程序后，考生准备考试所需的器材，将考试相应内容记录在工单上，整理场地后结束考试。考核时限为 60min。

“曲轴飞轮组拆装”评分标准

序号	考核内容	配分	评分标准
1	正确使用工具、仪器	10分	工具使用不当扣10分
2	拆卸其他机件	20分	拆卸方法不正确酌情扣分
3	拆卸飞轮	30分	拆卸方法不正确酌情扣分
	作好标记		不作标记扣5分
4	拆卸曲轴主轴承盖	10分	拆卸方法不正确扣10分
5	检查曲轴的轴向间隙	10分	检查方法不正确扣5分
			检查结果不正确扣5分
6	组装曲轴飞轮组	10分	组装顺序错误酌情扣分
7	遵守安全规程，正确使用工量具，操作现场整洁	10分	每项扣2分
8	安全用电，防火，无人身、设备事故		因操作不当发生重大事故，此题按0分计
9	会计	100分	

“曲轴拆装与检测”操作工单

班级：________　　姓名：________　　总分：________

车型		发动机型号	

一、准备工作

	情况记录
（1）工量具及仪器设备准备	
（2）维修手册准备	
（3）固定发动机拆装台架	

二、操作过程

要求：会使用维修手册；能正确使用工具进行曲轴拆装；能正确使用量具完成曲轴轴颈磨损、曲轴轴向和径向间隙的测量，并根据测量结果提出维修方案。

<table>
<tr><td>拆卸曲轴</td><td colspan="5">主轴承座拆卸顺序</td></tr>
<tr><td rowspan="4">检查主轴颈和连杆轴颈磨损</td><td colspan="5">测量数据</td></tr>
<tr><td>第( )道</td><td>第一截面</td><td>第二截面</td><td>圆度误差</td><td>圆柱度误差</td></tr>
<tr><td></td><td></td><td></td><td></td><td></td></tr>
<tr><td></td><td></td><td></td><td></td><td></td></tr>
<tr><td>曲轴轴向间隙检测与调整</td><td colspan="5">检查结果

调整方法</td></tr>
<tr><td>曲轴径向间隙的检测与调整</td><td colspan="5">检查结果

调整方法</td></tr>
</table>

三、维修结论

1）查维修手册，该发动机曲轴径向间隙标准值为________；磨损极限值为________；据测量结果提出维修方案。

2）查维修手册，该发动机曲轴轴向间隙标准值为________；磨损极限值为________；根据测量结果，提出维修方案。

第 6 章

配气机构

6.1 配气机构的功用及组成

想一想：什么是配气机构？配气机构的作用及组成有哪些？

提示：配气机构的功用就是按照发动机各缸的工作顺序和工作循环的需要，定时开启和关闭进、排气门，保证及时吸进新鲜充足的空气或混合气，及时地排出废气。

学 习 目 标	鉴 定 标 准	教 学 建 议
掌握发动机配气机构的功用、构造和工作原理。	应知：掌握发动机配气机构的功用、构造和工作原理。	建议：采用教师启发式讲解、学生讨论相结合的方式，最后教师总结。

1. 配气机构的功用

配气机构的功用就是按照发动机各缸的工作顺序和工作循环的需要，定时开启和关闭进、排气门，保证及时吸进新鲜充足的空气或混合气，及时地排出废气。当气缸处于压缩和做功行程时，保证气门与气门座有良好的密封，从而使发动机正常运转。

2. 配气机构的组成

1）按凸轮轴位置配气机构可分为下置式、中置式和上置式三种（图 6-1）。目前部分汽油发动机和绝大多数柴油发动机都采用下置凸轮轴式配气机构。

① 下置式：凸轮轴正时齿轮直接与曲轴正时齿轮啮合。

② 中置式：推杆短，要加入中间传动装置。

③ 上置式：凸轮轴通过摇臂或直接来驱动气门，要用惰轮、传动带或链条及张紧装置。结构复杂，用于高速强化的轿车发动机。

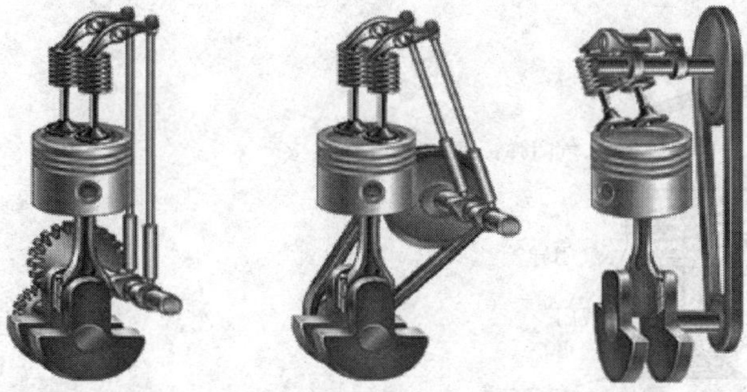

a)　　b)　　c)

图 6-1　凸轮轴的布置形式

a）凸轮轴下置式　b）凸轮轴中置式　c）凸轮轴上置式

2）配气机构按气门的布置位置不同可分为顶置式气门、侧置式气门，如图 6-2 所示。

a)　　b)

图 6-2　气门的布置位置

a）顶置式气门　b）侧置式气门

3）按曲轴和凸轮轴的传动方式可分为齿轮传动式、链条传动式、同步齿形带传动式(图6-3)等。主要介绍下置凸轮轴式配气机构，由气门组和气门传动组组成，如图 6-4 所示。

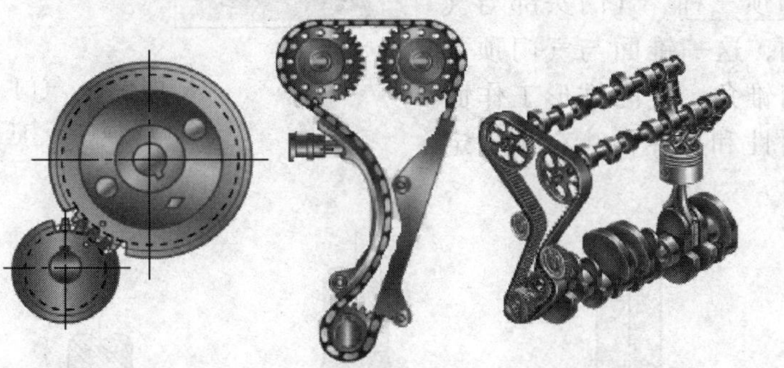

齿轮传动式　　链条传动式　　同步齿形带传动式

图 6-3　曲轴和凸轮轴的传动方式

3. 气门组

功用：开闭进、排气通道。

结构：由气门、气门座、气门导管、气门弹簧、气门弹簧座、锁片等组成，如图 6-5

所示。

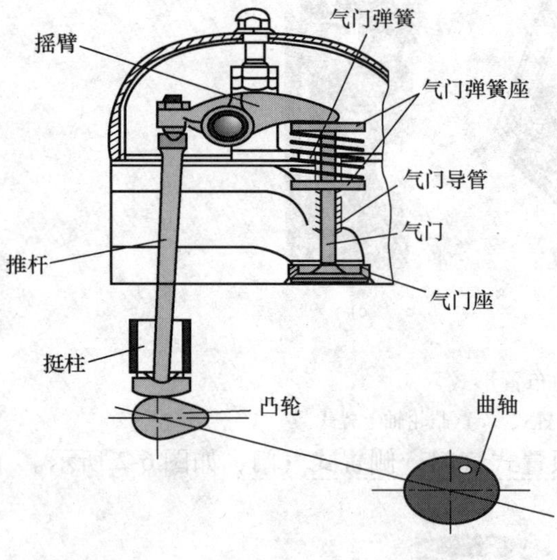

图 6-4　下置凸轮轴式配气机构

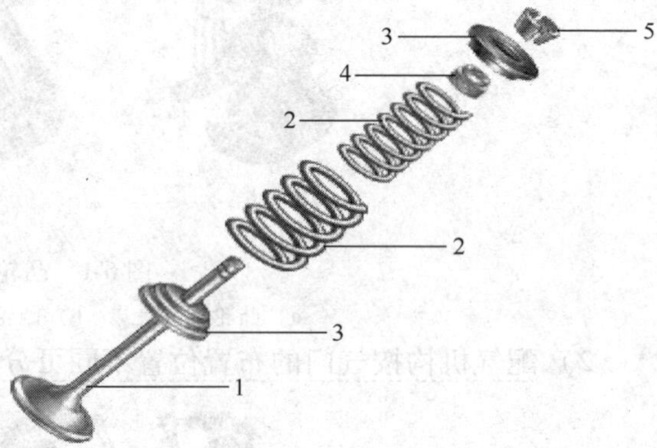

图 6-5　气门组

1—气门　2—气门弹簧　3—气门弹簧坐　4—锁片　5—气门锁夹

（1）气门（图 6-6）　分进气门和排气门两种。由头部和杆部构成。头部与气门座接触的工作面制成锥面并经过研磨，以保证气门关闭位置正确、密封性好。杆部与气门导孔相配合，为气门运动导向部分。

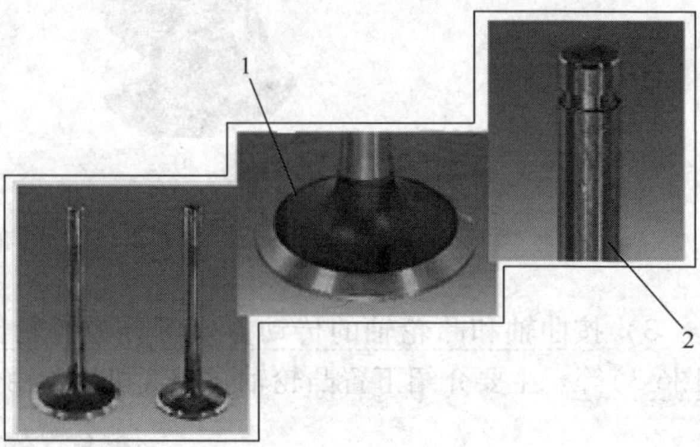

图 6-6　气门

1—气门头部　2—气门杆部

1）气门头部（图 6-7）　气门头部作用是封闭气缸的进排气道。气门头部有凸顶、平顶和凹顶三种。气门头部与气门座接触工作面，这一锥面与气门顶平面的夹角为气门锥角。气门锥形工作面好处：提高密封性和导热性、有自动定位作用。

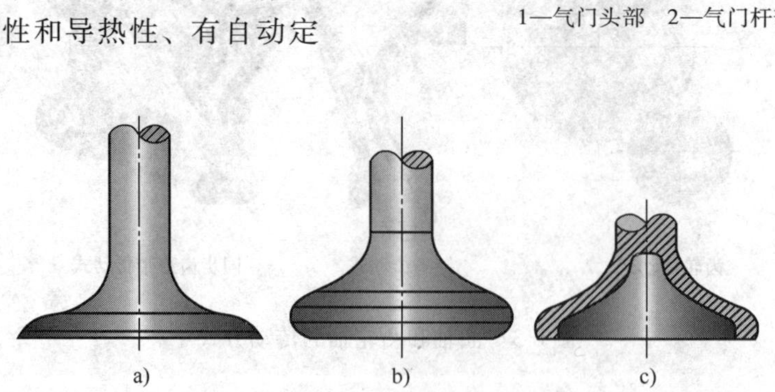

图 6-7　气门头部形状

a）平顶式　b）凸顶式　c）凹顶式

① 平顶：工艺简单、受热面小、工作可靠，用作进、排气门。

② 凹顶：头部与杆部过渡圆滑可减少进气阻力，但制造困难，受热面大，用作进气门。

③ 球面顶：可减少排气阻力和积炭，但制造困难，受热面积大，用作排气门。

④ 气门锥角：便于气门落座时自行对正中心，接触良好。锥角不能过小，否则头部边缘较薄，易变形。

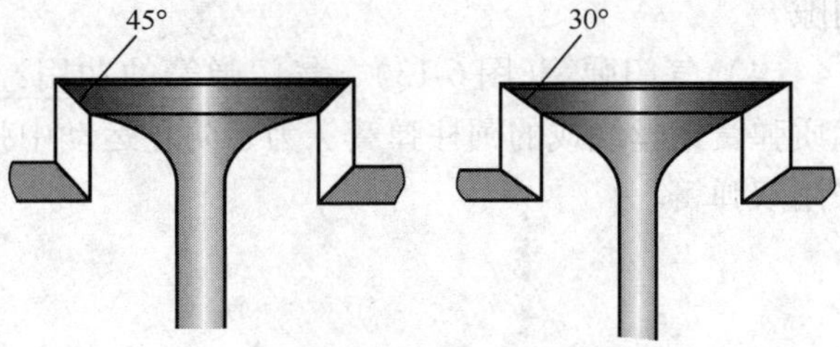

图6-8 气门锥角

气门锥角取值：一般取 $\gamma=45°$，个别进气门 $\gamma=30°$(图6-8)。

2）气门杆部如图6-9 和图6-10 所示。气门杆部起导向作用。

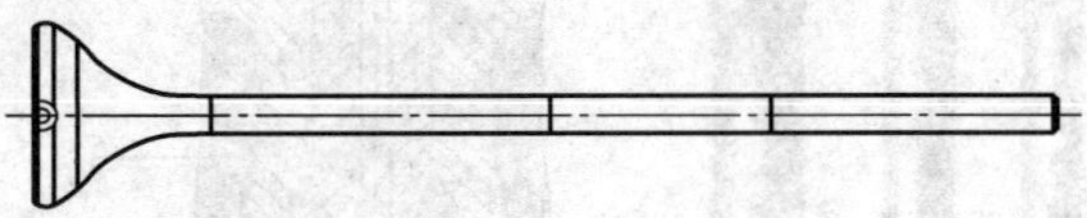
图6-9 气门杆部

① 与气门导管有配合间隙。

② 气门杆端形状决定于气门弹簧座固定方式与气门防脱装置。

③ 弹簧座固定方式：锁销式和锁片式。

(2) 气门座(图6-11) 气门座的功用：与气门头锥面相配合，保证对气体的密封，同时也起散热作用。锥角一般做成30°~45°，东风 EQ6BT5.9 柴油机的锥角为30°。气门座一般用合金铸铁制成环状，镶嵌在气缸盖上。

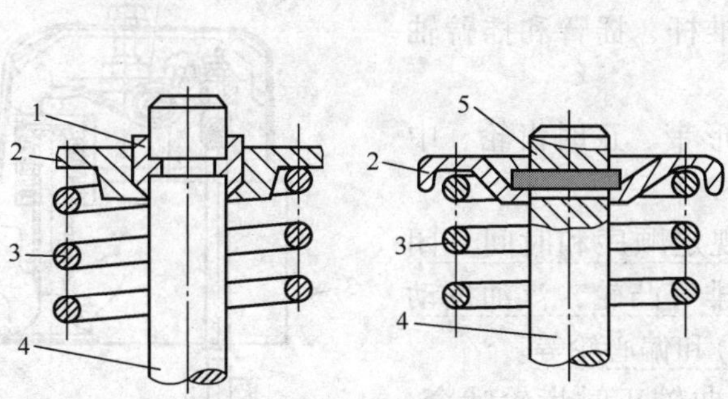

图6-10 气门杆部相对位置

1—锁片 2—弹簧座 3—气门弹簧 4—气门杆 5—锁销

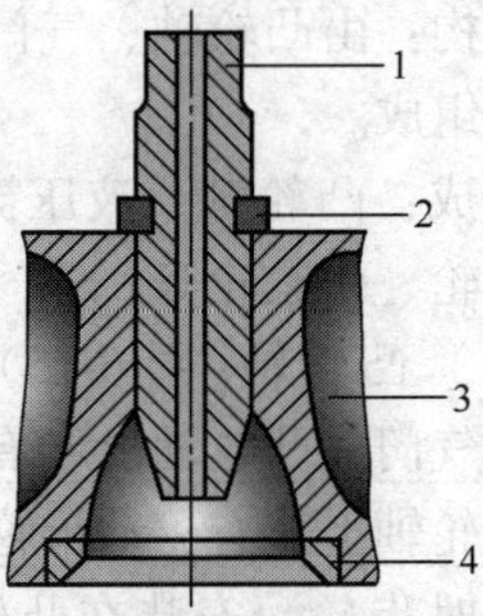

图6-11 气门座

1—气门导管 2—卡环 3—气缸盖 4—气门座

气门座工作条件：热力负荷和机械负荷大。

气门座材料：合金铸铁(耐磨、耐高温、强度高)。

气门座型式：镶嵌式。磨损后易更换。但导热性差，加工精度要求高，公差配合严格。

直接镗出：导热性好，工作可靠。但磨损后不易更换。

(3) 气门导管(图6-12) 气门导管的功用：引导气门做往复直线运动，保证气门与座正确配合，对气门杆部进行散热和密封。气门导管由铸铁制成，为中空圆柱体，压装在气缸盖座孔上。

气门导管的工作条件是热力负荷大。因此常采用灰铸铁或球墨铸铁(耐磨、耐高温、强度高)。

防落装置：在气门导管与缸盖间用卡环定位。气门杆与导管间应留 0.05 ~ 0.12mm 间隙。

(4) 气门弹簧(图 6-13) 气门弹簧的功用：自动迅速的关闭气门，保证气门密封。为优质弹簧钢丝绕成的圆柱弹簧。为了防止运动中弹簧产生共振，一般将弹簧制成不等螺距或采用双弹簧。

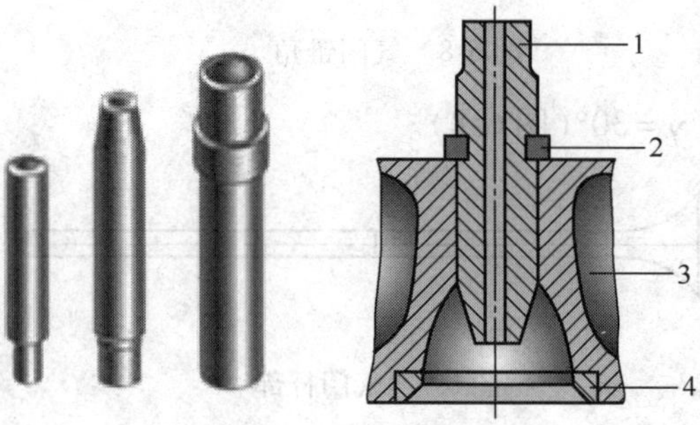

图 6-12 气门导管

1—气门导管 2—卡环 3—气缸盖 4—气门座

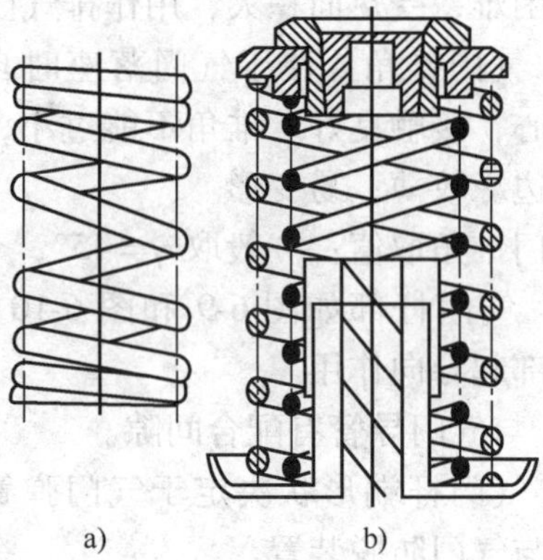

图 6-13 气门弹簧

a) 变螺距弹簧 b) 双弹簧

4. 气门传动组(图 6-14)

功用：按照发动机的工作顺序，适时打开和关闭气门。

结构：由凸轮轴、气门挺柱、气门推杆、摇臂和摇臂轴等机件组成。

组成：凸轮轴、液压挺柱、正时齿形带、正时齿轮、中间轴齿轮、张紧轮等。

(1) 凸轮轴(图 6-15) 功用：按规定顺序和时间开闭进、排气门。凸轮轴上制有轴颈和进、排气凸轮，汽油发动机的凸轮轴上还有驱动齿轮(驱动分电器)和偏心轮等。

正时齿轮：安装在凸轮轴前端，与曲轴正时齿轮啮合。为保证进排气门开闭时机与各缸工作循环相适应，两齿轮安装必须正确。因此两齿轮都有安装记号，装配时必须使记号对准。

特点：凸轮轴的各轴颈直径做成从前向后依次减小，以便安装。

材料：优质中低碳钢或合金铸铁或球墨铸铁(高强度、耐磨)。

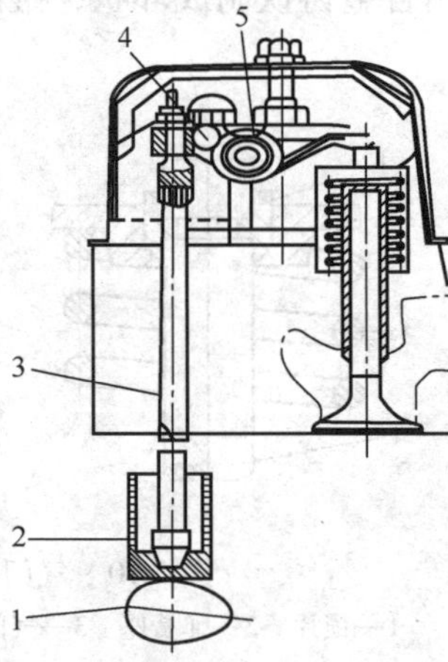

图 6-14 气门传动组

1—凸轮轴 2—气门挺柱 3—气门推杆 4—摇臂 5—摇臂轴

(2) 气门挺柱(图 6-16) 功用：把凸轮的推力传递给推杆。

挺柱一般都制成筒形，挺柱底面为大半径球面。

类型：液压式挺柱，不留气门间隙。机械式挺柱，要留气门间隙。

(3) 气门推杆(图 6-17) 功用：将挺柱的推力传给摇臂，驱动气门开启。推杆多用空心钢管制成，在其两端焊接或压装有球窝或球头，以便与挺柱、摇臂上的调整螺钉相配合。

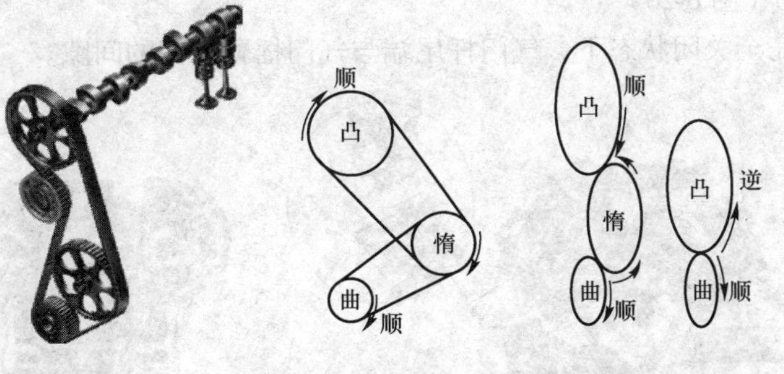

图 6-15　凸轮轴及其旋向

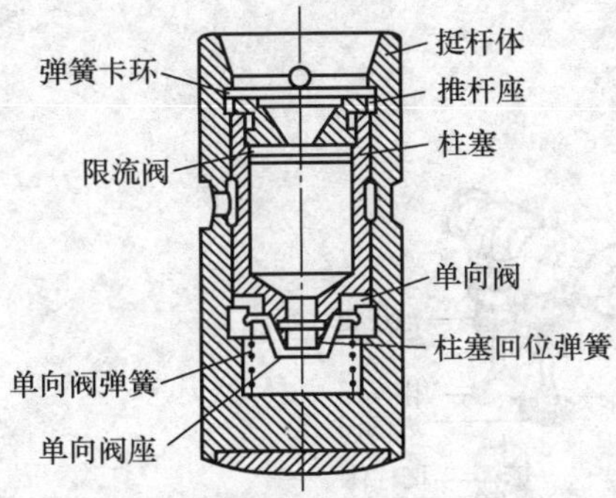

图 6-16　液压式气门挺柱

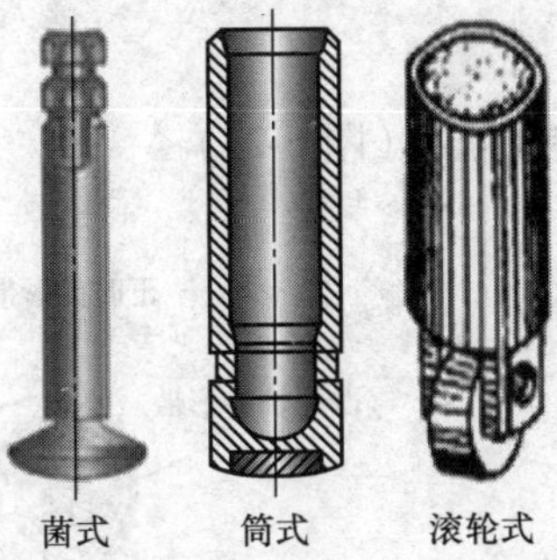

图 6-17　气门推杆

（4）摇臂（图 6-18）　功用：将推杆传来的推力改变方向，推开气门。

摇臂的一端制有球形工作面，与气门杆端接触，另一端安装调整螺钉，中部通过衬套套装在摇臂轴上。

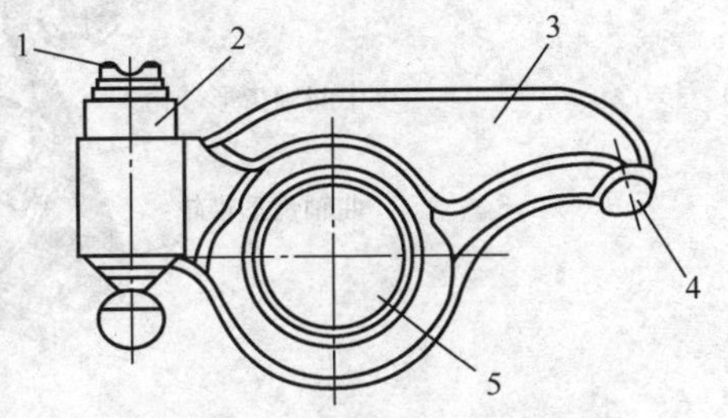

图 6-18　摇臂

1—气门间隙调整螺钉　2—调整螺母　3—摇臂　4—易磨损部位堆焊耐磨合金　5—摇臂轴套

（5）摇臂轴（图 6-19）　功用：安装摇臂，充当摇臂的润滑油道。摇臂轴为空心轴，通过支座固装在气缸盖上，其内孔与气缸盖油道相通。工作时，润滑油经内孔，再经轴上钻有的油孔流出后润滑摇臂与轴的摩擦面。

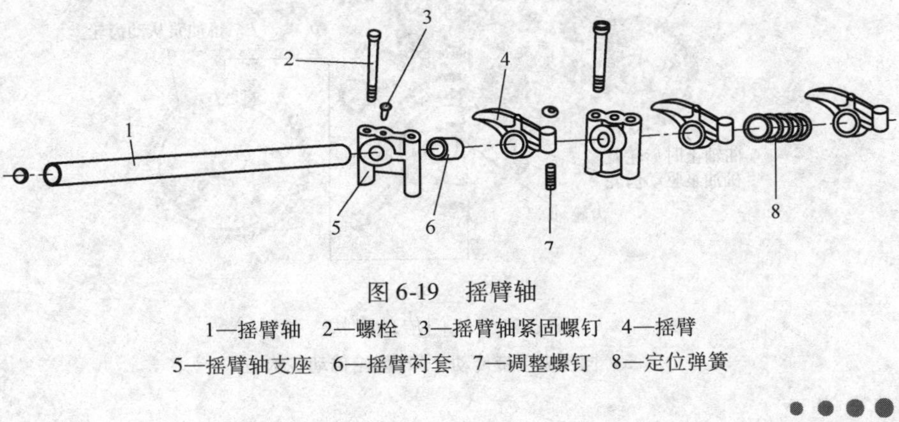

图 6-19　摇臂轴

1—摇臂轴　2—螺栓　3—摇臂轴紧固螺钉　4—摇臂　5—摇臂轴支座　6—摇臂衬套　7—调整螺钉　8—定位弹簧

（6）气门间隙（图 6-20）

指气门处于完全关闭状态下，气门杆尾端与气门摇臂之间的间隙。

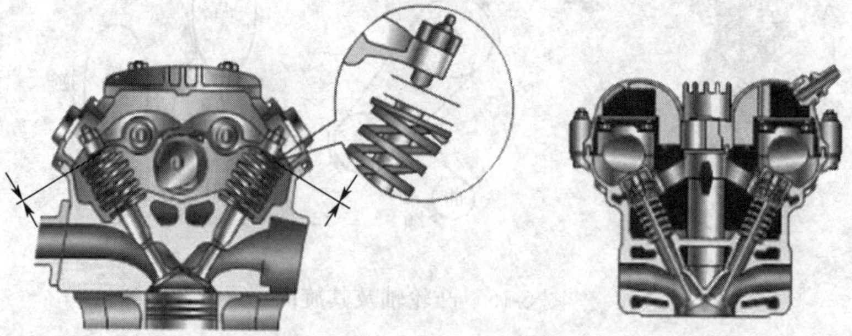

图 6-20　气门间隙

5. 传动机构（图 6-21）

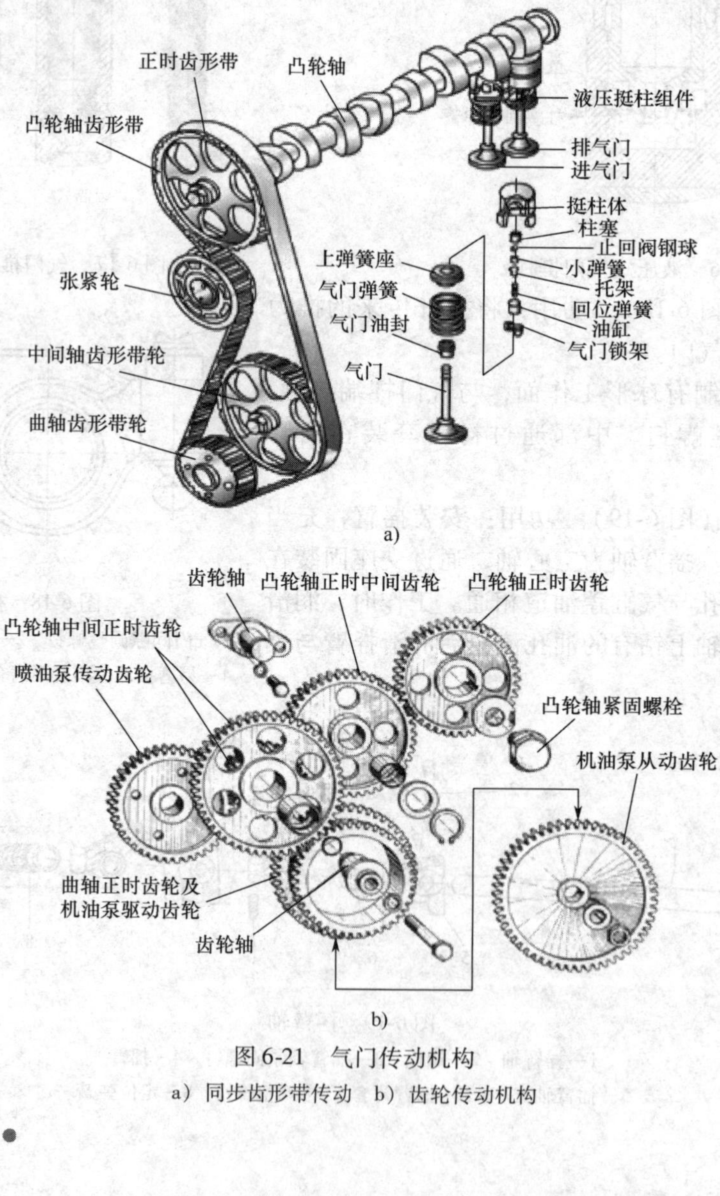

图 6-21　气门传动机构

a）同步齿形带传动　b）齿轮传动机构

6. 配气相位

配气相位：以曲轴转角表示进、排气门实际的开闭时刻及其开启持续时间。发动机的转速很高，活塞每一行程所占时间仅有千分之几秒，发动机进、排气的时间极短。为了改善发动机的换气过程，提高发动机性能，必须尽可能延长进、排气时间，即让气门适当提前打开，滞后关闭以延长换气时间。进气提前角 α：从进气门开到上止点曲轴所转过的角度。进气滞后角 β：从进气行程下止点到进气门关闭曲轴转过的角度。排气提前角 γ：从排气门开启到下止点曲轴转过的角度。排气滞后角 δ：从上止点到排气门关闭曲轴转过的角度。即气门开启过程中曲轴转角都大于 180°。用曲轴转角来表示进、排气门开闭时刻和气门的开启持续时间就称为配气相位，如图 6-22 所示。

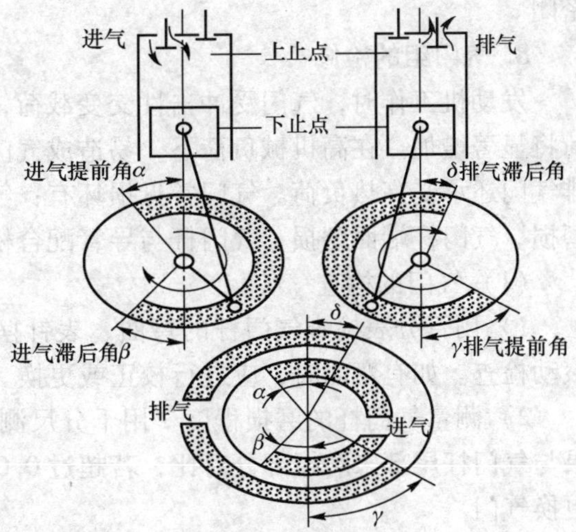

图 6-22　配气相位图

（1）进气门早开迟闭　当排气行程接近终了，活塞到达上止点前，进气门便开始开启。从进气门开始开启到活塞运动到上止点所对应的曲轴转角称为进气提前角，用 α 表示。在活塞越过下止点后又上行，即曲轴的曲拐转过下止点位置后一个角度时，进气门才关闭。从进气行程下止点到进气门关闭所对应的曲轴转角称为进气迟闭角，用 β 表示。这样，进气行程持续时间就相当于曲轴转角 180°加上提前角 α 和迟闭角 β，便超过了活塞一个进气行程所占时间，有利于提高发动机充气量。

（2）排气门早开迟闭　做功行程的末期，活塞到达下止点前，排气门便开始开启。从排气门开始开启到活塞到达下止点所对应的曲轴转角称为排气提前角，用 γ 表示。在活塞越过上止点后，排气门才完全关闭。从排气上止点到排气门关闭所对应的曲轴转角称为排气迟闭角，用 δ 表示。这样，排气行程持续时间就相当于曲轴转角 180°加上提前角 γ 和迟闭角 δ，使排气时间延长，废气排出更彻底。

（3）气门的叠开　由于进气门早开和排气门迟闭，就会出现一段时间内进、排气门同时开启的现象，即气门叠开，由图 6-23 可得知。由于在换气过程中新鲜空气（可燃混合气）和废气流动的惯性都较大，而且叠开的时间又极短，来不及改变各自的流动方向。因此，不会发生废气倒流进入进气管和新鲜气体随废气排出的问题。

车型		α	β	γ	δ
奥迪A6	2.8L	12	42	38	8
	2.4L	12	36	38	8
	1.8L	16	38	38	8
帕萨特B5		16	38	38	8
桑塔纳2000	GSi	2	24	44	8
	GLi	2	34	44	8

图 6-23　配气相位的角度

7. 配气机构的工作情况

发动机工作时，曲轴通过正时齿轮驱动凸轮轴旋转。当气缸的工作循环需要将气门打开进行换气时，凸轮轴上的凸轮凸起部分通过挺柱、推杆、调整螺钉，推动摇臂摆转，摇臂的另一端便向下推开气门，同时使弹簧进一步压缩。当凸轮的凸起部分的顶点转过挺柱以后，便逐渐减小了对挺柱的推力，气门在其弹簧张力的作用下，开度逐渐减小，直至最后关闭，进气或排气过程即告结束。压缩和做功行程中，气门在弹簧张力作用下严密关闭，使气缸密闭。

8. 气门组的检修

发动机工作时，气门受冲击性交变载荷，当气门出现跳动或当配气机构间隙过大时，载荷将显著增加。在高机械负荷下，易造成气门杆及气门头部变形、漏气及严重磨损。特别是排气门还承受高热负荷。气门常见损坏有：气门及气门座工作面磨损和烧蚀、气门杆弯曲和磨损、气门杆端面磨损、气门杆与导管配合松旷等。

（1）气门的检查

1）用百分表检查气门杆的弯曲，表针摆差不应超过0.05mm。或将气门杆放在平板上滚动检查。如有弯曲时，应进行校正或更换。

2）测量气门杆的磨损程度。用千分尺测量气门杆上、中、下三个部位。通常将测量结果与气门杆尾部未磨损部分对比，若超过0.05mm，或用手触摸有明显的阶梯形感觉时，应更换气门。

3）检查气门长度。气门杆尾端因磨损而不平，应用砂轮修复，磨削量不得超过0.50mm。

4）检查气门工作面是否因磨损出现起槽、变宽和烧蚀，出现斑点、凹陷。如有，应进行光磨。

5）气门的光磨：气门光磨通常在气门光磨机上进行，要求磨削量尽量小，以延长其使用寿命。

（2）气门工作面光磨工艺如下

1）检查砂轮轮面情况。如砂轮不平整，应更换砂轮。

2）将气门夹于夹座内，调整气门夹座的位置，使气门和砂轮成一定的角度（该角度应符合气门锥面的锥度），开动气门光磨机，操纵手柄，即可进行光磨。

标致轿车发动机气门锥角为：进气门60°，排气门45°。

3）开动夹架电动机，观察气门是否有摇摆现象。如有摇摆，重新调整夹架；如无摇摆，再开动砂轮电动机进行光磨。光磨时，一手转动横向手柄，使气门慢慢向右移动，一手转动纵向手柄，使砂轮渐渐移向气门工作面，并来回转动横向手柄，使气门工作面在砂轮面上左右慢慢移动，以保持砂轮平整。应注意：气门不能移出砂轮面，以防打坏砂轮和气门。光磨时应打开冷却液开关。

光磨机砂轮粗糙时，可用“300”号砂布磨光气门工作面。

4）磨削后，退出砂轮，关闭电动机和冷却液开关。

气门光磨后，其边缘将逐渐变薄，工作时容易变形和烧毁。进气门边缘厚度不得小于0.6mm，排气门不得小于1.1mm。如果气门头部边缘小于最小边缘厚度时，应更换气门。

（3）气门弹簧的检查

1）气门弹簧常见损坏有折断、弹力不足、自由长度缩短等。

2）检查气门弹簧有无折断或裂纹现象。如有，应更换。

3）检查气门弹簧的轴线垂直度。如果轴线垂直度超过1mm，或弹簧外径的垂直偏差超过2mm，应更换。

用游标卡尺检查气门弹簧的自由长度，标致轿车发动机气门弹簧的自由长度，进气门不得低于 39.6mm，排气门不得低于 44.0mm。如果超过使用限度应更换。

（4）气门导管的检修　气门导管磨损，使气门杆与导管间间隙增大，影响气门的密封性。

气门导管与气门杆间隙的检查方法：将气门提起至气缸盖平面 15mm 左右，将百分表架固定于气缸盖上，百分表杆顶触在气门顶部边缘处，来回推动气门。百分表指针差值即为气门导管与气门杆的配合间隙。配合间隙使用限度为：进气门不得超过 1.0mm，排气门不得超过 1.3mm。超过标准值，应更换气门导管。

更换排气门导管时，先将气缸盖倒置，用专用工具从燃烧室一侧压出气门导管，再将气缸盖翻过来，用专用工具压入新的气门导管，直到气门导管上的卡环接触到气缸盖为止。通常情况下，更换气门导管后应同时更换新的气门。

标致轿车发动机气门导管的选配和座孔修理尺寸。更换气门导管的主要步骤如下：

1）将气缸盖加热至 80～100℃后，用专用工具从气缸盖上将气门导管压出。

2）检查气缸盖上导管座孔、气门座圈孔、火花塞孔之间是否存在裂纹。如裂纹长度大于 0.5mm 时，应修复或更换气缸盖；如裂纹长度小于 0.5mm 时，气缸盖可继续使用。

3）测量导管座孔直径，选配相应的气门导管。

4）将选好的气门导管外表涂以少许机油，用专用工具将导管压入气缸盖导管座孔内。

5）用铰刀修铰气门导管内径，并用气门杆试配，直到气门杆与气门导管配合间隙达到规定标准值为止。

9. 气门异响故障

气门异响故障的现象、原因及故障诊断流程见表 6-1，如图 6-24 所示。

表 6-1　气门异响的故障现象、原因及故障排除方法

<table>
<tr><td rowspan="2">故障现象</td><td rowspan="2">故障原因</td><td>故障编号</td><td>DYZJ601</td></tr>
<tr><td colspan="2">故障排除方法</td></tr>
<tr><td rowspan="5">气门室一侧可听到一种连续有节奏而清脆的“嗒、嗒”声，发动机怠速、中速时的响声明显，高速时响声随之增高。发动机温度变化或做断火试验，其响声都不变化</td><td>气门间隙过大</td><td colspan="2">拆下气门室盖，让发动机怠速运转，听响声并观察润滑油飞溅情况，进行初步判断；用塞尺插入被测的气门间隙，若响声减弱或消失，即可断定该气门异响，在发动机冷态下调整气门间隙。进气门间隙为 0.15mm 或 0.12mm 时，对应的排气门隙为 0.25mm 或 0.20mm 调整时必须使气门处于关闭状态</td></tr>
<tr><td>机油不足</td><td colspan="2">检查曲轴厢内机油液面高度，如液面过低应添加至规定高度</td></tr>
<tr><td>缸盖变形</td><td colspan="2">更换缸盖</td></tr>
<tr><td>机油压力过低润滑不良产生异响</td><td colspan="2">检查机油泵进油滤网有无堵塞，如有堵塞应清洗或更换
检查机油泵主动齿轮与从动齿轮间隙，检查溢流阀是否卡死，如有应修理或更换。
曲轴与连杆瓦间隙过大，造成机油泄漏过多，引起机油压力过低</td></tr>
<tr><td>凸轮轴磨损</td><td colspan="2">气门间隙调整正常后，如还存在异响，则应检查和测量凸轮凸部是否损坏或磨损过大，如果磨损超过极限值 0.300mm（经验值），须进行更换</td></tr>
</table>

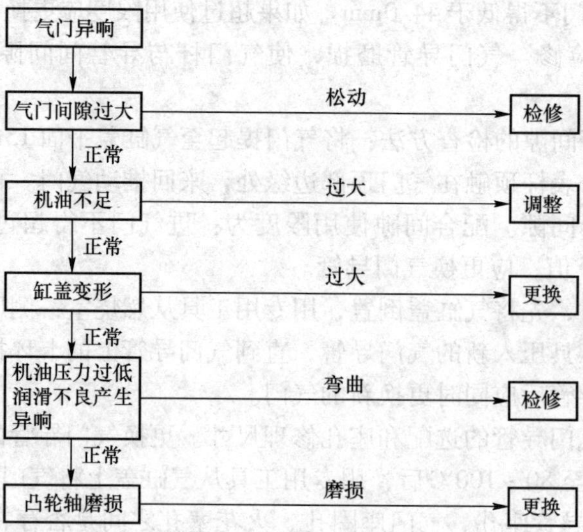

图 6-24　气门异响诊断流程

课 后 习 题

1. 填空题

1）配气机构包括________和________。

2）按凸轮轴位置配气机构可分为________、________和________。

3）气门组由________、________、________、________、________、________等组成。

4）气门传动组由________、________、________、________和________等机件组成。

2. 简答题

1）配气机构功用是什么？

2）配气相位的作用是什么？

3）气门异响的故障诊断与排除。

实训 8　气门组的拆装

1. 实训目的

1）掌握气门组的构造及作用。

2）掌握气门组的检测方法。

3）掌握气门组的维修方法。

2. 实训内容

1）气门组的构造认识。

2）气门组的拆装。

3. 实训设备

1）常用工量具一套。

2）完整的发动机若干台。

3）工具车、零件车若干个。

4）工作台若干个。

4. 注意事项

1）听从老师安排。

2）不随意乱动实训设备。

5. 实训步骤

（1）气门组的拆卸

1）拆下气门挺柱，并按正确的顺序摆放气门挺柱。

2）用专用修理工具压缩气门弹簧并拆下 2 个定位锁片，取下气门。拆下弹簧座圈、气门弹簧，如图 6-25 所示。

3）用尖嘴钳取出油封，如图 6-26 所示。

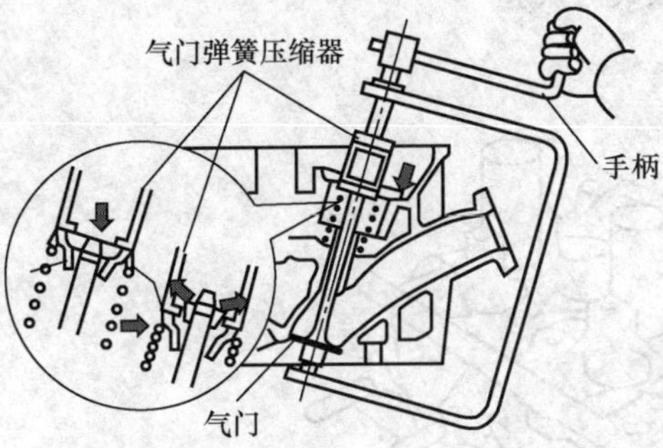

图 6-25　拆气门弹簧

图 6-26　取气门油封

4）用压缩空气和磁性棒、吹下和卸下弹簧，如图 6-27 所示。按正确的顺序放好气门、气门弹簧、弹簧座和弹簧座圈。

5）气门组零件的放置。气门组零件拆卸后，应将整套气门组零件按顺序放置好，如图 6-28 所示。

（2）气门组的安装

1）用专用维修工具推入新油封，注意进气门油封是灰色的，排气门油封是黑色的，如图 6-29 所示。

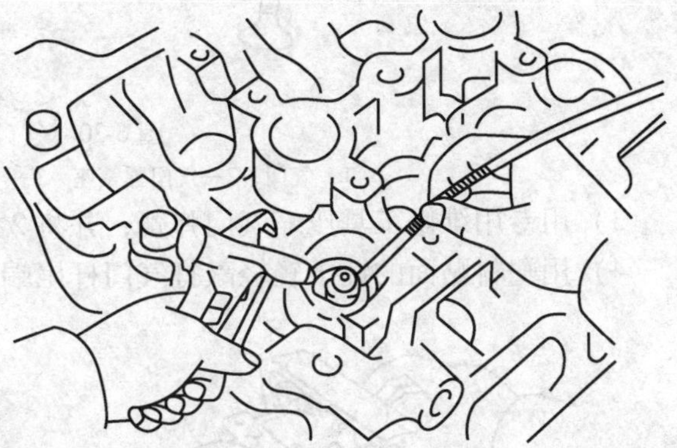

图 6-27　取气门弹簧

2）安装气门、弹簧座、气门弹簧和弹簧座圈，如图 6-30 所示。

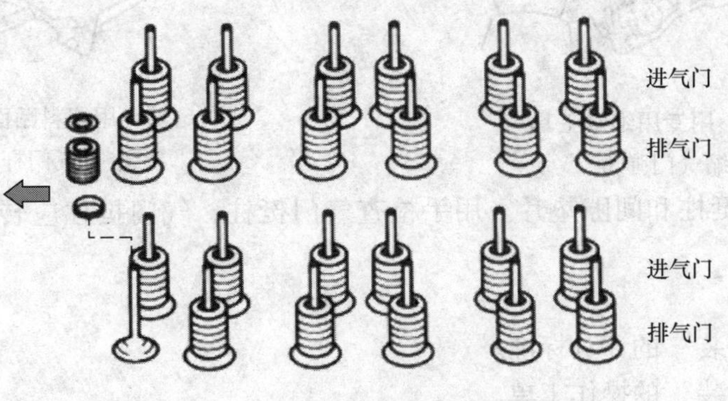

图 6-28　气门零件的放置

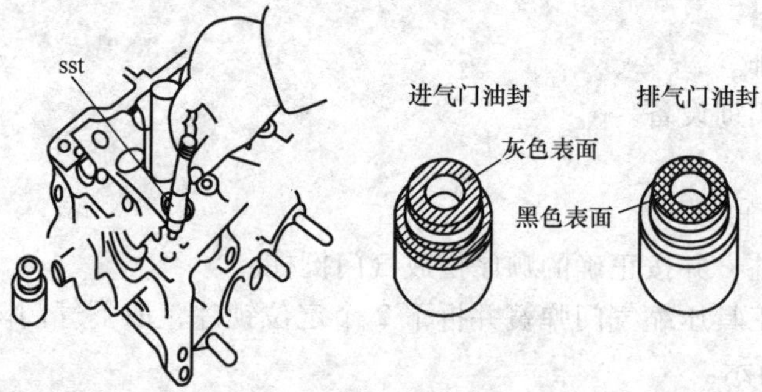

图 6-29　气门油封的安装与识别

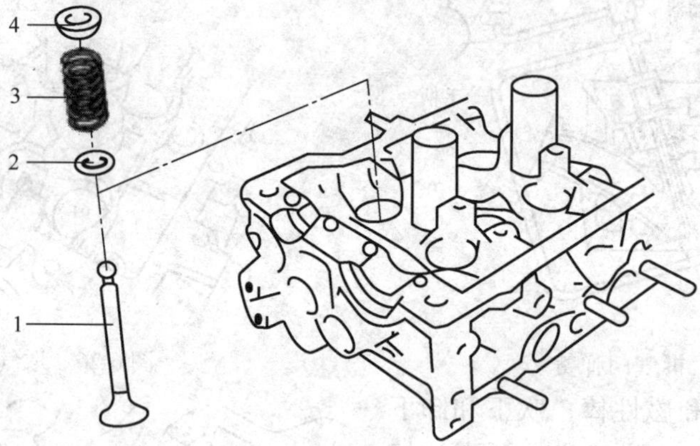

图 6-30　气门组的安装

1—气门　2—气门弹簧座　3—气门弹簧　4—气门弹簧座圈

3）用专用维修工具压缩气门弹簧，并将 2 个锁片放置在气门杆周围，如图 6-31 所示。

4）用塑料贴面的锤子轻轻敲打气门杆尾端，以保证配合完好，如图 6-32 所示。

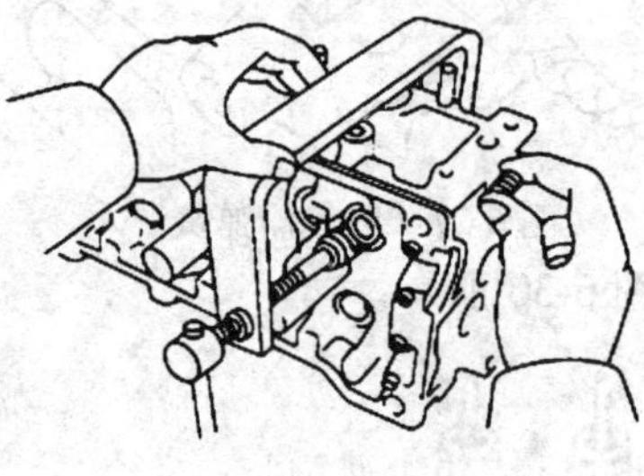

图 6-31　用专用维修工具压缩气门弹簧

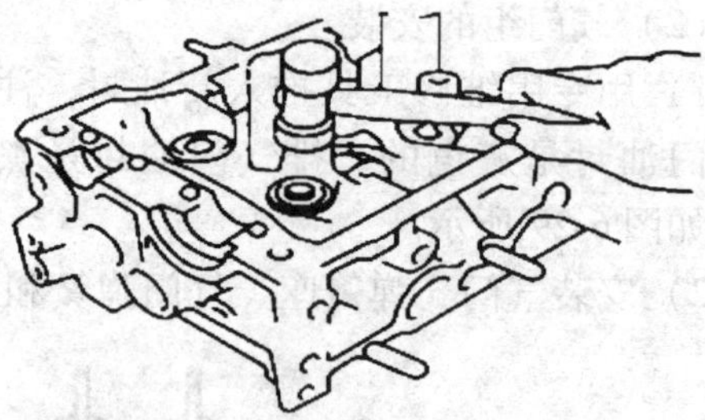

图 6-32　用塑料贴面的锤子轻轻敲打气门杆尾端

5）安装气门挺柱和间隙垫片。用手检查气门挺柱，气门挺柱应转动自如，再安装气缸盖。

6. 实训考核

1）“气门组拆装”的评分标准。

2）“气门组拆装”的操作工单。

“气门组的拆装”评分标准

序号	考核项目	配分	扣分标准(每项累计扣分不能超过配分)
1	安全文明否决		造成人身、设备重大事故，或恶意顶撞考官严重扰乱考场秩序，立即终止考试，此项目记0分
2	安全文明生产	20分	(1) 不穿工作服、工作鞋、工作帽各扣1分 (2) 工零件乱放混放，每次扣2分 (3) 油、水落地或零部件表面未及时清理，每次扣1分 (4) 考试完后不清理工零件或场地各扣3分 (5) 不服从考官、出言不逊，每次扣3分 (6) 拆装前不检查发动机台架锁止情况(含每次被考官提醒)，每次扣3分
3	工量具准备与检查	5分	(1) 工量具每少准备一件扣1分。 (2) 工量具选择不当，每次扣2分。 (3) 未校验量具每次扣2分。
4	维修手册使用	10分	每查错一个数据或漏查一个数据扣3分，根据工单填写情况对照维修手册标准值评分
5	拆卸进、排气门各1个	15分	(1) 未使用专用工具拆卸气门扣3分。 (2) 工具使用不正确扣1分。 (3) 未标记气门，每个扣2分。 (4) 零件未按顺序摆放整齐扣2分。
6	气门组零件识别	20分	不能识别零件，每个扣2分
7	装复气门组零件	25分	(1) 未用专用工具装入气门杆油封扣5分 (2) 气门装错位置扣5分 (3) 未使用专用工具压缩气门弹簧扣5分 (4) 工具使用不正确扣5分 (5) 气门弹簧安装方向错误扣5分 (6) 零件落地每次扣2分
8	维修记录	5分	(1) 维修记录字迹潦草扣2分 (2) 填写不完整，每项扣1分
9	合计	100分	

“气门组的拆装”操作工单

班级：________　　姓名：________　　总分：________

车型		发动机型号	

一、准备工作

（1）工量具准备与检查	
（2）维修手册准备	
（3）固定发动机拆装台架	

二、操作过程

要求：会使用维修手册；能用正确的方法使用工具拆装发动机气门组零件。

拆卸进、排气门各1个	拆卸要领：
识别气门组零件	
装配气门组零件	装配要领：
整理工作场地	

实训9 正时带的更换

1. 实训目的

掌握正时带的更换方法。

2. 实训内容

正时带的更换。

3. 实训设备及器材

1）整车实训车辆。

2）工具车、零件车若干。

3）常用工具、专用工具若干。

4. 注意事项

1）按正确的操作步骤进行作业。

2）注意操作安全。

5. 实训步骤

1）实训前的准备。

2）拆卸正时带组件，如图6-33所示为正时带组件。

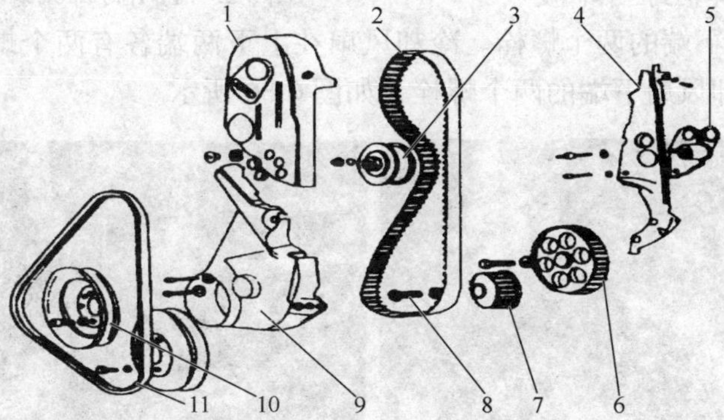

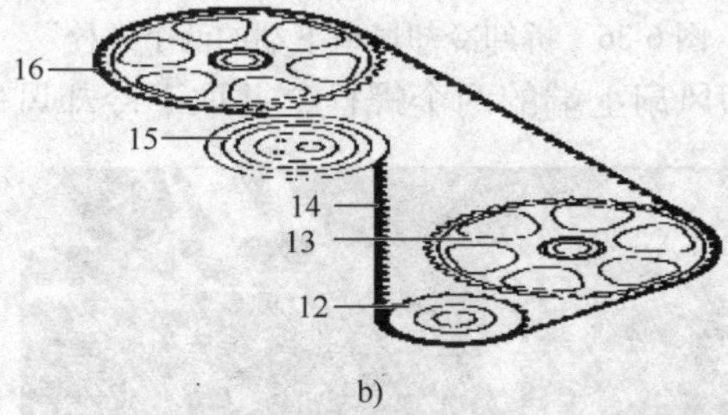

图6-33 正时带组件

a）形式1 b）形式2

1—正时带上护罩 2—正时带 3—正时带张紧轮 4—正时带后护罩 5—塞盖 6—中间轴正时带轮 7—曲轴正时带轮 8—曲轴正时带轮紧固螺栓（拧紧力矩80N·m） 9—正时带下护罩 10—曲轴V形带轮 11—V形带 12—曲轴正时带轮 13—中间轴正时带轮 14—正时带 15—张紧轮 16—凸轮轴正时带轮

① 进行拆装前的准备工作。

② 拆卸冷却风扇及其支架。

③ 举升车辆到工作高度，如图 6-34 所示。举升的最佳工作高度应不踮脚不低头。

④ 关闭点火开关，拔下电线插头，如图 6-35 所示。应关闭点火开关，断开冷却风扇电动机的电线插头，主要目的是防止发动机冷却液温度达到一定温度时，风扇突然转动而造成人身伤害。拔下电线插头时，先按下插座上的卡片，解除锁止，方可拔出电线插头。

图 6-34　举升车辆到工作高度

图 6-35　断开冷却风扇电动机的电线插头

⑤ 拆卸冷却风扇下端的两个螺栓。冷却风扇在上下两端各有两个螺栓，在拆卸时注意不要碰伤手，拆卸冷却风扇下端的两个螺栓，如图 6-36 所示。

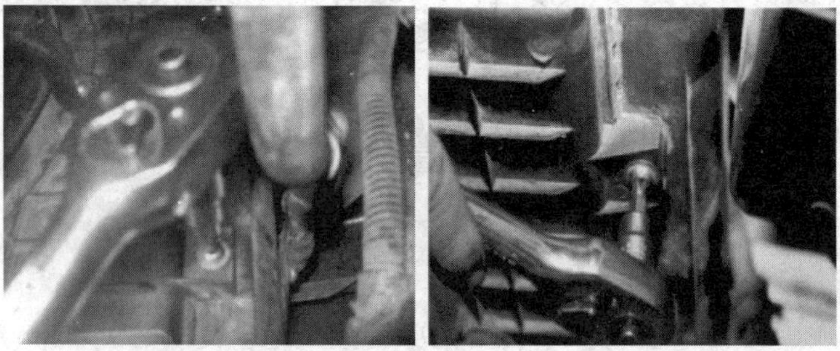

图 6-36　拆卸冷却风扇下端的两个螺栓

⑥ 降下车辆，拆卸冷却风扇上端的两个螺栓，并取下冷却风扇，如图 6-37 所示。

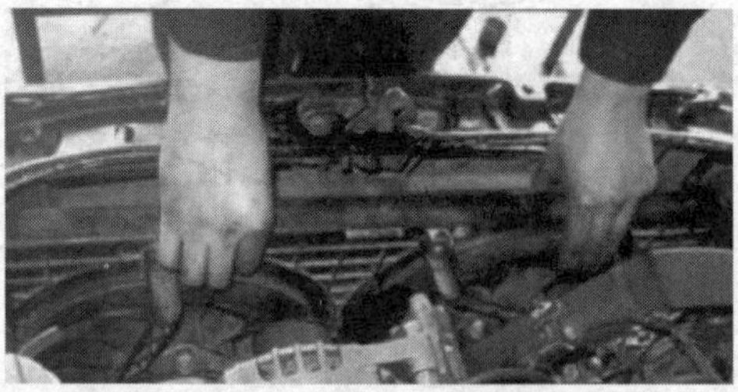

图 6-37　取下冷却风扇

注意：在取出冷却风扇时注意调整风扇的角度，严禁生拉硬拽。否则，容易造成散热器、冷却风扇及其支架的损伤。

⑦ 拆卸空调压缩机传动带，压缩机传动带只需松下即可，如图 6-38 所示。

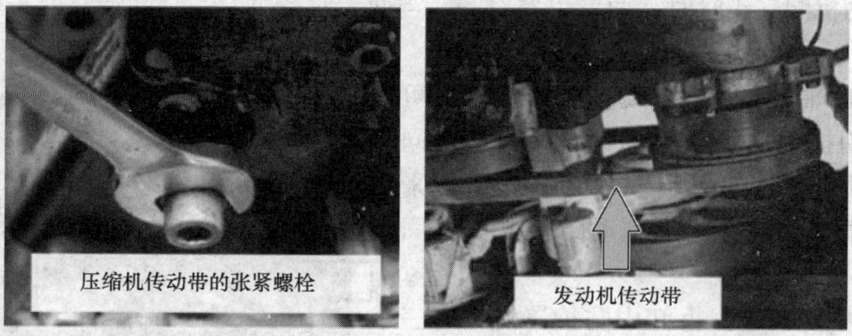

图 6-38　拆卸空调压缩机传动带

⑧ 拆卸发电机传动带，如图 6-39 所示。

⑨ 拆卸发电机传动带张紧装置，如图 6-40 所示。**注意：在取下最后 1 个螺栓时，要用手扶住传动带张紧装置，避免掉落到地上损伤张紧装置；传动带的张紧装置取下后，严禁在无固定的情况下拔出张紧轮定位销，以避免弹簧的回位弹力造成人身伤害。**

图 6-39　拆卸发电机传动带

图 6-40　拆卸发电机传动带张紧装置

⑩ 拆卸正时带上端防护罩。正时带的上、中防护罩部分叠加交叉起来，拆卸时应注意观察两者间的配合关系，便于正确安装。

⑪ 确认配气正时，如图 6-41 所示。用扳手转动曲轴，使凸轮轴齿轮上带有标记的齿轮与正时带后防护罩上的箭头标记对齐。这是一对配合标记，确认发动机配气正时时，两者要对齐。当两者对齐时，发动机一缸的进、排气门均处于关闭状态。

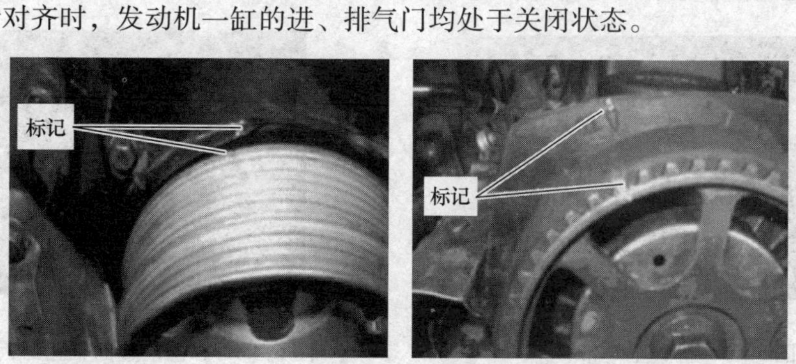

图 6-41　确认配气正时

曲轴带轮内侧边沿上的缺口标记，与正时齿带下防护罩上的箭头标记也是一对配合标记，确认发动机配气正时时，两者也要对齐。当两者对齐时，一缸的活塞处于压缩上止点的位置。

⑫ 拆卸曲轴带轮。在拆卸曲轴带轮时，可以有一名同学用扳手固定凸轮轴带轮，另一名同学拆卸曲轴传动带轮，如图 6-42 所示；也可以采用变速器挂入某一档位，踩下制动踏板的方法固定曲轴。

图 6-42　拆卸曲轴带轮

⑬ 拆卸中防护罩。拆卸中防护罩时，有三个螺栓，其中下面两个是和下防护罩共用。

⑭ 拆卸正时带。松开偏心轮，取下正时带，如图 6-43 所示。正时带的张紧轮是一个偏心轮，松开其固定螺栓后便自动减小或消除对正时带的张紧力，便于取下正时带。

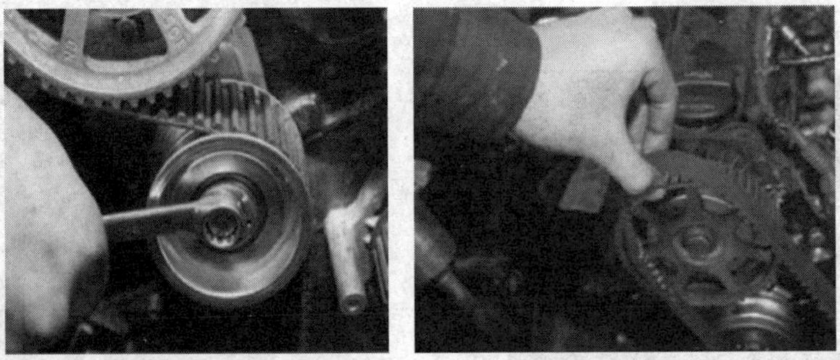

图 6-43　松开偏心轮，取下正时带

⑮ 检查正时带，如图 6-44 所示。正时带的表面如果出现开裂、断层、断线，说明正时带已经老化，不适合继续使用，应更换新的正时带。如果到了使用极限，仍然继续使用就容易出现跳齿、折断，将破坏气门、活塞的运动规律，甚至会造成气门顶撞活塞的严重机械事故。

⑯ 目视检查曲轴正时齿轮齿顶和齿根有无明显磨损和变形，如图 6-45 所示。

图 6-44　检查正时带

图 6-45　目视检查曲轴正时齿轮齿顶和齿根有无明显磨损和变形

⑰ 目视检查凸轮轴带轮齿顶和齿根有无明显磨损和变形，如图 6-46 所示。

⑱ 检查正时带张紧轮，如图 6-47 所示。张紧轮应可以自由转动，接触面应无明显偏磨、凹陷等损伤。

图 6-46　目视检查凸轮轴带轮

图 6-47　检查正时带张紧轮

3）安装正时带。安装正时带的步骤基本与拆卸的步骤相反。在安装时要保持双手干净，严禁将水、油等粘附到正时带上。否则，容易出现跳齿现象，破坏正常的发动机配气正时，使发动机输出功率下降或丧失。另外，油、水等物质，也会加剧正时带的磨损。

① 将正时带安装在曲轴上，并套上正时带下防护罩。要确保正时带与曲轴的正时齿轮正确接触。

② 安装正时齿轮罩。安装正时带下防护罩时，注意不要松开正时带。否则，不能保证正时带和带轮的正确接触。曲轴带轮和正时带轮两者之间有着严格的定位规定，通过定位孔和定位销来保证。一旦出现偏差，将会影响发动机配气正时的正确性。

③ 对凸轮轴、曲轴的正时记号。在安装过程中要注意正时记号，如果正时记号不正确，应先转动凸轮轴的齿轮，使凸轮轴上的标记对齐上防护罩上的标记，再使曲轴带轮上的标记对齐正时带下防护罩上的标记。这样做的目的是避免直接转动凸轮轴导致气门与活塞发生运动干涉

注意：转动曲轴带轮时，要用手抓紧正时带，保持正时带与齿轮正确接触。否则，正时带松脱受到挤压，容易损坏正时带。

④ 调整正时带的张紧度，如图 6-48 所示。

注意：使用工具转动张紧轮时，要缓慢用力。否则，容易造成正时带损伤。专用扳手和套筒扳手配合使用时，专用扳手固定，套筒扳手拧紧张紧轮固定螺栓。否则，正时带的挠度会发生变化。拧紧张紧轮的紧固螺母，拧紧力矩为 45N · m。装配好后，应检查正时带的张紧度是否符合规定的要求(图 6-49)，过大或过小均会带来不利影响。

⑤ 安装正时带的上防护罩。

⑥ 安装发电机传动带的张紧装置。

⑦ 安装发电机及传动带。

⑧ 安装压缩机传动带。

⑨ 安装冷却风扇及其支架，冷却风扇电动机的电线插头一定要插入到位，保证电线插头上的定位卡与孔可靠配合。否则，电路虚接，既容易影响电动机的正常运转，又容易烧毁电动机。

图 6-48　调整正时带的张紧度

图 6-49　检查正时带的张紧度

⑩ 发动机运转检查。正时带更换完毕，进行发动机运转检查是必须的，目的是及时发现维修中的故障隐患和检验维修质量。

6. 实训考核

“正时带的更换”评分标准

序号	考核项目	配分	扣分标准(每项累计扣分不能超过配分)
1	安全文明否决		造成人身、设备重大事故，或恶意顶撞考官严重扰乱考场秩序，立即终止考试，此项目记0分
2	安全文明生产	20分	(1) 不穿工作服、工作鞋、工作帽各扣1分 (2) 工零件乱放混放，每次扣2分 (3) 油、水落地或零部件表面未及时清理，每次扣1分 (4) 考试完后不清理工零件或场地各扣3分 (5) 不服从考官、出言不逊，每次扣3分 (6) 拆装前不检查发动机台架锁止情况(含每次被考官提醒)，每次扣3分
3	工量具准备与检查	5分	(1) 检测仪器选用、使用不合理，每次扣5分 (2) 检测仪器规范使用不合理，每次扣5分
4	正时皮带罩	30分	(1) 拆卸正时带方法不正确扣4分 (2) 拆卸气门室盖方法不正确扣4分 (3) 拆卸2号正时带罩方法不正确扣3分 (4) 拆卸曲轴正时带罩方法不正确扣3分 (5) 拆下横直发动机安装支架方法不正确扣3分 (6) 转动曲轴带轮，将它的缺口与正时带轮罩的正时标记“0”对准方法不正确扣3分 (7) 检查凸轮轴正时齿轮的标记位置是否正确，方法不正确扣4分 (8) 拆卸曲轴带轮方法不正确扣3分
5	更换、安装正时皮带	15分	(1) 张紧轮及张紧弹簧方法不正确扣5分 (2) 对齐凸轮轴正时齿轮标记方法不正确扣5分 (3) 对齐曲轴正时标记方法不正确扣5分 (4) 安装正时带至曲轴正时齿轮方法不正确扣5分 (5) 安装正时带方法不正确扣5分 (6) 安装时曲轴与凸轮轴正时标记对准方法不正确扣5分 (7) 张紧轮紧固螺栓方法不正确扣5分

（续）

序号	考核项目	配分	扣分标准(每项累计扣分不能超过配分)
6	安装正时带罩及曲轴带轮	25分	(1) 安装正时带罩方法不正确扣3分 (2) 安装曲轴带轮方法不正确扣3分 (3) 检查正时记号是否对准方法不正确扣3分 (4) 安装曲轴正时带罩方法不正确扣3分 (5) 安装横置发动机安装支架方法不正确扣3分 (6) 安装2号正时带罩方法不正确扣3分 (7) 安装气门室盖方法不正确扣3分 (8) 安装及调整传动带方法不正确扣2分
7	工单填写	5分	检测步骤完成情况及检修结果填写方法不正确扣5分
8	合计	100分	

“正时带的更换”操作工单

班级：________　　　　姓名：________　　　　总分：________

车型		发动机型号	
一、准备工作			
（1）工量具准备与检查			
（2）维修手册准备			
（3）固定发动机拆装台架			

二、操作过程

要求：会使用维修手册；能用正确的方法使用工具拆装发动机正时带。

正时带张紧力标准值 张紧轮固定螺栓规定力矩	标准值：　　　　测量值： 力矩：
正时带更换准备	5S
拆卸正时带罩	
更换、安装正时带	
安装正时带罩及曲轴带轮	
车辆恢复	

6.2 气门间隙的检测与调整

想一想：什么是气门间隙？怎样去检查与调整气门间隙？

提示：发动机在冷态下，当气门处于关闭状态时，气门与传动件之间的间隙称为气门间隙。

学习目标	鉴定标准	教学建议
掌握发动机配气机构气门间隙调整的方法	应会：发动机配气机构气门间隙的调整方法	建议：采用教师启发式讲解、学生讨论相结合的方式，最后教师总结

1. 气门间隙

发动机在冷态下，当气门处于关闭状态时，气门与传动件之间的间隙称为气门间隙。

间隙过大：进、排气门开启滞后，缩短了进排气时间，降低了气门的开启高度，改变了正常的配气相位，使发动机因进气不足，排气不净而功率下降，此外，还使配气机构零件的撞击增加，磨损加快。

间隙过小：发动机工作后，零件受热膨胀，将气门推开，使气门关闭不严，造成漏气，功率下降，并使气门的密封表面严重积炭或烧坏，甚至气门撞击活塞。

2. 气门间隙的检查与调整步骤

摇臂与气门的间隙(即气门间隙)之所以存在，是因为进排气门均安装在燃烧室的顶端，也是温度最高之处，为了留有膨胀的空间，因而必须存有间隙。至于间隙的大小，因厂家设计不同而不一致，通常进气门间隙在0.20～0.25mm之间，而排气门由于受热膨胀比进气门的大，所以间隙更大些，一般在0.29～0.35mm之间。发动机摇臂与此气门之间经过长久的动作及磨耗，间隙会愈变愈大，所以才有气门间隙的调整。然而并非所有汽车均需调整气门间隙，有些车辆属于油压自动调整，就不需要调整气门间隙了。

（1）拆下气门室盖　拆下气门室盖的固定螺钉，小心取下气门室盖，注意不要损坏气门室盖衬垫。用抹布擦净气门及摇臂轴上的油污，以方便气门调整作业。

（2）找到一缸压缩上止点　用手摇柄转动曲轴或撬动飞轮，使一缸处于压缩上止点位置。从发动机前面看，曲轴带轮的正时凹坑与正时记号对准，如图6-50所示。在部分大型车上飞轮壳的检视孔刻线与飞轮壳正时记号对齐。

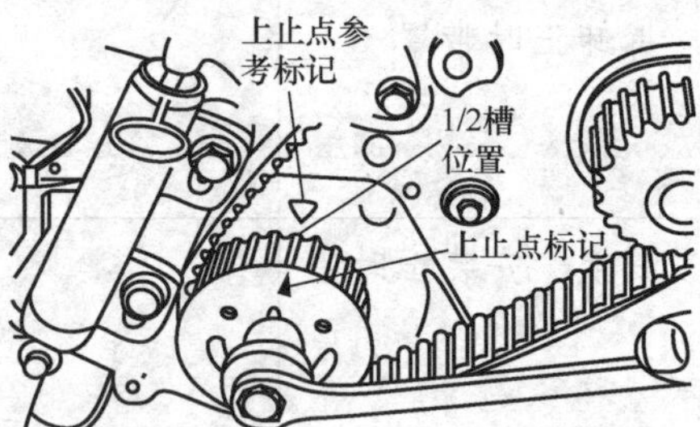

图6-50　曲轴带轮的正时凹坑与正时记号对准

此时从气门处看：一缸的气门应都处于关闭的状态。如果一缸的气门不全是关闭状态，说明一缸活塞在下止点位置，再转动曲轴 360°，使一缸处于压缩上止点位置。

(3) 确定各缸处于压缩上止点的方法　根据发动机构造原理我们知道，各缸处于压缩上止点时，该缸的气门均处于关闭状态。因此，可以打开分电器盖并确定各缸高压分线的位置，摇转曲轴，当分火头指向该缸高压分线位置时，触点张开的瞬间位置，则该缸处于压缩行程的上止点位置。这样就可以比较准确的确定各缸压缩上止点的位置，方便调整气门。

(4) 测量气门间隙(图 6-51)　气门间隙有冷车值和热车值之分，在测量时应在符合该车规定的状态下进行。

图 6-51　测量气门间隙

选出符合规格的塞尺插入气门杆与摇臂(或凸轮)之间。稍微拉动塞尺，如有轻微的阻力，表示间隙正确。

为了确定间隙是否在规定范围内，一般用范围极限值来测量(例如间隙范围值为 0. 29mm 到 0. 35mm 之间)，先用 0. 29mm 的塞尺插入气门间隙，如果可以通过，则是正常；再用 0. 35mm 的塞尺插入气门间隙，塞尺无法插入，说明间隙在给定范围内。如果 0. 29mm 塞尺不能插入间隙，则说明间隙过小；如果 0. 35mm 塞尺可以插入间隙，则说明间隙过大。

如果上述中任何一项不符合要求，表示气门间隙不正常，必须调整。

(5) 调整气门间隙　检查和调整气门间隙的原则，应在气门处于完全关闭且气门挺柱落在最低位置时进行，顶置式气门应测量气门杆端面与摇臂之间的间隙，侧置式气门应测量气门杆端面与挺柱之间的间隙。其检查调整方法有两种。

首先松开气门调整螺钉的固定螺母，把规定厚度的塞尺插入气门间隙处，一手抽拉塞尺，一手转动调整螺钉，直到塞尺稍微受到阻力为止，如图 6-52 所示。

图 6-52　调整气门间隙

调整合适之后，塞尺插到气门间隙中央，调整螺钉保持不动，拧紧固定螺母锁紧调整螺钉。锁好螺钉后，再用塞尺重新测量气门间隙，因为可能在锁紧时无意转动了调整螺钉，使气门间隙改变。如果气门间隙改变，应重新调整到合适为止。

1) 两次调整法。根据配气机构构造原理，进、排气门排列有一定的规律。按点火顺序和进、排气门排列顺序，使一缸处于压缩上止点，可以检查调整一半数量的气门间隙；然后转动曲轴一周，使四缸位于压缩上止点位置，再调整剩余的气门间隙。

以六缸发动机按 1、5、3、6、2、4 点火顺序工作为例说明如下：

① 先将一缸活塞置于压缩上止点，则该缸的进排气门必然可调整。

② 按“二进三排”的原则。即此时二缸的进气门和三缸的排气门必然处于完全关闭状态，它们也是可以进行检查、调整的。

③ 连杆轴径在同一平面上两个气缸，一次只能调整一对气门，所以此时五缸的排气门和四缸的进气门也必然可以检查调整。

④ 当六缸活塞位于压缩上止点时，其余未检查和调整的气门，必然处于完全关闭状态。

由此，摇转曲轴两次，即可将发动机的所有气门都进行检查调整。

2）逐缸调整法。首先找到一缸压缩上止点，调整该缸进、排气门间隙，然后摇转曲轴，按点火顺序逐缸进行。

（6）装复检查

1）当气门间隙全部调整好后，应再用塞尺逐缸检查一遍，如有不合适的间隙，一定要调整到合适为止。待全部气门间隙都合适后，再检查一下所有的固定螺钉是否已锁紧。

2）装复气缸盖罩。气门间隙调整完毕后，用抹布擦净衬垫、气缸盖罩和缸盖的结合面。然后小心地将气缸盖罩放置于缸盖上，并对准螺栓孔固定。

3）装复其他配件，起动发动机进行检验，查看是否有气门响声或运转不平稳的现象。如果有气门响声或运转不平稳现象，说明气门间隙需要再调整。初次调整气门间隙，容易出现上述现象。因此，必须认真操作，避免返工。

课后习题

1. 什么是气门间隙？
2. 气门间隙过大或过小会引发哪些故障？
3. 气门间隙的调整方法有几种？

实训10　配气机构的拆装

1. 实训目的

1）熟悉配气机构的组成，气门组和气门传动组各主要机件的构造、作用与装配关系。

2）掌握配气机构正确的拆装步骤、方法和要求。

2. 实训内容

1）配气机构的拆卸。

2）配气机构的装配。

3. 实训设备及工量具

1）完整的汽车发动机。

2）常用工具和专业工具。

4. 注意事项

1）松开正时带张紧轮（桑塔纳、捷达发动机型）前，应将曲轴转到1缸上止点位置。

2）在取下正时带时，应在正时带上标上其原转动方向，以防安装时装反。否则，会加速正时带的磨损。

3）液压挺柱在拆下存放时，应特别注意防尘，并按顺序摆放；

4）安装油封时，一定要压到位，防止油封变形或损坏；

5）安装凸轮时，第一缸凸轮必须朝上。

5. 实训步骤

（1）配气机构的拆卸

1）拆下气门室盖、正时带罩盖，如图6-53所示。

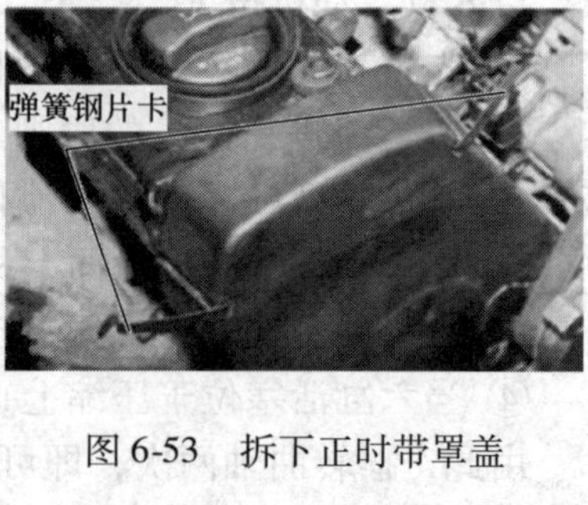

图6-53　拆下正时带罩盖

2）查看曲轴正时齿轮及凸轮轴正时齿轮上的正时记号，转动曲轴使两个正时齿轮上的正时记号都分别对正机体上的固定记号，如图6-54所示。

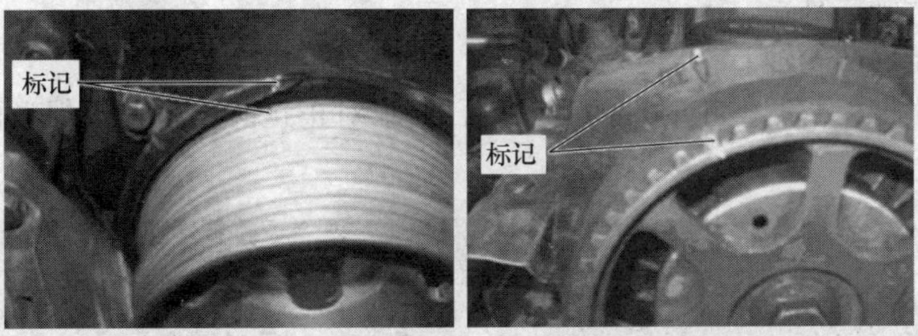

图 6-54　曲轴正时齿轮及凸轮轴正时齿轮上的正时记号

3）松开正时带的张紧装置，并取下正时带，如图 6-55 所示。

图 6-55　松开正时带的张紧装置，并取下正时带

4）拆下气缸盖，如图 6-56 所示。

5）拆下凸轮轴。

6）用专用工具（气门弹簧拆装工具）压气门，取出气门锁片，取出气门弹簧及气门（图 6-57），并在每个气门上做好记号，以免装错。（只拆一两个气门即可）；

7）认真观察所拆下的配气机构的各零部件，熟悉它们的结构、装配关系。

图 6-56　拆下气缸盖

（2）配气机构的装配

1）用专用工具，把每个气门安装到对应的气门座上（图 6-58），一定不能装错。

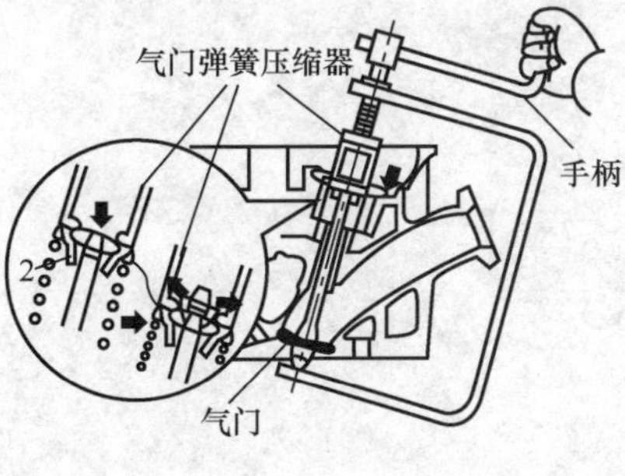

图 6-57　拆气门弹簧

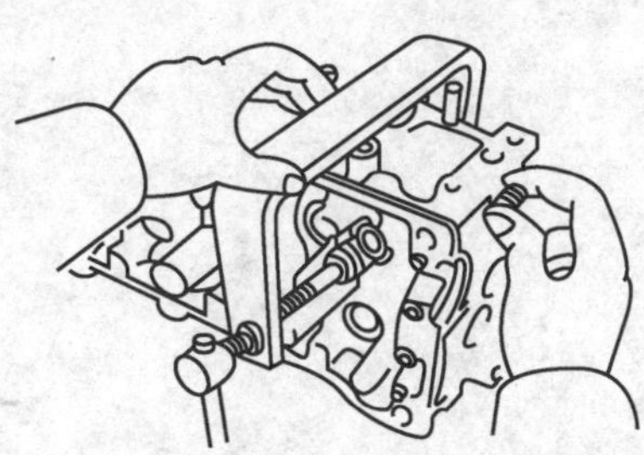

图 6-58　安装气门弹簧

2）按要求装好气缸盖。

3）按要求装好凸轮轴。

4）安装正时带，并调整正时带的张紧度，要求对正正时记号，以保证配气相位的正确性，如图 6-59 所示。

图 6-59　调整正时带的松紧度，要求对正正时记号

5）安装正时带罩盖。

6）安装气门室盖。

6. 实训考核

“配气机构的拆装”评分标准

序号	考核内容	配分	评分标准
1	正确使用工具仪器	10分	工具使用错误扣5分 使用不当酌情扣分
2	配气机构的拆卸	40分	拆卸方法错误扣5分，扣完为止 拆卸程序错误扣5分，扣完为止
3	配气机构的装配	40分	装配方法错误扣5分，扣完为止 装配程序错误扣5分，扣完为止
4	遵守安全操作规程，操作现场整洁	10分	每项扣2分，扣完为止
5	安全用电，防火，无人身、设备事故		因违规操作发生重大人身和设备事故，此题按0分计
6	合计	100分	

“配气机构的拆装”操作工单

班级：________ 姓名：________ 总分：________

车型		发动机型号	

一、准备工作

（1）工量具准备与检查	
（2）维修手册准备	
（3）固定发动机拆装台架	

二、操作过程

要求：会使用维修手册；能用正确的方法使用工具拆装发动机配气机构。

配气机构的拆卸要领	
识别配气机构各部件	
装配配气机构要领	
整理工作场地	

第 7 章

发动机燃料供给系统的构造与维修

7.1 汽油机燃料供给系

想一想：汽油机燃料供给系的功用是什么？

提示：根据发动机不同工况的要求，汽油和空气混合成适当比例的可燃混合气，供入气缸燃烧，并排除燃烧后的废气。

学习目标	鉴定标准	教学建议
掌握汽油发动机燃料供给系的功用、组成与工作原理。	应会：熟悉汽油发动机燃料供给系的功用与组成。	建议：采用教师启发式讲解、学生讨论相结合的方式，最后教师总结。

1. 燃料供给系的功用

根据发动机不同工况的要求，汽油和空气混合成适当比例的可燃混合气，供入气缸燃烧，并排除燃烧后的废气。

2. 燃料系的组成

汽油机化油器式燃料系由以下几部分组成，如图 7-1 和图 7-2 所示。

(1) 汽油供给装置　用于储存、滤清、输送汽油。包括汽油箱、汽油滤清器、汽油泵以及燃油表，如图 7-3 所示。

(2) 空气供给装置　输送和过滤空气。主要由空气滤清器组成，有的还安装进气消声器，如图 7-4 所示。

(3) 可燃混合气的形成装置　用于根据汽油机各种工况形成适当比例浓度的可燃混合气。主要由化油器和汽油喷射系统构成，如图 7-5 所示。

(4) 可燃混合气的供给及废气排出装置　包括进、排气歧管，如图 7-6 所示，以及消声器等。

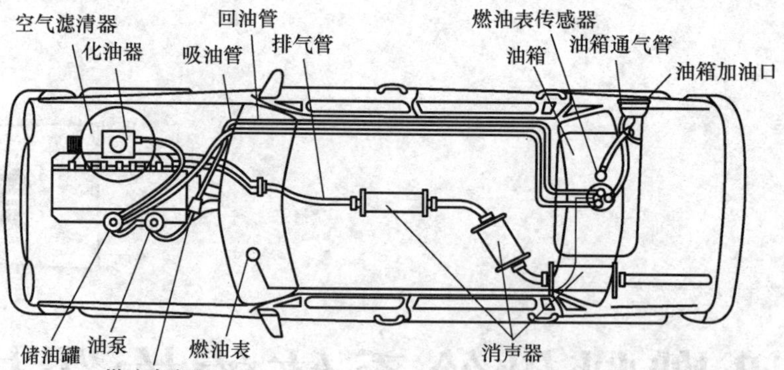

图 7-1　桑塔纳 2000GLS 型轿车化油器式燃料供给系分布图

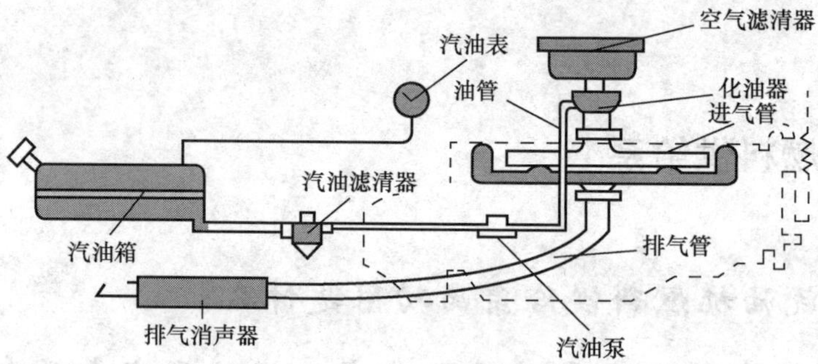

图 7-2　汽油机燃料供给系的组成

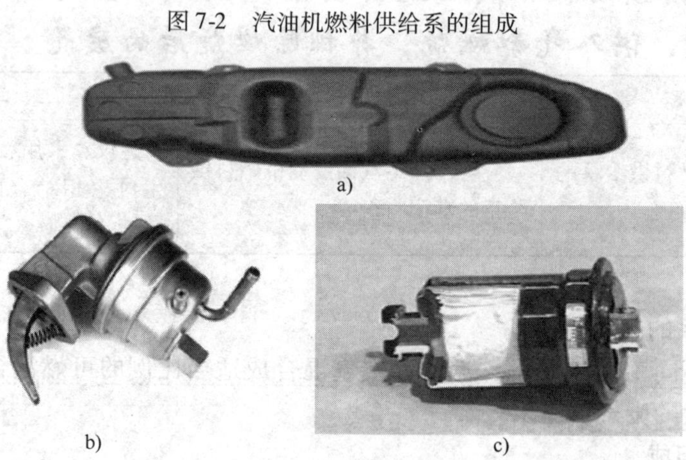

a)

b)

c)

图 7-3　汽油供给装置

a）油箱　b）汽油泵　c）汽油滤清器

汽油机电控燃油供给系统，主要由燃油箱、燃油泵、供油管、燃油滤清器、喷油器、燃油导管、油压调节器等部件组成，如图 7-7 所示。

发动机工作时，安装在汽油箱内的燃油泵将汽油泵出，经燃油滤清器除去杂质和水分后送入燃油导管，喷油器再根据电脑(ECU)的指令在适当的时刻向进气歧管喷射适量的汽油。在燃油导管的一端装有油压调节器，其作用是根据进气总管的真空度调节燃油导管内的燃油压力并使多余的燃油经回油管流回油箱。

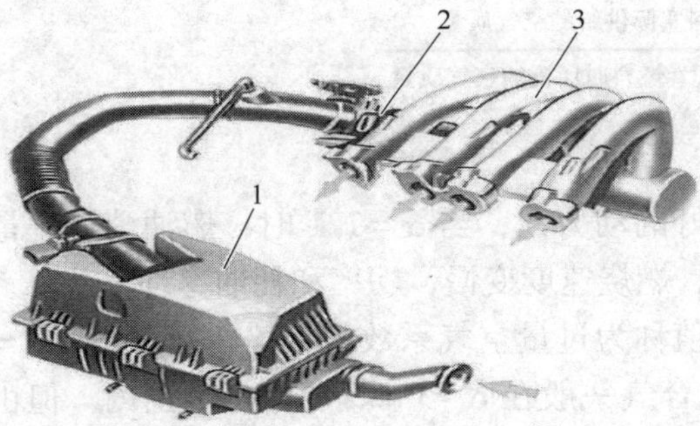

图 7-4　空气供给装置

1—空气滤清器　2—节气门　3—进气歧管

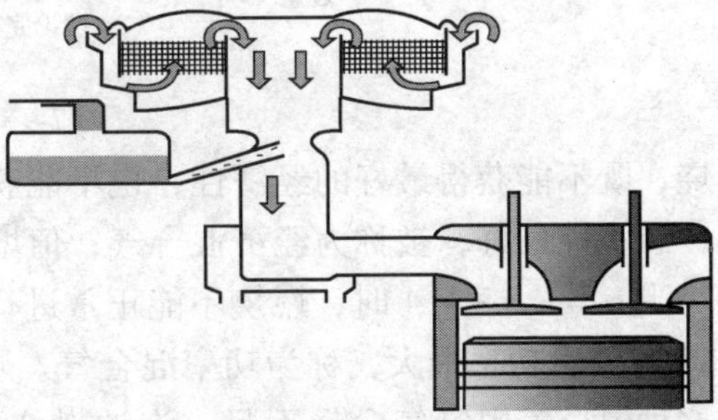

图 7-5　简单化油器及可燃混合气的形成过程

3. 可燃混合气浓度与汽油机性能的关系

燃料在进入发动机气缸燃烧做功之前，都要经过雾化和蒸发并与空气充分混合，形成可燃混合气，混合气中燃料的多少称为混合气浓度。混合气的浓度常用空燃比或过量空气系数表示。

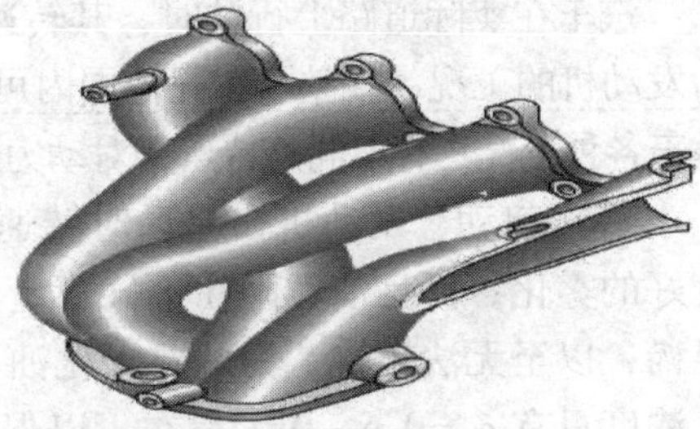

图 7-6　进、排气歧管

（1）可燃混合气浓度表示方法

1）空燃比：表示空气与燃油的质量比，如图 7-8 所示。1kg 汽油完全燃烧约需空气 14.7kg。所以，汽油的空燃比理论为 14.7:1。空燃比值增大，混合气变稀；比值减小，混合气变浓。

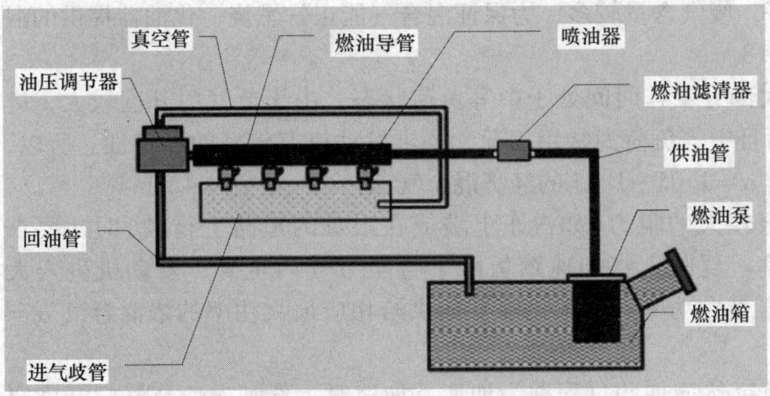

图 7-7　汽油机电控燃油供给系统的组成

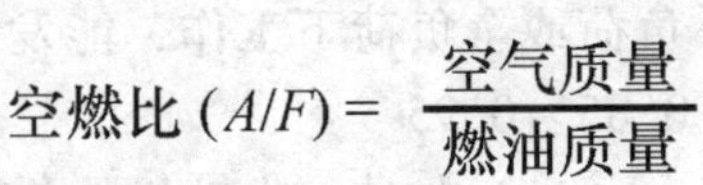

$$空燃比(A/F)=\frac{空气质量}{燃油质量}$$

图 7-8　可燃混合气浓度表示方法

2）过量空气系数：表示燃烧 1kg 燃料实际所供给的空气质量与完全燃烧 1kg 燃料所需要的理论空气量的比值，其符号为 α，如图 7-9 所示。

$\alpha<1$ 时，该混合气为浓混合气，氧气不足。有部分燃料不能完全燃烧；$\alpha>1$ 时为稀混合气，燃烧后有部分氧气剩余；$\alpha=1$ 时为标准混合气，理论上燃料和空气都能完全燃烧。

（2）可燃混合气浓度对汽油机经济性的影响　当 $\alpha=1$ 时，从理论上讲所含空气中的氧气正好使燃油完全燃烧，但实际上汽油蒸汽不可能与空气绝对均匀混合，汽油也不可能完全

$$过量空气系数\alpha=\frac{燃烧1kg燃料实际供给的空气质量}{理论完全燃烧1kg燃料时所需的空气质量}$$

图7-9 过量空气系数

燃烧，既不能获得最好的经济性，也不能获得最好的动力性；当α=1.1时，燃油消耗率最低，经济性最好，被称为经济混合气；值增大时，燃烧速度变慢，功率和耗油率都变差。

当α=1.3~1.4时，燃烧不能正常进行，此值称为过量空气系数的火焰传播下限；α=0.88时输出功率最大，称为功率混合气。功率混合气一般在α=0.85~0.95范围内。但由于这种混合气中氧气含量不足，汽油燃烧不完全，所以经济性较差。当α=0.4~0.5时，空气过少而严重缺氧，不能着火燃烧，称为过量空气系数的火焰传播上限。

4. 发动机工况对混合气浓度的要求

汽车在实际道路上行驶时，其转速和负荷经常在一定范围内变化。发动机的转速和负荷即为发动机的工况，在整个工况范围内可分为起动、怠速、中等负荷、全负荷和加速等五种工况。由于各种工况具有不同的特点，对动力性和经济性的要求不同，所要求的混合气浓度也不相同。

（1）起动　发动机在起动时转速极低，化油器中的空气流速非常慢，不能使汽油得到良好的雾化，而且油粒附在进气管壁上，不能及时随气流进入气缸，所以实际形成的混合气很稀，以至无法燃烧。为此要求化油器供给极浓的混合气（α=0.2~0.6）。气缸内实际混合气浓度只有α=0.6~0.7左右，以保证进入气缸内的混合气中有足够的汽油蒸汽，使发动机得以顺利起动。

（2）怠速　怠速是指发动机对外无输出功率时，以最低转速运转。所做的功只是用于克服发动机内部的阻力，其转速一般在300~700r/min。吸入气缸内的可燃混合气不仅数量少，而且汽油雾化蒸发也不好，废气含量较多，为保证混合气能正常燃烧，化油器提供的混合气必须较浓，即α=0.6~0.8。

（3）中等负荷　发动机大部分工作时间处于中等负荷状态。由于节气门开度较大，进气量多，废气稀释作用小，而且中等负荷为常用工况，要求发动机有较好的经济性。所以，化油器供给燃料消耗率最小的α=1.05~1.15的经济混合气。

（4）全负荷　当汽车克服较大的阻力（如汽车上坡或在艰难的道路上行驶）时，要求发动机尽可能地发出大的功率。驾驶人将加速踏板踩下直至节气门全开，发动机进入大负荷或全负荷下工作，能发出最大功率。要求化油器能供给相应最大功率的浓混合气α=0.85~0.95。

（5）加速　发动机的负荷突然增加的过程称为加速。加速时，驾驶人使节气门开度突然加大，使发动机功率迅速增大。为改善汽车发动机的加速性能，化油器应在节气门开度突然增大时，额外供油，以便混合气加到足够的浓度。

5. 燃料系主要装置构造及工作原理

（1）油箱（图7-10）

1）功用：用以储存汽油。

2）构造：外表装有汽油表传感器和出油口开关。油箱内有隔板，以减轻行驶时油箱内汽油晃动，也可使油箱更坚固。加油管内有滤网。油箱口用具有复式阀的油箱盖密封，其功用是保持油箱内汽油表面上方的正常压力。

（2）汽油滤清器（图 7-11）

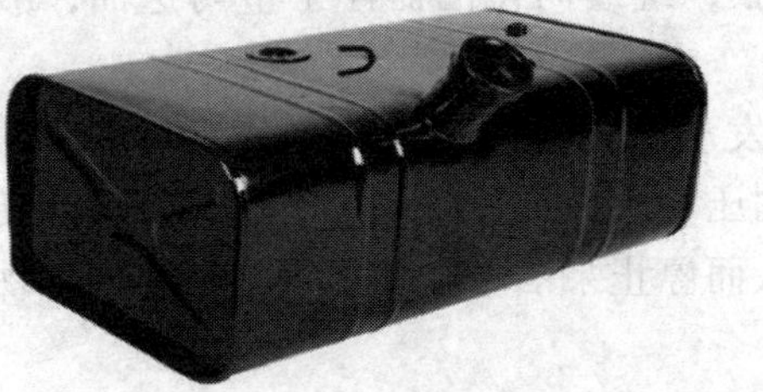

图 7-10　油箱

图 7-11　汽油滤清器

1）功用。滤去汽油中的杂质，使水分沉淀在杯内，保证油路畅通。

2）构造。由盖、沉淀杯和滤芯组成。滤清器盖上有进、出油口，分别用油管与油箱和汽油泵相通。沉淀杯用螺栓与盖结合，中间装有衬垫，底部有放污塞，用以放出沉淀杯内的杂质和水分。滤芯用微孔陶瓷或滤纸（目前滤芯一般由滤纸制成）制成，用滤芯螺栓固装在盖上，盖与滤芯间有衬垫。

3）工作情况。汽油在汽油泵的作用下从进油管接头进入沉淀杯后，穿过滤芯时，滤下水分和杂质，经出油口流出至汽油泵。沉淀在杯底的水分和杂质需定期清除，拧下放污塞即可。

（3）汽油泵

1）功用。将油箱的汽油吸出后，压送到化油器浮子室内或喷油器。

2）构造。目前汽车上广泛采用机械驱动膜片式汽油泵，由上体、下体、进、出油阀和膜片组件（膜片、上下护盘）等组成。

汽油泵上体有进、出油阀分别和进、出油口相通。油杯用双头螺柱固装在油泵上体上，中间有密封衬垫。油杯上的隔板将上体分为进油室和出油空气室。

上体与下体中间夹有膜片，膜片上方的空间叫泵室。

下护盘和螺母固装在拉杆上端。下护盘与下体凸缘间装有膜片弹簧，弹簧将膜片驱向上方。弹簧座下装密封垫和护圈，防止膜片漏油时汽油流入油底壳内。

下体的摇臂轴上装有整体式或分段式摇臂。摇臂内端插在膜片拉杆下端的孔内，外端在摇臂弹簧的作用下压在凸轮轴的偏心轮上。

为了在发动机不运转时能泵油，设有手动泵油装置——手摇臂组件，由装在下体上的半圆轴、手摇臂和手摇臂拉杆组成。泵体下面有小孔，当膜片破漏时，汽油可从小孔流出，防止流入油底壳内。

3）工作情况。

① 吸油：凸轮轴旋转时，偏心凸轮顶动外摇臂，外摇臂驱动拉杆带动膜片组件下行并压缩膜片弹簧，使膜片向下拱曲。膜片上方泵室容积增大，产生真空吸力。进油阀打开，出油阀关闭，油箱内的汽油在真空吸力的作用下经油管、汽油滤清器、汽油泵进油口、进油阀被吸入泵室内，完成吸油过程。

② 送油：当偏心凸轮转过后，顶动摇臂的压力消失，膜片弹簧的张力使膜片组件向上拱曲。泵室内容积缩小，油压升高，使进油阀关闭，出油阀开启。泵室内的汽油经出油阀、

出油管流入化油器浮子室内或喷油器。

③ 稳定油流：当压油时，部分汽油被压入出油空气室，出油空气室内的空气被压缩。当再次吸油(出油阀关闭)时，出油室内的空气膨胀，继续向化油器浮子室内送油，减小了浮子室油流的脉动性。

④ 自行调节供油量：汽油泵的实际供油量比发动机的耗油量大得多，故在每次工作中有剩余的油量积存在泵室内，当剩余油量的残余油压与膜片弹簧的张力平衡时，膜片便停止上行，此时凸轮推动摇臂在摇臂的间隙内空动，从而停止泵油。膜片上拱的行程由发动机的耗油量决定。

因此，汽油泵可以根据发动机工况的不同，自动调节吸油量、供油量，使耗油量、吸油量、供油量三者保持平衡。

⑤ 手动泵油：当发动机不工作时，要使浮子室油面保持需要的高度，可扳动手摇臂，利用半圆轴压动内摇臂，拉动拉杆带动膜片组件上下运动而泵油。

(4) 汽油表　装在驾驶室内的仪表板上，用来指示油箱内的汽油存量。用导线与油箱上的汽油表传感器相连。表上有指针和“0”、“1/2”、“1”的刻度分别表示油箱内无油、半箱油、满箱油。

(5) 化油器　功用：是将汽油雾化和汽化，并根据发动机不同工作情况的要求，将汽油和空气混合成适当浓度的可燃混合气，按需要的量供入气缸。

1) 简单化油器。简单化油器由进油系、量孔、喷管、喉管、混合室和节气门等组成。其中进油系由浮子和针阀组成，装在化油器浮子室内，用来控制浮子室内油平面高度。浮子室上有孔道与大气相通，使浮子室油面上方保持一定的大气压力。

量孔：安装在浮子室底部，用来精确控制汽油的流量。

主喷管：下端与量孔相通，喷口在小喉管内。为了防止发动机不工作时汽油从喷口溢出，喷口应比浮子室油面高2～3mm。

喉管：气道的狭窄处叫喉管，其作用是增加喉管内的空气流速，在喉管内形成真空吸力，使汽油从喷管喷出。

混合室：喉管内喷口下方的气道叫混合室，是汽油与空气初步混合的场所。

节气门：是一个椭圆形的金属片，能围绕节气门轴旋转，逐步打开或关闭节气门可以改变进入气缸的气体流量和喉管处的真空吸力，以控制进入气缸内的混合气量，适应发动机不同工作情况的需要。

2) 简单化油器可燃混合气的形成过程。发动机工作时，空气经空气滤清器和化油器进入气缸。当空气流经喉管时，由于喉管处截面最小，空气流速增大，形成真空吸力。空气流速越大，真空吸力也越大。在喉管内真空吸力作用下，浮子室内的汽油经量孔、喷管喷入混合室内。喷出的汽油在喉管内被高速空气流吹散成雾状颗粒，在混合室内与空气初步混合。在进气管和气缸内进一步吸收热量并迅速蒸发，使之形成良好的可燃混合气。

3) 简单化油器特性。在发动机转速不变的条件下，可燃混合气的浓度随节气门开度的变化关系称为简单化油器特性。实验证明：节气门开度增大，可燃混合气的浓度变浓。

(6) 空气供给和进、排气装置

1) 空气滤清器。

① 功用。滤去进入化油器的空气中的灰尘，防止灰尘进入气缸，以免使活塞、活塞环和气缸壁加速磨损，从而延长发动机的使用寿命。

② 构造。空气滤清器用卡箍形式装在化油器口上。目前发动机广泛采用过滤式纸质干式空气滤清器。

2）进、排气歧管。

① 功用：进气歧管将化油器所形成的可燃混合气分送到各个气缸。排气歧管把各气缸内燃烧后的废气导入排气管后，经消声器排出。

② 构造：进气歧管与化油器相连，各支管与各气缸的进气道相通；排气歧管的各支管与各气缸的排气道相通，总管口用排气管与排气消声器相连。

进、排气歧管与气缸体（或气缸盖）的结合面处有进、排气歧管垫，以防漏气。安装时光滑的一面应朝向进、排气歧管。

为方便利用废气余热对进气管加热，促进混合气中燃油颗粒的蒸发汽化，汽油发动机大多都将进、排气歧管铸成一体，或分别铸成后用螺栓连接。

3）排气消声器。排气消声器由外壳、多孔管和隔板组成。隔板将外壳内隔成几个扩张消声器。当废气进入消声器后，由于受到冷却和气流穿过小孔改变流向，使废气的流速、温度、压力都降低，从而消减排气噪声，消除火焰和火星。

7.2　汽油机电控燃油喷射系统

想一想：汽油机电控燃油喷射系统的组成有哪些？汽油机电控燃油喷射系统的功能有哪些？

提示：汽油机电控燃油喷射系统由传感器、执行器和电子控制单元组成。电控汽油喷射系统的功能是对喷射正时控制、喷油量的控制、燃油停供控制、燃油泵控制。

学习目标	鉴定标准	教学建议
掌握汽油机电控燃油喷射系统的组成、功用与工作原理。	应会：熟悉汽油机电控燃油喷射系统的组成、功用与工作原理。	建议：采用教师启发式讲解、学生讨论相结合的方式，最后教师总结。

1. 汽油机电控燃油喷射系统概述

自 1967 年博世 BOSCH 公司研制开发成功了 K 型机械式汽油喷射系统以来，汽油喷射系统经历了 K（机械式）型系统，K—E（机械与电子混合控制）型系统，EFI（电控燃油喷射系统）的发展过程。

汽油喷射系统根据发动机的运转速度、负荷水平、环境影响等因素，精确地计量供给发动机的燃油量，从而控制混合气的空燃比，使发动机废气排放中的有害物质含量保持在一个较低的水平。

2. 电控燃油喷射系统的优缺点

汽油喷射系统的实质就是一种新型的汽油供油系统。化油器是利用空气流动时在节气门上方的喉管处产生负压，将浮子室的汽油连续吸出，经过雾化后输送给发动机。汽油喷射系统则是通过采用大量的传感器感受各种工况，根据直接或间接检测的进气信号，经过计算机判断和分析，计算出燃烧时所需的汽油量，然后将加有一定压力的汽油经喷油器喷出，以供发动机使用。

电控发动机系统取消了化油器供油系中的喉管，喷油位置在节气门下方，直接在进气门附近或缸内，由计算机控制喷油器精确供油。与化油器式发动机相比，汽油喷射系统具有以下优点：

1）提高了发动机的充气系数，从而增加了发动机的输出功率和转矩。这是因为汽油喷射系统没有化油器的喉管，减少了进气压力的损失。汽油喷射是在进气歧管附近，只有空气通过歧管，这样可以增加进气歧管的直径，增加进气歧管的惯性作用，提高充气效率。

2）能根据发动机负荷的变化，精确控制混合气的空燃比，适应发动机的各种工况，使汽油燃烧充分，降低油耗，减少排气污染，而且响应速度快。

3）可均匀分配各缸燃油，减少了爆燃现象，提高了发动机工作的稳定性。同时，也降低了废气排放和噪声污染。

4）提高了汽车驾驶性能。在寒冷的季节里，化油器主喷油管的附近容易结冰，会造成发动机输出功率不足，而汽油喷射供油不经过节气门和进气歧管，所以没有结冰现象，从而提高了冷起动性能。另外，汽油喷射是高压供油，喷出的汽油雾滴比较小，汽油不经过进气歧管，所以，当突然加速时，雾滴较小的汽油能与空气同时进入燃烧室混合，因而比化油器供油的响应速度快，加速性能好。

与传统的化油器相比，电控汽油系统可以使汽车燃油消耗率降低5%~15%，废气排放量减少20%左右，发动机功率提高5%~10%。电控汽油喷射系统无论从燃油经济性、发动机动力性，还是从排气和噪声污染等方面，都具有化油器式发动机无法比拟的优越性。

电控汽油系统的缺点在于价格偏高、维修要求高。

3. 电控燃油喷射系统的类型

（1）按喷射方式分类（图7-12）

（2）按喷射位置分类

按汽油的喷射位置，电控汽油喷射系统可以分为缸内喷射（图7-13）和进气管喷射两大类。

1）缸内喷射。该喷射方式是将喷油器安装在缸盖上直接向缸内喷油。因此，要求喷油器阀体能承受燃气产生的高温高压。另外，发动机设计时需保留喷油器工作的安装位置。缸内喷射是近几年来燃油喷射技术的发展趋势之一。

2）进气管喷射。该喷射方式是目前普遍采用的喷射方式。根据喷油器和安装位置的不同又可分为两种。

① 多点喷射方式，如图7-14a所示，多点喷射系统（MPI-multi point injection）是在每缸进气口处装有一个喷油器，由电控单元（ECU）控制进行各缸单独喷射或分组喷射，汽油直接喷射到各缸的进气门前方，再与空气一起进入气缸形成混合气。多点喷射又称为多气门喷射（MPI）或顺序燃油喷射（SFI），或单独燃油喷射（IFI），其安装位置如图7-15所示。由于

- 连续喷射：多用于K和KE系统
- 间歇喷射
  - 同时喷射：各缸同时喷射
  - 分组喷射
    - 同组各缸同时喷射
    - 不同组各缸交替喷射
  - 顺序喷射：各缸按照发动机工作顺序依次进行喷射

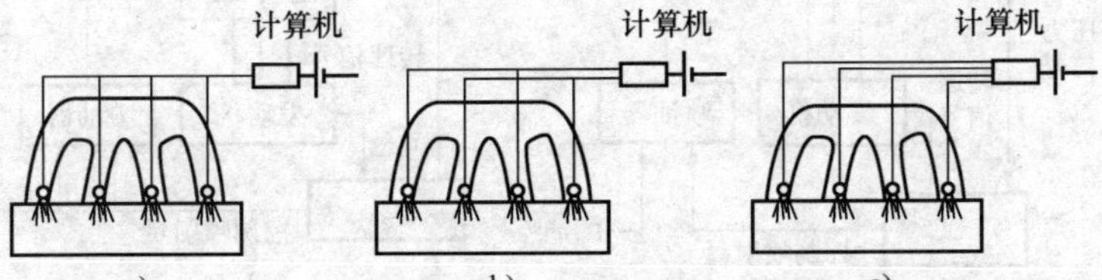

图 7-12　喷油器喷射顺序

a）同时喷射　b）分组喷射　c）顺序喷射

多点喷射系统是直接向进气门前方喷射，因此，多点喷射属于在气流的后段将燃油喷入，属于后段喷射。多点喷射是目前应用最普遍的喷射系统。

- 缸内喷射
- 进气管喷射
  - 单点喷射(SPT)
  - 多点喷射(MPT)

② 单点喷射方式，如图 7-14b 所示。单点喷射系统（SPI-single point injection）是把喷油器安装在化油器所在的节气门段，它的外形也有一点像化油器，通常用一个喷油器将燃油喷入进气流，形成混合气进入进气歧管，再分配到各缸中。因此，单点喷射又可以理解为把化油器换成节流阀体喷射装置（TBI），也称为中央燃油喷射（CFI）。单点喷射系统由于在气流的前段（节气门段）将燃油喷入，因此属于前段喷射。

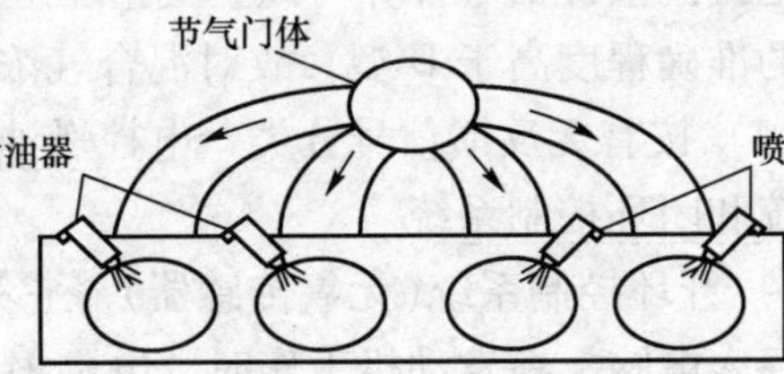

图 7-13　缸内喷射

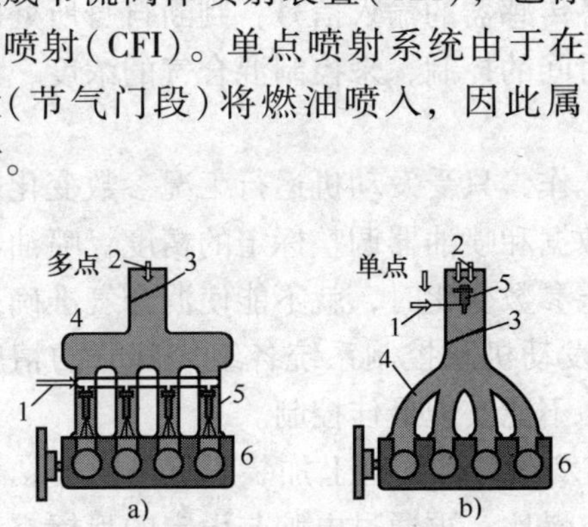

图 7-14　多点喷射和单点喷射示意图

a）多点喷射　b）单点喷射

1—汽油　2—空气　3—节气门　4—进气歧管　5—喷油器　6—发动机

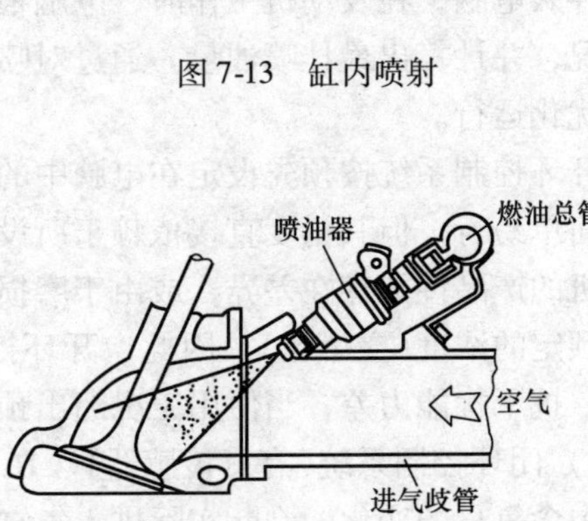

图 7-15　多点喷射系统喷油器安装位置

（3）按对空气量的计量方式分类（图 7-16） 按空气量的检测方式，电控汽油喷射系统可以分为直接式检测方式和间接式检测方式两大类。

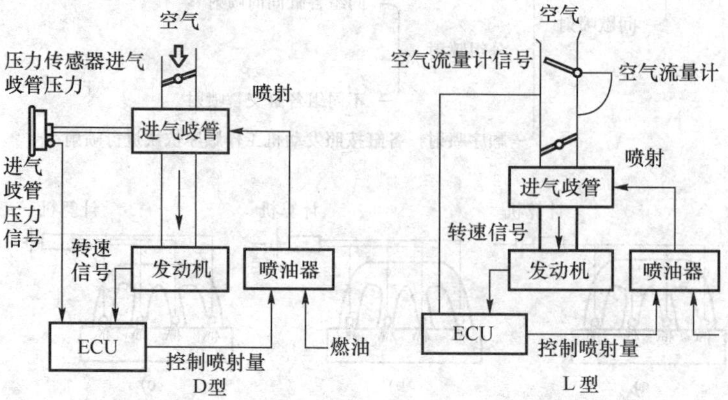

图 7-16 L 型和 D 型 EFI 系统

1）D 型电控燃油喷射系统（间接式检测方式）。“D”是德语 Druck（压力）的第一个字母。D 型电控燃油喷射系统利用绝对压力传感器检测进气管内的绝对压力，电脑根据进气管内的绝对压力和发动机转速推算出发动机的进气量，再根据进气量和发动机转速确定基本喷油量。

2）L 型电控燃油喷射系统（直接式检测方式）。“L”是德语 Luft（空气）的第一个字母。L 型电控燃油喷射系统利用空气流量计直接测量发动机的进气量，电脑不必进行推算，即可根据空气流量计信号计算与该空气量相应的喷油量。由于消除了推算进气量的误差影响，其测量的准确程度高于 D 型，故对混合气浓度的控制更精确。

（4）按有无反馈信号分类 电控燃油喷射系统（图 7-17）按有无反馈信号可分为开环控制系统和闭环控制系统。

1）开环控制系统（无氧传感器）。它是将通过实验确定的发动机各工况的最佳供油参数预先存入电脑，在发动机工作时，电脑根据系统中各传感器的输入信号，判断自身所处的运行工况，并计算出最佳喷油量。通过对喷油器喷射时间的控制，来控制混合气的浓度，使发动机优化运行。

开环控制系统按预先设定在电脑中的控制规律工作，只受发动机运行工况参数变化的控制，简单易行。但其精度直接依赖于所设定的基准数据和喷油器调整标定的精度。喷油器及发动机的产品性能存在差异，或由于磨损等引起性能参数变化时，就不能使混合气准确地保持在预定的浓度（空燃比）。因此，开环控制系统对发动机及控制系统各组成部分的精度要求高，抗干扰能力差，当使用工况超出预定范围时，不能实现最佳控制。

2）闭环控制系统（有氧传感器）。在该系统中，发动机排气管上加装了氧传感器，根据排气中含氧量的变化，判断实际进入气缸的混合气空燃比，再通过电脑与设定的目标空燃比值进行比较，并根据误差修正喷油器喷油量，使空燃比保持在设定的目标值附近。

闭环控制系统可达到较高的空燃比控制精度，并可消除因产品差异和磨损等引起的性能变化，工作稳定性好，抗干扰能力强。但是，为了使排气净化达到最佳效果，只能运行在理论空燃比 14. 7 附近。对起动、暖机、加速、怠速、满负荷等特殊工况，仍需采用开环控

- 发动机燃油喷射系统分类
  - 按控制方式分
    - 机械控制式燃油喷射系统
    - 机电结合式燃油喷射系统
    - 电子控制式燃油喷射系统
      - 开环控制系统
      - 闭环控制系统
      - 自适应控制系统
      - 学习控制系统
      - 模糊控制系统
  - 按喷射部位分
    - 进气管喷射系统
      - 单点喷射系统(SPI、TBI 或CFI)
      - 多点喷射系统
        - D型多喷射系统
        - L型多点喷射系统
        - LH型多点喷射系统
        - M型多点喷射系统
    - 缸内喷射系统
  - 按喷油方式分
    - 连续喷射
    - 间歇喷射
      - 同时喷射
      - 分组喷射
      - 顺序喷射

图 7-17　发动机燃油喷射系统分类

制，使喷油器按预先设定的加浓混合气配比工作，以满足发动机特殊工况的要求。所以，目前普遍采用开环和闭环相结合的控制方案。

4. 电控燃油喷射系统的功能

电控汽油喷射系统的功能是对喷射正时控制、喷油量的控制、燃油停供控制、燃油泵控制。

（1）喷射正时控制　在采用间歇喷射方式的电控燃油喷射系统中，电脑必须控制喷油器喷油的开始时刻，这就是喷油正时控制。其控制目标一般是在进气行程开始前，喷油结束。

1）同步喷油正时控制。

① 顺序喷射正时控制，如图 7-18 所示。工作原理是 ECU 根据凸轮轴位置传感器（G 信号）、曲轴位置传感器（Ne 信号）和发动机的做功顺序，确定各气缸工作位置。当确定各缸活塞运行至排气行程上止点某一位置时，ECU 输出喷油控制信号，接通喷油器电磁线圈电路，该缸开始喷油。其特点是喷油器驱动回路数与气缸数目相等。

② 分组喷射正时控制。其特点是把所有喷油器分成 2 ~4 组，由 ECU 分组控制喷油器。

工作原理是以各组最先进入做功的缸为基准，在该气缸排气行程上止点某一位置，ECU 输出指令信号，接通该组喷油器电磁线圈电路，该组喷油器开始喷油。

③ 同时喷射正时控制，如图 7-19 所示。其特点是所有各缸喷油器由 ECU 控制同时喷油和停油。

工作原理是喷油正时控制是以发动机最先进入做功行程的缸为基准，在该缸排气行程上

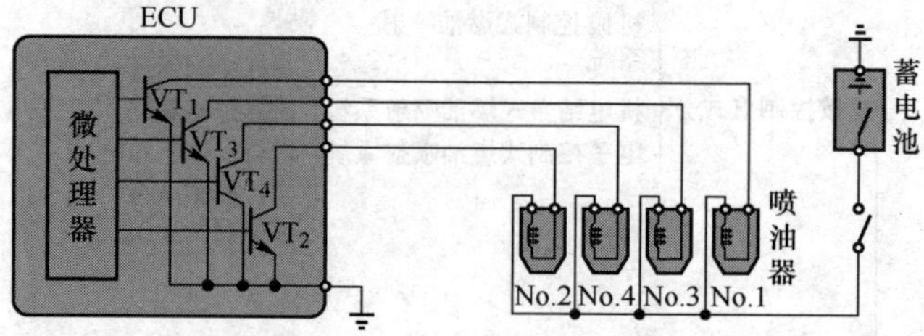

图 7-18　顺序喷射正时控制

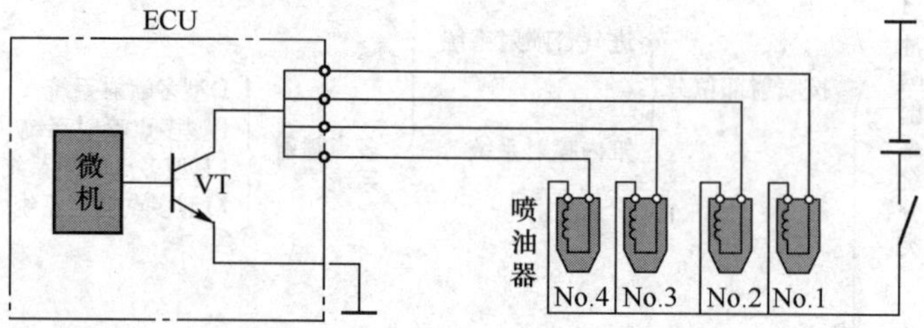

图 7-19　同时喷射正时控制图

止点前某一位置，ECU 输出指令信号，接通该组喷油器电磁线圈电路，该组喷油器开始喷油。

2）异步喷油正时控制。

① 起动时异步喷油正时控制。在同步喷油基础上，为改善发动机的起动性能，再增加一次异步喷油。

在起动开关处于接通状态时，ECU 接受到第一个凸轮轴位置传感器信号（Ne 信号）后，接收到第一个曲轴位置传感器信号（G 信号）时，开始进行起动时的异步喷油。

② 加速时异步喷油正时控制。为了改善加速性能，ECU 根据节气门位置传感器中怠速信号从接通到断开时，增加一次固定量的喷油。

（2）喷油量的控制　目的是使发动机在各种运行工况下，都能获得最佳的喷油量，以提高发动机的经济性和降低排放污染。

1）起动时的同步喷油量控制如图 7-20 所示。在发动机转速低于规定值或点火开关接通位于 STA（起动）档时，ECU 根据冷却液传感器信号（THW 信号）和冷却液温度确定基本喷油时间，根据进气温度传感器（THA 信号）对喷油时间作修正（延长或缩短）。然后再根据蓄电池电压适当延长喷油时间，以实现喷油量的进一步的修正，即电压修正。

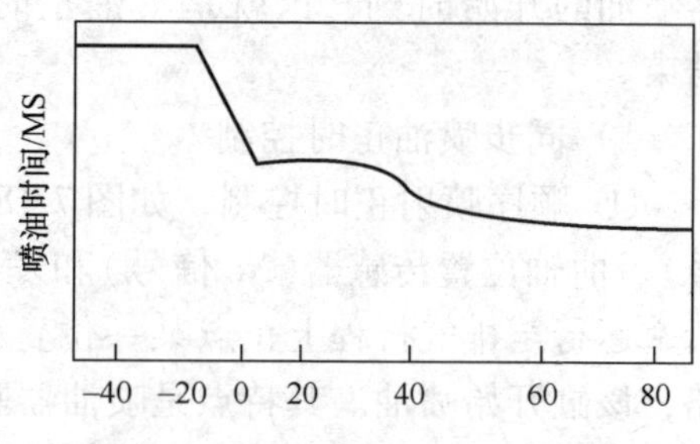

图 7-20　起动时的同步喷油量控制

2）起动后的同步喷油量控制。喷油持续时间 = 基本喷油持续时间 × 喷油修正系数 + 电压修正。

D 型喷油系统根据发动机转速信号和进气管绝对压力信号确定基本喷油时间；L 型喷油系统根据发动机转速信号和空气流量计信号确定基本喷油时间。同时，还必须根据各种传感器输送来的各种运行工况信息，对基本喷油时间进行修正。起动后加浓修正、暖机加浓修正、进气温度修正、大负荷工况喷油量修正、过渡工况喷油量修正、怠速稳定性修正。

3）异步喷油量控制。发动机起动和加速时的异步喷油量是固定的，各气缸喷油器以一个固定的喷油持续时间，同时向各气缸增加一次喷油。

（3）燃油停供控制　减速断油控制——当汽车减速时，ECU 将会切断燃油喷射控制电路，停止喷油，以降低碳氢化合物及一氧化碳的排放量。限速断油控制——加速时，发动机超过安全转速或汽车车速超过设定的最高车速时，ECU 将切断燃油喷射控制电路，停止喷油，防止超速。

1）燃油泵控制。当点火开关打开或发动机熄灭后，电控燃油喷射系统中的燃油泵一般预先或延迟工作 2～3s，以保证燃油系统必须的油压。在发动机起动过程和运转过程中，燃油泵应保持正常工作。打开点火开关但不起动发动机，或关闭点火开关后，应适时切断燃油泵控制电路，使燃油泵停止工作。

2）电控燃油喷射系统的组成与基本原理。电控燃油喷射系统按其部件功用来看，主要由进气系统（图 7-21）、燃油控制系统（油路）和电子控制系统（电路）三部分组成。

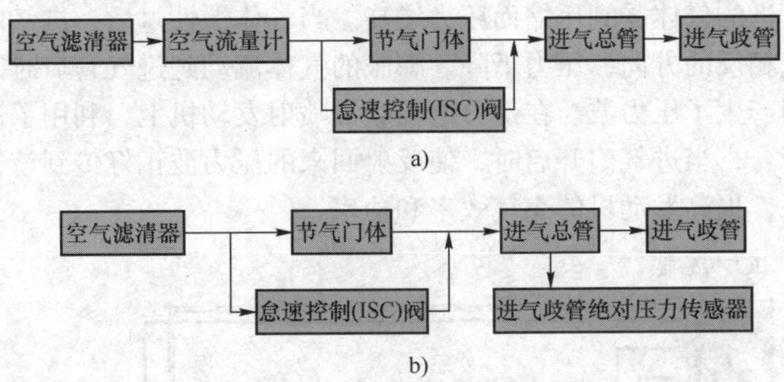

图 7-21　进气系统原理图
a）L 型 EFI 进气系统　b）D 型 EFI 进气系统

进气系统的作用是为发动机提供必要的空气。一般由空气滤清器、节气门体、节气门、空气阀、进气总管、进气歧管等部分组成。另外，为了随时调节进气量，进气系统中还设置了进气量的检测装置。在 L 型 EFI 系统中，采用装在空气滤清器后的空气流量计（空气流量传感器）直接测量发动机吸入的进气量。其测量的准确度高于 D 型 EFI 系统，可以精确地控制空燃比。

D 型 EFI 系统是根据进气歧管绝对压力传感器进行检测。由于进气管内的空气压力在波动，所以控制的测量精度稍微差些。

空气阀只是在发动机温度低时用来调节进气量，控制发动机的怠速转速。节气门总成包括控制进气量的节气门通道和怠速运行的空气旁通道。节气门位置传感器与节气门轴相连接，用来检测节气门的开度。

（4）空气供给系统　怠速控制系统的怠速控制阀和控制系统的进气温度传感器、节气门位置传感器、进气歧管绝对压力传感器（D 型）或空气流量计（L 型）也安装在进气系统中。在部分电控燃油喷射发动机的进气系统中，还装有其他系统（如进气控制系统等）的元件。

1）D 型 EFI 空气供给系统（图 7-22）。D 型喷射系统由于没有空气流量计，其进气系统结构简单，应用比较广泛。如美国克莱斯勒车系的切诺基、美国通用车系 Corslca（柯西嘉）、日本本田（包括广州本田）、日本丰田皇冠 3.0 等均装用 D 型多点电控燃油喷射系统。

发动机工作时，经空气滤清器滤清后的空气，通过稳压箱和节气门体流入进气室（即进气总管），然后被分配到各缸进气歧管再进入气缸。流入进气室的空气量取决于节气门体内的节气门开度和发动机转速。设置容量较大的进气室，可防止进气的波动，同时也可减少各缸进气的相互干扰。怠速控制阀、进气温度传感器、进气管绝对压力传感器、节气门位置传感器均安装在进气系统中。该车进气系统中，设有谐波进气增压控制系统。

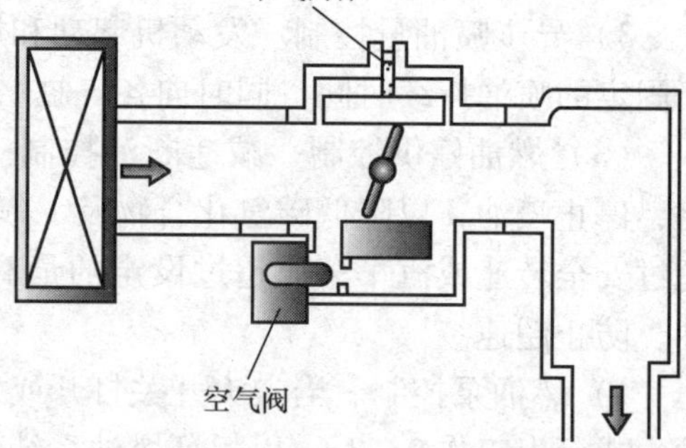

图 7-22　皇冠 CROWN3. 0 轿车 2JZ-GE 发动机空气供给系统

2）谐波增压控制系统（ACIS），如图 7-23 所示。发动机工作中，进气管内的气体经进气门高速流入气缸，当进气门关闭时，由于气体流动惯性使进气门附近的气体受到压缩而压力增高。当气体惯性过后，进气门附近被压缩的气体膨胀而流向进气相反的方向，压力下降。膨胀的气体流动到进气管口时又被反射回来，这样，在进气管内即产生了压力波。在部分电控燃油喷射发动机上，利用了进气管内的压力波与进气门的开启配合，当进气门开启时，使反射回来的压力波正好传到该气门附近，从而形成进气增压的效果，提高发动机的充气效率和功率。

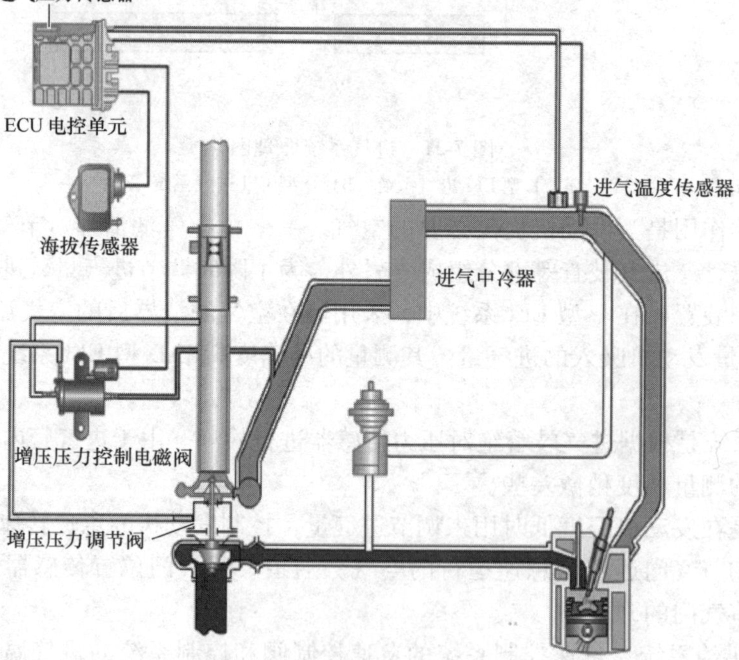

图 7-23　谐波进气增压系统

发动机工作时，从进气门关闭到下一次开启的间隔时间取决于发动机的转速，而进气管内的压力波反射回到进气门处所需的时间，取决于压力波传播路线的长度。进气管较长时，压力波传播距离长，发动机低速性能较好；进气管较短时，压力波传播距离短，发动机高速性能较好。如果进气管的长度可以改变，则可兼顾发动机低速和高速时的性能要求，但发动机进气管的长度一般是不能改变的，其长度一般都是按最大转矩对应的转速区域(低速区域)设计。

谐波进气增压系统的功能就是根据发动机转速的变化，改变进气管内压力波的传播距离，以提高充气效率，改善发动机性能。谐波进气增压系统工作原理如图 7-24 所示。在进气管中部增设了进气控制阀和大容量的进气室，当发动机转速较低时，同一气缸的进气门关闭与开启间隔的时间较长，此时进气控制阀关闭，使进气管内压力波的传递距离为进气门到空气滤清器的距离，这一距离较长，压力波反射回到进气门附近所需时间也较长；当发动机处于高速区域运转时，此时进气控制阀开启，由于大容量进气室的影响，使进气管内压力波传递距离缩短为进气门到进气室之间的距离，与同一气缸的进气门关闭和开启间隔的时间较短相适应，从而使发动机在高速时得到较好的进气增压效果。

关闭空气控制阀，其效果与延长进气歧管一样，如图 7-24a 所示。打开空气控制阀，其效果与缩短进气歧管一样，如图 7-24b 所示。

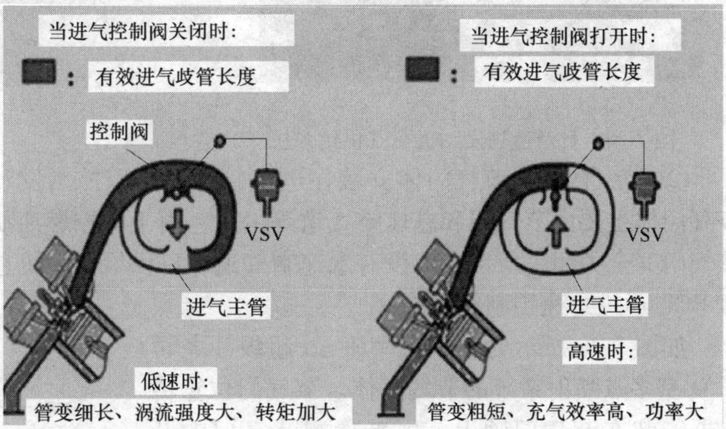

图 7-24　谐波进气增压系统工作过程

谐波进气增压系统控制过程如图 7-24 所示。ECU 根据发动机转速信号控制真空电磁阀的开闭，高速时真空电磁阀开启，真空罐内的真空进入真空驱动器的膜片气室，真空驱动器驱动进气控制阀开启。反之，低速时真空电磁阀关闭，真空罐内的真空不能进入真空驱动器的膜片气室，进气控制阀处于关闭状态。

谐波增压系统控制电路如图 7-25 所示。主继电器触点闭合后，通过端子“3”给真空电磁阀供电，ECU 通过“ACIS”端子控制真空电磁阀的搭铁回路。维修时，检查真空电磁阀的电阻，正常应为 38.5～44.5Ω(皇冠 3.0 轿车)。

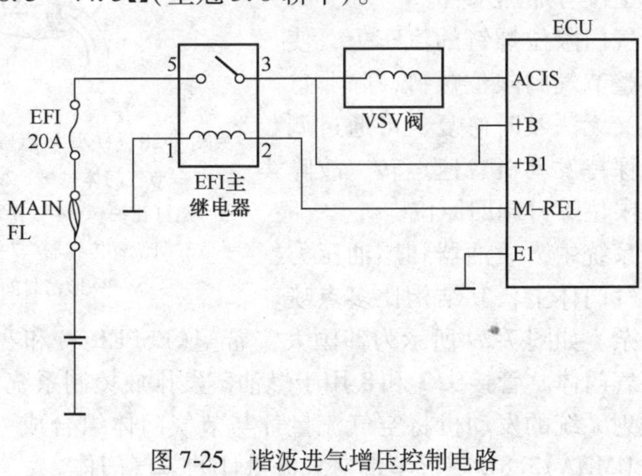

图 7-25　谐波进气增压控制电路

3）L型EFI空气供给系统(图7-26)。L型喷射系统对空气量的测量更精确，应用也比较广泛。如日本丰田雷克萨斯LS400和日产蓝鸟。

4）空气供给系统基本元件的构造。

① 空气滤清器如图7-27所示。电控燃油喷射发动机装用的空气滤清器一般都是干式纸质滤芯式，其结构原理与普通发动机上的空气滤清器相同。

图7-26 日产蓝鸟发动机空气供给系统

图7-27 空气滤清器

② 节气门体。节气门体安装在进气管中，用以控制发动机正常运行工况下的进气量。节气门体主要由节气门和怠速空气道等组成。由于电控燃油喷射发动机怠速运转时，一般将节气门完全关闭，所以专门设有怠速空气道，以供给发动机怠速时所需的空气。怠速空气道由ECU通过怠速控制阀控制。

如图7-28所示为韩国大宇王子/超级沙龙轿车D型多点喷射系统的节气门体。节气门位置传感器安装在节气门轴上，用来检测节气门的开度。ECU通过怠速控制阀来控制怠速空气道，根据需要调节发动机怠速时的进气量。节气门限位螺钉用来调节节气门的最小开度。发动机工作时，冷却液通过加热水管5流经节气门体，可以防止寒冷季节空气中的水分在节气门体上冻结。有些车型的节气门体上没有加热水管。

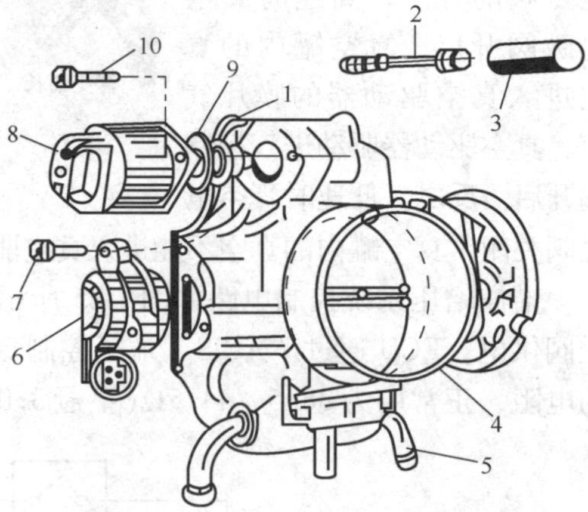

图7-28 D型多点喷射系统节气门体
1—节气门体衬垫 2—节气门限位螺钉
3—螺钉孔护套 4—节气门体 5—加热水管
6—节气门位置传感器 7—螺钉 8—怠速控制阀
9—O形密封圈 10—螺钉

注意，在装有节气门限位螺钉的汽车上，使用中，一般不允许调整节气门限位螺钉，除非怠速控制阀发生故障而又无法及时修复，可通过调整节气门最小开度来保持发动机怠速运转，故障排除后，应将节气门限位螺钉调回原位。

在单点燃油喷射系统中，喷油器和燃油压力调节器等也安装在节气门体上，其结构比多点喷射系统的节气门体复杂。如图7-29所示为韩国大宇希望(ESPERO)和赛手(RACER)轿车单点燃油喷射系统的节气门体。管接头7和8用于燃油蒸发排放控制系统。

有些采用L型喷射系统的发动机将空气流量计与节气门体组合成一体。如图7-30所示为美国通用鲁米娜(LUMNA)3.8L旅行车带空气流量计的节气门体。

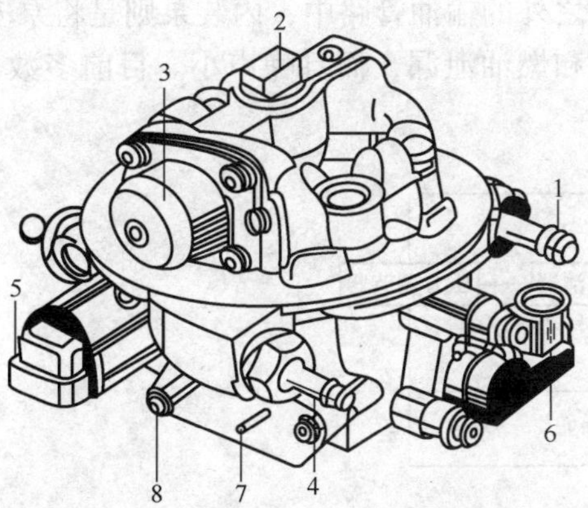

图 7-29　韩国大宇希望轿车单点燃油喷射系统的节气门体

1—进油管接头　2—喷油器　3—燃油压力调节器　4—回油管接头　5—怠速控制阀　6—节气门位置传感器　7—真空管接头　8—活性炭罐管接头

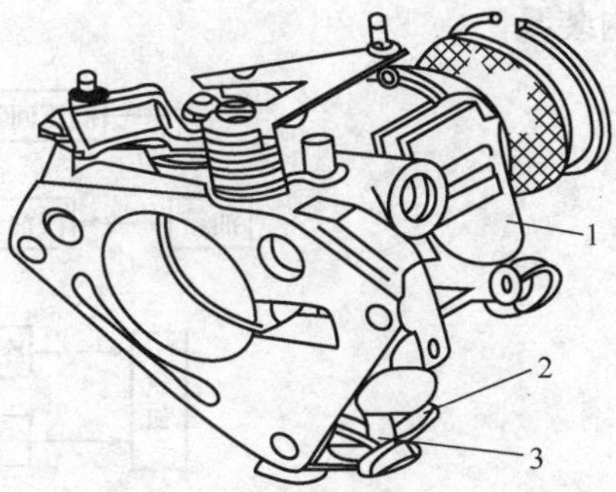

图 7-30　美国通用鲁米娜旅行车带空气流量计的节气门体

1—空气流量计　2—怠速控制阀　3—节气门位置传感器

③ 进气管如图 7-31 所示。多点电控燃油喷射式发动机为了消除进气波动，保证各缸进气均匀，对进气总管和进气歧管的形状、容积都有严格的要求，每个气缸必须有一个单独的进气歧管。有些发动机的进气总管与进气歧管制成一体，有些则是分开制造再用螺栓连接。

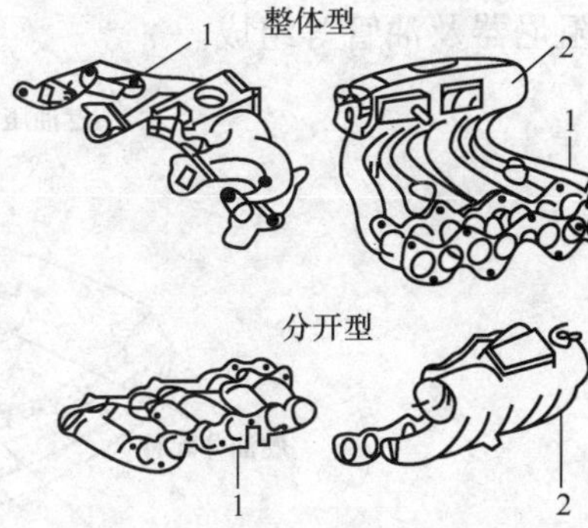

图 7-31　进气管

1—进气歧管　2—进气总管

采用单点燃油喷射系统的发动机，由于喷油器安装在节气门体上，进气管与化油器式发动机进气管的要求和结构基本相同。

5）空气供给系统的检修。空气供给系统的基本组成元件其工作可靠性都比较高，一般很少发生故障。但在汽车维修时，应注意进行以下检查：

① 检查空气滤清器滤芯是否脏污，必要时用压缩空气吹净或更换。

② 进气系统漏气对电控燃油喷射发动机的影响比对化油器式发动机的影响更大。检查各部位应连接可靠，密封垫应完好。

③ 检查节气门体内腔的积垢和结胶情况，必要时用化油器清洗剂进行清洗。**注意：绝对不允许用砂纸或刮刀等清理积垢和结胶，以免损伤节气门体内腔，导致节气门关闭不严或改变怠速空气道尺寸，影响发动机正常工作。**

(5) 燃油供给系统　作用是向气缸提供燃烧所需要的燃油。

燃油供给系统通常由电动汽油泵、汽油滤清器、压力调节器、脉动阻尼器、喷油器和冷起动喷油器组成。

工作原理如图 7-32 所示，在电控汽油喷射系统中，汽油由电动汽油泵从油箱中泵出，经汽油滤清器等输送到电磁喷油器和冷起动喷油器，调节器与喷油器并联，保证供给电磁喷油器内的汽油压力与喷射环境的压力之差（喷油压差）保持不变。燃油泵按其安装位置可以分为外装泵和内装泵两种。外装泵是将泵装在油箱之外的输油管路中，内装泵则是将泵安装在燃油箱内。与外装泵相比，内装泵不易产生气阻和燃油泄漏，而且噪声小。目前多数 EFI 采用内装泵。

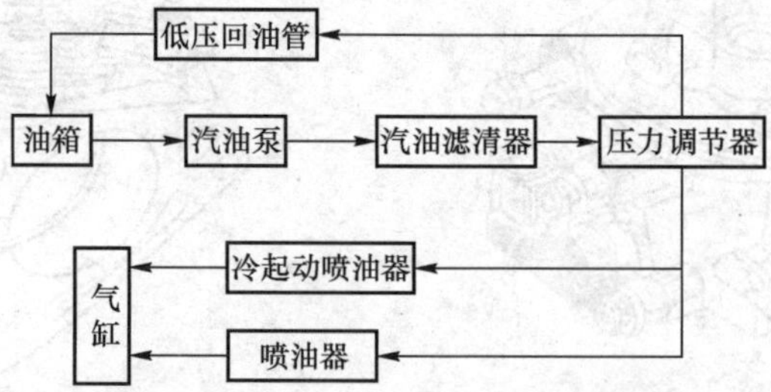

图 7-32　燃油供给系统工作流程图

脉动阻尼器可以消除喷油时油压产生的微小波动，进一步稳定油压。电磁喷油器按照发动机控制的喷油脉冲信号把汽油喷入进气道。当冷却液温度低时，冷起动喷油器将汽油喷入进气总管，以改善发动机低温时的起动性能。

燃油供给系统元件位置如图 7-33 所示。由电动燃油泵、燃油滤清器、燃油压力调节器、脉动阻尼器及油管等组成。

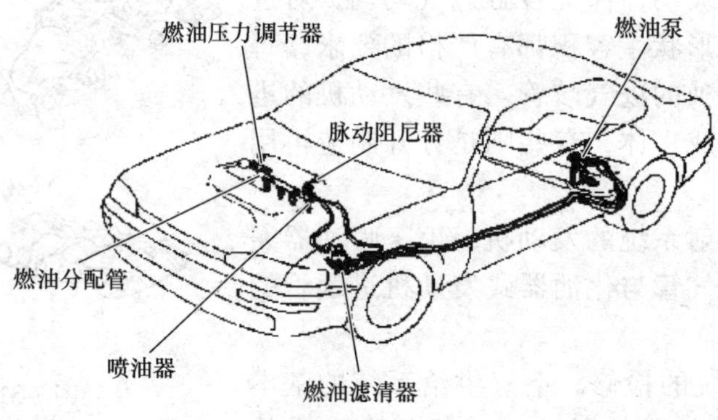

图 7-33　燃油供给系统元件位置

1）电动燃油泵。在燃料系统中电动燃油泵负责供应具有一定压力的燃油，其单位时间输油量要比发动机额定功率工况的单位时间耗油量多出 8 倍以上。大量的燃油经油压调节器不断地流回储油箱，既控制了油压，又冷却了燃油管道，避免发生气阻。

电动燃油泵的具体结构虽然多种多样，但都是由泵油组件、永磁电动机、端盖和外壳等部分组成，外壳卷边将其他各部分铆紧成一体。泵油组件的转子（或泵轮）与电动机转子同轴。燃油由泵油组件流经电动机和端盖而向外输出。电动机的接线头设在端盖上。端盖的出油道中装有一个单向阀。当发动机停机时，单向阀关闭，燃油管路中的燃油就不会向输油泵回流而保持一定的残余油压，这样有利于下次迅速起动。此外，还有一个超压溢流阀（安全阀）装在泵油组件的支承件上或装在端盖上，当燃油管路阻塞使系统中油压超过允许值时即开启而溢流卸压，这样可避免损坏油管或输油泵。

不同类型的电动输油泵主要是泵油组件不同。泵油组件按工作原理可分为容积泵和流体动力泵两大类。容积泵靠泵腔容积的变化来吸油和压油，因此是间歇性地输油，有较大的油压波动和振动噪声，但工作压力较高。滚柱泵、齿轮泵和叶片泵都属于容积泵。滚柱泵的工作压力约为200kPa，齿轮泵可达400kPa，叶片泵工作压力更高。前两种泵用得较多。

流体动力泵是靠泵轮驱动燃油流动，流动中燃油因动量变化而产生油压，是一种连续输油的泵，这种泵压力波动小，但工作压力较低，宜用于大油量低油压的场合。轴流泵、离心泵、涡轮泵和侧槽泵均属于流体动力泵。轴流泵和侧槽泵的工作压力约为100kPa，另两种泵约为300kPa左右。涡轮泵和侧槽泵用得较多。电动燃油泵的安装形式有内置式(燃油箱内,湿式燃油泵)和外置式(供油管路中)两种。

① 电动燃油泵的类型有滚柱式、涡轮式、转子式、侧槽泵。

a. 涡轮式电动燃油泵如图7-34所示。

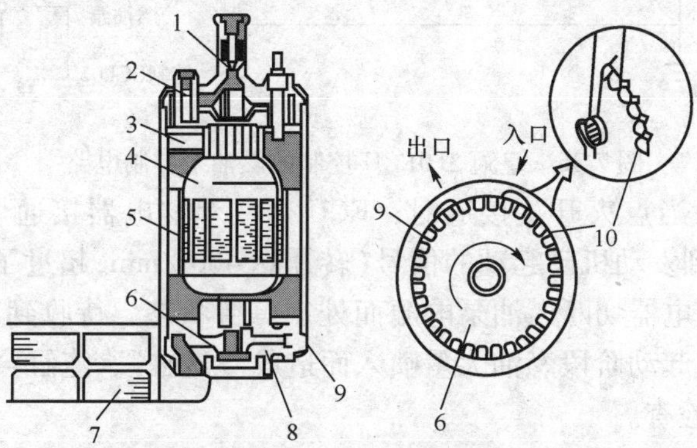

图7-34 涡轮式电动燃油泵

1—单向阀 2—溢流阀 3—电刷 4—电枢 5—磁极
6—叶轮 7—滤网 8—泵盖 9—壳体 10—叶片

b. 燃油泵继电器控制的燃油泵控制电路如图7-35所示。

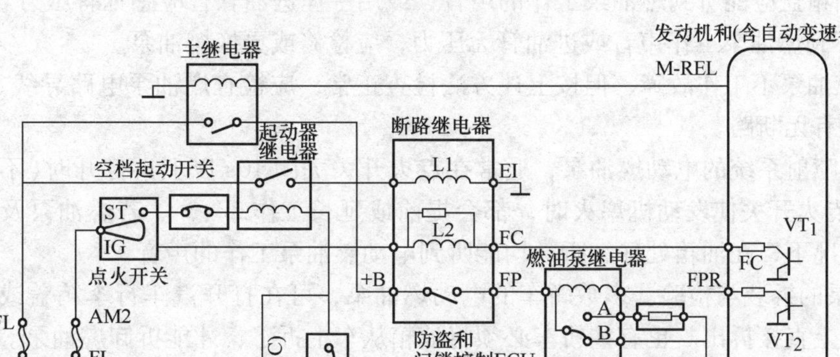

图7-35 凌志LS400-燃油泵继电器控制的燃油泵控制电路

c. ECU控制的燃油泵控制电路如图7-36所示。

如今电动燃油泵已全部由电子控制器(ECU)控制。比较简单的一种控制只有在发动机

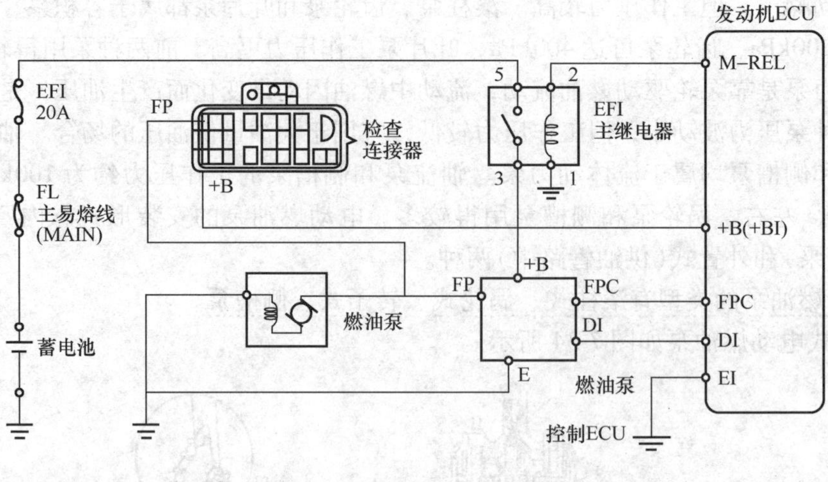

图 7-36　皇冠 3.0ECU 控制的燃油泵控制电路

不起动时断油的功能。当点火开关接通时，ECU 令一个继电器接通燃油泵电源开始输油，倘若过了 2s 还没有收到发动机已起动的信号(转速达 400r/min,超过了起动机拖动发动机的转速)，则 ECU 即令继电器切断燃油泵电源而处于等待状态，待收到起动信号后再予接通。这样可以防止在发动机起动阶段燃油大量喷入而造成“淹缸”，淹缸会使发动机更难起动。

② 燃油泵的就车检查。

a. 用专用导线将诊断座上的燃油泵测试端子跨接到 12V 电源上，如：丰田车系诊断座上有电源端子“+B”，将其与燃油泵测试端子“FP”跨接即可。也可以拆开电动燃油泵的线束连接器，直接用蓄电池给燃油泵通电。

b. 将点火开关转至“ON”位置，但不要起动发动机。

c. 旋开油箱盖应能听到燃油泵工作的声音，或用手捏进油软管应感觉有压力。

d. 若听不到燃油泵工作声音或进油管无压力，应检修或更换燃油泵。

e. 若有燃油泵不工作故障，但按上述方法检查正常，应检查燃油泵电路导线、继电器、易熔线和熔丝有无断路。

电控燃油喷射系统的电动燃油泵，通常在点火开关关闭 10s 以上再打开时(不起动发动机)，或关闭点火开关使发动机熄火时，都会提前或延长工作 2~3s。若燃油泵及其电路无故障，在此情况下，在油箱处仔细听，均能听到电动燃油泵工作的声音。

③ 燃油泵的拆装与检验。多数轿车的电动燃油泵，可在打开汽车行李箱盖或翻开后坐垫后，从油箱上直接拆出。也有些轿车必须将油箱从车上拆下，才能拆卸燃油泵。**拆卸燃油泵时注意：应释放燃油系统并关闭用电设备。**

拆下燃油泵后，测量燃油泵两端子之间电阻，应为 2~3Ω。用蓄电池直接给燃油泵通电，应能听到油泵电动机高速旋转的声音。**注意：通电时间不能过长。**

2）燃油滤清器。燃油滤清器安装在燃油泵之后的高压油路中，其功用是滤除燃油中的杂质和水分，防止燃油系统堵塞，减小机械磨损，以保证发动机正常工作。

在电控燃油喷射式发动机的燃油供给系统中，一般采用的都是纸质滤芯一次性的燃油滤清器。燃油从入口进入滤清器，经过壳体内的滤芯过滤后，清洁的燃油从出口流出。一般汽车每行驶 20000~40000km 或 1~2 年，应更换燃油滤清器。更换燃油滤清器时，应首先释放燃油系统压力，并注意燃油滤清器壳体上的箭头标记为燃油流动方向。

3）脉动阻尼器如图 7-37 所示。部分电控燃油喷射式发动机的燃油供给系统中，在输油管的上游端或在电动燃油泵上装有脉动阻尼器，其功用是衰减喷油器喷油时引起的燃油压力脉动，使燃油系统压力保持稳定。脉动阻尼器的结构如图 7-40 所示，主要由膜片和膜片弹簧等组成，分成气室和油室两部分。

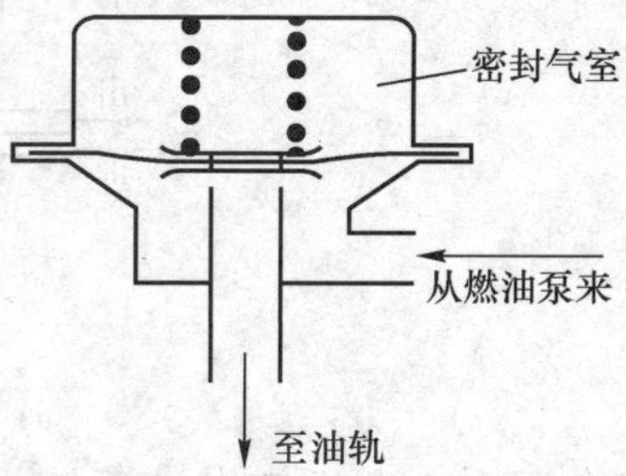

图 7-37 脉动阻尼

脉动阻尼器的气室是密封的，等于是一个空气弹簧，而且全部输油量通过阻尼器流向油轨。当燃油压力升高时，气室容积变小而燃油容积扩大，使油压升高峰值减小。反之，油压降低时气室容积变大而燃油容积减小，又使油压降幅减小。

4）燃油压力调节器。

①燃油压力调节器的作用就是调节喷油器喷出的油量。

$$\left.\begin{array}{l}\text{电磁阀通电时间(喷油脉宽)}\ t\\ \text{喷孔内外压力差}\ \Delta p\end{array}\right\}\text{即喷油量正比于}\ t_{\Delta p}$$

要想让 ECU 只改变喷油脉宽控制喷油量，必须保持喷孔内外压差 Δp 为定值。喷孔外的压力是进气管内的气体的绝对压力，因发动机工况而异，喷孔内的压力是燃油总管中燃油压力。装在燃油轨下游的燃油压力调节器的作用是通过调节燃油回油量的多少使油轨中的油压力随进气压力变化而相应地变化，从而保持 Δp 不变。

② 燃油压力调节器的结构如图 7-38 所示。

5）燃油轨如图 7-39 所示。燃油轨固定在发动机进气歧管上。在紧固油轨的同时，连接在油轨上的喷油器也被压紧在进气歧管上的插喷油器的座孔中。燃油轨上都装着油压调节器，有的油轨还装有油压脉动阻尼器，设有供维修时用的油压检测接口。

在前面已提到，油压调节器应装在油轨的下游端。同时，油压调节器的出油口又应处于整个油路的最高点。对于在汽车上纵向布置的发动机来说，其前端高而后端低(有 3° ~5°前后倾角)。能满足前述两个要求的燃油轨，只能是“后进前出”式的或“前进前出”式的，即其下游端只能在发动机的前端，如图 7-39 所示。“前进前出”的燃油轨容积较大。有助于油压稳定。同时，其结构刚性也较大(因油路折返)，有助于确保喷油器被压紧在歧管的底孔中。

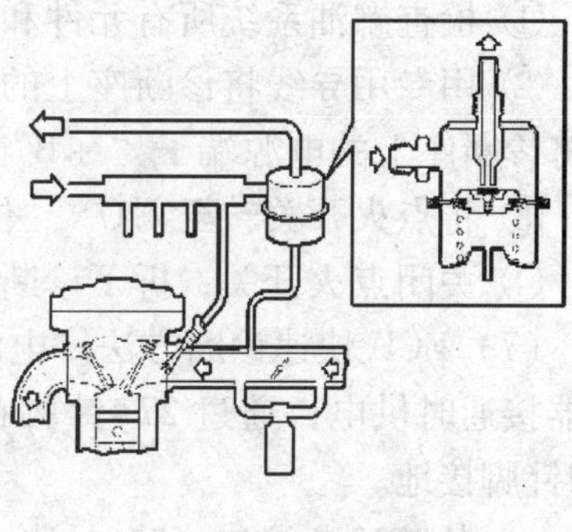
a)

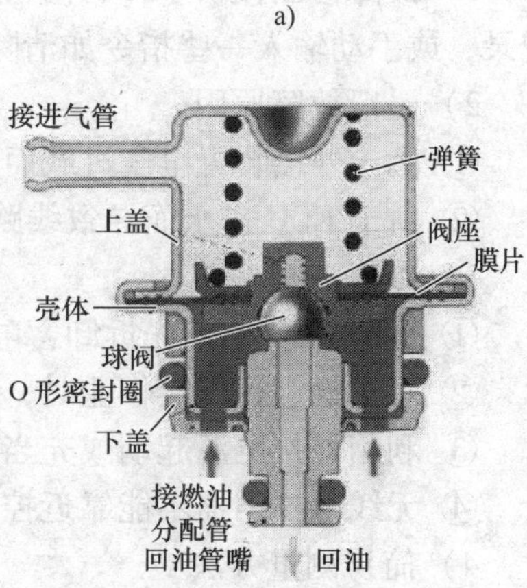

b)

图 7-38 燃油压力调节器的工作与结构图

（6）燃油供给系统的检修

1）燃油系统的压力释放。汽油喷射发动机为便于再次起动，在发动机熄火后，燃油系统内仍保持有较高的

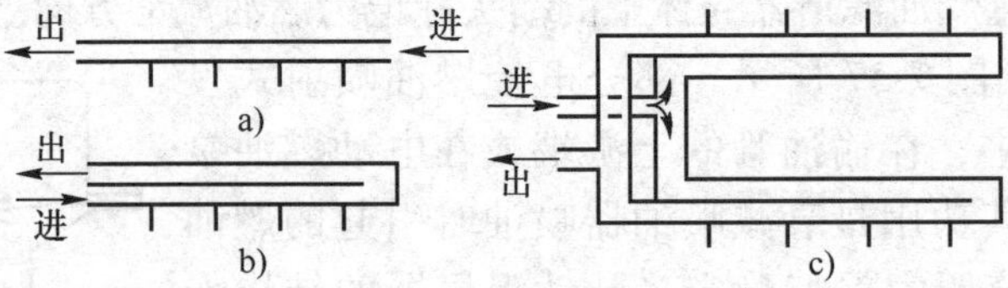

图 7-39　燃油轨

a）后进前出　b）前进前出（1）　c）前进前出（2）

残余压力。在拆卸燃油系统内任何元件时，都必须首先释放燃油系统压力，以免系统内的压力油喷出，造成人身伤害或火灾。燃油系统压力的释放方法如下：

① 起动发动机，维持怠速运转。

② 在发动机运转时，拔下油泵继电器或电动燃油泵电源接线，使发动机自行熄火。

③ 再使发动机起动 2 ~3 次，即可完全释放燃油系统压力。

④ 关闭点火开关，装上油泵继电器或电动燃油泵电源接线。

2）燃油系统压力预置。在拆开燃油系统进行维修之后，为避免首次起动发动机时，因系统内无压力而导致起动时间过长，应预置燃油系统残余压力。燃油系统压力预置可通过反复打开和关闭点火开关数次来完成，也可按下述方法进行：

① 检查燃油系统所有元件和油管接头是否安装良好。

② 用专用导线将诊断座上的燃油泵测试端子跨接到 12V 电源上，如：日本丰田车系直接将诊断座上的电源端子“+B”与燃油泵测试端子“FP”跨接。

③ 将点火开关转至“ON”位置，使电动燃油泵工作约 10s。

④ 关闭点火开关，拆下诊断座上的专用导线。

（7）ECU 快速诊断方法　电源通过 18#针脚连续地由蓄电池供电，通过 37#针脚在主断电器接通时供电，通过 27#针脚在点火开关接通时供电，2#、10#、14#、19#、24#、30#、48#针脚接地。

1）故障诊断接口。55#针脚，发动机数据 K 线。借助 K 线可以调出 ECU 内的故障信息记录，或手动输入一些指令如清除故障信息记录、怠速执行器自学习等。

2）一般故障原因。

① 由于外接装置电气过载而导致 ECU 内部零部件烧毁。

② 由于 ECU 进水而导致线路板锈蚀等。

3）维修注意事项。

① 拆卸 ECU 前请先拆卸蓄电池接线头。

② 对车辆进行焊接作业时，应先切断 ECU 电源。

③ 利用外接电源起动或充当外接电源时，先关闭点火开关。

④ 无线电扬声器不能靠近控制器。

4）简易测量方法

① 连接接头，利用发动机数据 K 线读取发动机故障记录，根据发动机的系统数据与正常车辆数据进行比较，找出差别继续深入查询。

② 卸下接头，检查 ECU 连线是否好，重点检查 ECU 电源供给、接地线路是否正常。

③ 检查外部传感器工作是否正常，输入信号是否可信，其线路是否完好。

④ 建议将更换下来的ECU在正常车辆上进行装车，模拟故障现象，让故障重现，进一步确认故障。

7.3　发动机电子控制系统

功用是根据各种传感器的信号，由计算机进行综合分析和处理，通过执行装置控制喷油量等，使发动机具有最佳性能。

电子控制系统组成如图7-40所示，从控制原理来看，电控汽油喷射系统由传感器、ECU和执行器三大部分组成。

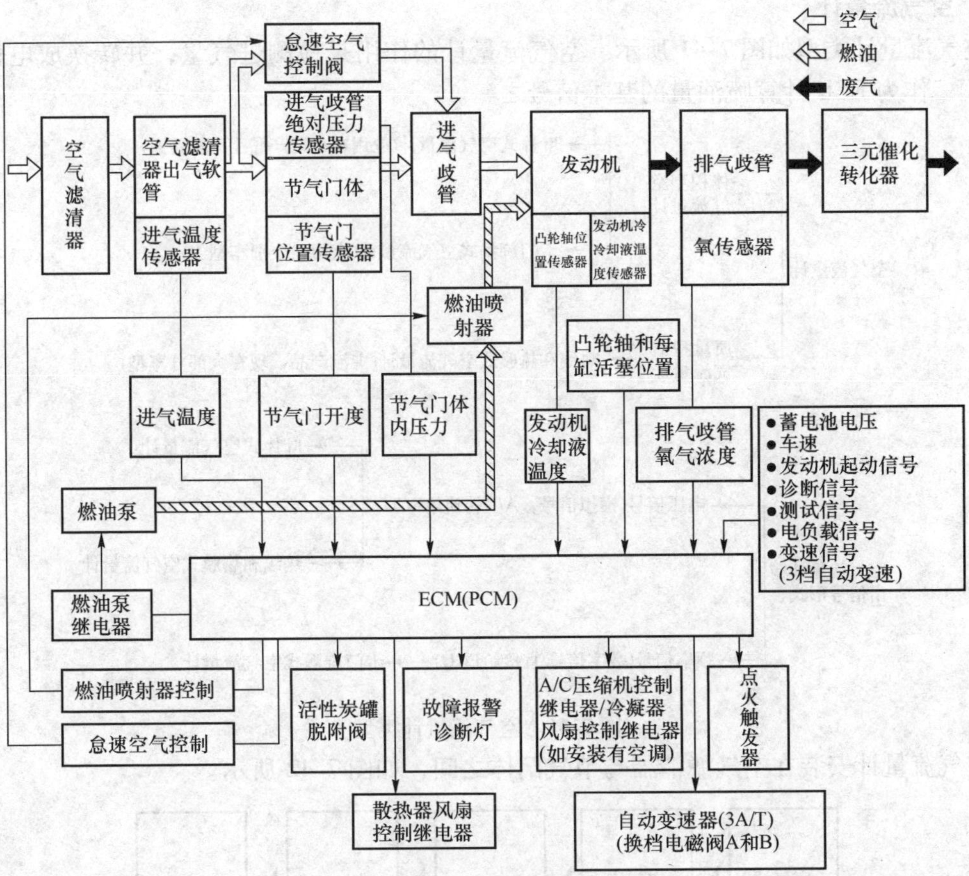

图7-40　电子控制系统

传感器是感知信息的部件，功能是向ECU提供汽车的运行状况和发动机工况。ECU接收来自传感器的信息，经信息处理后发出相应地控制指令给执行器。执行器即执行元件，其功用是执行ECU的专项指令，从而完成控制目的。

ECU根据空气流量计(L)型和进气歧管压力传感器(D)型和转速传感器的信号确定空气流量，再根据空燃比要求确定每一个循环的基本供油量，然后根据各种传感器的信号进行点火提前角、温度、节气门开度、空燃比等各种工作参数的修正，最后确定某一工况下的最佳喷油量。

电控燃油喷射发动机空气供给系统基本相同，主要组成元件包括空气滤清器、节气门体和进气管。

节气门总成包括控制进气量的节气门通道和怠速运行的空气旁通道。节气门位置传感器与节气门轴相连接，用来检测节气门的开度。

汽油机的负荷(转矩)与循环充气量有关。在一定的转速下即与进气的质量流量有关。因此，可用来作为车用汽油机的负荷传感器首先是各式空气流量计，包括各种体积流量计和质量流量计。其次，进气歧管绝对压力也可间接反映循环充气量(有正变关系)，而且进气歧管绝对压力传感器比空气流量计既便宜又可靠，因此，目前使用最广泛和最方便的负荷传感器是进气歧管绝对压力传感器。

1. 空气流量计

空气流量计类型如图 7-41 所示。空气流量计的作用是检测进气量，并转换成电信号送给 ECU，作为 ECU 计算喷油量的基本信号之一。

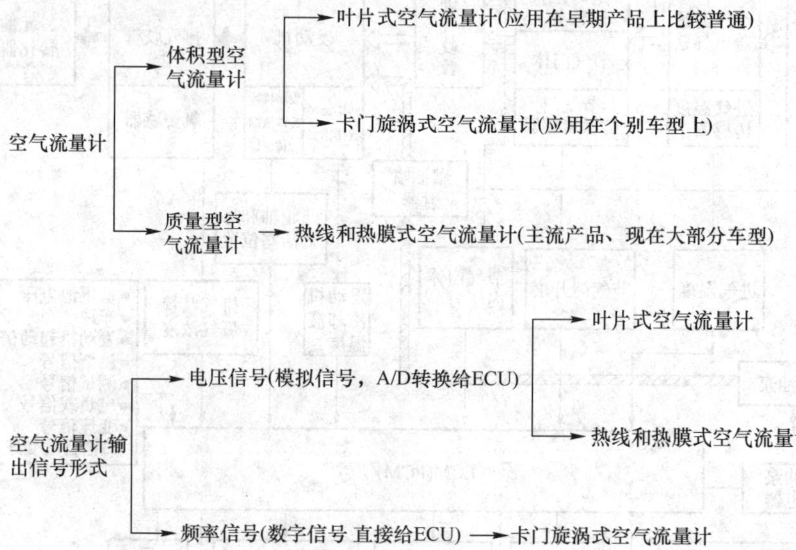

图 7-41　空气流量计类型

空气流量计安装在空气滤清器与节气门体之间，如图 7-42 所示。

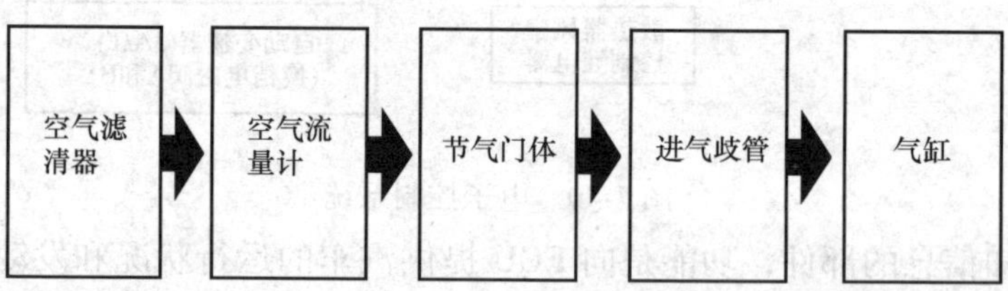

图 7-42　空气流量计的安装位置

(1) 热线式空气流量计　其构造如图 7-43 所示。

组成：热线式空气流量计的基本构成是感知空气流量的白金热丝，根据进气温度进行修正的温度补偿电阻(冷丝)和控制热丝电流并产生输出信号的控制线路板，以及空气流量计的壳体。

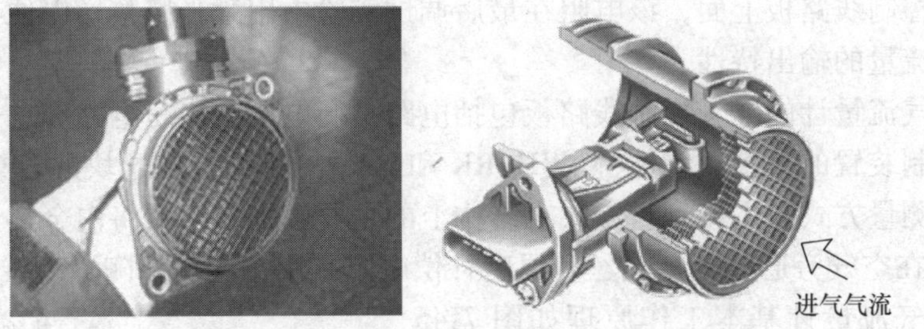

a)　　b)

图 7-43　空气流量计

a）热线式空气流量计　b）热膜式空气流量计

类型：热线式空气流量计根据白金热丝在壳体内安装位置的不同，可分为主流测量方式和旁通测量方式两种结构形式。

热线式空气流量计结构如图 7-44 所示。对于主流测量方式来讲，有一取样管置于主空气通道中央，两端有金属防护网，防护网用金属卡箍固定在壳体上，取样由两个塑料套和一个热线支撑环构成。热线为直径 70μm 的白金丝，布置在支撑环内，其阻值随温度变化，是惠斯登电桥的一个臂 RH，热线支撑环前端的塑料护套内安装一个白金薄膜电阻器，其阻值随进气温度变化，称为温度补偿电阻，是惠斯登电桥电路的另一个臂 RK。热线支撑环后端的塑料护套上粘结着一只精密电阻，并设计成能用激光修整，也是惠斯登电桥的一个臂 RA，该电阻上的电压即产生热线式空气流量计的输出电压信号。惠斯登电桥还有一个臂 RB

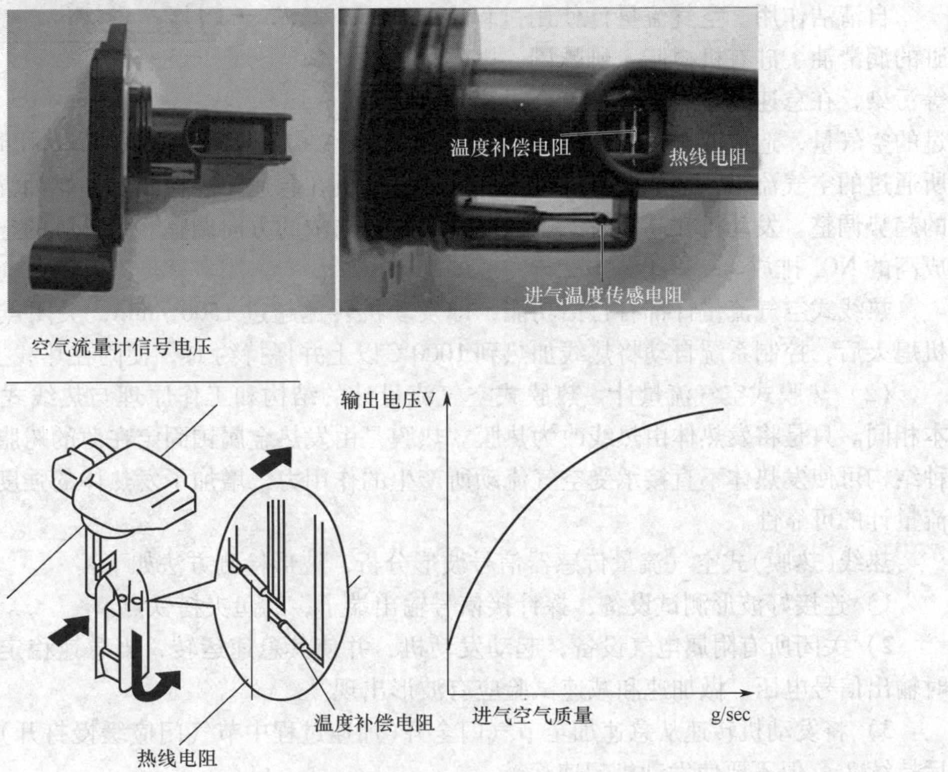

图 7-44　热线式空气流量计

的电阻器装在控制线路板上面，该电阻在最后调试实验中用激光修整，以便在预定的空气流量下调定空气流量的输出特性。

热线式空气流量计的电子控制线路板包括电路平衡电桥、烧净电路和怠速混合气调整电位器，电子控制装置的大多数元件(除 RH、RK 和 RA 外)都配置在这块混合集成电路板上。

采用旁通测量方式与主流测量方式在结构上的主要区别在于：将白金热丝和温度补偿电阻(冷丝)安装在空气旁通道上。热丝和温度补偿电阻是用铂丝绕在陶瓷绕线管上制成的。

热线式空气流量计基本工作原理如图 7-45 所示。是将热丝温度与吸入空气温度差保持在恒定，热丝温度由混合集成电路 PI 控制，当空气质量流量增大时，由于空气带走的热量增多，热丝本身变冷，为保持热丝温度，混合集成电路使热丝 RH 通过的电流增大。反之，则减小。这样，就使得通过热丝 RH 的电流是空气质量流量的单一函数，电流与进气质量成正比。

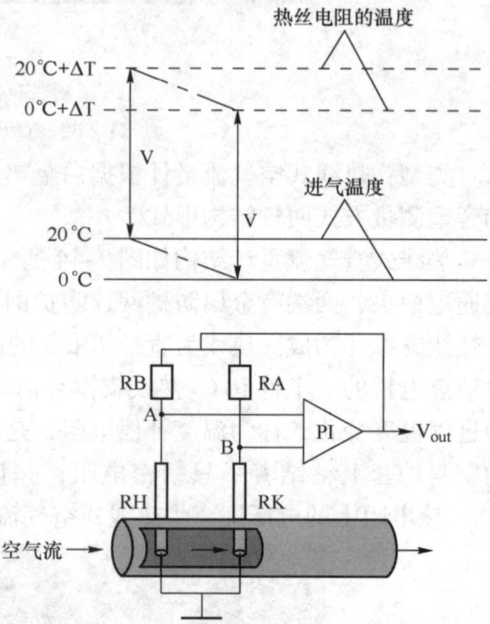

图 7-45　热线式空气流量计基本工作原理

热丝式空气流量计的电路原理：电路分为两部分，第一部分为控制加热电流，使之与进气量成单一函数关系的 PI 调节器，第二部分为信号处理电路，使输出电压信号或电流信号与空气流量成正比。

自清洁作用。空气流量计使用过程中，会有脏的润滑油、硅有机树脂、蜘蛛网、电器内封胶等污染，在怠速时空气流量计就会过高估计所通过的空气量，造成混合气过浓。在高速就会低估所通过的空气流量，造成混合气过稀。这样发动机在怠速闭环控制中，燃油混合气将被向稀的趋势调整。发动机在高速时，燃油混合气将被向浓的方向调整。另外脏的空气流量计会造成高的 NO_x 排放。

热线式空气流量计都有自洁功能，即发动机转速超过 1500r/min，关闭点火开关使发动机熄火后，控制系统自动将热线加热到 1000℃以上并保持约 1s，使附在热线上的粉尘烧掉。

(2) 热膜式空气流量计　热膜式空气流量计的结构和工作原理与热线式空气流量计基本相同。只是将发热体由热线改为热膜。热膜是由发热金属铂固定在薄的树脂上构成的。这种结构可使发热体不直接承受空气流动所产生的作用力，增加了发热体的强度，提高了空气流量计的可靠性。

热线(热膜)式空气流量传感器信号波形分析，波形检测方法如下：

1) 连接好波形测试设备，探针接信号输出端子，鳄鱼夹搭铁点。

2) 关闭所有附属电气设备，起动发动机，并使其怠速运转，当怠速稳定后，检查怠速时输出信号电压。做加速和减速试验应有波形出现。

3) 将发动机转速从怠速加至节气门全开(加速过程中节气门应缓慢打开)，节气门全开后持续 2s，但不要使发动机超速运转。

4) 再将发动机降至怠速运转，并保持 2s。

5）再从怠速工况急加速发动机至节气门全开，然后再关小节气门使发动机回至怠速。

6）定住波形，仔细观察空气流量传感器波形。

（3）叶片式空气流量计　如图7-46和图7-47所示，包括测量叶片、缓冲叶片、回位弹簧、电位计、空气旁通道、怠速调整螺钉(生产厂调整)、燃油泵开关、进气温度传感器。

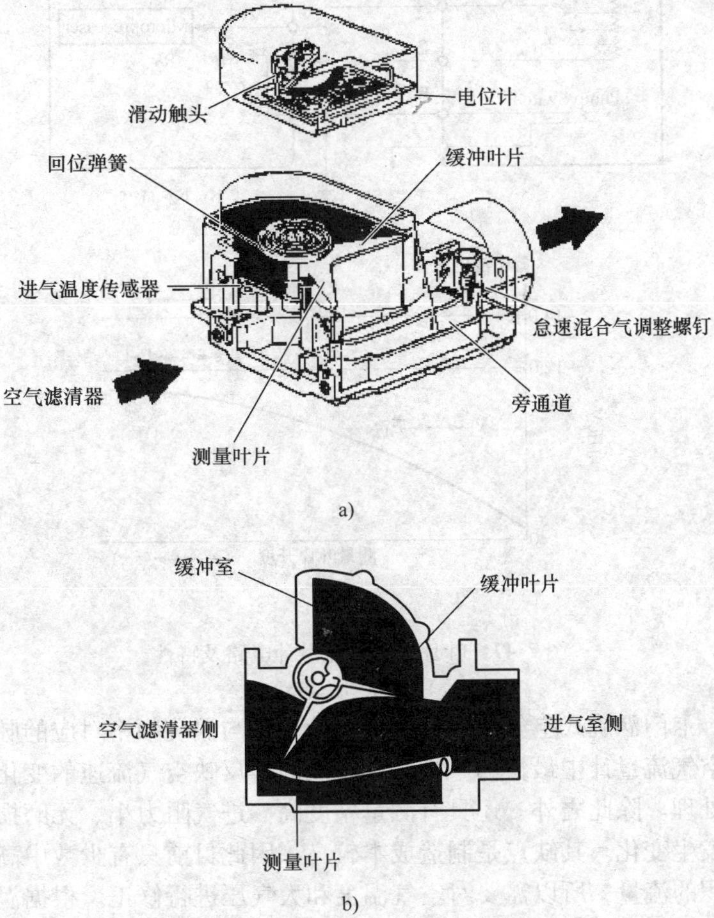

图7-46　叶片式空气流量计的结构

a）结构图　b）叶片式空气流量计的空气通道

（4）卡门涡旋式空气流量计　如图7-48所示。众所周知，当外架空中的电线被风吹时，就会发生“嗡、嗡…”响声，风速越高声音频率越高，这是气流流过电线后形成涡旋所致。液体、气体等流体均会发生这种现象。在流体中放置一个柱状物体(称为涡旋发生器)后，在其下游流体中就会形成两列平行状涡旋，并且左右交替出现。因此，根据涡旋出现的频率，就可测量出流体的流量。因为，这种现象首先被卡门发现，所以称卡门涡旋。

与叶片式空气流量计相比，卡门涡旋式空气流量计具有体积小、重量轻、进气道结构简单、进气阻力小等特点。

在气流通道中放置一柱体，当气体通过时，在柱状后方产生许多涡旋，这些涡旋称为卡门涡旋，这个柱体便称为涡旋发生器。

卡门涡旋是一种物理现象，涡旋的测量精度由空气通道面积与涡旋发生器的尺寸决定，

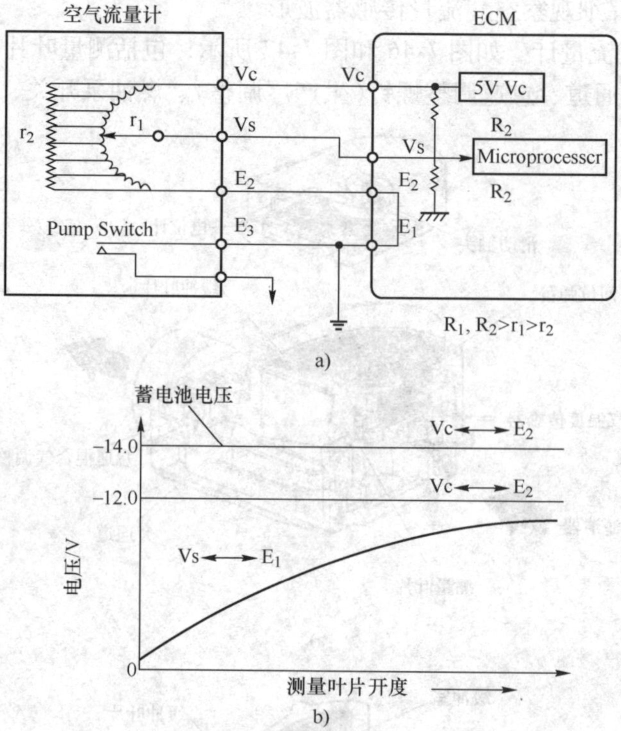

图 7-47　叶片式空气流量计电路及特性

a）电路　b）特性

与检测方法无关。卡门涡旋式空气流量计的输出信号是与涡旋频率对应的脉冲数字信号，其响应速度是几种空气流量计中最快的一种，几乎能同步反映空气流速的变化，因此特别适用于数字式计算机处理。除此之外，还具有测量精度高、进气阻力小、无磨损等优点，长期使用时，性能不会发生变化。其缺点是制造成本较高，因此目前只有少数中高档轿车采用。因为是检测空气体积的流量，所以需要对空气温度和大气压进行修正。根据涡旋频率的检测方式不同，汽车用卡门涡旋式空气流量计分为超声波检测式和反光镜检测式两种。

2. 进气管绝对压力传感器

压力传感器在汽车上有广泛的应用，主要检测进气歧管绝对压力(manifold absolute pressure,MAP)、真空度、大气压力(barometric absolute pressure,BAP)、发动机油压、制动器油压、轮胎压力等。压力传感器在汽车上的测量范围从10kPa(用于 OBD 检测燃油泄漏形成的蒸汽)到180MPa(用于柴油机共轨燃油压力系统)，这样压力传感器就需要有不同的类型，来满足检测压力之比在 18000:1 内变化。依据不同原理，分为压阻式、电容式、压电式(图 7-49)、共振式、光学式等。利用掺杂硼的 diamond 作为压阻，并以多晶硅作为薄膜材料，制作用于高温中的压力传感器。

压阻式压力传感器广泛用于发动机进气歧管压力(绝对压力和大气压力)、涡轮增压压力、燃油泄漏蒸汽压力检测。电容式压力传感器用于轮胎内压、发动机机油压力检测，这两处的压力检测无需零压指示。陶瓷电容式压力传感器用在汽车内粗糙环境中检测压力，常用于检测制动、动力转向、悬架、巡航脱离、ABS 制动调节、空调压缩机等系统中的液体压

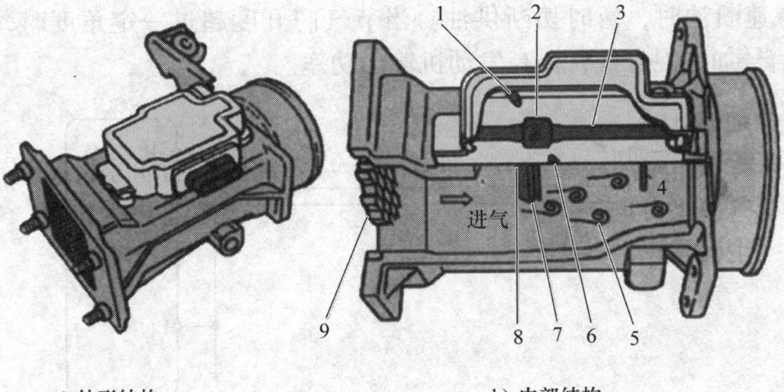

a) 外形结构　　b) 内部结构

图7-48　卡门涡漩式空气流量计

1—发光二极管　2—反光镜　3—张紧带　4—进气温度传感器　5—涡流　6—光电晶体管　7—压力导向孔　8—涡流发生器　9—整流网栅

力。多晶硅压阻式压力传感器用于高压检测，如柴油发动机的共轨燃油喷射压力、悬架动态控制系统液体压力检测。

压阻式(Piezoresistive Micromachined)。固体受到力的作用后，电阻率发生显著的变化，这种效应称为压阻效应。压阻式传感器就是利用这种效应制成的。

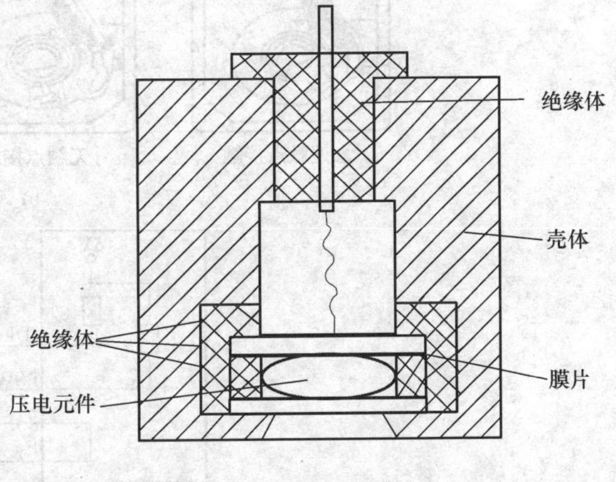

图7-49　差动电容式压力传感器

3. 节气门位置传感器TPS

1）作用。在汽油机性能的试验研究中，常用节气门开度来表示负荷率，这种表示不能用于控制，因为节气门转角与循环充气量没有线性关系，也没有确定的对应关系(在节气门由小开大和由大减小时不重复)。控制系统之所以要有节气门开度信号，是为了下列用途。

① 用来判断发动机的工况处于怠速控制区、部分负荷区还是节气门接近全开的加浓区(或催化转化器的高温保护区)，即用来界定开环、闭环控制区。对于有自动变速器控制功能的电子管理系统来说，节气门开度和车速是决定换档时刻的条件参数。

② 用节气门转角变化率的大小作为加速、减速过程中修正喷油量的条件。它直接反映驾驶人的意图，比其他负荷传热的响应更快。

③ 可与空气流量计的信号对照互检，提供后者发生损坏的信息，并代替后者与转速配合，作为ECU控制喷油量的条件参数。

2）类型。节气门位置传感器安装在节气门体上。它将节气门打开角度转变为电压信号传输到ECU，ECU根据此信号控制喷油器的基本喷油量。

① 开关触点式节气门位置传感器如图7-50所示。触点式节气门位置传感器内部有两对触点：它们是怠速开关触点IDL和全负荷开关触点PSW。发动机在怠速或突然减速时，怠速触点闭合，ECU根据此信号对怠速时的混合气进行控制，并修正点火提前角，切断废气

再循环系统。减速断油时，暂时切断供油。当节气门开度超过一定角度时，全负荷触点闭合，ECU 据此信号加浓混合气，提高发动机输出功率。

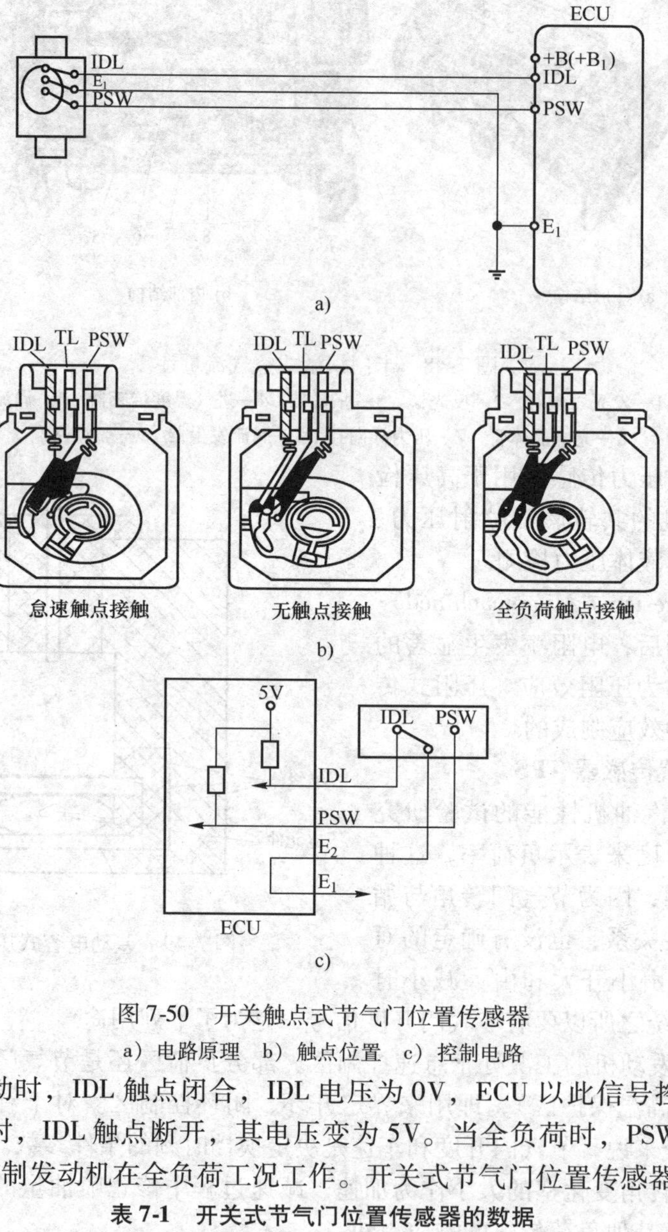

图 7-50　开关触点式节气门位置传感器

a）电路原理　b）触点位置　c）控制电路

发动机怠速转动时，IDL 触点闭合，IDL 电压为 0V，ECU 以此信号控制发动机怠速时的运转工况。加速时，IDL 触点断开，其电压变为 5V。当全负荷时，PSW 触点闭合，PSW 电压为 0V，ECU 控制发动机在全负荷工况工作。开关式节气门位置传感器的数据见表 7-1。

表 7-1　开关式节气门位置传感器的数据

位置/触点	全开	中间	全关
IDL	5V	5V	0V
E_2	0V	0V	0V
PSW	0V	5V	5V

② 线性式节气门位置传感器如图 7-51 所示。发动机以怠速转动时，2 号信号端子与 1 号电源端子间电阻较大，传感器信号电压较低，在 0.4～0.8V。加速时，信号电压上升，全负荷时在 3.8～4.5V，ECU 根据此信号控制发动机的基本喷油量。

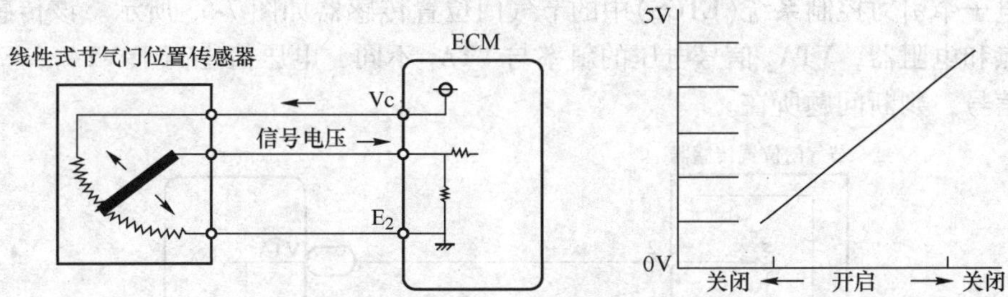

图 7-51　线性式节气门位置传感器

开关式节气门位置传感器只能检测发动机的怠速和全负荷工况。当 IDL 触点断开 PSW 触点还未闭合时，发动机处于加速状态，该传感器无法输出节气门所在位置的准确信号。线性式节气门位置传感器的设计避免了开关式传感器的弊端，利用其电位计的变化可检测出节气门所在的准确位置。

③ 综合式节气门位置传感器。改进型节气门位置传感器是在滑动电阻式节气门位置传感器的基础上，加装了一个怠速开关。怠速时，怠速触点闭合，输出怠速工况信号，其他工况随节气门开度的增大，输出信号电压也提高。其结构及原理如图 7-52 所示。

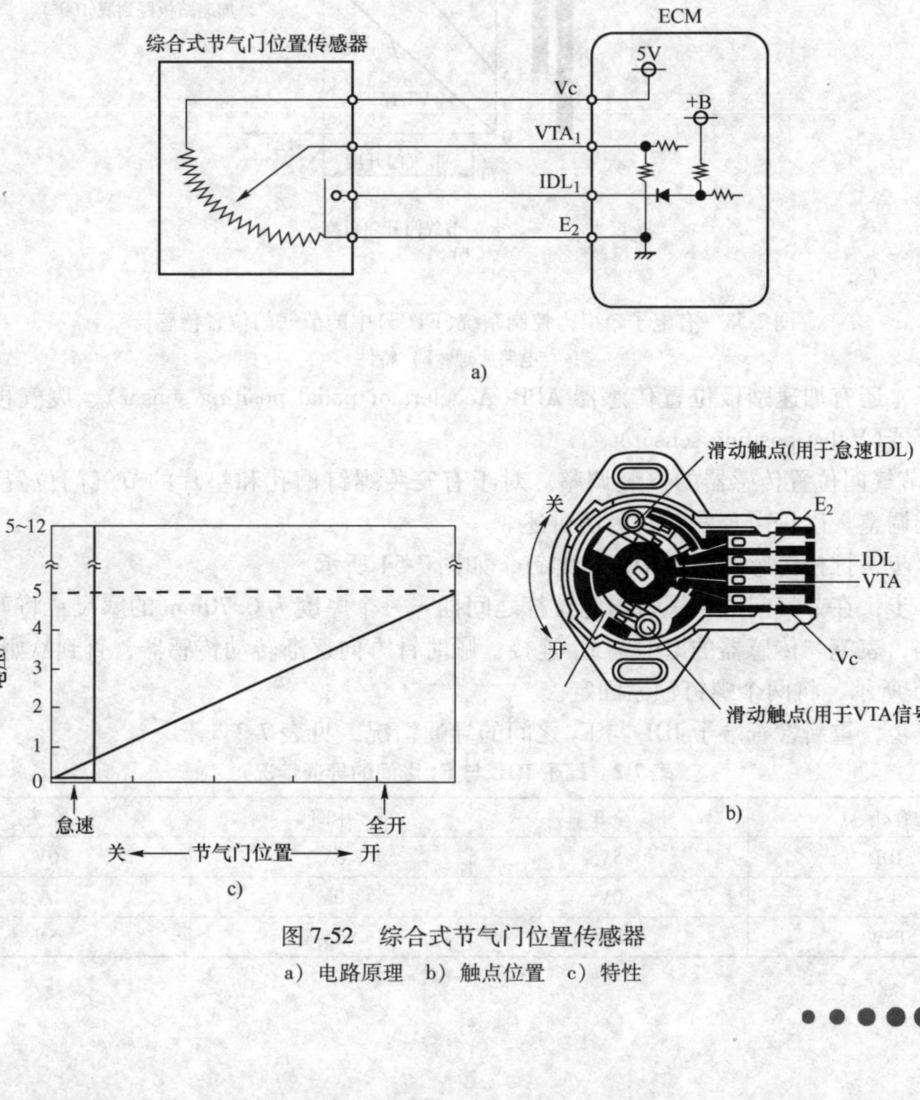

图 7-52　综合式节气门位置传感器

a）电路原理　b）触点位置　c）特性

带有电子牵引力控制系统（ETCS）中的节气门位置传感器如图 7-53 所示。该传感器有两套滑动触点和电阻器，VTA_2 信号电压的斜率与 VTA_1 不同，电压值也高于 VTA_1，ECU 比较两个电压信号，判断问题所在。

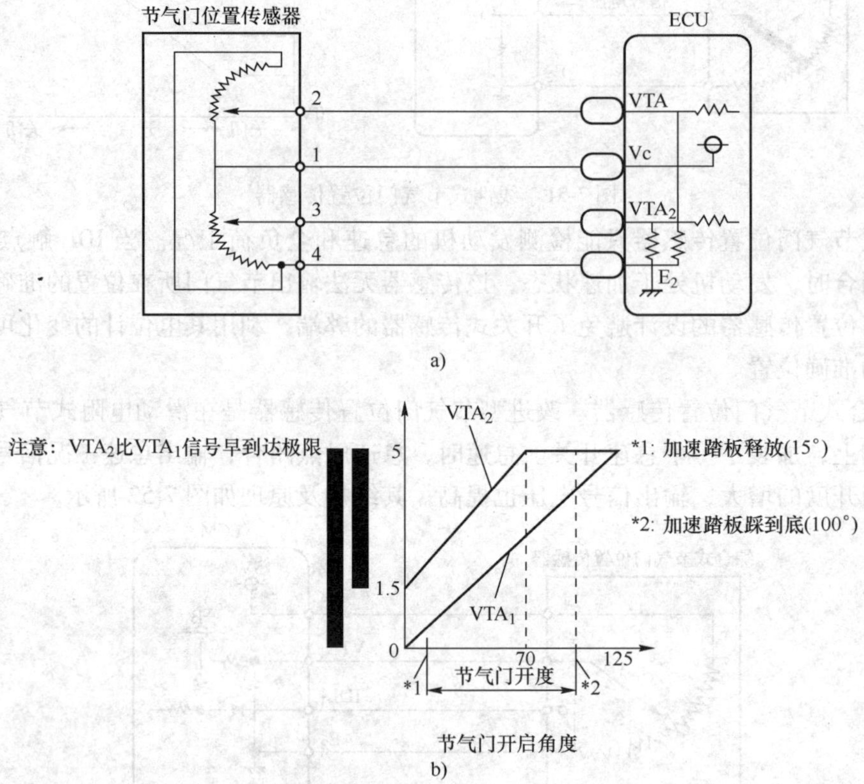

图 7-53　有电子牵引力控制系统（ETCS）中的节气门位置传感器

a）电路原理　b）特性

此外，还有加速踏板位置传感器 APP（Accelerator pedal positing sensor）、废气再循环阀位置传感器（Valve position sensor）。

3）节气门位置传感器的安装调整。对于有安装螺钉槽孔和垫片的节气门位置传感器，需要安装调整。以 4S-FE 发动机为例讲述。

第 1 步，拧松传感器的两个定位螺钉，如图 7-54 所示。

第 2 步，在节气门限位螺钉与定位杆之间插入一个厚度为 0.70mm 的塞尺；将万用表打到欧姆档，表笔与传感器的 IDL 与 E_1 连接；顺时针方向逐渐转动传感器，直到欧姆表显示，如图 7-55 所示，将两个螺钉锁紧固定。

第 3 步，重新检查端子 IDL 与 E_2 之间的导通情况，见表 7-2。

表 7-2　端子 IDL 与 E_2 之间的导通情况

位置/触点	全开	中间	全关
IDL	5V	5V	0V
E_2	0V	0V	0V
PSW	0V	5V	5V

图 7-54　节气门体的拆卸

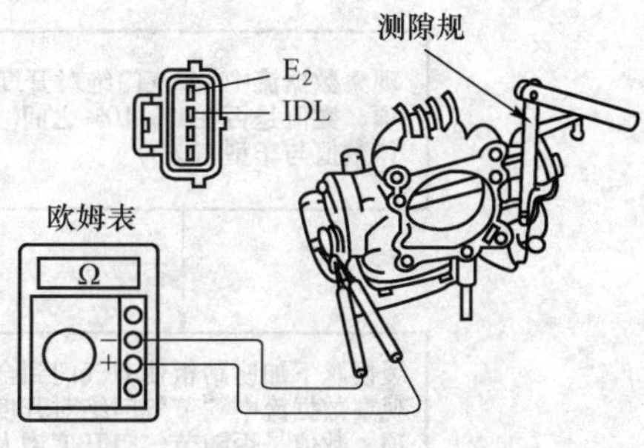

图 7-55　节气门位置传感器的测量

4）节气门位置传感器的常见故障检测与诊断操作步骤见表 7-3 和图 7-56。

表 7-3　“节气门位置传感器电路电压过低或过高”检测操作步骤(以吉利车型为例)

节气门位置传感器电路电压过低或过高		故障编号	DYZJ402
序号	操作步骤	检测结果	后续步骤
1	接上诊断仪及插接器，将点火开关置于“ON”		下一步
2	观察数据流中“节气门绝对开度”项，数值是否在 4% ~10% 之间(具体数值与车型有关)	是	下一步
		否	到步骤 5
3	缓慢踩下加速踏板使节气门到全开，观察数据流中“节气门绝对开度”项，数值是否随节气门开度增大而增大至 85% ~95%(具体数值与车型有关)	是	下一步
		否	到步骤 5
4	重复步骤 3，观察数据流中“节气门绝对开度”项，数值在变化的过程中是否存在跃变	是	更换传感器
		否	下一步
5	拔下线束上节气门位置传感器的接头，检查 ECU 的 17#、32#、16#针脚分别与传感器接头 1#、2#、3#针脚之间线路是否对地短路	是	修理或更换线束
		否	下一步
6	用万用表检查该接头 1#和 2#针脚间的电压值，是否为 5V 左右	是	更换传感器
		否	诊断帮助

4. 温度传感器

(1) 冷却液温度传感器　如图 7-57 所示。当出现因汽车负载过大、缺水、点火时间不对、风扇出现故障等原因，造成冷却液温度过高时，会使发动机机体温度上升，从而使发动机不能工作。所以在仪表系统内设计了冷却液温度表，利用冷却液温度表检测发动机冷却液温度，让驾驶人能够直观地看出发动机冷却液在任何工况时的温度，并且及时作出相应的处理。

在电控系统中也安有一个冷却液温度传感器，用于喷油量修正信号。冷却液温度传感器安装在发动机缸体或缸盖的水套上，与冷却液直接接触，用于测量发动机的冷却液温度，其内部装有负温度特性的热敏电阻。温度愈低，电阻愈大；温度愈高，电阻愈小。ECU 根据这一变化便可测得发动机冷却液的温度，进行喷油量修正，(图 7-58)。

除了修正喷油量，冷却温度传感器信号还用于修正点火正时、可变气门正时、确定换档

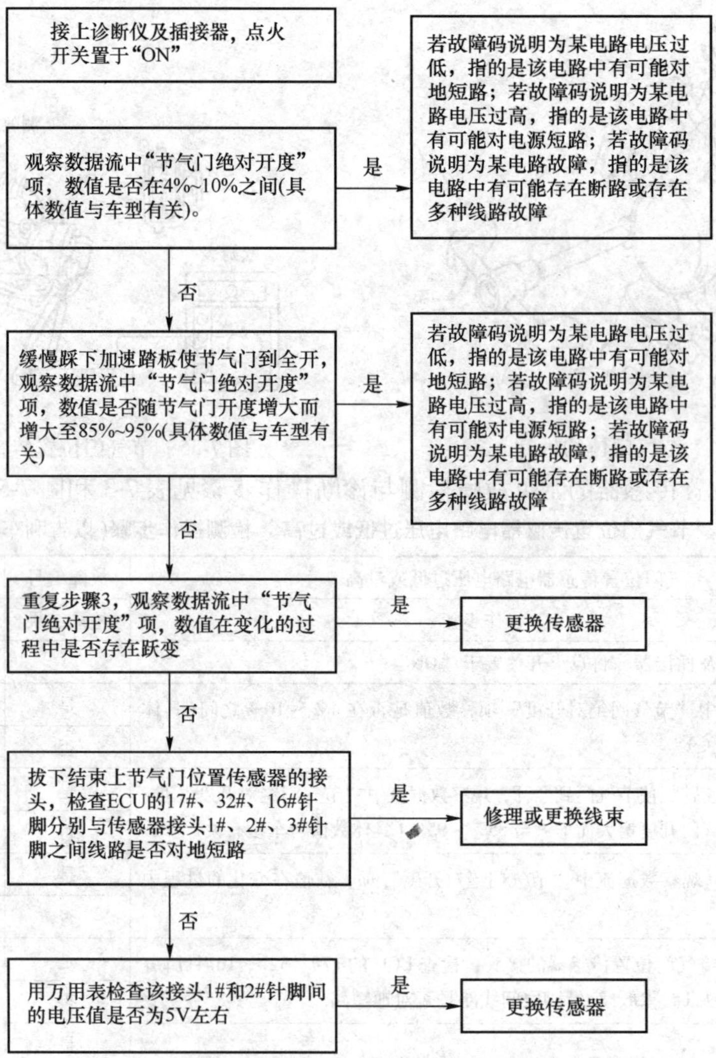

图 7-56　“节气门位置传感器电路电压过低或过高”诊断流程图(以吉利车型为例)

时刻等。

(2) 进气温度传感器　在装有进气歧管绝对压力传感器的 D 型电控燃油喷射的发动机上，进气温度传感器安装在进气管上，而在装有空气流量计的 L 型电控燃油喷射的发动机上，进气温度传感器就是空气流量计的一部分，如图 7-59 所示。

进气温度传感器用于检测发动机冷起动时进气道空气温度，电控单元这时对进气温度和冷却液温度进行对比，如果两者都在 8℃内，电控单元就确定发动机处于冷起动工况。这对于发动机是否进行闭环控制、燃油蒸发控制等提供了判断依据。

(3) 废气再循环温度传感器。如图 7-60 所示，废气再循环温度传感器安装在废气再循环管道上，用于测量废气再循环气体温度。当废气再循环阀开启，所测温度上升，传感器告知电控单元废气再循环系统工作。

(4) 温度传感器的检测　三种温度传感器共同特点：采用负温度系数的热敏电阻，环

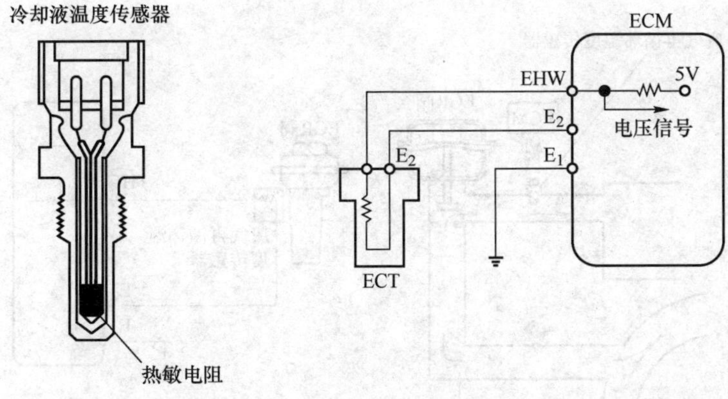

图 7-57　冷却液温度传感器

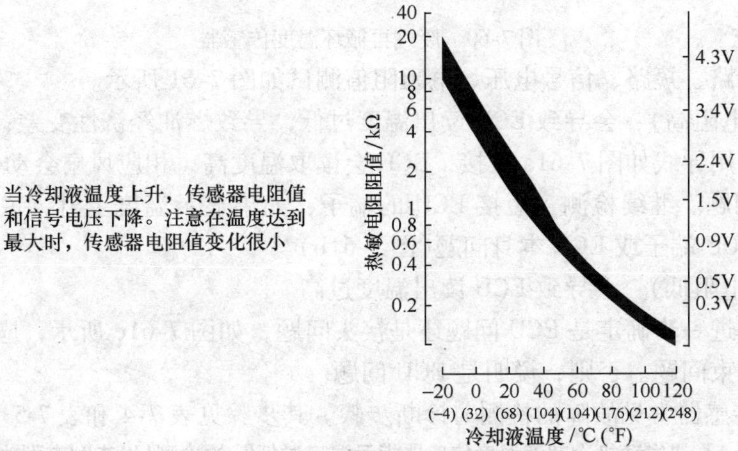

图 7-58　冷却液温度传感器的电阻和信号电压与温度的关系图

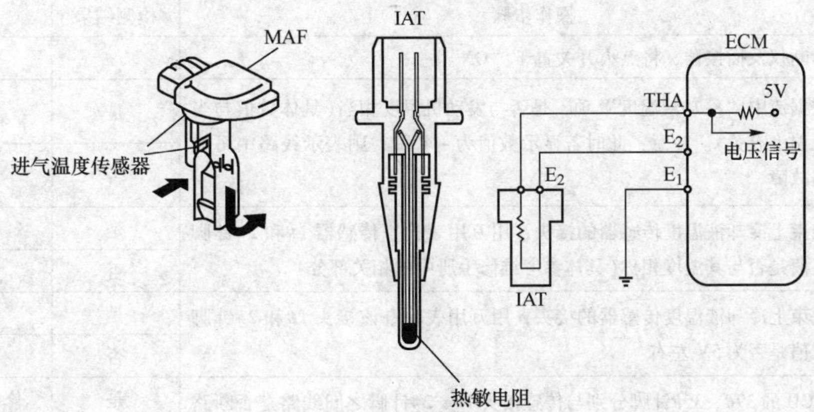

图 7-59　进气温度传感器

境温度升高，电阻值减少，信号电压变小；环境温度降低，电阻值增大，信号电压变大。

传感器电路也相似，通过一个固定电阻与电控单元 5V 电源相连，信号电压包括另一固定电阻和热敏电阻两端的电压。

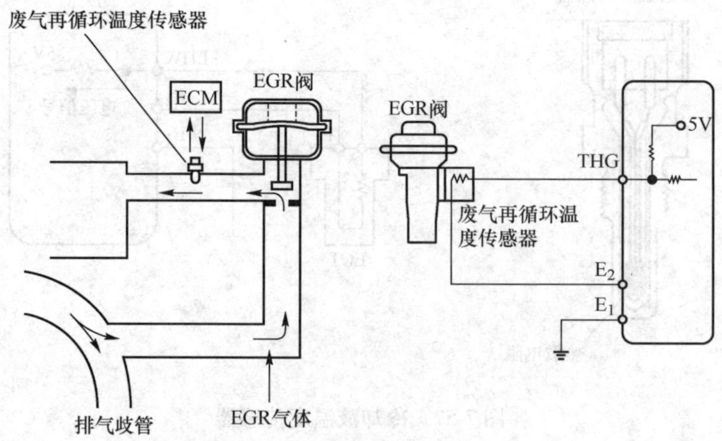

图 7-60　废气再循环温度传感器

传感器的断路、短路、信号电压、电阻阻值测试如图 7-61 所示。

断路问题(电阻高)：会导致 ECU 读出温度过低，导致燃油经济性变差，发动机过热。

断路检测：用导线如图 7-61a 短接，ECU 会读取温度高，相应风扇会动作。否则，说明 ECU 及连线有问题。继续检测，短接 ECU 的端子，如果显示温度上升，说明是线路问题；否则，说明是 ECU 端子或 ECU 本身问题(图 7-61b)。

短路问题(电阻低)：会导致 ECU 读出温度过高。

短路测试：进一步确定是 ECU 问题还是接头问题，如图 7-61c 所示，应检测到温度低，说明是原来的线束问题。否则，说明是 ECU 问题。

(5) 温度传感器常见故障的检测与诊断步骤。其步骤见表 7-4 和表 7-5。

表 7-4　“发动机冷却液温度传感器指示温度过低”的检测(以吉利车型为例)

发动机冷却液温度传感器指示温度过低		故障编号	DYZJ701
序号	操作步骤	检测结果	后续步骤
1	接上诊断仪及插接器，将点火开关置于“ON”		下一步
2	观察数据流中“冷却液温度”项，是否与发动机温度相当(具体数值与当时发动机温度有关)。注意：此时若显示数值为 -40℃，则表示线路中可能出现断路故障	是	到步骤 6
		否	下一步
3	拔下线束上冷却液温度传感器的接头，用万用表检查传感器 1#和 2#针脚间的电阻值是否与其温度相称(具体参考维修手册中的相关部分)	是	下一步
		否	更换传感器
4	拔下线束上冷却液温度传感器的接头，用万用表检查该接头 1#和 2#针脚间的电压值是否为 5V 左右	是	到步骤 6
		否	下一步
5	检查 ECU 的 39#、35#针脚分别与传感接头 1#、2#针脚之间线路是否断路或对电源短路	是	修理或更换线束
		否	下一步
6	起动发动机，怠速运转。观察诊断仪上“进气温度”项数值的变化，此时显示数值应该随着发动机冷却液温度升高而升高	是	诊断帮助
		否	更换传感器

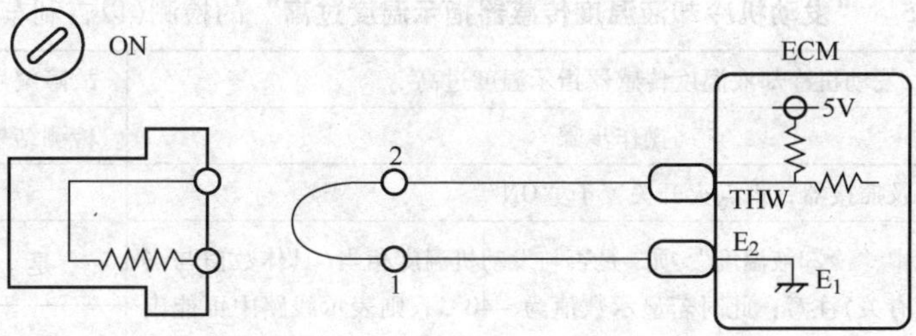

a)

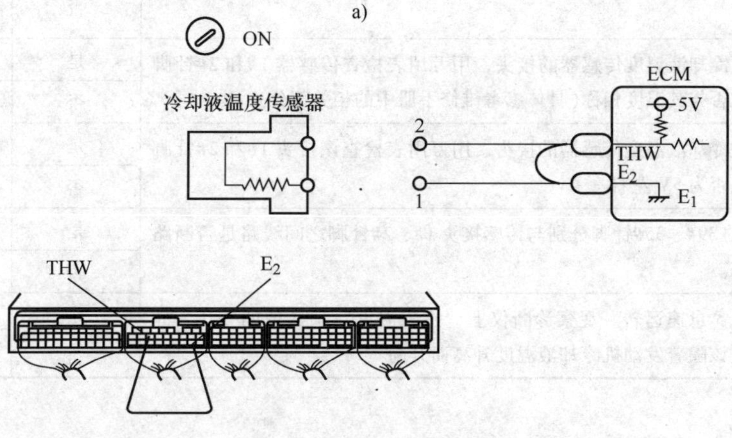

b)

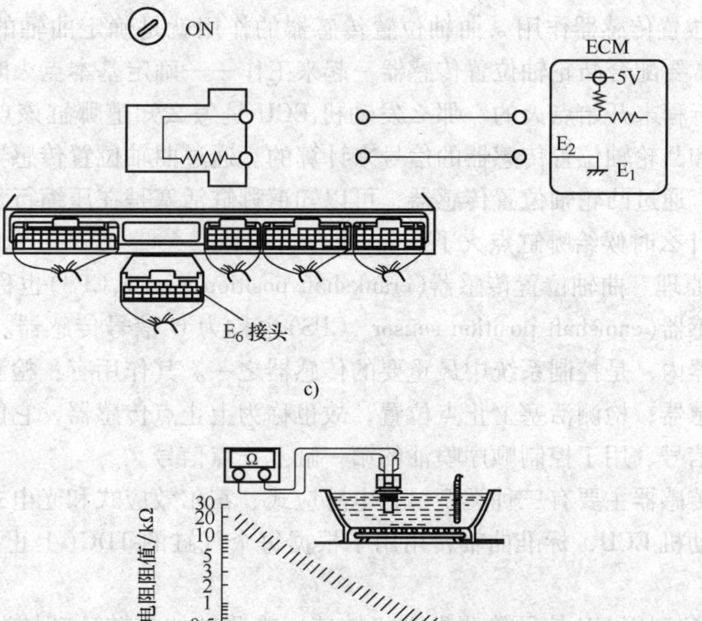

c)

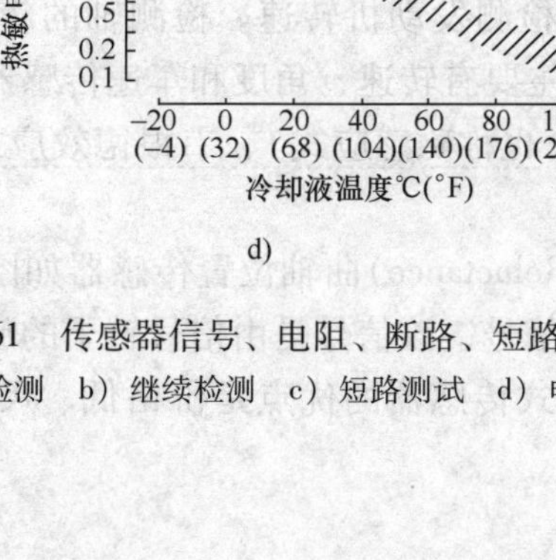

d)

图 7-61　传感器信号、电阻、断路、短路测试

a）断路检测　b）继续检测　c）短路测试　d）电阻测试

表 7-5 “发动机冷却液温度传感器指示温度过高”的检测(以吉利车型为例)

发动机冷却液温度传感器指示温度过高		故障编号	DYZJ702
序号	操作步骤	检测结果	后续步骤
1	接上诊断仪及插接器，将点火开关置于“ON”		下一步
2	观察数据流中“冷却液温度”项，是否与发动机温度相当(具体数值与当时发动机温度有关)注意：此时若显示数值为 -40℃，则表示线路中可能出现断路故障	是	到步骤 6
		否	下一步
3	拔下线束上冷却液温度传感器的接头，用万用表检查传感器 1#和 2#针脚间的电阻值是否与其温度相称(具体参考维修手册中的相关部分)	是	下一步
		否	更换传感器
4	拔下线束上冷却液温度传感器的接头，用万用表检查该接头 1#和 2#针脚间的电压值是否为 5V 左右	是	到步骤 6
		否	下一步
5	检查 ECU 的 39#、35#针脚分别与传感接头 1#、2#针脚之间线路是否断路或对电源短路。	是	修理或更换线束
		否	下一步
6	起动发动机，怠速运转。观察诊断仪上“进气温度”项数值的变化，此时显示数值应该随着发动机冷却液温度升高而升高	是	诊断帮助
		否	更换传感器

5. 曲轴位置传感器

(1) 曲轴位置传感器作用　曲轴位置传感器的作用就是确定曲轴的位置，也就是曲轴的转角。它通常要配合凸轮轴位置传感器一起来工作——确定基本点火时刻。我们知道，发动机是在压缩行程末开始点火的，那么发动机 ECU 是怎么知道哪缸该点火呢？就是通过曲轴位置传感器和凸轮轴位置传感器的信号来计算的。通过曲轴位置传感器，可以知道哪缸活塞处于上止点，通过凸轮轴位置传感器，可以知道哪缸活塞是在压缩行程中。这样，发动机 ECU 就知道该什么时候给哪缸点火了。

(2) 工作原理　曲轴位置传感器(crankshaft position sensor, CPS)也称为 NE 信号传感器；凸轮轴位置传感器(camshaft position sensor ,CPS)也称为 G 信号传感器。曲轴位置传感器通常安装在分电器内，是控制系统中最重要的传感器之一。其作用有：检测发动机转速，因此又称为转速传感器；检测活塞上止点位置，故也称为上止点传感器，它能检测用于控制点火的各缸上止点信号、用于控制顺序喷油的第一缸上止点信号。

曲轴位置传感器主要有三种类型：磁电感应式、霍尔效应式和光电式。G 信号将标准曲轴转角通知发动机 ECU，标准曲轴转角用于根据每个气缸的 TDC(上止点)确定喷射正时和点火正时。

发动机 ECU 利用 NE 信号检测发动机转速。检测轴的旋转运动情况，通常在信号轮盘上开缺口作为检测的参考点，主要有转速、角度和车速传感器。

检测技术包括可变磁阻式(也称磁感应式)、韦根德效应式、霍尔效应式、磁控电阻式、各向异性磁阻式、巨磁阻式。

1) 可变磁阻式(Variable Reluctance)曲轴位置传感器如图 7-62a 所示，这种传感器也称为电磁感应式，会产生磁脉冲信号，该信号是由信号转子的旋转运动使磁通量发生变化而在感应线圈中产生的。可变磁阻式传感器的优点是价格低、尺寸小、自发交流信号无需外电源、具有良好的温度稳定性。缺点是信号转子在零转速时无信号输出，信号变化的幅度取决于信号转子的转速，需要另外的信号处理电路。可变磁阻式传感器内空气间隙要求小于 2mm。

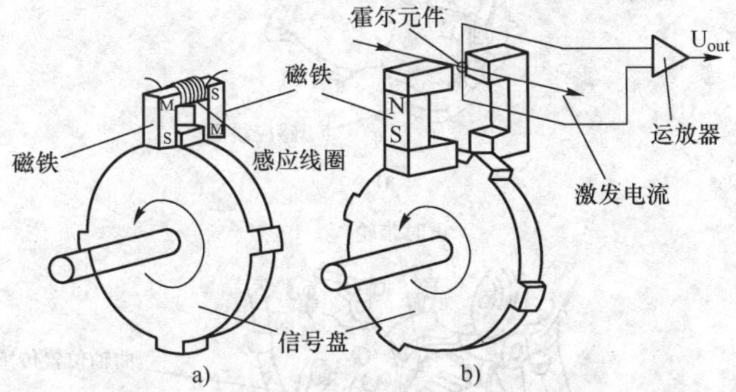

图 7-62　可变磁阻式和霍尔式曲轴位置传感器

a）可变磁阻式曲轴位置传感器　b）霍尔式曲轴位置传感器

2）霍尔式曲轴位置传感器安装位置如下：

- 安装在分电器内，如图 7-63 所示。
- 与分电器外形相似，无电压分配功能，如图 7-64 所示。

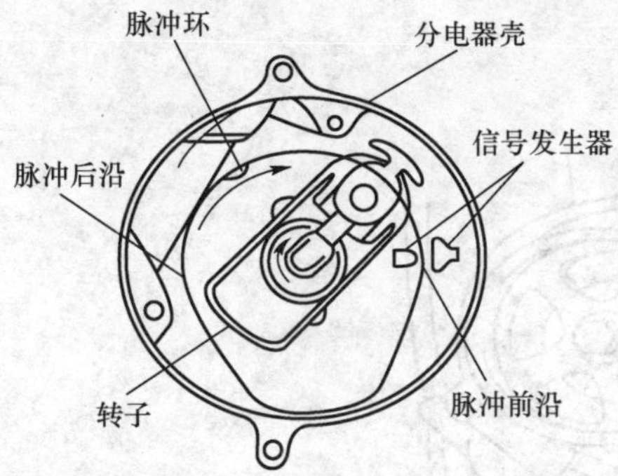

图 7-63　霍尔式曲轴位置传感器安装位置

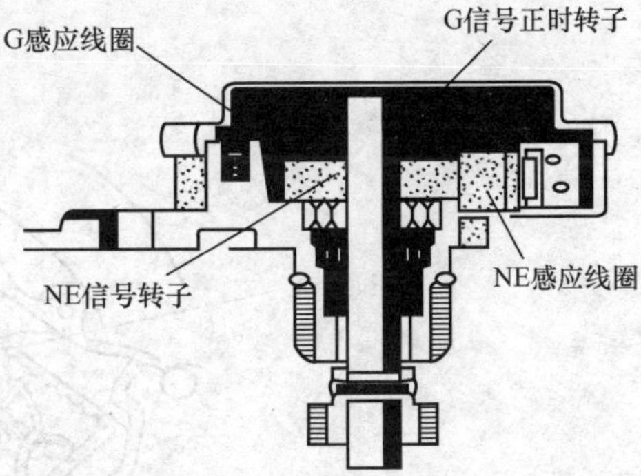

图 7-64　无电压分配功能的曲轴位置传感器

- 独立型，安装位置如图 7-65 所示。

（3）信号处理电路。如图 7-66 所示。

电路包括信号产生电路，线圈电感、线圈电阻、输出交流模拟信号，信号电压幅值及信号频率与转速成正比。输出信号通过过零检波电路转换为数字信号，该信号再输送给微处理器。

$$e_g = n \cdot \mathrm{d}\phi/\mathrm{d}t$$

式中　n——线圈的匝数

$\mathrm{d}\phi/\mathrm{d}t$——磁通变化率

（4）信号波形　如图 7-67 和图 7-68 所示。

由信号波形图可知，当磁通增加时，信号电压增加；当通过的磁通减少时，信号电压降低。

当信号盘转角宽度增加时，信号间隔增宽，过零电压时间宽度增宽。

（5）信号波形　如图 7-69(①、②、③、④、⑤、⑥、⑦)所示。

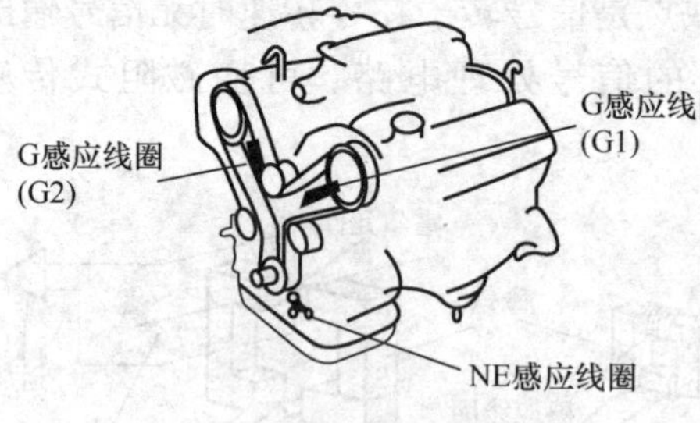

a)

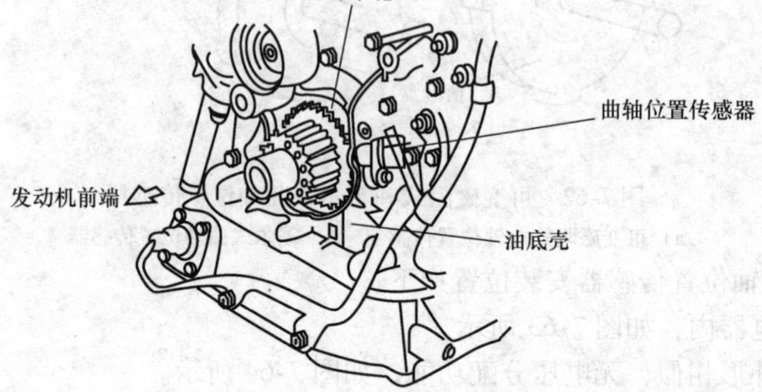

b)

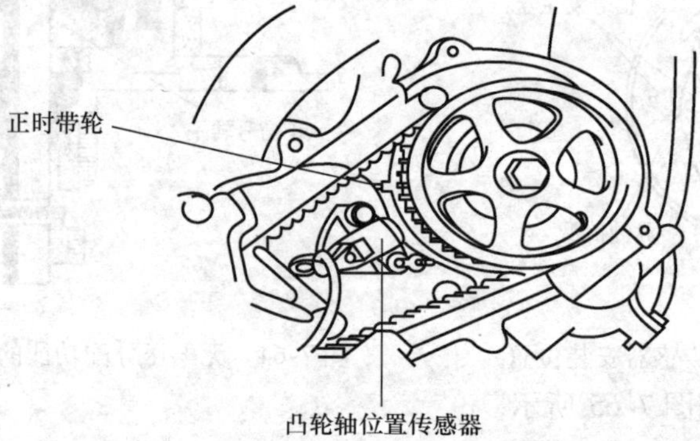

c)

图 7-65　独立型传感器

a）霍尔式曲轴位置传感器与凸轮轴位置传感器相对位置

b）曲轴位置传感器的安装位置　c）凸轮轴位置传感器安装位置

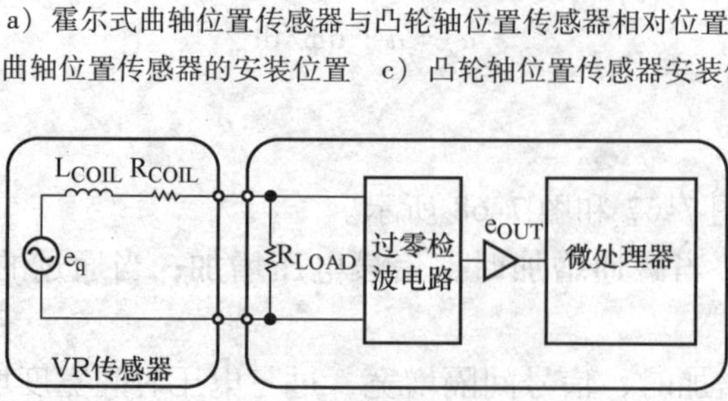

图 7-66　信号处理电路

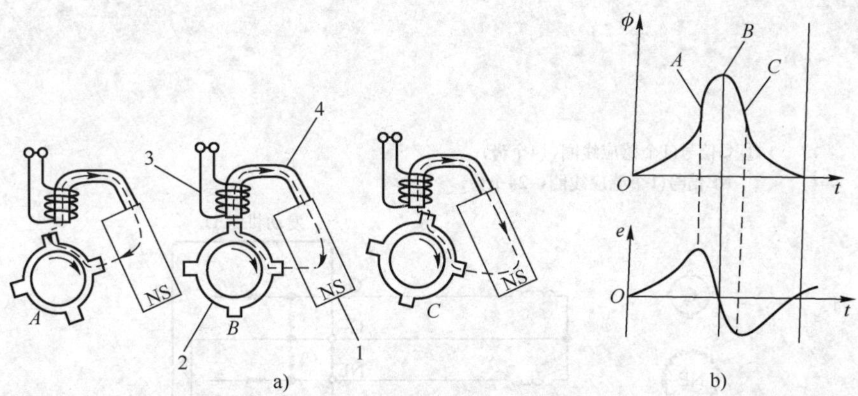

图7-67　可变电阻式传感器

1—永久磁铁　2—转子　3—耦合线圈　4—衔铁

a）工作原理　b）波形图

（6）霍尔效应式传感器电压信号和工作原理

1）霍尔效应式传感器的电压信号，是由信号转子的旋转运动使磁通量发生改变产生。信号转子通过霍尔元件和永久磁铁，磁通的变化与可变磁阻式传感器相似，但与可变磁阻式不同的是霍尔元件探测的是磁感应强度（ϕ）大小而非磁通变化率。霍尔元件是半导体材料制成的，需要偏置激励电流。该传感器输出方波数字信号，信号电压与作用在霍尔元件上磁场的磁感应强度成正比，信号频率与发动机转速成正比。

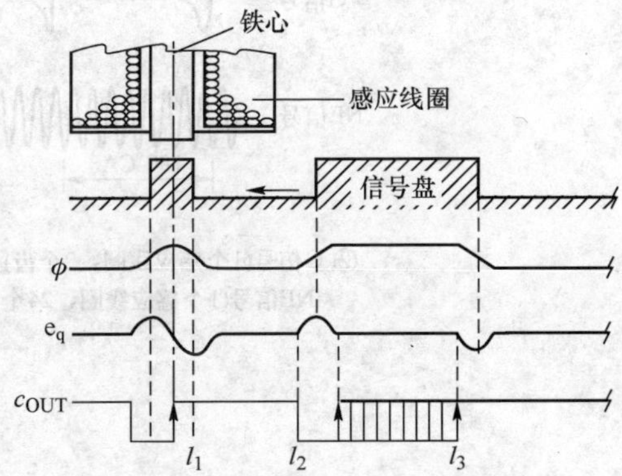

图7-68　波形图

2）霍尔效应原理。当电流I通过放在磁场中的半导体基片（称霍尔元件）且电流方向与磁场方向垂直时，电荷在洛仑兹力作用下向一侧偏移，在垂直于电流与磁通的霍尔元件的横向侧面上即产生一个与电流和磁场强度成正比的电压，称为霍尔电压，如图7-70所示。

3）电路原理。霍尔开关电路又称霍尔数字电路，由稳压器、霍尔元件、差分放大器、斯密特触发器和输出级组成。在外磁场的作用下，当磁感应强度超过导通阈值B_{OP}时，霍尔电路输出管导通，输出低电平。之后，B再增加，仍保持导通态。若外加磁场的B值降低到B_{RP}时，输出管截止，输出高电平。我们称B_{OP}为工作点，B_{RP}为释放点，$B_{OP}-B_{RP}=B_H$称为回差。回差的存在使开关电路的抗干扰能力增强。霍尔开关电路的功能图如图7-71所示，图7-71a表示集电极断路（OC）输出，图7-71b表示双输出。它们的输出特性如图7-72所示，图7-72a表示普通霍尔开关，图7-72b表示锁定型霍尔开关的输出特性。

一般规定，当外加磁场的南极（S极）接近霍尔电路外壳上打有标志的一面时，作用到霍尔电路上的磁场方向为正，北极接近标志面时为负。

锁定型霍尔开关电路的特点是当外加场B正向增加，达到B_{OP}时，电路导通，之后无论B增加或减小，甚至将B除去，电路都保持导通态，只有达到负向的B_{RP}时，才改变为截止态，因而称为锁定型。

① G信号(1个感应线圈、4个齿)
NE信号(1个感应线圈、24个齿)

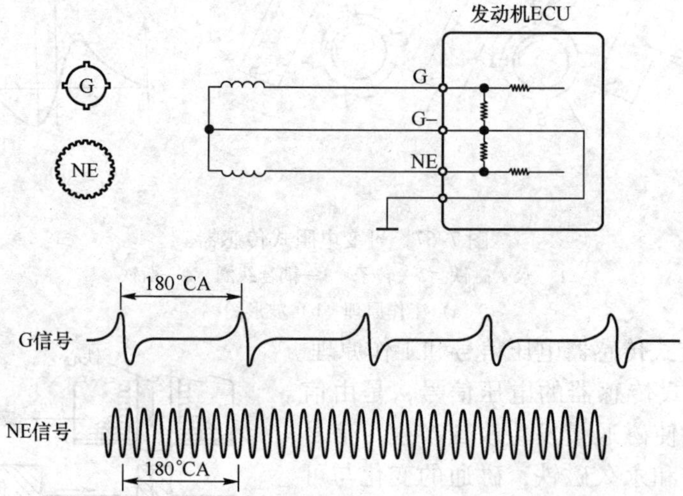

② G信号(1个感应线圈、2个齿)
NE信号(1个感应线圈、24个齿)

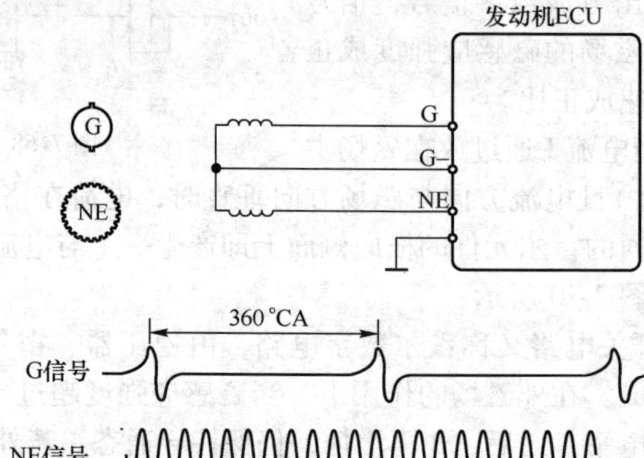

图 7-69 波形信号

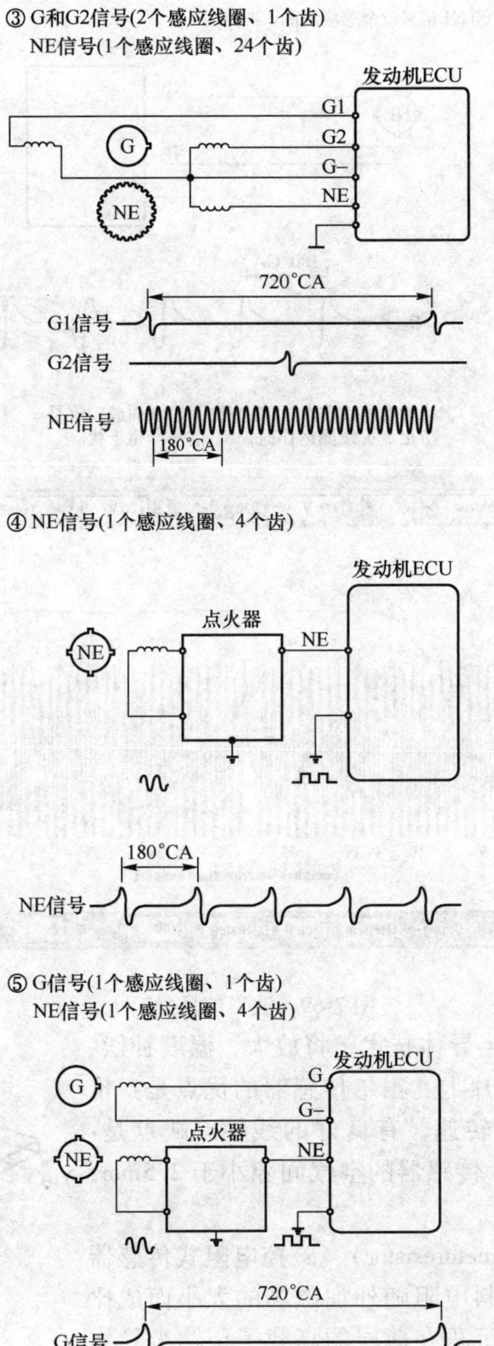
③ G和G2信号(2个感应线圈、1个齿)
NE信号(1个感应线圈、24个齿)
发动机ECU
G1
G2
G–
NE
G
NE
720°CA
G1信号
G2信号
NE信号
180°CA
④ NE信号(1个感应线圈、4个齿)
发动机ECU
点火器
NE
NE
180°CA
NE信号
⑤ G信号(1个感应线圈、1个齿)
NE信号(1个感应线圈、4个齿)
发动机ECU
G
G–
NE
点火器
G
NE
720°CA
G信号
NE信号
180°CA

图 7-69　波形信号(续)

⑥ NE信号(2个感应线圈、4个齿)

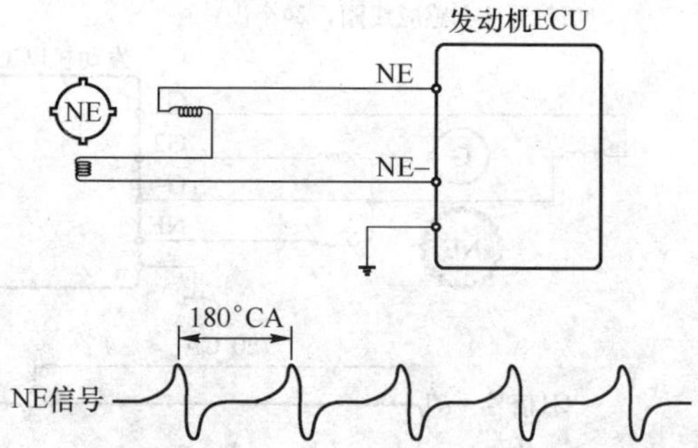

这种电路由两个NE感应线圈串联而成。这是防止点火线圈运作时，NE信号产生干扰。

⑦

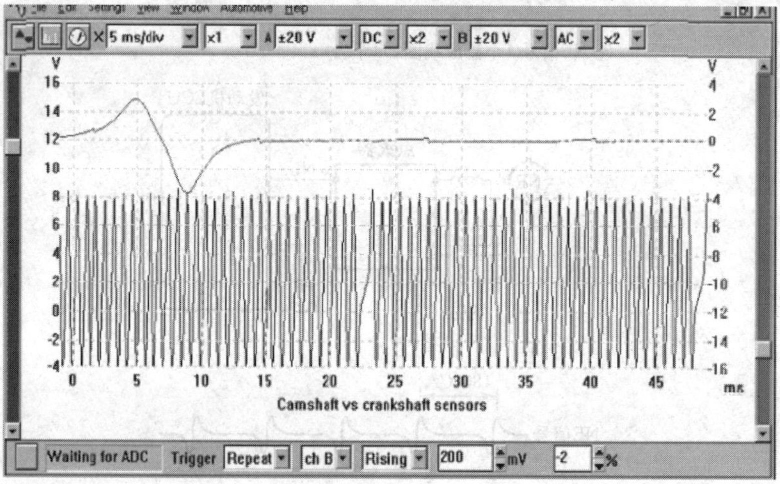

图 7-69　波形信号(续)

霍尔传感器采用双极半导体技术，将放大、温度补偿、信号处理都集成在一块芯片上。霍尔传感器的优点是：价格低，尺寸小，可测量零转速，有良好的线性。缺点是：适应的最高温度为175℃，传感器的空气间隙小于2.5mm，并对外部压力非常敏感。

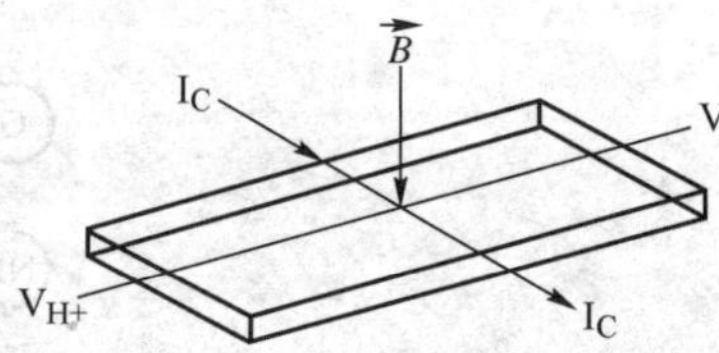

$$U_H=\frac{R_H}{d}IB$$

d 为基片厚度

I 为电流

B 为磁场强度

图 7-70　霍尔效应原理

（7）磁控电阻式(Magnetoresistor)　磁控电阻式传感器利用磁阻效应原理，即材料电阻随外加磁场的大小而成比例变化。电阻是窄形条，沉积在薄层的高载子传输半导体(锑化铟 InSb 或砷化铟 InAs)上，且垂直于电流流入方向。半导体磁敏感材料受到与电流方向相垂直方向的磁场作用时，由于洛仑兹力的作用，电子流动的方向发生改变，路径加长，从而其阻值增大。即MRE 的电阻值，随施加在其上的磁力线的方向而改变。

（8）曲轴位置传感器常见故障　曲轴位置传感器信号故障诊断步骤见表 7-6 和图 7-73。

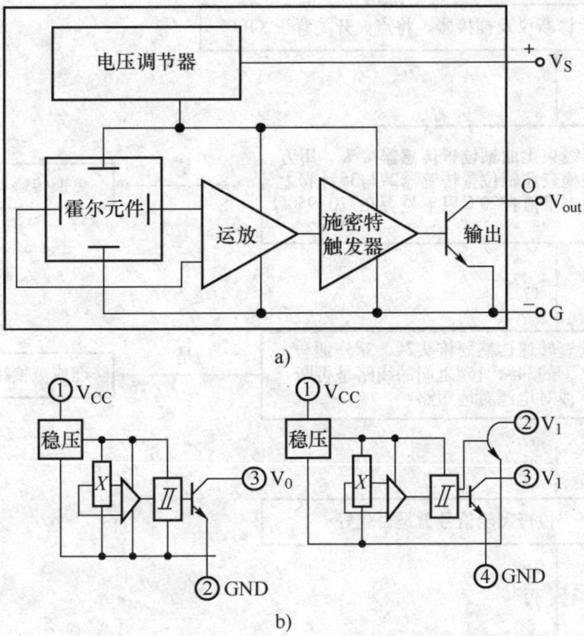

图 7-71　霍尔开关电路的功能图

a）单 OC 输出　b）双 OC 输出

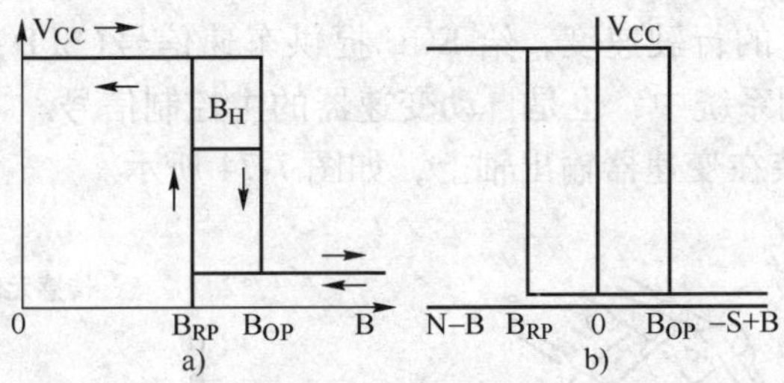

图 7-72　霍尔开关电路的输出特性

a）开关型输出特性　b）锁定型输出特性

表 7-6　“曲轴位置传感器信号故障”诊断步骤（以吉利车型为例）

曲轴位置传感器信号		故障编号	DYZJ703
序号	操作步骤	检测结果	后续步骤
1	接上诊断仪及插接器，将点火开关置于“OFF”		下一步
2	拔下线束上曲轴位置传感器接头，用万用表检查爆燃传感器 2#与 3#针脚之间的电阻值在 20℃以下时是否在 770～950Ω	是	下一步
		否	更换传感器
3	检查转速传感器接头 2#、3#分别与 ECU 的 34#、15#之间的线路是否断路或对电源对地短路	是	修理或更换线束
		否	下一步
4	检查飞轮信号盘是否完好	是	诊断帮助
		否	更换信号盘

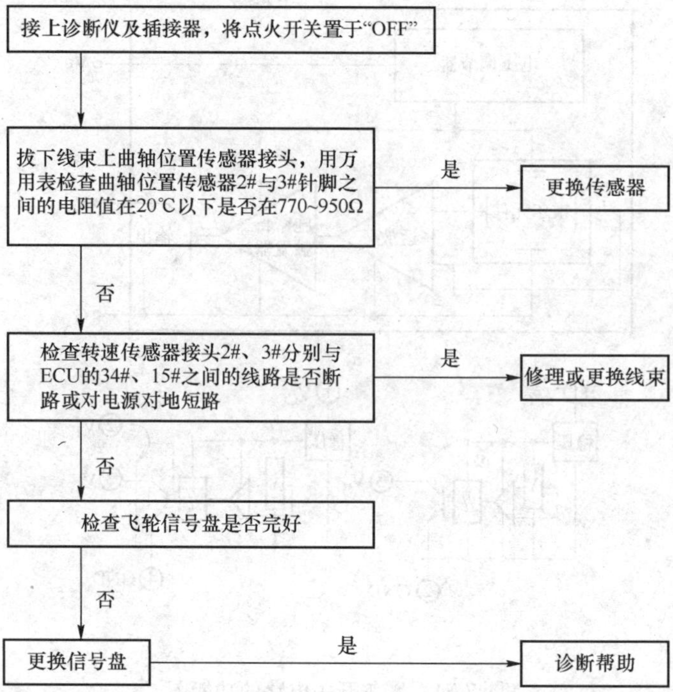

图 7-73　“曲轴位置传感器信号故障”诊断流程(以吉利车型为例)

6. 车速传感器

车速传感器检测汽车的行驶速度，给 ECU 提供车速信号(SPD)，用于巡航控制和限速端控制。在汽车集中控制系统中，也是自动变速器的主控制信号。

(1) 安装位置　安装在变速器输出轴上，如图 7-74 所示。

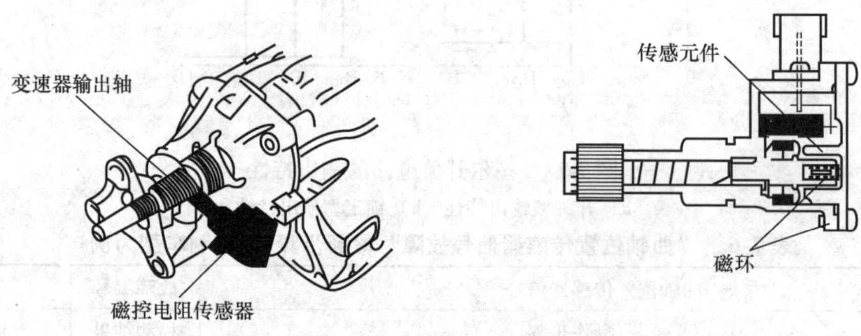

图 7-74　车速传感器的安装位置与结构

(2) 类型　有磁控电阻式、舌簧开关式、光电式。

(3) 工作原理　如图 7-75 所示。

当施加的磁场垂直于用铁质材料制成的薄板中的电流时，它本身的电阻明显有变化。磁阻传感器形成沿着空间一个方向的磁场。如图 7-75b 所示为用四个磁控电阻器制成的惠斯顿电桥带有一个供电电压 +B，使电流通过电阻器。如图 7-76 所示，施加一个偏磁场，使在所有电阻中的磁化强度和电流间有一个约 45°的夹角。如果电阻器是同一种结构，则所有四个电阻器的电阻是相同的。正交施加磁场，使两个正向放置的电阻器磁化而转向电流，使电阻

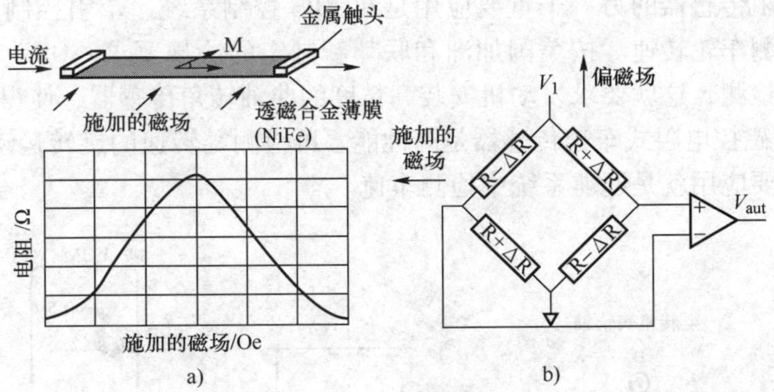

图 7-75　工作原理

a）磁控电阻式车速传感器工作原理　b）惠斯顿电桥和磁阻传感器的工作原理

R 有一个增量 ΔR。在剩下的两个反向放置的电阻器中，由于磁化而转离电流，导致电阻 R 减少 ΔR。电桥输出为 ΔVout =（ΔR/R）VB。作为施加磁场函数的电桥输出 ΔVout 被称为传感器的传递函数。在线性区内，输出与施加的磁场成正比。

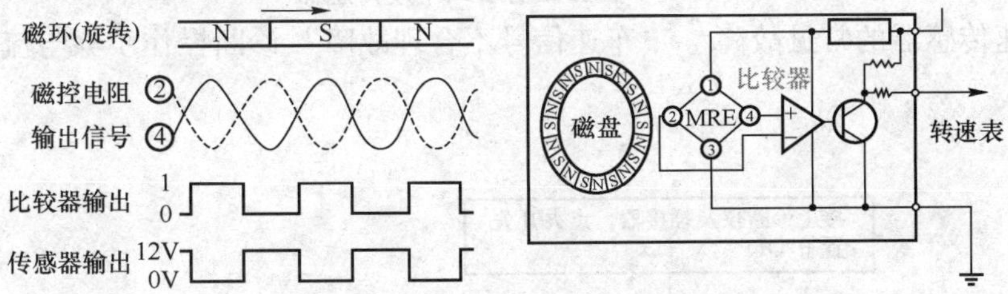

图 7-76　车速传感器的原理、信号图

磁控电阻式传感器采用微电子信号集成处理技术，传感元件和信号处理装置集成在一块芯片上。该传感器的优点是：可传感零转速，传感器空气间隙最大可达 3mm，具有良好的温度稳定性（最高工作温度可达 200℃）。该传感器的缺点是：尺寸中等、价格中等、需要外接电源 12V。

磁阻效应与霍尔效应的比较。下面比较了硅片中的霍尔效应与透磁合金薄膜中的磁阻效应，两种技术都可用于集成电路的制造，也可以用于制造全集成的单片传感器。两种效应都会在非时变磁场中发生并可用来构造零速传感器。但是，MR 的敏感性约是硅片中霍尔效应的 100 倍，而且通过选择薄膜厚度和线宽还可对其敏感度进行调节。在用环形磁铁计算转速的应用中用 MR 效应代替霍尔效应的传感器有另一个优点，是 MR 传感器的全向极性（使用 N 极或 S 极工作）而使分辨率翻倍。如图 7-77 所示，尽管霍尔效应所具有的优点是它对极强的磁场具有高线性响应而无饱和效应，霍尔效应薄膜会对传感器的法向磁场作出响应而不对切向磁场作出响应。

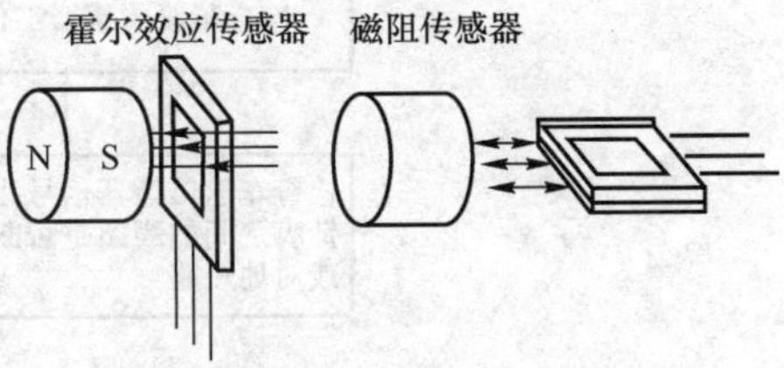

图 7-77　霍尔效应传感器磁阻传感器

现在汽车上旋转运动检测用传感器大量使用的是可变磁阻式传感器，包括曲轴和凸轮轴旋转点火正时控制、燃油喷射正时控制、发动机转速测量、变速器输入/输出轴转速检测电控换档。可变磁阻传感器的另一个重要应用是在 ABS 控制系统、牵引控制系统、车辆稳定性控制系统中检测车轮转速。按美国加洲和联邦新制定的法规要求，OBD 诊断系统要能够进行发动机失火检测，这就要求发动机安装高精度的曲轴转角传感器，使得磁控电阻式得到应用(图 7-78)。磁控电阻式车速传感器是高性能、可检测零转速的旋转运动检测用传感器，它们的另一个重要应用就是巡航系统中检测车速。

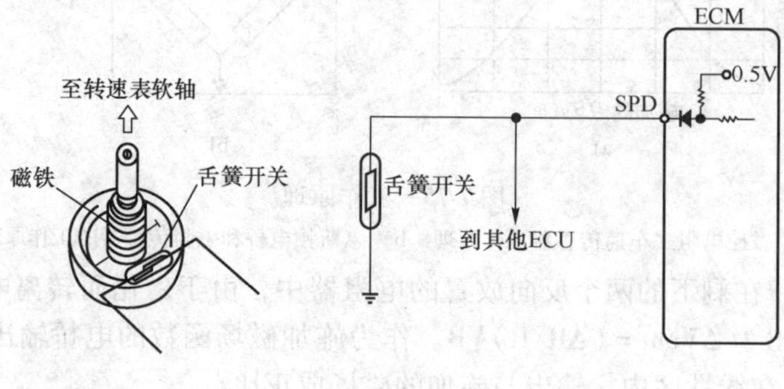

图 7-78　磁控电阻式车速传感器

（4）车速传感器的常见故障　“车速信号不合理故障”诊断操作步骤与流程，见表 7-7 和图 7-79。

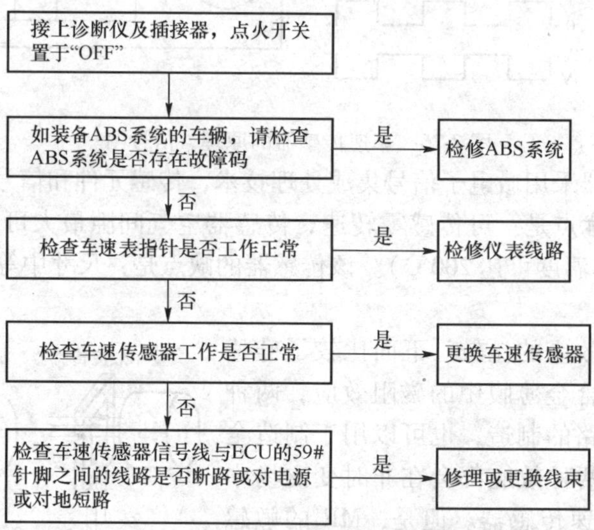

图 7-79　“车速信号不合理故障”诊断流程(以吉利车型为例)

表 7-7　“车速信号不合理故障”诊断操作步骤(以吉利车型为例)

序号	车速信号不合理故障	故障编号	DYZJ704
	操作步骤	检测结果	后续步骤
1	接上诊断仪及插接器，将点火开关置于“OFF”		下一步
2	如装备 ABS 系统的车辆，请检查 ABS 系统是否存在故障码	是	检修 ABS 系统
		否	下一步

（续）

车速信号不合理故障		故障编号	DYZJ704
序号	操作步骤	检测结果	后续步骤
3	检查车速表指针是否工作正常。	是	下一步
		否	检修仪表线路
4	检查车速传感器工作是否正常	是	下一步
		否	更换车速传感器
5	检查车速传感器信号线与ECU的59#针脚之间的线路是否断路或对电源或对地短路	是	修理或更换线束
		否	诊断帮助

7.4　汽车电脑故障诊断仪的使用

1. 发动机电控系统故障诊断方法

（1）故障码诊断法　现代汽车电子控制系统都具有故障自诊断功能，当系统出现故障时，ECU会使“CHECK ENGINE”（检查发动机警告）灯点亮，同时将故障码信息存入存储器。检修人员可以通过一定的程序将故障码从ECU中调出，根据故障码所显示的内容，迅速准确地确定故障的性质和部位，有针对性地检查有关部位、元件和线路，将故障排除。

（2）故障征兆模拟法　在利用故障码诊断法进行故障诊断时，有时读不出故障码，但故障确实存在，且没有明显的故障征兆。在这种情况下，故障征兆模拟法就是一种行之有效的方法。

1）振动法。当振动可能是故障的主要原因时，可使用振动法。振动法主要检查插接器（线束接插件）、配线、零件与传感器，在检查过程中，观察是否再现故障征兆。

- 插接器。在垂直和水平方向轻轻摇动各个插接器。
- 配线。在垂直和水平方向轻轻摇动配线和插接器的接头。振动支架和穿过开口的插接器体都是应仔细检查的部位。
- 零部件和传感器。用手指轻轻拍打装有传感器的零件，检查是否失灵。在检查时要注意不要用力拍打继电器，否则可能会使继电器断路，产生新的故障。

2）加热法。当怀疑某一部位是因为受热而引起的故障时，可用电吹风或类似工具加热可能引起故障的零件或传感器，检查是否出现故障。在使用加热法时应注意：

- 加热温度不能高于60℃（温度限制在不致损坏电子器件的范围内）。
- 不可直接加热ECU中的零件。

3）水淋法。当故障可能是雨天或在高湿度环境下引起时，可使用水淋法，用水喷在车辆上，检查是否出现故障。

4）电器全部接通法。当怀疑故障可能是用电负荷过大引起时，可使用此方法。接通所有电气负载，包括加热器鼓风机、前照灯、后窗除雾器、空调以及音响等，检查是否出现故障。

（3）查故障征兆一览表法　当故障既不能在故障码检查中得到证实，也不能在基本检查中得到证实的时候，可利用查故障征兆一览表的方法来诊断发动机的故障。

（4）用专用或通用仪器检测技术参数　在没有专用电脑故障诊断仪、不知故障码和故障码含义、无故障征兆一览表可供参考时，如果知道 ECU 插接器各脚的技术参数和各传感器、执行器的技术参数，用万用表、示波器或发动机分析仪等检测技术参数也是故障诊断行之有效的办法。.

2. 发动机电控系统故障诊断的一般程序

1）询问。

2）查阅。在对汽车进行检测前，一定要掌握该车的有关数据、所要检查部件的准确位置、接线图、接线和检测方法以及检测仪器的使用。

3）直观检查。这是故障分析最基本的检查，可以确定前面两步骤对故障的估计是否正确。其内容包括：

① 看：看是否有部件丢失，电线是否脱线，插接器是否接合，有无接错线，各种软管的连接状况等。

② 听：起动发动机，检查是否有漏气、杂音，可能产生故障的部件能否正常工作等。

③ 摸：通过触摸检查某些部件是否在正常工作，接线是否牢固，软管是否断裂等。

4）基本检查。基本检查主要包括基本怠速和基本点火正时的检查与调整。在进行基本检查时，必须使发动机冷却液温度达到正常工作温度（约 80℃以上）。同时，关闭车上所有附加电器装置，如空调、除霜等。还应在散热器风扇未动作时执行检查与调整，以免风扇动作的电源消耗，影响怠速的正确性。

5）调取故障码。按照该车所要求的操作程序进入自诊断状态，调取故障码，以作为故障判断的依据。

6）检测。只有在进行检测后才能最终判定故障的位置和找到产生故障的原因。检测包括的内容很多，如信号检测、数据检测、压力检测、执行器动作检测等。

7）试验。

3. 汽车电脑故障诊断仪功能及使用简介

（1）V. A. G1551/V. A. G1552 大众车系专用检测仪　具备以下功能：

1）本型号。读取所测电控系统的电脑版本型号、系统类型、发动机类型、适用配置的设定号及服务站代码等。

2）读取电脑控制系统存储的故障码及故障码内容。

3）执行元件。驱动执行元件单独工作，检测执行元件工作是否正常。

4）调查。电控系统某些基本运行参数的设定。

5）故障码。清除控制电脑中记忆的故障码。

6）单元编码。根据车辆使用的国家、地区和发动机、变速器及其他配置输入适当的设定号（CODINGNUMBER 控制单元编码）。

7）数据流。读取控制电脑的运行数据（以数据组形式显示）。

8）独立通道数据。读取控制电脑的运行数据（以单通道数据显示）。

9）通道匹配。根据厂方要求和实际需要修改和输入某些设定值。

10）登录

11）设定服务代码。

（2）HY222 系列“修车王”汽车故障电脑诊断仪　具备以下功能：

1）单中文显示测试方法操作提示。

2）提示各种车型诊断插座的位置。

3）自动调取故障码，中文显示故障码的内容。

4）自动清除故障码。

5）动态数据流测试功能。

6）终端执行元件和开关测试。

7）查阅各种车型维修参数。

该仪器的详细功能及使用方法可参阅使用说明书。

（3）OTC 汽车故障电脑诊断仪　OTC 汽车故障电脑诊断仪的液晶屏以菜单形式显示测试信息。

（4）笛威一红盒子（SNAP ON SCANNER）　美国 SNAP—ON 公司的 VANTAGEMT2400（亦称红盒子 2#）是一个功能强大的电控系统检测设备。它将双通道汽车专用示波器、双通道汽车专用电表、油压测试、点火测试、欧美亚车系统传感器和执行器测试、维修诊断提示以及原厂维修技术通报等具有很重要价值的数据库有机地结合为一体，可以简捷、准确地对中外汽车进行系统诊断测试。

4. TWAY9406A 数字电表的主要功能

① 检测汽车发电机最高输出电压及最大输出电流。

② 电器微小漏电压、漏电流测量，并具备记忆锁定功能。

③ 进行故障码读取，代替显示灯跨接的方法，并可以声响计数及显示电压值。

④ 测试线路中的电压降及阻抗。

⑤ 检测电路中接点的压降或触点的压降，判断线路接触情况是否良好。

⑥ 温度检测。

⑦ 发动机转速检测。

⑧ 测量电磁线圈工作时导通/关断百分比。

⑨ 检测空气流量计、进气压力及大气压力传感器、冷却液温度及进气温度传感器、氧传感器、怠速控制电动机、车速传感器、点火信号发生器、爆燃传感器等。

⑩ 电路断路、短路检测，声响指示。

⑪ 点火系高压电路技术状况检测。

⑫ 测试中最大值、最小值显示及锁定。

⑬ 发电机整流二极管动态检测，并有字幕显示。

⑭ 交、直流电压、电流检测，并具有 600V 安全过电压保护功能。

⑮ 自动关机功能。

⑯ 具有动态测试氧传感器变动率、电压变动值显示及声响提示（±0.45V 判断）功能。

⑰ 具有检测干扰信号源，检测超强应用功能。

⑱ 精确测试频率、时间（ms）功能，并具有 ± 触发相位及 Hi/Lo 准位功能。

5. 示波器功能及使用简介

汽车电控系统工作中，由各种传感器或装置向电脑输送各种控制电信号，由电脑综合判断处理后再向各种执行元件输出各种控制电信号。通过示波器将上述各种信号的波形显示出来，通过对波形的变化分析来判断故障。

6. 多功能信号模拟检测仪功能及使用简介

① 可模拟一个三线电压传感器信号。

② 可模拟氧传感器的信号。

③ 可模拟电阻型(双线)传感器信号。

④ 可模拟频率传感器所发出的频率信号(DC)。SST111 可根据需要输出不同频率的信号。

⑤ 可模拟爆燃传感器信号。SST111 可产生不同频率的连续爆燃信号。

⑥ 可模拟车速传感器信号。SST111 可产生不同频率的车速传感器信号(AC)。

⑦ 检查电路的连续性。将仪器的红黑两测试笔接到线路两端，当线路接通时，仪器中蜂鸣器发声，表示线路正常。

⑧ 数字式万用表功能。可测直流电压、交流电压、电阻、频率等，还可以检测氧传感器等。

7. 发动机分析仪简介

① 可对发动机动力性进行检测，即无外载测功。

② 可对发动机单缸动力性进行检测，即单缸转速降或气缸均匀性。

③ 可对点火系统参数进行检测，如点火提前角、重叠角、闭合角及点火线圈初级、次级点火波形等。

④ 可对起动系统参数及气缸相对压力进行检测。

⑤ 可对充电系统进行检测。

⑥ 可对进气歧管真空压力波形进行检测。

⑦ 可对柴油机供油系统参数进行检测。

⑧ 可对汽车各传感器参数进行检测。

⑨ 有的发动机分析仪还具有汽车故障解码、汽车排气分析等功能。

7.5 ECU——汽车电子控制系统的核心技术

1. ECU 的定义及主要厂家

ECU 是 engine control unit 的缩写，即发动机控制单元，特指电喷发动机的电子控制系统。但是随着汽车电子的迅速发展，ECU 的定义也发生了巨大的变化。变成了 electronic control unit(即电子控制单元)，泛指汽车上所有电子控制系统，可以是转向 ECU，也可以是调速 ECU、空调 ECU 等，而原来的发动机 ECU 有很多的公司称之为 EMS，即 engine management system。随着汽车电子自动化程度越来越高，汽车零部件中也出现了越来越多的 ECU 参与其中，线路之间复杂程度也急剧增加。为了使电路简单化、精细化、小型化，汽车电子中引进了 CAN 总线来解决这个问题。因为 CAN 总线能将车辆上多个 ECU 之间的信息传递形成一个局域网络。有效的解决线路信息传递所带来的复杂化问题。目前博世、德尔福、电装、中国的 VDO 等都是汽车 ECU 行业的领导者。

2. ECU 的基本组成

简单地说，ECU 由微机和外围电路组成。而微机就是在一块芯片上集成了微处理器(CPU)、存储器和输入/输出接口的单元。ECU 的主要部分是微机，而核心部件是 CPU。输入电路接受传感器和其他装置输入的信号，对信号进行过滤处理和放大，然后转换成一定伏特的输入电平。从传感器送到 ECU 输入电路的信号既有模拟信号也有数字信号，输入电路中的模/数转换器可以将模拟信号转换为数字信号，然后传递给微机。微机将上述已经预处理过的信号进行运算处理，并将处理数据送至输出电路。输出电路将数字信息的功率放大，有些还要还原为模拟信号，使其驱动被控的调节伺服元件工作。例如继电器和开关等。因此，ECU 实际上是一个“电子控制单元”（Electronic Control Unit），它是由输入处理电路、微处理器（单片机）、输出处理电路、系统通信电路及电源电路组成，ECU 的结构如图 7-80 所示。

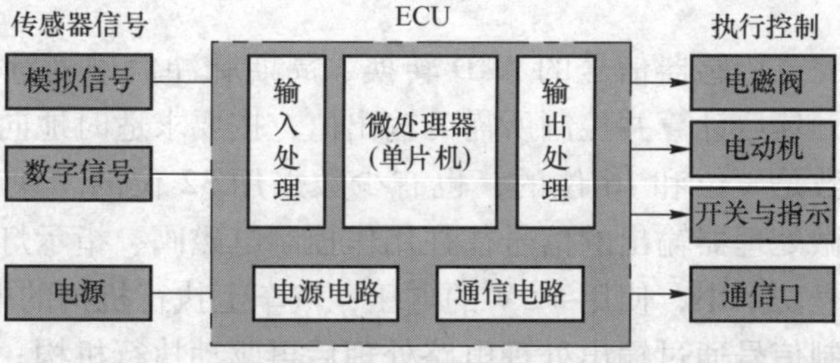

图 7-80　ECU 基本组成

具体来说，ECU 一般由 CPU、扩展内存、扩展 IO 口、CAN/LIN 总线收发控制器、A/D 及 D/A 转换口（有时集成在 CPU 中）、PWM 脉宽调制、PID 控制、电压控制、看门狗、散热片和其他一些电子元器件组成，特定功能的 ECU 还带有诸如红外线收发器、传感器、DSP 数字信号处理器、脉冲发生器、脉冲分配器、电机驱动单元、放大单元、强弱电隔离等元器件。整块电路板设计安装于一个铝质盒内，通过卡扣或者螺钉安装于车身钣金上。ECU 一般采用通用且功能集成、开发容易的 CPU。软件一般用 C 语言来编写，并且提供了丰富的驱动程序库和函数库，有编程器、仿真器、仿真软件，还有用于 calibration 的软件。图 7-81 所示是使用较普遍的一种结构类型。

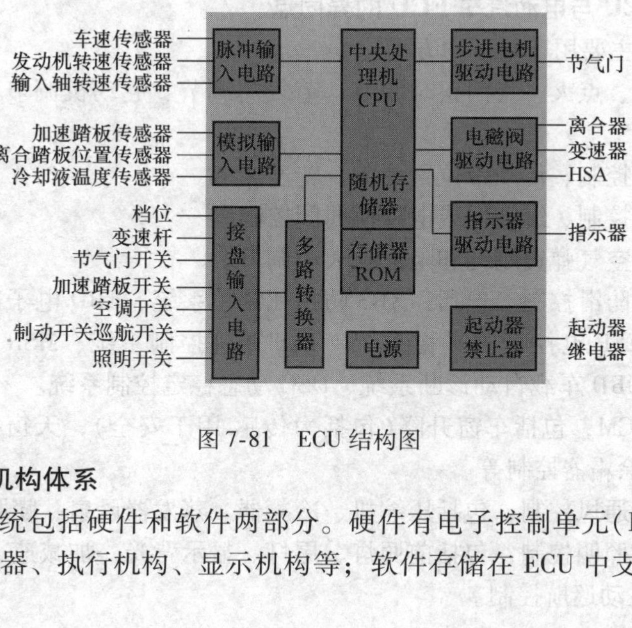

图 7-81　ECU 结构图

3. ECU 的基本机构体系

汽车电子控制系统包括硬件和软件两部分。硬件有电子控制单元（Electronic Control Unite）及其接口、传感器、执行机构、显示机构等；软件存储在 ECU 中支配电子控制系统完成实时测控功能。汽车上的大部分电子控制系统中的 ECU 电路结构大同小异，其控制功能的变化主要依赖于软件及输入、输出模块的功能变化，随控制系统所要完成的任务不同而不同，而 ECU 的基本结构体系包括输入处理电路、微处理器、输出处理电路、电源电路。在输入处理电路中，ECU 的输入信号主要有三种形式：模拟信号、数字信号(包括开关信号)、脉冲信号。模拟信号通过 A/D 转换为数字信号提供给微处理器。控制系统要求模数信号转换具有较高的分辨率和精度(>10 位)。为了保证测控系统的实时性，采样间隔一般要求小于 4ms。数字信号需要通过电平转换，得到计算机接收的信号。对超过电源电压、电压在正负之间变化、带有较高的振荡或噪声、带有波动电压等输入信号，输入电路也对其进行转换处理。

而微处理器首先完成传感器信号的 A/D 转换、周期脉冲信号测量和其他有关汽车行驶状态信号的输入处理，然后计算并控制所需的输出值，按要求适时地向执行机构发送控制信号。过去微处理器多数是 8 位和 16 位的，也有少数采用 32 位的。现在多用 16 位和 32 位机。在输出电路中，微处理器输出的信号往往用作控制电磁阀、指示灯、步进电动机等执行件。微处理器输出信号功率小，使用 +5V 的电压，汽车上执行机构的电源大多数是蓄电池，需要将微处理器的控制信号通过输出处理电路处理后再驱动执行机构。

电源电路中，传统车的 ECU 一般带有电池和内置电源电路，以保证微处理器及其接口电路工作在 +5V 的电压下。即使在发动机起动工况等使汽车蓄电池电压有较大波动时，也能提供 +5V 的稳定电压，从而保证系统的正常工作，而电动汽车一般由蓄电池供电。

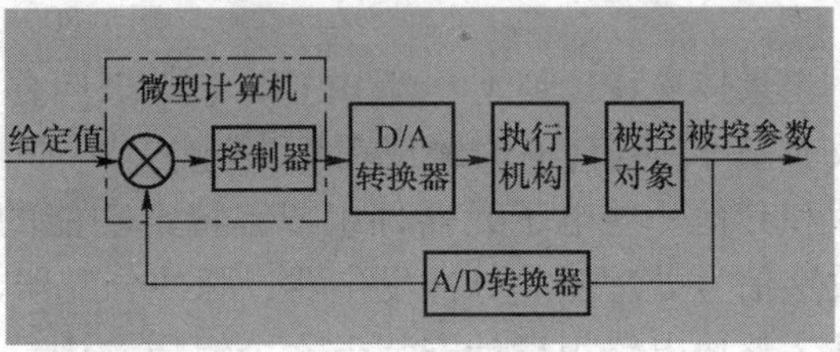

图 7-82　ECU 控制模式

在软件方面，ECU 的控制程序有以下几个方面：计算、控制、监测与诊断、管理、监控执行的控制模式，如图 7-82 所示。

4. 传统汽车 ECU 与电动汽车 ECU 的异同点

传统汽车 ECU 主要用于以下的方面：

① 发动机控制、点火、气门正时调节、节气门调节、起动机调节、起动离合调节、油调节等。

② 无极变速器控制、传动带位置调节、转速调节。

③ 自动变速器控制、继电器或电磁换向阀控制。

④ 主动悬架、空气弹簧刚性和阻尼孔大小调节。

⑤ 驱动力以及防滑控制。包括：ABS 防抱死制动系统、EBD 电子制动力分配、EBA 紧急制动辅助装置、ESP 电控行驶平稳系统、TCS 循迹控制系统、MSR 发动机阻力矩控制、EDS 电子差速锁、OBD 车载自动诊断系统、DSC 动态稳定控制系统。

⑥ 车身控制 BCM，包括车窗升降(包括力传感-用于安全)，天窗折叠、滑动，座椅升降调制，刮水器、除霜器控制等。

⑦ 空调采暖、通风控制，包括压缩机、冷凝器、蒸发器风扇、膨胀阀等控制。

⑧ 电子开关和照明控制，包括前照灯、尾灯、显示背光，加减速、电台、CD 等。

⑨ ACC 电子主动巡航控制。

⑩ 安全气囊自诊断和点爆控制。

⑪ 主动式安全带自诊断和点爆控制、回拉式安全带点爆控制。

⑫ EPS 转向控制、HPS 转向控制。

⑬ TPC 胎压控制。

⑭ 汽车仪表控制。

⑮ 防盗报警控制。

⑯ 车尾高度平衡系统控制。

⑰ 智能传感器，即带 ECU 的传感器。

电动汽车是指以车载电源为动力，用电机驱动车轮行驶，符合道路交通、安全法规各项要求的车辆。它对环境影响比传统汽车小，是在传统汽车的基础上进行优化设计，有着广泛前景的新能源车型。电动汽车的 ECU 控制与传统相比有以下不同。

去除了发动机控制，添加进了电机及其控制系统、电池及其管理系统、车载充电机、车身低速总线控制系统、车载记录仪及运行分析系统故障诊断及安全管理系统、车辆安全运行监控系统、车辆动力综合控制系统、应用于 AMT 的 TCU 控制。

5. ECU 的未来发展

未来汽车到底有多少个系统需要控制。自动变速器、ABS 系统、车载娱乐影音系统、四轮驱动转矩分配系统、主动悬架系统、安全气囊 + 安全带系统等等。这么多系统，都有自己的传感器和处理器，进行单独的运算，井水不犯河水肯定不行。像 AMT 与电机之间是需要配合的，换档过程需要 VCU 的配合，大油门时需要变速器的降档等。多种状态下，二者是需要共享一大堆数据的，例如电机的转速控制。自动变速器重新建立一套传感器会造成成本浪费，而且也是不切实际的。最好的办法就是变速器与发动机 ECU 共享数据，这就催生了 ECU 之间的信息网络系统——CAN 数据总线。同样的，CAN 数据总线也在底盘电子设备上采用，例如 ABS 共享了底盘的诸多传感器参数，如图 7-83 所示。

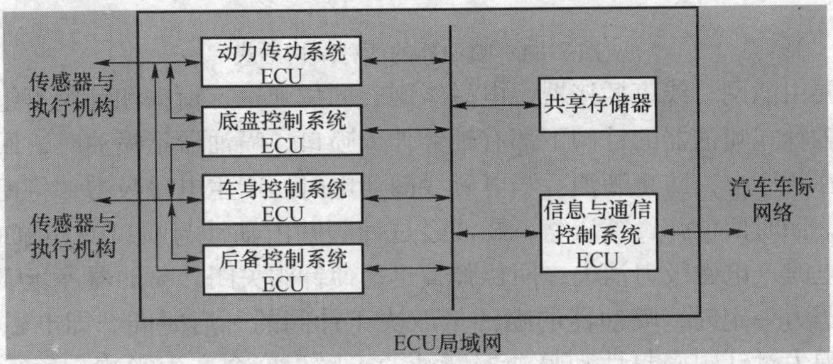

图 7-83　CAN 数据总线在底盘电子设备上的采用

由图 7-83 可以知道，随着汽车的高度电子化、自动化、集成化，会有越来越多的 ECU 系统构建成一个汽车电子的局域网络 CAN 总线。集中综合控制、总线技术、汽车智能控制是未来汽车电子控制技术重点发展方向。集中综合控制指的是单片机的类型将会启用更高位数的，各系统 ECU 向综合一体发展，互联网技术将可能切入，车载 PC 融入等。其中总线技术指的是各个 ECU 通过局域网技术实现车内互联，各 ECU 间信息共享。汽车智能控制指的是传感技术、图像识别技术、导航技术将使汽车智能控制得到发展。CAN 数据总线的发展必然将所有的控制系统集为一体。未来的ECU将会是强大的电脑系统，将整合电机及控制系统、自动变速器、ABS系统、车载娱乐影音系统、四轮驱动转矩分配系统、主动悬架系统、安全气囊+安全带系统等所有需要管理的部件，我们可以享受汽车影音系统，可以玩PC-Game，可以接受GPS信号，甚至连一个杯架都会处于ECU的管理之中。所以说ECU是汽车电子控制系统的核心技术。

7.6. 执行元件(喷油器)

电控燃油喷射系统的执行元件是喷油器。喷油器的功用是根据ECU的指令，控制燃油喷射量。电控燃油喷射系统全部采用电磁式喷油器，单点喷射系统的喷油器安装在节气门体空气入口处，多点喷射系统的喷油器安装在各缸进气歧管或气缸盖上的各缸进气道处。

1. 喷油器的构造与工作原理

按喷油口的结构不同，喷油器可分为轴针式和孔式两种，如图7-84所示。孔式喷油器在现代汽车中应用比较多，减少了喷油器内的沉积物。

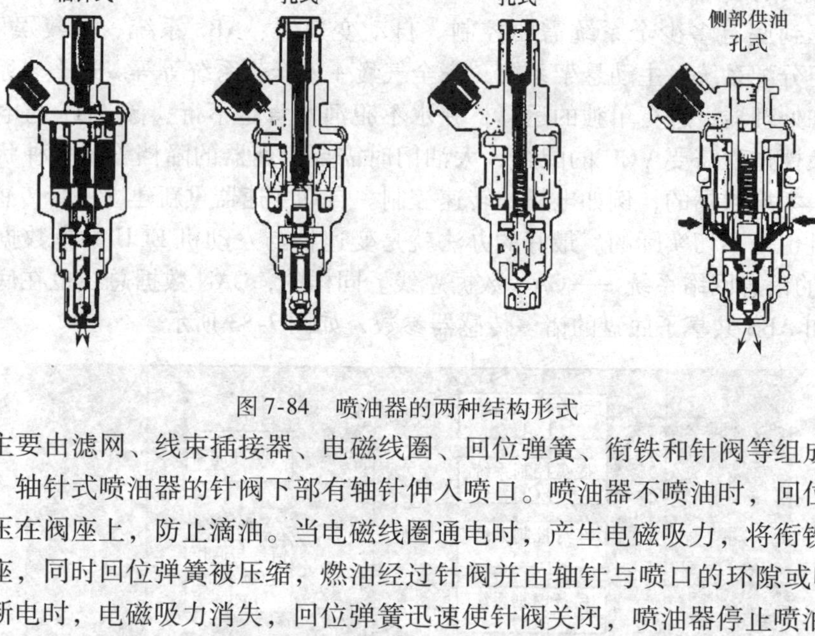

图7-84 喷油器的两种结构形式

喷油器主要由滤网、线束插接器、电磁线圈、回位弹簧、衔铁和针阀等组成，针阀与衔铁制成一体。轴针式喷油器的针阀下部有轴针伸入喷口。喷油器不喷油时，回位弹簧通过衔铁使针阀紧压在阀座上，防止滴油。当电磁线圈通电时，产生电磁吸力，将衔铁吸起并带动针阀离开阀座，同时回位弹簧被压缩，燃油经过针阀并由轴针与喷口的环隙或喷孔中喷出。当电磁线圈断电时，电磁吸力消失，回位弹簧迅速使针阀关闭，喷油器停止喷油。在喷油器的结构和喷油压力一定时，喷油器的喷油量取决于针阀的开启时间，即电磁线圈的通电时间。回位弹簧弹力对针阀密封性和喷油器断油的干脆程度会产生影响。各车型装用的喷油器，按其线圈的电阻值可分为高阻(电阻为13~16Ω)和低阻(电阻为2~3Ω)两种类型。

2. 喷油器

按驱动方式可分为电流驱动和电压驱动两种方式，如图7-85所示。电流驱动方式只适用于低阻值喷油器，电压驱动方式对高阻值和低阻值喷油器均可使用。

(1) 电流驱动方式　在采用电流驱动方式的喷油器控制电路中，不需附加电阻，低阻喷油器直接与蓄电池连接，通过ECU中的晶体管对流过喷油器线圈的电流进行控制。

如图7-86所示，蓄电池通过点火开关和主继电器(或熔丝)直接给喷油器和ECU供电，

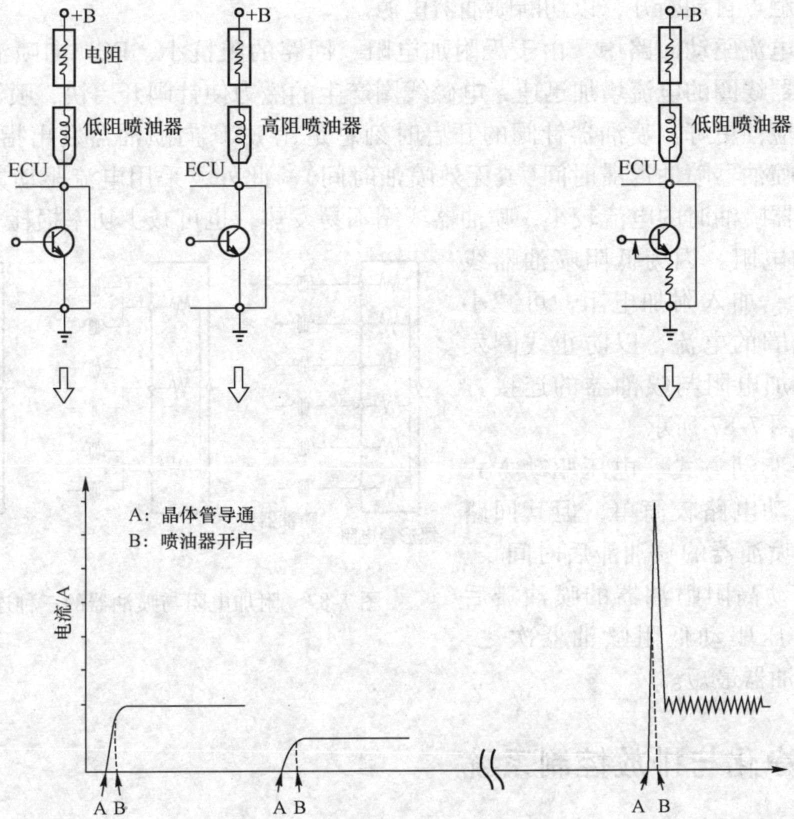

图 7-85　喷油器的驱动方式

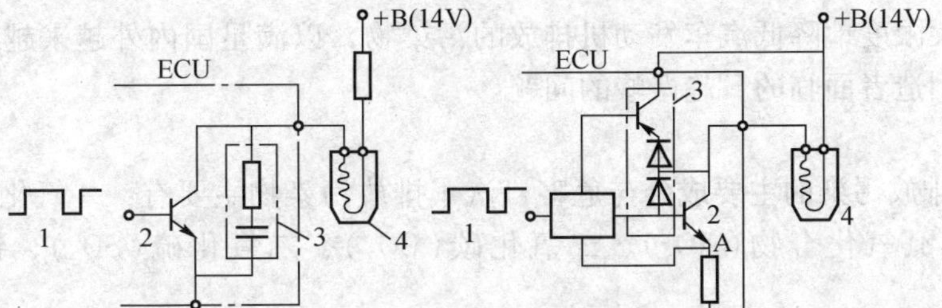

图 7-86　喷油器的两种驱动电路

1—输入脉冲　2—功率晶体管　3—消弧电路　4—喷油器

ECU 控制喷油器和主继电器线圈的搭铁回路。点火开关接通时，继电器触点闭合，ECU 中的喷油器驱动电路使晶体管导通，流过喷油器线圈的电流在晶体管，发射极电阻上产生电压降。A 点的电压达到设定值时，喷油器驱动，电路使晶体管截止。当蓄电池电压为 14V 时，流过喷油器线圈的峰值电流为 8A，喷油器针阀达到最大升程后，保持这一稳定、静止状态的电流为 2A。在此过程中，晶体管以 20Hz 的频率导通或截止，即电压变化频率为 20Hz。晶体管 VT2 的作用是吸收 VT1 导通和截止时在喷油器线圈中产生的反电动势，防止电流突然减小。继电器的作用是防止流过喷油器线圈的电流过大，若流过喷油器线圈的电流超过设定值，继电器触点自动断开，以切断喷油器电源。

在喷油器电流驱动回路中，由于无附加电阻，回路的阻抗小，ECU 向喷油器发出指令时，流过喷油器线圈的电流增加迅速，电磁线圈产生的磁力使针阀开启快，喷油器喷油迟滞时间缩短，响应性更好。喷油器针阀的开启时刻总是比 ECU 向喷油器发出指令的时刻晚，此时间即称为喷油器喷油迟滞时间(或无效喷油时间)。此外，采用电流驱动方式，保持针阀开启使喷油器喷油时的电流较小，喷油器线圈不易发热，也可减少功率损耗。

加入附加电阻。因为低阻喷油器线圈的匝数较少，加入附加电阻，可减小工作时流过线圈的电流，以防止线圈发热而损坏。附加电阻与喷油器的连接方式有三种，如图 7-87 所示。

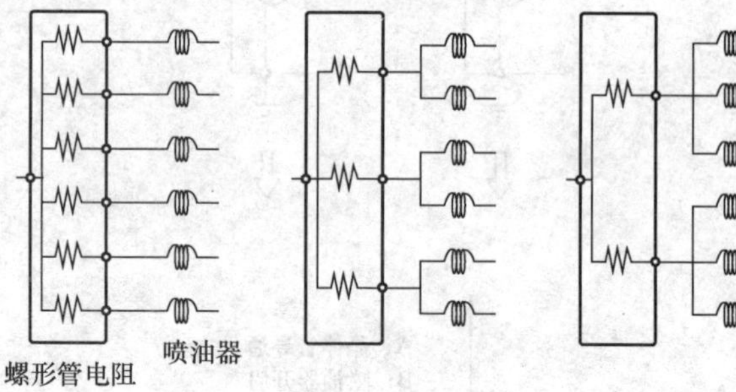

图 7-87　附加电阻与喷油器的三种连接方式

(2) 电压驱动方式　电压驱动方式中的喷油器驱动电路较简单，但其回路中的阻抗大，喷油器的喷油滞后时间长。其中，电压驱动高阻喷油器的喷油滞后时间最长，电压驱动低阻喷油器次之，电流驱动的喷油器最短。

7.7　排气净化与排放控制系统

随着我国经济建设迅速发展，汽车运输业日益繁忙和各类机动车拥有量逐年大幅度增加，为控制随之而带来的环境污染，国家对汽车尾气排放的要求越来越严。因此，如何采取有效措施，最大限度地降低汽车发动机排放的污染物，以满足国内外越来越严的排放标准，已是广大汽车制造者面临的日趋严峻的问题。

1. 概述

(1) 汽车排放污染的主要成分与危害　汽车排放污染物主要有：一氧化碳(CO)、碳氢化合物(HC)、氮氧化合物(NO_x)、二氧化碳(CO_2)、二氧化硫(SO_2)、铅(Pb)和炭烟(PM)等。

一氧化碳(CO)是空气不足或空气中氧含量不足造成混合气过浓所产生的一种无色、无味的有害气体。一氧化碳(CO)与人体血液中的血红素有很强的亲和力(它的亲和力是氧的 300 倍)，被人体吸入后容易使血液丧失对氧的输送能力而产生缺氧中毒。当环境中 CO 的浓度超过 100×10^{-6}时，人体就会产生头晕、乏力等不适感；随着 CO 浓度的增加，会进一步产生头痛、呕吐、昏迷等症状。当 CO 浓度超过 600×10^{-6}时，短期内会引起窒息死亡。

碳氢化合物(CH)是指发动机废气中燃料未完全燃烧的产物，还包括供油系统中燃料的蒸发和滴漏。具有一定的毒性和易燃易爆的特性，其中的苯类物质又具有致癌作用。单独的碳氢化合物只有在含量相当高的情况下才会对人体产生影响，一般情况下对人作用不是很明显，但它是产生光化学烟雾的重要成分。HC 与 NO_x 在阳光下极易发生光化学反应，形成以臭氧(O_3)和以醛类为主的光化学烟雾。当 O_3达到一定浓度时，会令生物在短期内发生高温氧化而脱水死亡。醛类有机物带有毒性，对眼睛和呼吸系统有强烈的刺激作用，严重的会导致中毒死亡。氮氧化物(NO_x)是发动机在高温富氧时产生的一种褐色的有刺鼻气味的气体。汽车废气中排出多种氮氧化物(NO_x)，其中一氧化氮(NO)与人体血液中血红素的亲和力比CO还强，两者结合后会产生与CO相似的症状，一般情况下对人体的眼睛、鼻子、咽喉、支气管和肺部等会带来更大的损害，严重时导致人死亡。氮氧化物进入人体肺泡后形成亚硝酸和硝酸，对肺组织产生剧烈的刺激作用，亚硝酸盐则能与人体内血红蛋白结合，形成变性血红蛋白，可在一定程度上造成人体缺氧。氮氧化合物与碳氢化合物受阳光中紫外线照射后发生化学反应，形成有毒的光化学烟雾，当光化学烟雾中的光化学剂超过一定浓度时，具有明显的刺激性，它能刺激眼结膜，引起流泪并导致红眼病，同时对鼻、咽等器官均有刺激性，能引起急性喘息症，可以使人呼吸困难、眼红喉痛、头脑晕沉，造成中毒。光化学烟雾还具有损害植物、降低大气能见度、损害橡胶制品的危害。

二氧化碳(CO_2)为无色无毒气体，对人体无直接危害，但大气中的二氧化碳大幅度增加，会导致大气的温室效应，使全球气温上升，南北极冰层融化，海平面上升，大陆腹地沙漠化趋势加剧，使人类和动物赖以生存的生态环境遭到破坏。

二氧化硫(SO_2)为燃油中的硫燃烧后的生成物，人体吸入SO_2后，即产生咳嗽、咽喉肿痛、呼吸困难、胸闷、四肢乏力，进一步会引起支气管炎、肺炎和心脏病等，严重的会导致人畜死亡。SO_2还极易与大气中的水蒸气结合生成亚硫酸烟雾，达到一定积聚量后便形成酸雨，使水土酸化，破坏林木、植物的生长。故此，应尽量减少燃油中的含硫量。

铅(Pb)为一种有毒的金属，它是由燃油中的铅化物添加剂(如四乙铅)经高温燃烧后还原而成的铅微粒。铅与血液中的血红素结合后，使血红素产生异变。当血液中的铅含量达到一定的程度时，会积聚于肝、肾、大脑和脊髓中，严重破坏人体的神经系统和造血功能。

炭烟(PM)主要是柴油发动机燃烧不完全的产物，其内含有大量黑色的炭颗粒和其他杂质粉尘，由于其粒径极小，约为0.01~0.2μm，能长期悬浮于空气中，影响道路上的能见度且易于通过呼吸系统而沉积于肺泡内，炭烟不仅本身对人体的呼吸系统有害，而且炭烟粒的空隙中往往吸附着二氧化硫和有致癌作用的多环芳香烃等，极具致癌作用。

铅、炭烟粒和其他杂质粉尘等因粒径极小，SO_2又具有胶粘性，特别是铅微粒因无法燃烧，一旦被吸附在催化剂的表面上，便令三元催化转化器丧失催化功能，此即为三元催化转化器的铅中毒。

(2) 汽车排放污染物形成的原因

1) 一氧化碳(CO)是空气不足或空气中氧含量不足造成混合气过浓所产生的一种无色、无味的有害气体。

2) 碳氢化合物(CH)是指发动机废气中未燃部分，还包括供油系统中燃料的蒸发和滴漏，造成燃烧不充分。

3) 氮氧化物(NO_x)是发动机在高温富氧时产生的一种褐色的有刺鼻气味的气体。

4) 二氧化硫(SO_2)为燃油中的硫燃烧后的生成物。

5) 铅(Pb)为一种有毒的金属，它是由燃油中的铅化物添加剂(如四乙铅)经高温燃烧后还原而成的铅微粒。

6) 碳微粒主要是柴油发动机燃烧不完全的产物。

(3) 减少汽车污染物排放的对策　汽车污染物排放给交通干线等人口密集区人们的健康造成严重危害，给人类生存的大气环境带来了严重污染，必须采取有效措施减少或者消除。目前遏制汽车污染物排放的对策有很多，比如：控制汽油车的污染物排放。采用天然气汽车、采用零排放汽车、发展新能源汽车。此外，加强行政管理，尤其在大城市人口稠密的地区，可以采取开辟地下通道；开辟地铁，施行电力牵引行驶；汽车分流行驶；城镇建设考虑自身的循环和多功能结构；合理设计城市居民的日常生活，汽车只用在城外等有效手段，从而有效减少和控制汽车污染物的排放。

单从控制汽油车的污染物排放来讲，现代汽油发动机排放控制，可以通过以下新技术来进行：

1）是发动机结构优化技术。如采用多气阀进气机构，组织进气气流、对燃烧室加以改进等。通过改善发动机燃烧状况，提高燃烧效率，降低发动机一氧化碳、碳氢化合物的生成量。

2）是闭环电控发动机管理技术。包括电控燃油喷射和电控点火。

3）是燃油蒸发污染物控制技术。对油箱和供油系统排出汽油蒸气污染物进行控制，国外从20世纪80年代就普遍使用，可控制汽油车20%左右的碳氢化合物排放。

4）是闭式曲轴箱强制通风技术。控制发动机曲轴箱窜气造成环境污染，可控制汽油车20%左右的碳氢化合物排放。

5）是废气再循环技术。将发动机排气引入到进气中，通过降低发动机气缸内氧的相对含量和最高燃烧温度来减少氮氧化物的生成量，可降低40%~60%氮氧化物的生成量。

6）是三元催化转化器技术。利用氧化和还原反应，将汽车排气中的一氧化碳、碳氢化合物、氮氧化物同时转化成无害的二氧化碳、氮气、水的技术。在一定条件下，对污染物的转化效率可达80%以上，是目前最为有效的汽油车机外净化技术。但为保证工作效能，需要发动机具备闭环电控系统，并燃用无铅汽油。

7）是改进油料、燃油的质量、组分、添加剂对排放均有一定影响。开发并采用多种燃料的新型汽车是今后汽车的发展方向，如改进油料的质量和组分，降低车辆污染物排放。

2. 废气再循环控制系统的原理与检测

（1）EGR系统的必要性　废气再循环（Exhust Gas Reciculation）简称EGR系统，用于减少废气中NO_x的含量。由于加速或发动机高负荷，燃烧室内的温度升高，生成的NO_x也随之增加。因为高温促使氮和空气中的氧化合，所以，减少NO_x生成的最好办法是降低燃烧室的温度。

（2）EGR的工作与测试

1）EGR阀的识别与测试。EGR阀有正压力控制式和负压力控制式两种类型：

① 正压力控制式——简称P型。正压力控制式完全由真空来控制，当发动机起动后，若有真空源到EGR膜盒，将膜盒吸起后，EGR阀即会打开，必须真空完全消失，EGR阀才会关闭。

② 负压力控制式——简称N型。负压力控制式由真空及排气压力来控制，当发动机起动后，原在EGR膜盒的真空会泄放，直到EGR动作条件达到时，才有发动机真空建立在膜盒内，但EGR阀尚未能开启，必须排气压力到达EGR阀时才能打开。

2）EGR阀的开启控制。因为在低温及低负荷的情况下，NO_x的生成量很少，所以EGR系统没必要工作。在怠速时，如果EGR阀打开，会导致发动机抖动甚至熄火。在高速时，如果EGR阀打开，则会影响发动机的输出功率，高速时功率不足。因此，EGR阀的工作时机必须控制，在一般情况下必须同时满足以下条件：

发动机达到工作温度，中高速时，EGR 阀的开启控制有以下几种：直接真空控制、温控阀控制、电磁阀控制、流量阀控制、步进电动机控制。

3）EGR 的监控方式。电控汽油喷射发动机的电脑控制系统会采用各种方式来监控 EGR 系统是否工作。常见的监控方式有以下几种：进气压力传感器 MAP 监控、开关式监控、差压阀位置传感器监控、排气温度检测控制、EGR 位置(高度)传感器监控。

4）废气再循环系统(EGR)。废气再循环(EGR)系统用于降低废气(惰性气体)中的氧化氮(NO_X)的排出量。氮和氧只有在高温高压条件下才会发生化学反应，发动机燃烧室内的温度和压力满足了上述条件，在强制加速期间更是如此。

当发动机在负荷下运转时，EGR 阀开启，使少量的废气进入进气歧管，与可燃混合气一起进入燃烧室。怠速时 EGR 阀关闭，几乎没有废气再循环至发动机。汽车废气是一种不可燃气体(不含燃料和氧化剂)，在燃烧室内不参与燃烧。它通过吸收燃烧产生的部分热量来降低燃烧温度和压力，以减少氧化氮的生成量。进入燃烧室的废气量随着发动机转速和负荷的增加而增加。系统构成如图 7-88 所示。

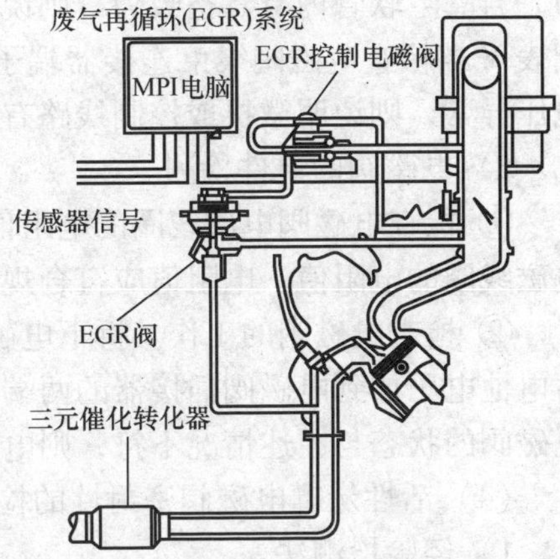

图 7-88　废气再循环系统(EGR)

3. 燃油蒸气回收装置(EVAP)

(1) 燃油蒸气回收装置(EVAP)的作用　防止油箱内的燃油蒸气散发到大气中，既能减轻污染，又能节约燃油。奥迪 A6 采用的是 ECU 控制的燃油蒸气回收装置，如图 7-89 所示。

(2) 燃油蒸气回收装置(EVAP)的结构原理及工作过程　活性炭罐内充满了活性炭粒。活性炭可以吸收汽油蒸气中的汽油分子。当油箱内的汽油蒸气经管道进入蒸气回收罐时，蒸气中的汽油分子被吸附在活性炭表面，剩下的空气则经蒸气回收罐的出气口排到大气中。

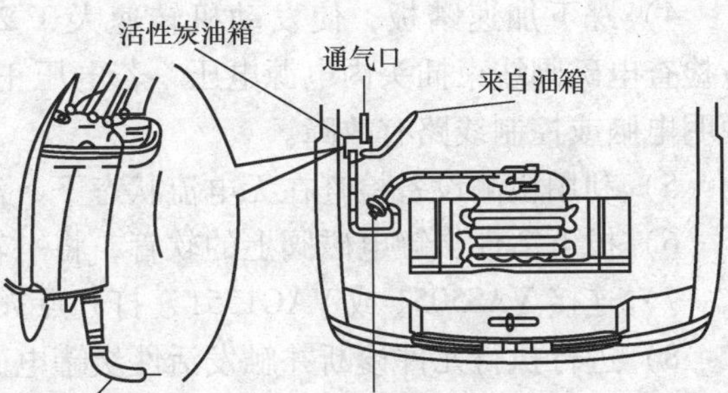

图 7-89　奥迪 A6 燃油蒸气回收装置

蒸气分离阀安装在油箱的顶部，油箱内的汽油蒸气从该阀出口经管道进入蒸气回收罐，该阀的作用是防止汽车翻倾时油箱内的燃油漏出。当发动机运转时，如果电磁阀开启，则在进气管内真空吸力的作用下，空气经蒸气回收罐下方进入，经过活性炭罐从上方出口经软管进入发动机进气管，使吸附在活性炭表面的汽油分子又重新蒸发，随空气一起被吸入发动机燃烧。

(3) 燃油蒸发控制系统的工作与检测　对燃油蒸发控制系统的故障，微机一般不能自行诊断，只能采用就车检测和单件检测方法来查找。

1）就车检测可按下述顺序进行：

① 将发动机预热至正常工作温度，并使之怠速运转。

② 拔下蒸气回收罐上的真空软管，检查软管内有无真空吸力。若燃油蒸发控制系统工作正常，在发动机怠速运转中电磁阀应关闭、真空软管内无真空吸力。如果此时真空软管内有真空吸力，则用万用表V档检查电磁阀线束插接器端子上是否有电压。若电磁阀线束插接器端子上有电压，说明微机有故障；若无电压，则说明电磁阀有故障(卡死在开启位置)。

③ 踩下加速踏板，当发动机转速大于2000r/min时，检查上述真空软管内有无真空吸力。若真空软管内有真空吸力，则说明该系统工作正常；若真空软管内无真空吸力，则用万用表V档检查电磁阀线束连接器端子上是否有电压。若电压正常，说明电磁阀有故障；若电压异常，则说明微机或控制线路有故障。

2）电磁阀的单件检测。

① 检查电磁阀电磁线圈的电阻值。拔下电磁阀线束插接器，用万用表Ω档测量电磁阀电磁线圈的电阻值。电阻值应符合规定，否则应更换电磁阀。

② 检查电磁阀的工作。拆下电磁阀，首先向电磁阀内吹气，电磁阀应不通气；然后将蓄电池电压加到电磁阀插接器的两端子上，并同时向电磁阀内吹气，此时电磁阀应通气。如电磁阀的状态与上述情况不符，则电磁阀有故障，应更换。

（4）活性炭罐电磁阀密封性的检查(以大众车系为例)

1）经验检测法。

2）起动发动机，达到正常工作温度，并使之怠速运转。

3）拔下蒸气回收罐上的真空软管，检查软管内有无真空吸力。若正常，应无真空吸力；如果有吸力，应检查电磁阀线束插头内电源电压正常与否；若有电压，说明电脑有故障；若无电压，说明电磁阀有故障；

4）踩下加速踏板，使发动机转速大于2000r/min，上述软管内应有吸力，若无吸力，应检查电磁阀线束插头内电源电压，若电压正常，说明电磁阀故障；若电压异常或无电压，说明电脑或控制线路有故障。

5）利用检测设备检查在无电流状态下，活性炭罐电磁阀应是关闭的。

6）拔下活性炭罐电磁阀上的软管，将一辅助软管连接到活性炭罐电磁阀的接口上。

7）连接VAS5051或VAG1551，打开点火开关，选择“01发动机电控单元”。

8）进行执行元件诊断并触发活性炭罐电磁阀，活性炭罐电磁阀应发出“咔嗒”声，且应打开和关闭(可用向辅助软管内吹气的方法进行检查)。

9）如果活性炭罐电磁阀没有发出“咔嗒”声，则应检查活性炭罐电磁阀的电阻；如果活性炭罐电磁阀没有正确打开和关闭，则更换活性炭罐电磁阀。

（5）活性炭罐电磁阀的检查　检查电磁阀电阻，应为20～28Ω。若电阻值不符，则更换；若电阻正常，则检查电压。具体过程如下：

1）拔下活性炭罐电磁阀的插头。

2）活性炭罐电磁阀的电阻检查(如图7-90所示)。

用万用表测量活性炭罐电磁阀两端子之间的电阻，规定值为22～30Ω。如果电阻值不符合规定值，则更换活性炭罐电磁阀；如果电阻值符合规定值，则进行活性炭罐电磁阀的供电检查。

3）活性炭罐电磁阀的供电检查。活性炭罐电磁阀是通过燃油泵继电器供电的。

4）检查活性炭罐电磁阀的熔丝。如果熔丝正常，则拔下活性炭罐电磁阀的插头，将二极管电笔连到活性炭罐电磁阀插头1号端子和发动机搭铁之间，起动发动机，二极管电笔应该闪亮。

5）如果二极管电笔不闪亮，则检查从活性炭罐电磁阀插头1号端子经过熔丝到燃油泵继电器的导线是否导通。如果导线正常则应检查燃油泵继电器。

6）如果二极管电笔闪亮，则应检查活性炭罐电磁阀的触发功能。

7）活性炭罐电磁阀的触发功能检查。

8）将二极管电笔连到活性炭罐电磁阀插头1号端子(正极)和2号端子之间。

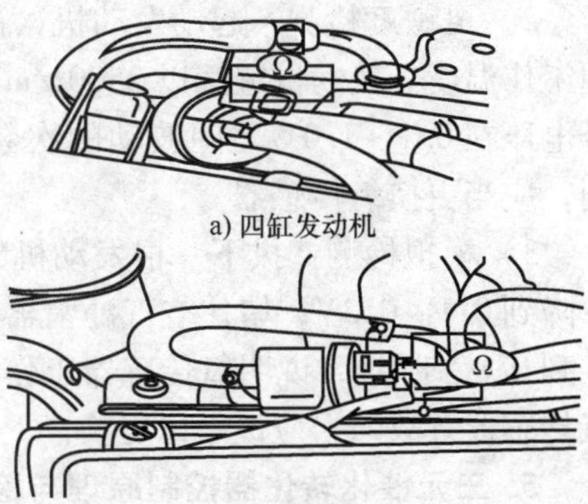

a) 四缸发动机
b) 六缸发动机

图7-90 活性炭罐电磁阀的电阻检查

9）进行执行元件诊断并触发活性炭罐电磁阀，此时，二极管电笔应该闪亮。

10）如果二极管电笔不闪亮或一直亮着，则将检测盒VAG1527/22(四缸发动机)或VAG1598/31(六缸发动机)连到发动机电控单元的线束上。如果是二极管电笔一直亮着，则检查活性炭罐电磁阀插头2号端子和VAG1527/22的15号端子(四缸发动机)或VAG1598/31的64号端子(六缸发动机)之间的导线连接是否对地线短路；如果是二极管电笔不闪亮，则检查活性炭罐电磁阀插头2号端子和VAG1527/22的15号端子(四缸发动机)或VAG1598/31的64号端子(六缸发动机)之间的导线连接是否与电源短路或断路，该导线的电阻值最大为1.5Ω。

11）如果需要则排除导线与地线短路或导线断路故障；如果导线正常，则更换发动机电控单元。

4. 氧传感器的结构原理与检测

(1) 氧传感器的结构及原理 目前应用的氧传感器主要包括氧化锆式和氧化钛式。

氧传感器的基本原理：在一定条件下(高温和铂催化)，利用二氧化锆内外两侧的氧浓度差，产生电位差，且浓度差越大电位差就越大。大气中的氧含量大约为21%左右，浓混合气燃烧后的废气含氧量非常少，稀混合气燃烧生成的废气或因缺火产生的废气中含有较多的氧，但仍比大气中的氧少。

(2) 氧传感器的检测 氧传感器安装在发动机的排气管上，位于三元催化转化器之前，用于测量废气中的氧含量。如果废气中的氧含量高，说明混合气偏稀，氧传感器将这一信息输入发动机电控单元(ECU)，ECU指令喷油器增加喷油量；如果废气中的氧含量低，说明混合气偏浓，ECU指令喷油器减少喷油量，从而帮助ECU把混合气的空燃比控制在理论值(14.7)附近。因此，氧传感器相当于一个混合气的浓度开关，它是电喷发动机实行闭环控制不可缺少的重要部件。对于氧传感器一般进行加热器电阻、反馈电压等几个方面的检测。

1）分工况检测。氧传感器输出的信号电压(指ECU导线侧连接器端子对地的电压)应当符合下面的要求：点火开关位于ON位置时，信号电压大约为0V；发动机冷机怠速运转时，信号电压大约为0V；发动机预热后怠速运转时，信号电压大约为0~1.0V；发动机预热后加速运转时，信号电压大约为0.5~1.0V；发动机预热后减速运转时，信号电压大约为0~0.4V。

2）灵敏度检测：起动发动机，让发动机以2500r/min的转速运转3min，使氧传感器达到工作温度。发动机继续以2500r/min的转速运转，同时测量氧传感器的信号电压，如果信号电压在0.1～1.0V之间波动的次数为10s内大于8次，说明氧传感器的灵敏度正常。否则，应当更换氧传感器。

3）模拟检测：拔下一根发动机的真空软管，模拟混合气变稀，若氧传感器的信号电压下降到0.1～0.3V；堵住空气滤清器的进气口，模拟混合气变浓，若氧传感器的信号电压上升到0.8～1.0V，说明氧传感器工作正常。如果氧传感器的信号电压不发生上述变化，说明氧传感器有故障，应该予以更换。

5. 三元催化转化器控制原理与检测方法

（1）三元催化转化器控制原理　三元催化转化器的工作原理是：当高温的汽车尾气通过净化装置时，三元催化转化器中的净化剂将增强CO、HC和NO_x三种气体的活性，促使其进行一定的氧化—还原化学反应，其中CO在高温下氧化成为无色、无毒的二氧化碳气体；HC化合物在高温下氧化成水(H_2O)和二氧化碳；NO_x还原成氮气和氧气。三种有害气体变成无害气体，使汽车尾气得以净化。

（2）三元催化转化器的检测　外观检查：观察三元催化转化器是否有隆起、变形、泄漏和裂纹，各个连接件是否牢固，如图7-91所示。拍打并晃动三元催化转化器，是否有物体移动的声音，排气管是否有颗粒状物质排出。若有，说明三元催化转化器内部有破裂。此外，还要检查外部是否有凹陷。

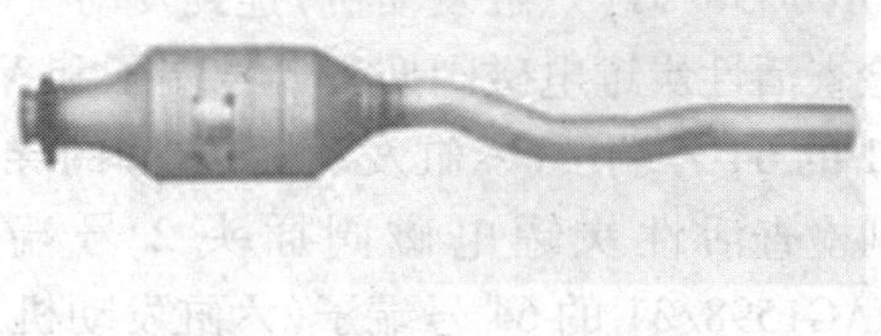

图7-91　三元催化转化器

氧传感器信号测试法：发动机模块利用两个氧传感器的信号来检测其工作性能。因此，我们可以利用这两个氧传感器的信号判断三元催化转化器的工作性能。

6. 二次空气喷射系统的原理与检测

（1）二次空气喷射系统的结构及原理。系统的工作原理：二次空气又分为上游气流及下游气流。上游气流进入排气歧管，下游气流进入转化器中的空气室中，空气进入排气歧管及三元催化转化器的时机，由发动机控制模块(ECU)进行控制。

1）AS和AI系统的必要性。

2）由于CO和HC是可以燃烧的物质，因此，如果迫使空气进入排气歧管，且废气够热，废气就会在排入大气以前重新燃烧，废气中的CO和HC也就转化成为无污染的CO_2和H_2O。有两种方法可以实现这一目的：二次空气吸入(AS)法和二次空气喷射(AI)法。

① 二次空气吸入(AS)系统。AS系统利用废气的波动(即排气压力有规律的突然变化)，打开和关闭片簧阀，让空气断续地进入排气歧管。用这个方法吸入排气歧管的空气和用AI法相比，其量甚小，所以AS法只适用于相对体积较小的发动机。

在有些AS装置中，装有一个机构，在发动机减速或冷机时，阻止空气进入。减速和冷却液温度低时，空气燃油混合气太浓，就会产生催化剂过热或排气管放炮的危险。

② 二次空气喷射(AI)装置系统。

AI系统使用空气泵，迫使空气进入排气歧管(空气泵通常用V型传动带驱动)。这个方法能提供重新燃烧所需要的足够的空气，但是有一部分发动机输出功率就要用于驱动空气泵。由于电控汽油喷射系统、三元催化转化器及其他这类设备研制成功，这个方法现在已经很少被采用了。

（2）二次空气喷射系统的检测　当二次喷射系统有故障后，发动机没有明显的故障现象，只是发动机的排放达不到标准，会增加 HC 和 CO 的排放量，不会影响发动机的动力性，二次空气喷射系统构成如图 7-92 所示。对于二次空气喷射系统的检修，一是看二次空气喷射泵到排气管的管路有没有破裂，二是看真空控制软管有没有破裂漏气的现象。

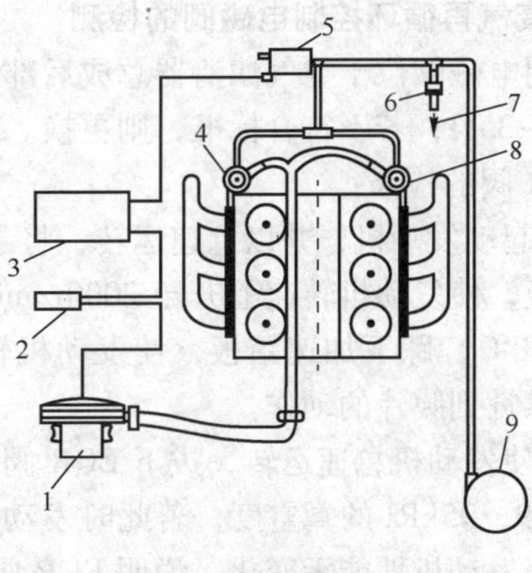

图 7-92　一汽奥迪 A6 轿车二次空气喷射系统的构成

1—二次空气泵电动机 V101　2—二次空气泵继电器 J299　3—发动机电控单元 J220　4—二次空气进气组合阀　5—二次空气进气阀 N112　6—单向阀　7—接进气歧管　8—二次空气进气　9—真空罐

7. 曲轴箱强制通风系统的原理与检测

（1）曲轴箱强制通风系统的结构及原理　发动机燃烧室内燃烧后的废气顺着活塞和气缸体的内壁漏入曲轴箱内，必须将这些污染物从曲轴箱内排出。一般采用 PCV 系统，将进入曲轴箱的气体导入进气歧管，使其重新燃烧。

PCV 阀是曲轴箱通风系统中最重要的部件，PCV 阀内有一个锥形阀。由 PCV 阀控制曲轴箱蒸汽进入进气歧管，同时防止气体或火焰反方向流动。当发动机工作时，进气歧管真空度作用在 PCV 阀上，此真空吸引新鲜空气经空气滤芯、空气软管进入气门室盖，再经过气缸盖孔进入曲轴箱，并在曲轴箱中与从燃烧室泄漏的气体混合。这些空气与泄漏的气体由于有进气管真空的吸引，所以向上经气缸盖孔流经气门室盖及 PCV 阀，进入进气歧管，然后再经进气门进入燃烧室燃烧。

（2）曲轴箱强制通风系统的工作

1）发动机停机或回火时，由于其自身重量和弹簧重量，PCV 阀关闭。

2）怠速运转或减速时，负压很强，所以 PCV 阀向上移动（打开）。但是由于真空通道仍然狭窄，窜缸混合气量还很少。

3）正常运转时，真空度正常，真空通道扩宽而部分打开。加速或高负荷时，PCV 阀完全打开，真空通道也完全打开。

（3）曲轴箱强制通风系统的检测　如果 PCV 系统工作不正常，则有可能使有害的窜气留在发动机内引起腐蚀、加快磨损，因而缩短发动机寿命。此外还会引发发动机不易起动、怠速不稳、加速无力或润滑油损耗过大等故障。

1）转速下降测试法。先使发动机达到正常温度，在怠速情况下，夹住 PCV 阀与真空源之间管路，发动机转速应下降 50r/min 或更多。否则，要检查 PCV 阀和管路是否堵塞，必要时进行清洗或更换。

2）真空测试法。使发动机在正常温度下正常运转，将 PCV 阀从气门室盖上拔下，拔下后应能听到空气流过时产生“咝咝”声。手指放在 PCV 阀的进气口，应能够受到很强的真空吸力。装好 PCV 阀，将机油加油口盖取下。处于怠速时将一张薄的硬纸轻轻放在开口上，在 60s 内，应能感受到真空将纸吸附在开口上。

8. 废气再循环控制电磁阀的检测

控制电磁阀位于空气滤清器总成后部。拆下控制电磁阀线束接头，测量两引脚间电阻，应为20~35Ω，若不符合标准，则更换。

EGR阀的检修：

1）起动发动机，并以怠速运转，将手指伸入EGR阀，按在膜片上；在冷车状态下踩下加速踏板，使发动机转速上升至2000r/min左右，此时EGR阀应不开启；发动机热车后水温高于50℃，踩下加速踏板，使发动机转速上升至2000r/min左右，此时EGR阀应开启，手指可感觉到膜片的动作。

2）使发动机怠速运转，拔下EGR阀上的真空软管，用手动抽真空器对EGR阀膜片室施加约19.95kPa的真空度，若此时发动机怠速运转性能变坏甚至熄火，说明EGR阀工作正常；若发动机性能无变化，说明EGR阀损坏，应更换。

9. 奥迪A6发动机排放物控制典型装置的故障与排除

（1）活性炭罐系统的故障案例

1）故障现象。一辆行驶了15.4万km的1998款原装美版2.8L四驱奥迪C5A6，起动后加油即熄火，有时还完全无法起动。

2）故障诊断。该车被拖回维修站后进行检测，发动机电控系统电脑检查无故障记忆。根据故障现象的经验判断，发动机供油系统出现问题的可能性比较大，也就是汽油泵问题，随即更换一个新的汽油泵试车，发现故障现象依旧。这时故障原因就变得比较模糊，对故障的检查也变得比较麻烦。首先要确定是发动机供油系统还是电控系统的问题。当拆下火花塞时发现火花塞电极上面是湿的，也就是我们经常说的，火花塞已经基本被“淹死”。造成火花塞“淹死”的原因有：火花塞不点火；发动机喷油过多；机械故障导致气缸压力低或没有气缸压力。通过火花塞找到问题的检查思路，排查火花塞“淹死”的原因，也就会找到该车故障的真正原因。

3）故障分析。采用先易后难的检查原则，首先检查发动机的点火，用跳火的方法检查，发动机跳火正常。检查发动机的气缸压力也正常，那么问题还是出在发动机的供油系统。供油系统的汽油泵问题已经被排除，汽油的压力应该没有问题，那么问题在哪里？是喷油器吗？拆掉喷油器做喷油量和泄漏试验，结果正常，喷油器的喷油雾状也很好，喷油器在压力保持阶段也没有泄漏。根据以上的检查，供油系统也正常，那么问题到底出在哪里？除通过发动机常规的供油系统外，难道其他系统还会向发动机的进气道进汽油引起火花塞“淹死”吗？问题检查到这里就想到了油箱的燃油蒸发系统，该系统会对进气道供给额外的油箱蒸汽，但在正常情况下通过该系统供给的是燃油蒸汽，如果供给多的话，顶多只会造成发动机混合气过浓。冒黑烟或是热车熄火的故障现象，而不至于引起加不上油的故障。当我们拆开该系统的管路时发现管路中竟然有汽油流出，汽油肯定会通过进气道进入发动机气缸造成火花塞“淹死”。

4）故障排除。故障点找到了，但该系统的管路中怎么会有汽油呢？管路中有汽油，活性炭罐中肯定也存有汽油。于是拆下活性炭罐，果然其内部也有汽油。顺着活性炭罐的管路检查，原来是活性炭罐与油箱连接的管路中有汽油，该管路与油箱加油口的下部相连如图7-93所示。

根据如图7-93所示的活性炭罐系统管路的连接情况可以推测该车是在加油时汽油加注

过满或是用了不正确的汽油加注方法引起了活性炭罐管路中有汽油。此时再观察汽油表，发现油箱是满的。询问车主得知，加油时汽油加到了油箱口。而恰恰在该车的油箱加注口，就有关于汽油加注问题的图示（如图 7-94 所示）。

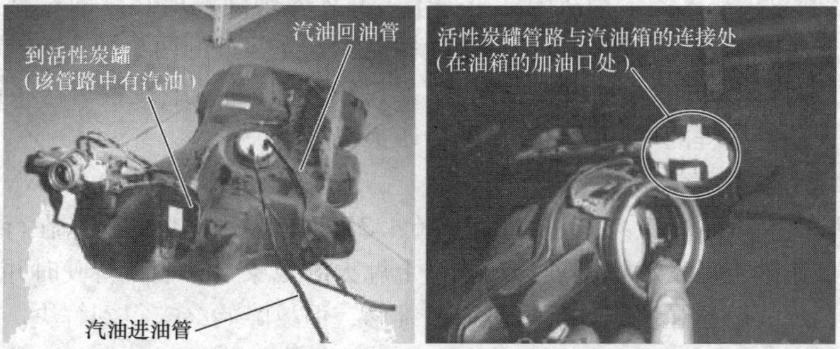

图 7-93　活性炭罐系统管路连接

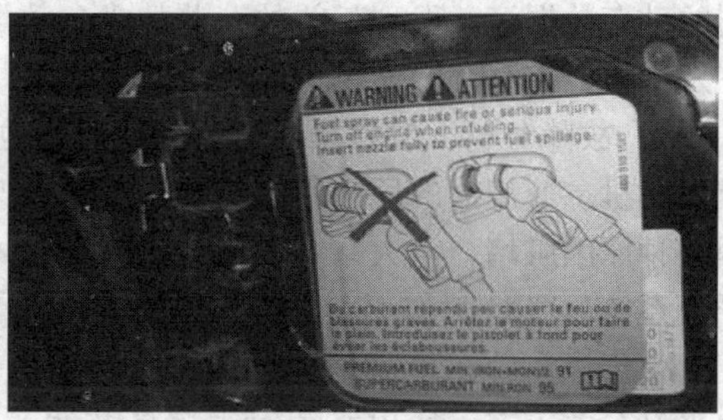

图 7-94　油箱加注口处有关加油方法的提示

5）故障诊断总结。汽油加注方法不正确，且加注过满造成活性炭罐系统的管路中有汽油，引起进气道内有汽油，使火花塞“淹死”，发动机无法起动。清除掉管路中的汽油，并更换活性炭罐后故障排除。但是该故障现象却是非常危险的，造成的后果不但有故障现象的存在，严重时汽油可以通过活性炭罐下部的排水阀直接流到车底，有引发火灾的危险，而且汽油未经燃烧直接排到排气歧管中，还有损坏三元催化转换装置的可能。

综上所述，要掌握正确的汽油加注方法，汽油加注的油枪一定要插到底，油枪自动停止就可以了。切忌加油时采取顺着油箱口流油的方法加注，且油枪自动停止后，不能再加注汽油。

（2）二次空气喷射系统故障的故障案例

1）故障现象。奥迪 A6，配备 2. 8L ATQ 发动机，4 轮驱动车辆。共行驶 3 万 km。发动机故障警告灯点亮，行驶中无不良感觉。清除故障码后，次日早晨又会点亮。

2）故障诊断。连接 V. A. G1552 并读取系统故障码，发现有故障码 P1423 和 P1411，含义为右列气缸和左列气缸二次空气喷射流量不足。清除后再一次读取故障码发现系统正常。

3）原因分析。首先我们了解一下奥迪 ATQ 发动机二次空气喷射的起动条件，必须在冷却液温度位于 $-10\sim45℃$ 时工作超过 45℃ 后将会停止二次空气喷射，也就是说当车辆处于热车时无法让故障现象再现。于是采用一个 2. 5kΩ 的电阻插在冷却液温度传感器上来“骗”发动机控制单元让其控制二次空气喷射泵工作，但结果是二次空气喷射泵正常转动，而发动机故障灯也再一次点亮，读取到的故障码仍旧是 P1423 和 P1411。

4）故障的排除。检查发现进气管上的真空管凌乱不堪，错插了好几根。将所有真空管正常插接到位后，故障现象依旧。将去往二次空气喷射阀的真空管拔下，发现在二次空气喷射系统工作时根本没有真空。这一下查到故障根源了。用 V. A. G1552 的元件测试功能测试二次空气喷射系统开关阀，发现开关阀不动作，但在其附近却依然听到“嗒、嗒”声，原来是共振进气开关阀在动作，对照线路图时发现两个插头插反了，将插头对调后故障消失。

5）故障诊断总结。这起人为故障兜了一个大圈才发现问题所在。固然有人为因素，但厂家在生产该产品时是否也存在一定的不合理性呢？首先邻近的两个插头应该不一样，即插错插不上。其二两个电磁阀颜色一模一样，厂家仅用绿/蓝油铅笔在各自插头淡淡地画了一下来区分颜色，随着里程的增加及高温，油铅印很快会消失。

（3）EGR 系统的故障案例

1）故障现象。一辆 1997 年产进口奥迪 A6 4. 2L 轿车，用户反映该车在行驶过程中经常出现突然松开加速踏板后发动机剧烈抖动或马上熄火的现象，车辆在行驶时并无其他不良状况，并称该车因此故障已在多家修理厂进行过维修，但故障始终未得到解决。

2）故障诊断。根据用户反映的情况，首先连接故障诊断仪 V. A. G1551 检测了发动机电控系统，但系统中无故障存储。为了明确故障原因，又利用诊断仪读取了各传感器和各执行器的动态数据流，发现相关的一些技术参数均在规定范围内。通过以上的检查，表明故障出在发动机电控系统方面的可能性不大。

3）故障分析。故障排除进行到此时，也对该车的故障进行了进一步的分析。一般能造成发动机怠速熄火的原因很多。如进气系统某气阀或管接头漏气，燃油系统压力不足或系统因某种原因脏堵，点火系统漏电或火花能量不足，燃油蒸发排放控制系统漏气，以及废气再循环系统(EGR)工作不正常等。

由于该车曾在多家修理厂维修过，而各修理厂的水平又参差不齐，所以必须对很多环节注意，以免被一些人为因素所干扰。经过大家讨论，决定就以上怀疑的地方逐项进行检查。为此，先测量了进气系统的真空度，测量结果在正常范围之内，说明进气系统密封良好如图 7-95 所示。然后连接油压表测量了发动机在怠速工况和急加速时的燃油压力，也未发现异常，证明燃油系统应该没有什么问题。为了排除燃油蒸发排放系统如图 7-96 所示出故障的可能性，暂时将燃油蒸气通道隔断，但故障依旧，至此也可以排除该系统出故障的可能性。接下来将检测重点放到了 EGR 系统上，将其切断，结果发动机马上就恢复正常了，看来该车的故障就是因 EGR 工作异常所致。

图 7-95　进气系统密封良好

4）故障排除。根据该车 EGR 系统结构特点分析，产生故障的可能性有 2 个：

① 电磁阀关闭不严，从而使进气管的真空度不受电磁阀控制而进入 EGR 阀真空膜室将 EGR 阀打开，导致废气进入气缸参与燃烧。

② EGR 阀关闭不严，导致废气不受 EGR 阀的控制直接进入气缸参与燃烧。

切断了电磁阀与 EGR 阀之间的真空通道后，故障依旧，证明是 EGR 阀关闭不严。拆下 EGR 阀检查，阀门果然漏气。发现阀门和阀座上均结有积炭，正是这些积炭导致阀门关闭不严而漏气。经清除 EGR 阀门及阀座上的积炭，并用研磨膏研磨后，测试不漏气装复后试车，故障排除。

5）故障总结。众所周知，EGR系统的工作是受发动机控制单元控制的，发动机控制单元根据发动机转速、负荷(节气门开度)、温度、进气流量及排气温度信号，通过控制电磁阀适时地打开，使排气系统中的少部分废气经EGR阀进入进气系统，与混合气混合后进入气缸参与燃烧。少部分废气进入气缸参与混合气的燃烧后，降低了燃烧室中的温度，因NO_x是在高温富氧条件下生成的，故抑制了NO_x的生成，从而降低了废气中的NO_x的含量。当发动机在怠速、低速小负荷及冷机时，发动机控制单元控制废气不参与再循环，避免发动机性能受到影响；当发动机超过一定的转速、负荷且达到一定的温度时，发动机控制单元控制少部分废气参与再循环，且参与再循环的废气量能够根据发动机转速、负荷、温度及废气温度的不同而改变，以达到废气中的NO_x含量最低。一旦发动机的EGR系统出现故障，使得过多的废气参与再循环，将会影响发动机混合气的正常燃烧，从而影响发动机的动力性。特别是在发动机怠速、低速、小负荷及冷机工况时，这种影响尤为明显。

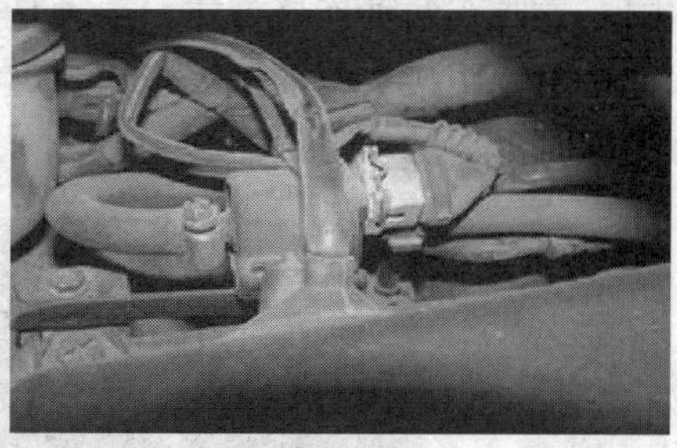

图7-96　燃油蒸发排放控制阀正常

控制排放系统不仅对发动机排放出的污染物的净化有着非常重要的的作用，而且其系统各部分装置的工作状态对汽车整个的运行也起着关键作用。奥迪A6的排放控制系统的组成装置较多，产生的故障也不少，只要对其系统结构和工作原理有了充分的了解，就不难着手去解决相关的故障。

实训11　燃油压力检测

1. 实训目的

掌握燃油压力检测步骤、方法及要求。

2. 实训内容

燃油压力检测。

3. 实训设备及器材

1）完整的汽车4辆。

2）常用工具和专业工具各4套。

4. 实训操作步骤

通过测试燃油系统压力，可诊断燃油系统是否有故障，进而根据测试结果确定故障性质和部位。测试时需使用专用油压表和管接头，测试方法如下：

1）检查油箱内燃油应足够。释放燃油系统压力。

2）检查蓄电池电压应在12V左右(电压高低直接影响燃油泵的供油压力)，拆开蓄电池负极电缆线，如图7-97所示。

3）将专用油压表连接到燃油系统中(图7-98)。不同车型测试压力表的连接方式有所

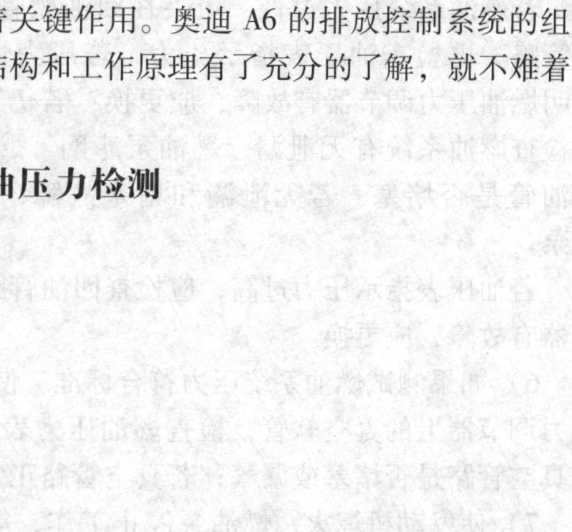

图7-97　拆开蓄电池负极电缆线

不同。主要有两种连接方式：一种是用专用接头将油压表连接在输油管的进油管接头处。另一种是用专用接头将油压表连接在燃油滤清器与输油管之间安装脉动阻尼器的位置(进行压力测试时拆下脉动阻尼器)。

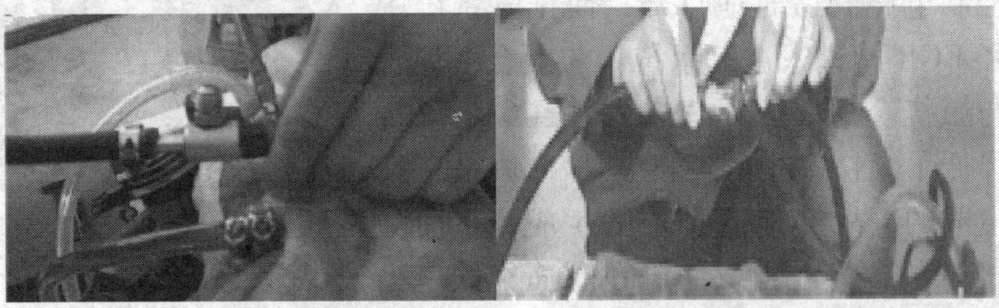

图 7-98　将专用油压表连接到燃油系统中

4）将溅出的汽油擦净。重新接好蓄电池负极电缆线。起动发动机并维持怠速运转。

5）拆开燃油压力调节器上的真空软管(如图 7-99 所示)，并用手指堵住进气管一侧的管口。检查油压表指示压力应符合标准：一般多点喷射系统压力应为0.25～0.35MPa，单点喷射系统压力应为0.07～0.10MPa。

图 7-99　拆开燃油压力调节器上的真空软管

若燃油系统压力过低，可夹住回油软管以切断回油管路。再检查油压表指示压力，若压力恢复正常，说明燃油压力调节器有故障，应更换；若仍压力过低，应检查燃油系统有无泄漏，燃油泵滤网、燃油滤清器和油管是否堵塞，若无泄漏和堵塞故障，应更换燃油泵。

若油压表指示压力过高，应检查回油管路是否堵塞；若回油管路正常，说明燃油压力调节器有故障，应更换。

6）如果测试燃油系统压力符合标准，使发动机运转至正常工作温度后，重新接上燃油压力调节器上的真空软管，检查燃油压力表指示压力应略有下降(约0.05MPa)，否则应检查真空管路是否堵塞或漏气；若真空管路正常，说明燃油压力调节器有故障，应更换。

7）使发动机熄火，燃油泵停止工作，等待10min后，观察油压表压力(即燃油系统残余压力)：多点喷射系统压力应不低于0.20MPa，单点喷射系统压力应不低于0.05MPa。若压力过低，应检查燃油系统是否有泄漏，若无泄漏，说明燃油泵出油阀、燃油压力调节器回油阀或喷油器密封不良。

8）检查完毕后，释放燃油系统压力，并拆下油压表，装复燃油系统。然后，预置燃油系统压力，并起动发动机检查有无泄漏。

5. 注意事项

1）听从老师安排。

2）不带易燃易爆物品参加实训。

6. 实训考核

“燃油压力测试“评分标准

序号	考核内容	配分	评分标准
1	正确使用工具、仪器	10分	工具使用不当扣10分
2	卸除燃油系统压力	30分	(1) 未卸压，此项目计零分 (2) 起动发动机超时扣3分 (3) 未在发动机怠速运转中拔除燃油泵继电器使发动机自行熄火扣3分 (4) 燃油系统压力未完全卸除扣5分 (5) 完成后未关闭点火开关扣2分，未装上燃油泵继电器扣2分
3	连接燃油压力表	10分	(1) 连接位置不正确扣5分 (2) 连接时未用抹布和油盆扣5分
4	预置燃油系统压力	30分	(1) 未预置压力此项目计零分 (2) 压力表读数不正确每次扣5分 (3) 未在发动机停止运转10min后测保持压力扣5分 (4) 每漏一项扣2分 (5) 结果判断不正确扣5分
5	安全用电、防火无人身、设备事故	10分	因违反操作安全发生重大人身和设备事故，此项目按0分计
6	维修记录	10分	(1) 维修记录字迹潦草扣2分 (2) 填写不完整，每项扣1分
7	合计	100分	

"燃油压力测试"操作工单

班级：________　　姓名：________　　总分：________

车型		发动机型号	

一、准备工作

(1) 工量具准备与检查	
(2) 维修手册准备	
(3) 固定发动机拆装台架	

二、操作过程

要求：会使用维修手册；能用正确的仪器检测发动机燃料系统压力，并根据测量结果提出维修方案。

卸除燃油系统压力	操作要领
连接燃油压力表	操作要领
检测燃料油系统压力	检查结果 系统油压 保持压力
查维修手册，该发动机系统压力标准值为(　　)，保持压力不低于(　　)。	
根据测量结果，分析故障原因	
维修结论	

实训 12　X431 解码仪的使用

1. 实训目的

1）掌握 X431 解码仪的构造及使用方法。

2）能根据具体车型和具体测试项目，选择不同的仪器连接方式，能正确地操作仪器进行故障诊断。

2. 实训内容

X431 解码仪的使用。

3. 实训器材和用具

实训用车若干台、X431 解码仪若干套。常用工具若干套、相关车辆维修手册若干套。

4. 实训操作步骤

（1）仪器的开机　接通主机电源，按下 X431 解码仪（图 7-100）正面下面的 POWER ON 按键，系统起动，再按下 POWER ON 按键，关闭主机。

图 7-100　X431 电眼睛故障诊断仪

开始（start）按钮。使用方法和 windows 中的“开始”一样，点击后弹出开始菜单。菜单项内容与功能如下所示，X431 LCD 显示器（触摸屏）操作界面如图 7-101 所示。

活动任务栏，可显示和切换正在执行的程序。背光灯，点亮或关闭背光。软键盘，弹出软键盘，有三种输入方式可供选择：笔画输入法，英文输入法、拼音输入法。

（2）测试的基本步骤（图 7-101）

1）选择测试接头。在进行测试时，测试接头的一端与解码仪主电缆线相连，另一端与汽车电控系统诊断座相连（图 7-102）。诊断座、接头的规

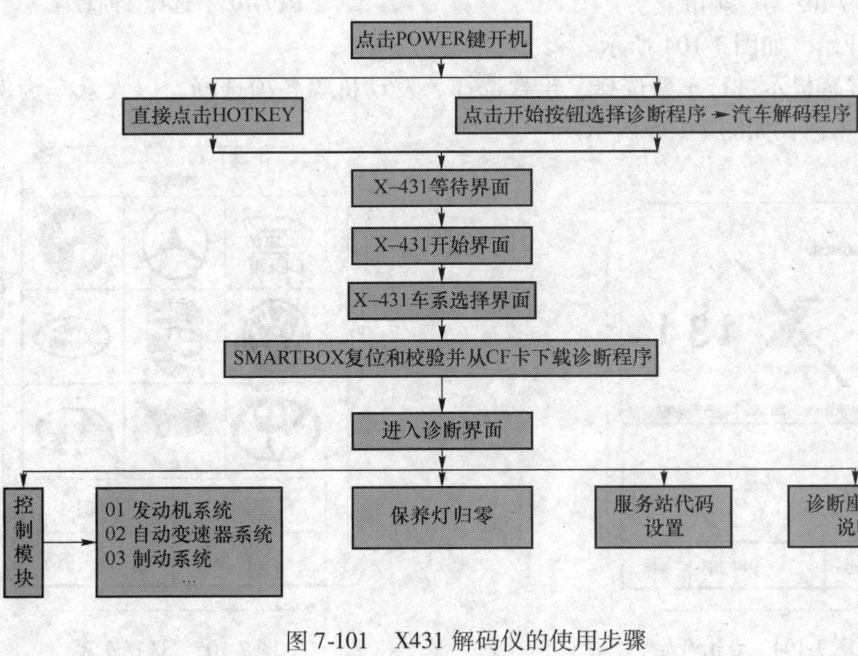

图 7-101　X431 解码仪的使用步骤

格很多，根据车系和年代的不同而不同，甚至同一种车系的不同车型，其诊断座型式亦可能有所不同，因此应根据具体车型正确选择诊断测试接头。

2）连接 X431 解码仪。完成测试准备工作并选择好测试接头后，即可连接 X431 解码仪。

① 将解码仪测试主线一端插入其输入插口内，另一端与测试接头相连接。

② 将测试接头的一端插入汽车电控系统诊断座内。

③ 如果诊断座是不带电源的，则还需将汽车点烟器取下，并将点烟器线插入点烟器内，或将双钳电源线的红色鳄鱼夹接蓄电池的正极接线柱，黑色鳄鱼夹接蓄电池的负极接线柱，以获取电源。

④ 仪器通电后将进行自检。如果屏幕显示系统正常，则连接完毕，可以根据屏幕提示开始进行各项测试。

⑤ 在屏幕左下角点击开始菜单后，将弹出一个子菜单，在其中选择诊断测试即可，如图 7-103 所示。

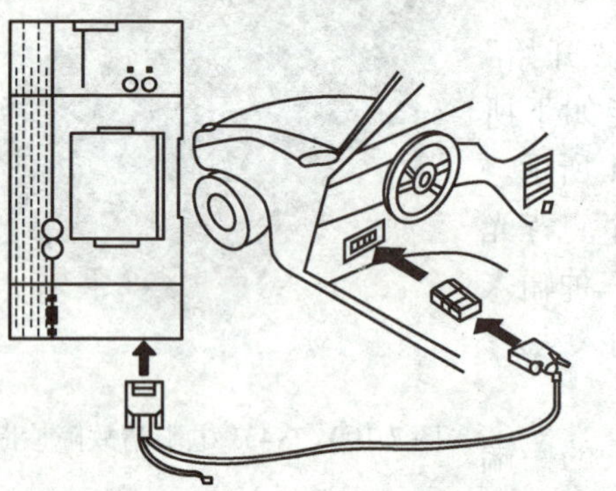

图 7-102　连接测试接头

图 7-103　选择诊断程序

⑥ 点击开始，如图 7-104 所示。

⑦ 根据屏幕提示进行车型选择、年款选择、发动机等各项选择。以大众车为例进行演示，点击大众车标，如图 7-105 所示。

图 7-104　点击开始

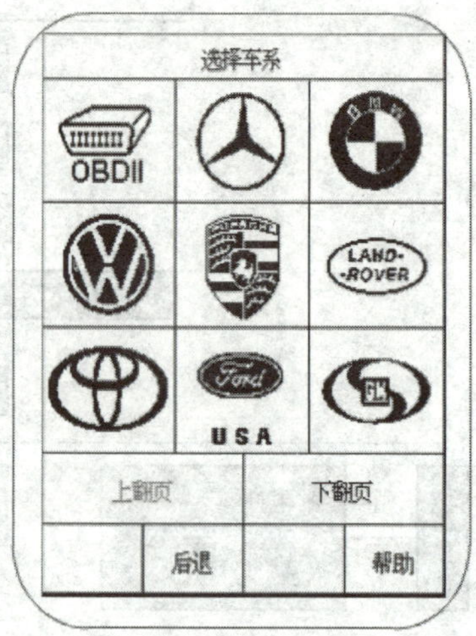

图 7-105　选择车系

⑧ 选择程序版本点击确定，如图 7-106 所示。

⑨ 系统及 SMARTBOX 初始化成功，如图 7-107 所示。

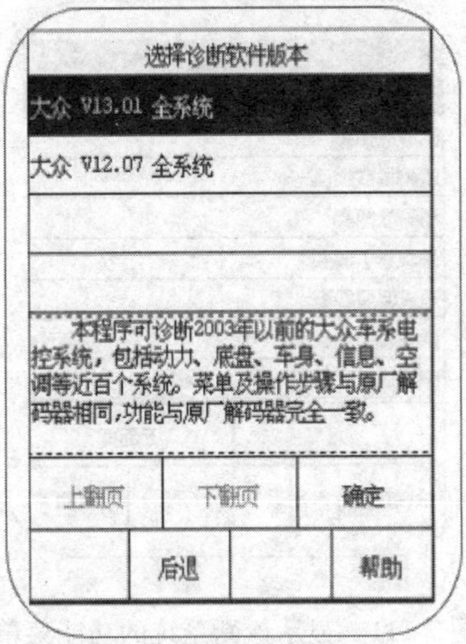

图 7-106　选择程序版本点击确定

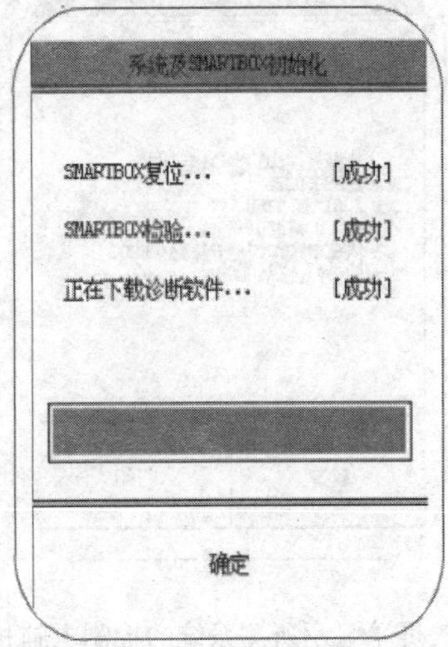

图 7-107　系统及 SMARTBOX 初始化成功

⑩ 选择控制模块，如图 7-108 所示。

⑪ 选择【01 发动机系统】，(如图 7-109 所示)。

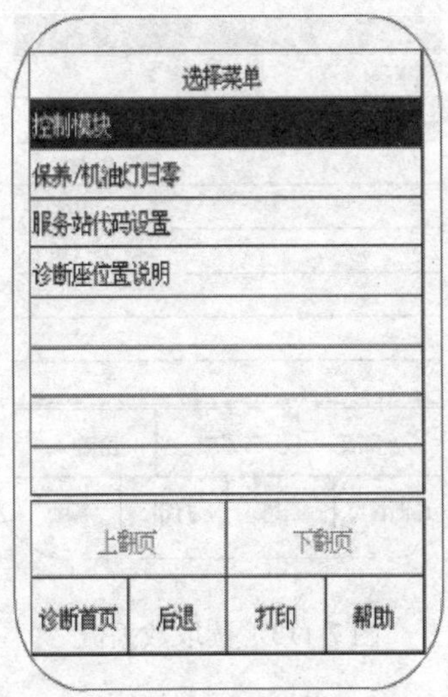

图 7-108　选择控制模块

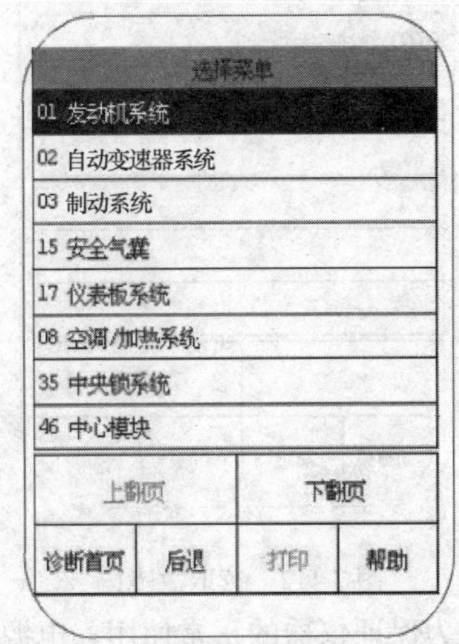

图 7-109　选择【01 发动机系统】

⑫ 屏幕显示所测系统的控制电脑相关信息，点击【确定】按钮，如图 7-110 所示。

⑬ 屏幕显示诊断系统的功能菜单，如图 7-111 所示。

⑭ 选择测试项目，读取故障码，如图 7-112 所示。

⑮ 选择测试项目，读取数据流，如图 7-113 所示。

⑯ 测试完成后按后退键，直至关机。

5. 实训注意事项

1）不得使用水、溶剂或其他药剂等清洁材料清洁软卡的插脚，或清洗仪器内部的插口。

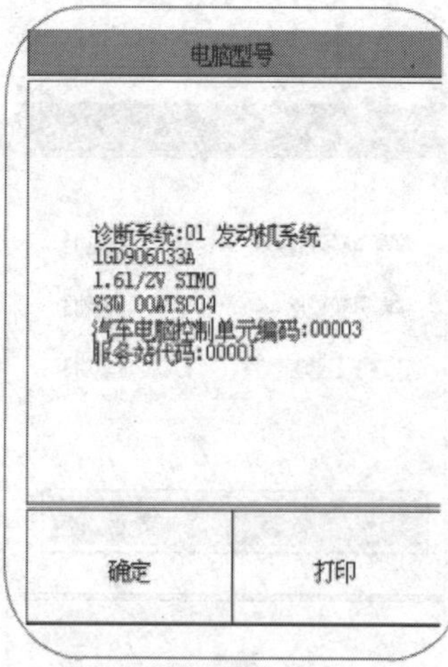

图 7-110　屏幕显示所测系统的控制电脑相关信息

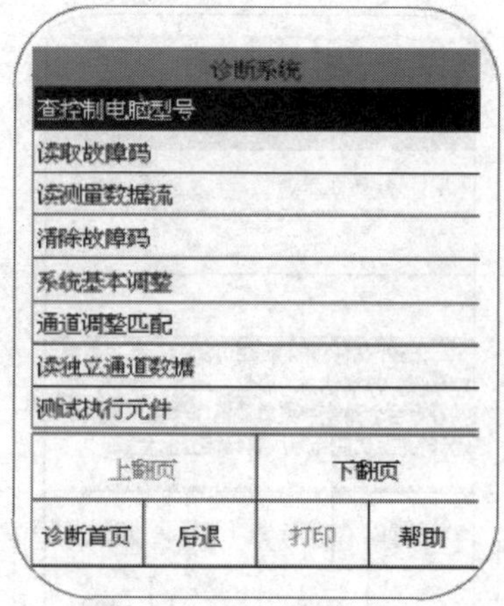

图 7-111　显示诊断系统的功能菜单

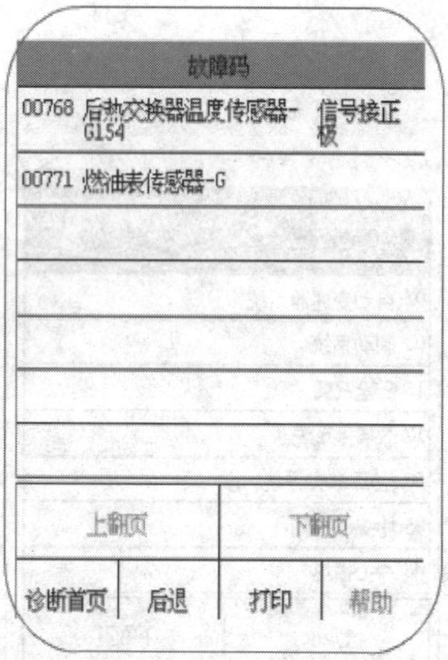

图 7-112　读取故障码

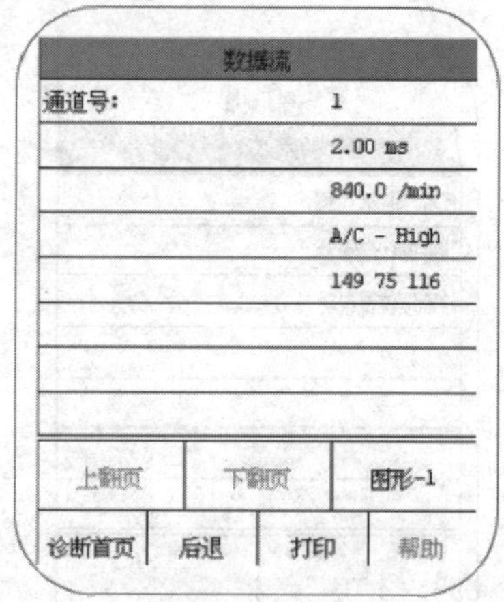

图 7-113　读取数据流

2）为保证仪器的正常使用，电源要保持充电良好。

3）仪器的使用必须在通风良好的环境下，并且操作场所严禁烟火。

4）汽车蓄电池电压应为 11 ~ 14V，X431 解码仪的额定电压为 12V。

5）关闭汽车所有的附属电器设备，如冷气、前照灯、音响等。

6）节气门应处于关闭状态，即怠速结合点闭合。

7）点火正时和怠速应在标准范围，冷却液温度和变速器油温达到正常工作温度(冷却液温度 90 ~ 110℃,变速器油温 50 ~ 80℃)。

6. 实训考核

(1) 考核要求

1）能够利用仪器读取故障码。

2）能够运用仪器进行几项功能测试。

（2）考核时间　40min。

（3）“汽车解码器使用”评分标准与操作工单

“汽车解码器使用”评分标准

序号	考核内容	配分	评分标准
1	正确使用工具、仪器	10分	工具使用不当扣10分
2	连接汽车解码器	25分	(1) 测试线选择不正确扣5分 (2) 测试卡未插好扣5分 (3) 连接仪器时点火开关关闭扣5分 (4) 诊断座选择错误扣5分 (5) 未接好扣5分
3	读取故障码	15分	(1) 不能正确进入测试界面扣5分 (2) 故障码读取不正确每个扣5分
4	清除故障码	15分	(1) 不能正确进入测试界面扣5分 (2) 故障码未清除每个扣10分
5	读取指定数据流	10分	(1) 不能进入数据流界面扣5分 (2) 数据流信息错误每个扣5分
6	退出仪器	10分	(1) 未能正常退出扣5分 (2) 拆卸仪器时点火开关未关闭扣5分
7	安全用电、防火，无人身、设备事故	10分	因违反操作规程，发生重大人身和设备事故，此项目按0分计
8	维修记录	5分	(1) 维修记录字迹潦草扣2分 (2) 填写不完整，每项扣1分
9	合计	100分	

“汽车解码器使用”操作工单

班级：________　　姓名：________　　总分：________

车型		发动机型号	
一、准备工作			
（1）工量具准备与检查			
（2）维修手册准备			
（3）固定发动机拆装台架			
二、操作过程			
要求：会使用维修手册，能正确使用汽车解码器，并根据测量结果提出维修方案。			
仪器、车辆准备	要点：		
连接解码器	操作要领：		
读取故障码	记录：		
清除故障码	记录：		
读取数据流	记录：		
退出仪器	记录：		

维修结论：

实训13　发动机电子控制系统总体结构认识

1. 实训目的

1）了解发动机电子控制系统总体结构。

2）识别发动机电子控制系统的主要传感器、执行器。

2. 实训内容

发动机电子控制系统总体结构认识。

3. 实训工具及设备

1）常用工具1套。

2）桑塔纳AJR电喷发动机故障实验台2台。

4. 实训步骤

发动机电子控制系统是由传感器、电控单元和执行器三部分组成。

1）传感器是一种信号检测与转换装置。传感器安装在发动机的各个部位，如空气流量计安装在发动机空气滤清器后，氧传感器安装在排气管上等。功能是：检测发动机运行状态的各种参数，并将这些参数转换成计算机能够识别的电量信号输入电控单元。

2）电子控制单元的功能是根据各种传感器和控制开关输入的信号参数，对喷油量、喷油时刻和点火时刻等进行实时控制。

3）执行器是控制系统的执行机构。功能是：接受电控单元的控制指令，完成具体的控制动作，从而使发动机处于最佳的运行状态。

4）传感器的认识

① 空气流量计安装在空气滤清器后方，用来检测进入发动机的进气量。

② 节气门控制组件安装在节气门体上，由发动机电控单元控制，怠速开关、节气门电位计和节气门定位电位计输出给发动机电控单元当前节气门的信息，发动机ECU命令节气门定位器动作，使发动机调节在规定的怠速转速范围内。

③ 凸轮轴位置传感器安装在发动机气门室盖靠近传动带的一端，和曲轴位置传感器一起确定各缸的工作行程。

④ 发动机转速和曲轴位置传感器安装在缸体上，用来检测发动机转速和曲轴的位置。

⑤ 冷却液温度传感器安装在出水管附近，用来检测发动机工作时冷却液的温度。

⑥ 爆燃传感器安装在缸体侧面上，用来控制爆燃情况发生，控制点火时刻。

⑦ 氧传感器安装在排气管上，采用的是氧化锆式加热型氧传感器，用来检测排气中氧的含量。

5）执行器的认识

① 电子油泵。

② 炭罐电磁阀。

③ 喷油器。

④ 点火模块。

⑤节气门控制组件。

5. 注意事项

1）注意工具与设备的安全使用。

2）按正确的操作流程进行实训。

6. 实训考核

“发动机电子控制系统总体结构认识”评分标准

序号	考 核 内 容	配分	评 分 标 准	得分
1	正确使用工具、仪器	20 分	工具使用不当扣 10 分	
2	各传感器认识及位置	40 分	不认识传感器各安装位置，每处扣 5 分	
3	各传感器的功用原理	30 分	口述各传感器的功用每出现错误一处扣 5 分	
4	安全用电、防火无人身、设备事故	10 分	因违反操作安全规程，发生重大人身和设备事故，此项目按 0 分计	
5	合计	100 分		

“发动机电子控制系统总体结构认识”操作工单

班级：________ 姓名：________ 总分：________

车型		发动机型号	
一、准备工作			
（1）工量具准备与检查			
（2）维修手册准备			
（3）固定发动机拆装台架			

二、操作过程

要求会使用维修手册，能准确认识发动机电子控制系统的主要传感器、执行器。

传感器认识及位置	填写
传感器的功用原理	填写

实训 14　空气流量计检测

1. 实训目的

1）掌握空气流量计的结构及工作原理。

2）掌握空气流量计故障对整个电控系统的影响。

3）掌握空气流量计的检测方法。

2. 实训内容

空气流量计的检测

3. 实训工具及设备

1）桑塔纳 AJR 发动机故障实验台，空气流量计。

2）数字万用表，常用工具 1 套。

4. 实训步骤

（1）电阻测试

1）线路短路性测试。将数字万用表设置在电阻 200 欧姆档，测量空气流量计 2 号针脚与电控单元针脚 11、12、13 之间的电阻均为∞。测量空气流量计针脚与电控单元针脚：3-11、13；4-12、13；5-11、12 之间电阻均为∞。

2）线束导通性测试。将数字万用表设置在电阻 200 欧姆档，按电路图找到空气流量计针脚号与 ECU 端口相应针脚号，分别测量空气流量计 3、4、5 号针脚对应至电控单元 12、11、13 号针脚的电阻，其电阻值均应小于 5Ω。

（2）电压测试(图 7-114、图 7-115)

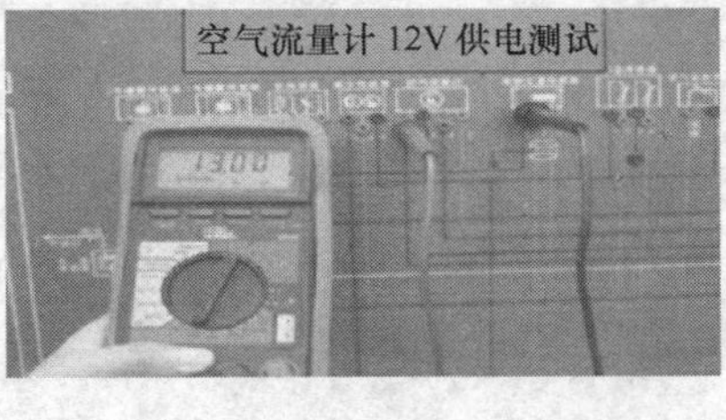

图 7-114　电源电压测试

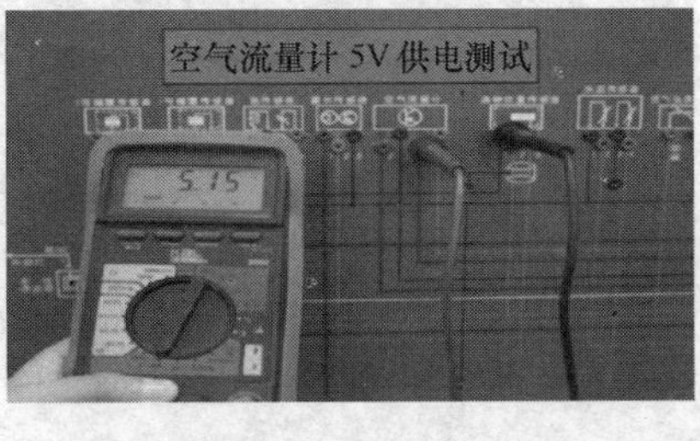

图 7-115　空气流量计 5V 供电测试

1）电源电压测试。在发动机故障实验台上进行。起动发动机，将数字万用表设置在直流电压 20V，测量空气流量计 2 号针脚，电压应为蓄电池电压(12V 左右)，测量空气流量计 4 号针脚，电压应为 5V 左右。

2）就车测试。起动发动机，将数字万用表设置在直流电压 20V，测量空气流量计 5 号针脚的反馈信号电压，怠速时电压应为 1. 5V，如图 7-116 所示；急加速时显示 2. 8V 变化，测试结果应与标准参数基本相符。若不符合上述变化，或电压反而下降，在电压与参考电压完好的前提下，可以判定空气流量计已损坏。

图 7-116　怠速时信号电压测试

（3）数据流测试　进入大众车系故障诊断系统数据测试功能，观察空气流量计数据变化，怠速时应为2.0～4.0g/s。如果小于2.0g/s，说明进气系统有泄漏，如果大于4.0g/s，则说明发动机负荷过大。

5. 注意事项

1）听从老师安排。

2）不随意乱动实训设备。

6. 实训考核

“空气流量计检测”评分标准

序号	考核内容	配分	评分标准	得分
1	正确使用工具、仪器	10分	工具使用不当每次扣1分	
2	正确进行线束导通性测试（电阻）	20分	（1）方法不当扣10分 （2）测量值错误扣10分	
3	正确进行线束短路性测试（电阻）	30分	（1）方法不当扣20分 （2）测量值错误扣10分	
4	正确进行电源电压测试	30分	（1）方法不当扣10分 （2）检测不当扣10分 （3）测量值错误扣10分	
5	安全用电，防火，无人身、设备事故	10分	因违反操作安全规程，发生重大人身和设备事故，此项目按0分计	
6	合计	100分		

"空气流量计检测"操作工单

班级：________　　姓名：________　　总分：________

车型		发动机型号	

一、准备工作

(1) 工量具准备与检查	
(2) 维修手册准备	
(3) 固定发动机拆装台架	

二、操作过程

要求：会使用维修手册，能用正确的仪器检测空气流量计，并根据测量结果提出维修方案。

电阻测试法	线束导通性测试 线路短路性测试
电阻测试法	线束导通性测试 线路短路性测试
电压测试	电源电压测试 就车测试
读取数据流	数据流测试

查维修手册，该发动机空气流量计电阻测量值________数据流为________

维修结论：

实训 15　节气门位置传感器检测

1. 实训目的

1）掌握节气门位置传感器的结构及工作原理。

2）掌握节气门位置传感器故障对整个电控系统的影响。

3）掌握节气门位置传感器的检测方法及数据分析方法。

2. 实训内容

1）桑塔纳 2000GSi 节气门位置传感器的检测。

2）桑塔纳 2000GSi 节气门位置传感器的数据分析方法。

3. 实训工具及设备

1）数字万用表，常用工具 1 套

2）桑塔纳 AJR 发动机故障实验台，节气门位置传感器。

4. 实训步骤

桑塔纳 2000GSi 节气门控制部件的结构

节气门控制部件由节气门电位计、节气门定位电位计、怠速开关及节气门定位器组成。节气门电位计和节气门定位电位计起着确定节气门开度的作用。节气门定位器起着控制怠速的作用，能适当开大和关小节气门。所以，桑塔纳 2000GSi 没有怠速控制阀，怠速开关用以向发动机提供怠速控制信号。怠速开关闭合时，由节气门定位器来控制节气门的开度大小。

1）当节气门位置传感器发生故障时，发动机 ECU 可以诊断到，并使发动机进入应急状态运行。利用故障诊断仪，通过故障诊断插座可以读取故障信息。

检修线性输出型节气门位置传感器时，可用万用表测量电源电压和信号电压，桑塔纳 2000GSi 型轿车 TPS 的标准数据在表 7-8 中已经标明，检修时参照执行。如电压值与表中规定值出入较大，说明传感器已损坏，应更换。

检查电阻时，应关闭点火开关，拔下导线连接器，ECU 和传感器两插头上各端子间电阻应符合表 7-8 规定。如果电阻过大或过小，说明线束端子接触不良，应进行修理。

2）电阻测试(图 7-117)。电阻测试为辅助性测试，主要是检测线束的导通性，以确认线束通畅，无断路、短路情况，插接件牢靠，各信号传递无干扰。在汽车故障实验台上进行测试。

① 线束导通性测试。将万用表设置在电阻 200 欧姆档，在电路图中找到节气门控制组件下面的各针脚与 ECU 对应的针脚，分别测试节气门控制组件针脚对应至电控单元针脚的电阻，所有电阻值都应低于 5Ω。测试结果应为表 7-8 所示数据。

② 线束断路性测试：将万用表设置在电阻 200kΩ 档，测量节气门控制组件针脚与其不相对应的电控单元针脚之间的电阻应为∞。

表 7-8　桑塔纳 2000GSi 型轿车 TPS 的标准数据

检测项目	检测条件	检测部位	标准值
TPS 电源电压	点火开关在 ON	1 端子—3 端子	约 5V
TPS 信号电压	①节气门关闭 ②点火开关在 ON	2 端子—3 端子	0.1 ~ 0.9V

（续）

检 测 项 目	检 测 条 件	检 测 部 位	标 准 值
TPS 信号电压	①节气门全开 ②点火开关在 ON	2 端子—3 端子	3.0～4.8V
TPS 正极导线	拔下 ECU、传感器插头	12 端子 —1 端子	<0.5Ω
TPS 信号线	拔下 ECU、传感器插头	53 端子—2 端子	<0.5Ω
TPS 负极导线	拔下 ECU、传感器插头	30 端子—3 端子	<0.5Ω

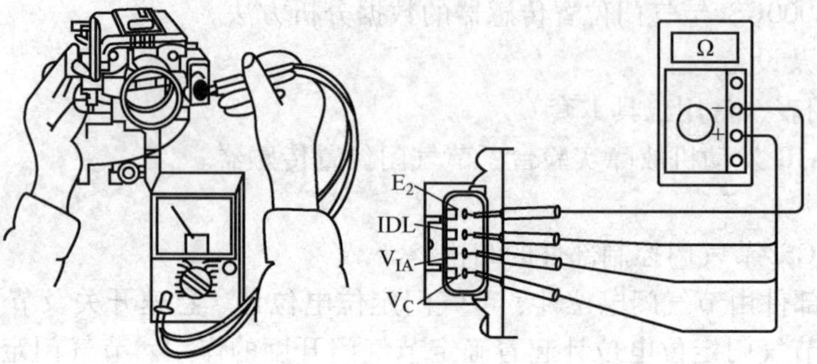

a) b)

图 7-117 电阻测试

a）怠速触电的导通情况 b）线性可变电阻型节气门位置传感器的检测

3）电压测试（表 7-9）。该项目电压测试有电源电压测试和信号电压测试两部分，其中信号电压测试是确定节气门控制组件是否失效的主要依据。

表 7-9 节气门位置传感器各端子电压

端子	条件	标准电压
IDL-E_2	节气门全开	9～14V
V_C-E_2	节气门全闭	0.3～0.8V
V_{TA}-E_2	节气门全开	4.0～5.5V

4）数据流的分析。数据流的测试是使用大众系列车型故障诊断系统，可直接读取节气门控制组件的各项参数，能够随时观察到数据的动态变化。节气门的开度值可随节气门开度的变化而动态的变化。

5. 注意事项

1）注意实训设备及工具的使用正确。

2）按正确的操作步骤进行实训。

6. 实训考核

“节气门位置传感器”检测评分标准

序号	考 核 内 容	配分	评 分 标 准	得分
1	正确使用工具、仪器	20 分	工具使用不当扣 10 分	
2	检测过程	30 分	(1) 方法不当扣 10 分 (2) 测量值错误扣 10 分	
3	正确进行传感器的电阻检测	20 分	(1) 方法不当扣 10 分 (2) 测量值错误扣 10 分	
4	正确进行传感器的电压检测	20 分	(1) 方法不当扣 10 分 (2) 检测不当扣 10 分 (3) 测量值错误扣 10 分	
5	安全用电、防火，无人身、设备事故	10 分	因违反操作安全规程，发生重大人身和设备事故，此项目按 0 分计	
6	合计	100 分		

“节气门位置传感器检测”操作工单

班级：________ 姓名：________ 总分：________

车型		发动机型号	

一、准备工作

（1）工量具准备与检查	
（2）维修手册准备	
（3）固定发动机拆装台架	

二、操作过程

要求：会使用维修手册，能用正确的仪器检测节气门位置传感器，并根据测量结果提出维修方案。

	检测项目	检测条件	检测部位	标准值
节气门位置传感器电压的检测	TPS电源电压	点火开关在ON	1-3端子	
	TPS电源电压	节气门关闭点火开关在ON	2-3端子	
	TPS电源电压	节气门全开点火开关在ON	2-3端子	
电阻测试	检测项目	检测条件	检测部位	标准值
	TPS电源电压	拔下ECO \ 传感器插头	12-1端子	
	TPS电源电压	拔下ECO \ 传感器插头	53-2端子	
	TPS电源电压	拔下ECO \ 传感器插头	30-3端子	

实训 16　冷却液温度传感器和进气温度传感器的检测

1. 实训目的

1）掌握冷却液温度传感器和进气温度传感器的结构及工作原理。

2）掌握冷却液温度传感器和进气温度传感器故障对整个电控系统的影响。

3）掌握冷却液温度传感器和进气温度传感器的检测方法及数据分析方法。

2. 实训工具及设备

1）数字万用表，常用工具 1 套，桑塔纳 AJR 发动机电路图一本。

2）冷却液温度传感器和进气温度传感器各一个。

3. 实训内容

1）冷却液温度传感器和进气温度传感器的电阻测试。

2）冷却液温度传感器和进气温度传感器的电压测试。

4. 实训步骤

（1）电阻测试　用数字万用表测量冷却液温度传感器（G62）和进气温度传感器（G72）在各种温度下的电阻值。

1）线束导通性测试：将数字万用表设置在电阻 200 欧姆档，按电路图找到进气温度传感器（G72）针脚号与 ECU 端口相应针脚号，分别测量进气温度传感器（G72）1、2 号针脚对应至电控单元 54、67 号针脚的电阻，其电阻值均应小于 5 欧。同理测量冷却液温度传感器（G62）1、3 号针脚对应至电控单元 67、53 号针脚的电阻，其电阻值均应小于 5Ω。

2）温度传感器在不同温度下的电阻值：

拔下进气温度传感器的插头，检测 1 号针脚与 2 号针脚之间的电阻值。

20℃时阻值应为 2.2 ~ 2.7kΩ。

30℃时阻值应为 1.4 ~ 1.9kΩ。

40℃时阻值应为 1.1 ~ 1.4kΩ。

如果阻值偏差过大、过小或为无穷大，说明传感器失效。

3）冷却液温度传感器在不同温度下的电阻值：

水温（℃）	电阻值（Ω）	水温（℃）	电阻值（Ω）	水温（℃）	电阻值（Ω）
50	740 ~ 900	70	390 ~ 480	90	210 ~ 270
60	540 ~ 650	80	290 ~ 360	100	160 ~ 200

拔下冷却液温度传感器的插头，检测 1 号针脚与 3 号针脚之间的电阻值。如果阻值偏差过大、过小或为无穷大，说明传感器失效。

（2）电压测试

1）进气温度传感器的电压检测。断开连接线，检测靠近 ECU 侧线路电压应为 5V 左右，连接好线路检测输出信号（1 号针脚与 3 号针脚之间）电压应在 0.5 ~ 3V 之间变化。

2）冷却液温度传感器的电压检测。断开连接线，检测靠近 ECU 侧线路电压应为 5V 左右，连接好线路检测输出信号（1 号针脚与 3 号针脚之间）电压应在 0.5 ~ 2.5V 之间变化。

5. 注意事项

1）听从老师安排。

2）不随意乱动实训设备。

6. 实训考核

“冷却液温度传感器和进气温度传感器检测”评分标准

序号	考核内容	配分	评分标准	得分
1	正确使用工具、仪器	10分	工具使用不当扣10分	
2	(1) 正确进行冷却液温度传感器的电阻就车检测 (2) 正确进行进气温度传感器的电阻检测	30分	方法不当扣10分，测量值错误扣10分	
3	正确进行冷却液温度传感器的电阻单件检测	20分	方法不当扣10分，测量值错误扣10分	
4	(1) 正确进行冷却液温度传感器输出信号电压的检测 (2) 正确进行进气温度传感器输出信号电压的检测	30分	方法不当扣10分，检测不当扣10分、测量值错误扣10分	
5	安全用电、防火，无人身、设备事故	10分	因违反操作安全规程，发生重大人身和设备事故，此项目按0分计	
6	合计	100分		

“冷却液温度传感器和进气温度传感器的检测”操作工单

班级：________　　姓名：________　　总分：________

车型		发动机型号	

一、准备工作

（1）工量具准备与检查	
（2）维修手册准备	
（3）固定发动机拆装台架	

二、操作过程

要求：会使用维修手册，能用正确的仪器检测冷却液温度传感器和进气温度传感器。

冷却液温度传感器（G62）、进气温度传感器（G72）线束导通性测试	测量结果：			
温度传感器在不同温度下的电阻值	检测项目	检测条件	检测部位	标准值
	进气温度传感器在20℃时电阻值在30℃时电阻值在40℃时电阻值	拔下进气温度传感器的插头	1-2端子	
	冷却液温度传感器在50℃时电阻值在60℃时电阻值	拔下冷却液温度传感器的插头	1-3端子	
进气温度传感器的电压检测、冷却液温度传感器的电压检测	检测结果			

7.8　柴油机燃料供给系

想一想：柴油机燃料供给系的组成及功用有哪些？

提示：柴油机燃料供给系统由燃油供给、空气供给、混合气形成和废气排出四部分组成。

学习目标	鉴定标准	教学建议
掌握柴油机燃料供给系的组成及功用。	应知：柴油机燃料供给系的组成及功用。	建议：采用教师启发式讲解、学生讨论相结合的方式，最后教师总结

1. 柴油机燃料供给系的组成及功用

柴油机燃料供给系统由燃油供给、空气供给、混合气形成和废气排出四部分组成，如图 7-118 所示。

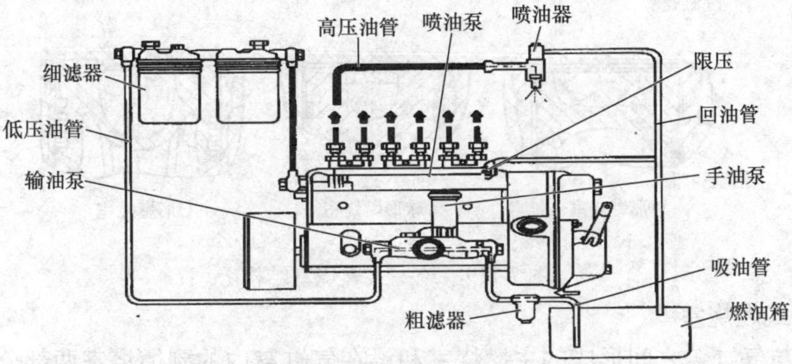

图 7-118　柴油机燃油供给系统

1）燃油供给：燃油箱、输油泵、低压油管、滤清器、喷油泵、喷油器、调速器、喷油提前器、高压油管及回油管等。

2）空气供给：空气滤清器、进气管等组成，有的柴油机装有增压器。

3）混合气形成：燃烧室。

4）废气排出：排气管及排气消声器等。

柴油机供给系的功用是储存、滤清和输送燃油，并按照柴油机各种工况的要求，将燃油定时、定量、定压地以一定的喷雾质量喷入燃烧室，使其与空气迅速而良好地混合和燃烧，最后将废气排出。

柴油机工作时，输油泵将油箱中的柴油泵出，经低压油管、滤清器输入喷油泵。当某缸活塞接近压缩终了时，喷油泵泵出的高压柴油经高压油管供给喷油器，形成雾状柴油，并定时、定量的喷入燃烧室，与燃烧室内的高压、高温空气混合，迅速燃烧做功，做功后废气经排气歧管及排气消声器排入大气。

其中从燃油箱到喷油泵入口的这段油路称为低压油路，从喷油泵到喷油器这段油路称为高压油路。输油泵供给的多余燃油及喷油器工作间隙泄漏的极少量燃油经回油管返回滤清器或燃油箱，这段油路称为回油路。

2. 柴油机混合气的形成及燃烧室的结构形式

柴油机可燃混合气的形成主要有三种方式：空间雾化混合方式、油膜蒸发混合方式和复合式。

空间雾化混合方式是将柴油喷向燃烧室的空间，形成雾状的混合物，再在空间中形成混合气。油膜蒸发混合方式是将柴油喷向球形油膜燃烧室的壁面上，在强烈的空气涡流作用下，燃油的大部分(95%)形成油膜。复合式即空间雾化混合燃烧和油膜蒸发混合燃烧混合使用，低速时以前者为主，高速时以后者为主。目前，多数柴油机仍以空间雾化混合为主，仅球形燃烧室以油膜蒸发混合为主。

按照结构形式，柴油机的燃烧室分为两大类：统一式燃烧室和分开式燃烧室。

(1) 统一式燃烧室　统一式燃烧室也称直接喷射式燃烧室。由凹形活塞顶部和缸盖底部所包围的单一内腔组成，几乎全部容积都在活塞顶面上。常见的结构形式有 ω 形、四角形、球形及 U 形燃烧室。ω 形燃烧室是直喷式燃烧室中应用最多的一种，解放 CA6110/125Z1A2、东风 EQ6BT5. 9 型柴油机均采用了 ω 形燃烧室，如图 7-119 所示。

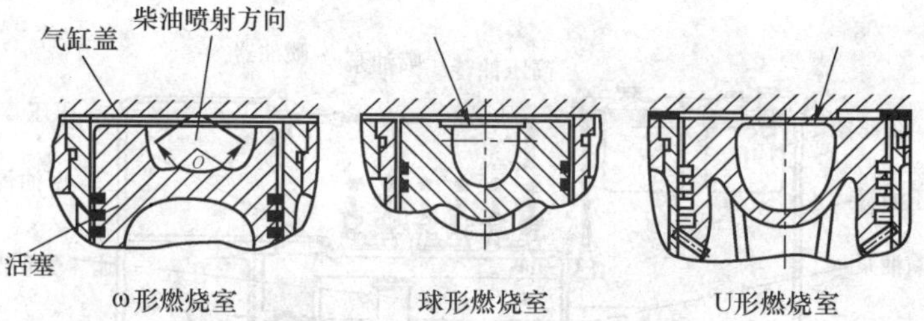

图 7-119　统一式燃烧室结构

(2) 分开式燃烧室

由活塞顶与气缸盖之间形成的主燃烧室和设在气缸盖内的副燃烧室两部分组成，两者之间用一个或几个孔道相通，常见的有涡流室式和预热室式两种，如图 7-120 所示。

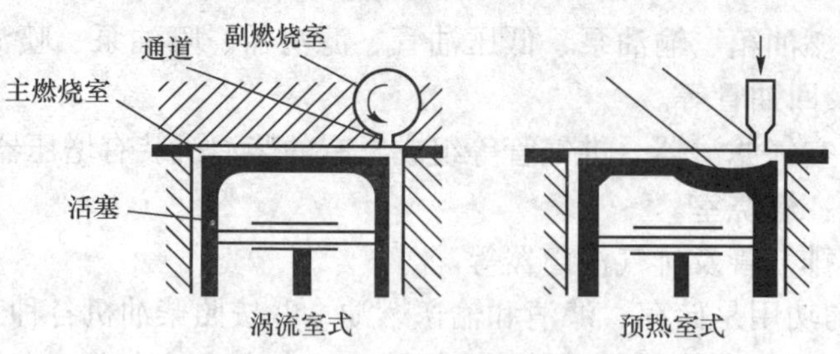

图 7-120　分开式燃烧室结构

3. 喷油器

将喷油泵供给的高压柴油雾化成细微油粒喷入燃烧室，并合理分布，以形成良好的可燃混合气。

柴油机广泛采用的是闭式喷油器，常见的有孔式和轴针式两种。

(1) 孔式喷油器(图 7-121)　构造主要由喷油器体、压力调节装置、针阀、针阀体、调压弹簧、调压螺钉等零件组成。其中最重要的组件是针阀偶件，也称喷油嘴，它由针阀和针阀体组成。

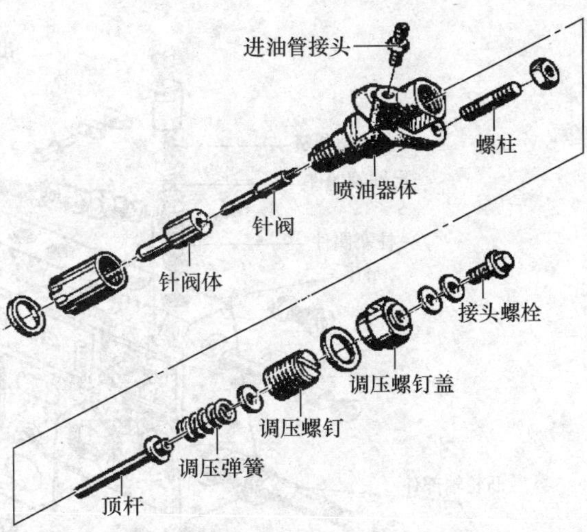

图 7-121　孔式喷油器结构

孔式喷油器主要用于统一式燃烧室，其喷油孔的数目一般为 1～8 个，喷孔直径为 0.2～0.8mm。柴油机工作时，来自喷油泵的高压柴油通过高压油管送到喷油器，高压柴油经喷油器体内油道进入针阀体中部的环形油腔，当油压升高到一定值时，作用于针阀承压面的轴向推力克服调压弹簧的预紧力，推动针阀上移，使密封锥面开启，高压柴油便经喷油孔喷出。当喷油泵停止供油时，油压迅速下降，针阀在调压弹簧作用下及时回位，将喷孔关闭，喷油停止。

(2) 轴针式喷油器(图 7-122)　轴针式喷油器与孔式喷油器的结构相近，只是喷油嘴头部结构不同。轴针的形状为柱体或锥体，其头部伸出喷孔外，轴针与针阀体之间形成一个圆环形狭缝，这样柴油喷射的形状就成为空心的锥形或柱形。轴针式喷油器与孔式喷油器的工作原理相同，主要适用于分开式燃烧室。

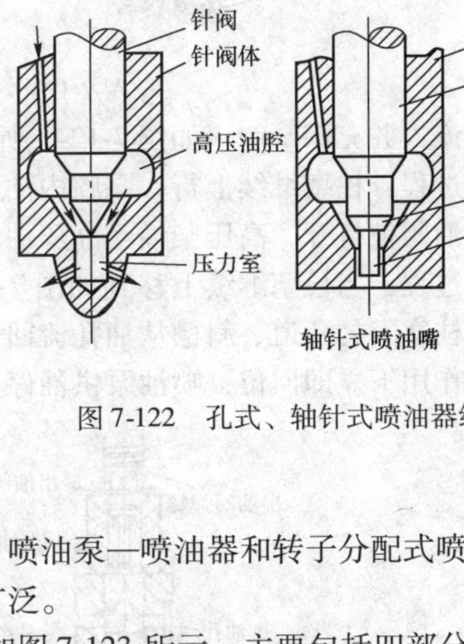

图 7-122　孔式、轴针式喷油器结构

4. 喷油泵

根据柴油机的运行工况和工作顺序，将一定量的燃油增高到一定的压力，按照规定时间向喷油器输送高压燃油，并保证供油迅速，停油干脆。

喷油泵按其原理可分为三类：柱塞式喷油泵、喷油泵—喷油器和转子分配式喷油泵。柱塞式喷油泵和转子分配式喷油泵在柴油机上应用广泛。

(1) A 型柱塞式喷油泵　简称 A 型泵，结构如图 7-123 所示。主要包括四部分。

1) 传动机构：凸轮轴和挺柱等机件。

2) 泵油机构：柱塞偶件、柱塞弹簧、出油阀偶件和出油阀弹簧等机件。

3) 油量调节机构：调节齿杆、调节齿圈和油量控制套等机件。

4) 泵体。

柱塞偶件是柱塞式喷油泵的主要组件。柱塞为一光滑圆柱体，在其上部铣有斜槽，斜槽中钻有径向孔与柱塞的轴向孔相通，下部固定有调节臂。套筒内部为光滑的圆柱形孔，与柱塞外圆面相配合，其上部开有两个径向孔，都与喷油泵体上的低压油腔相通，是进油和回油的通道。柱塞偶件是柴油机中精密的偶件之一，通常要经过选配研磨而成，不能互换。

进油过程：在喷油泵凸轮轴转动过程中，当凸轮的凸起部分脱离滚轮传动部件时，柱塞在弹簧张力作用下下行，泵腔容积增大，待柱塞套上的油孔敞开时，在泵腔内外压力差的作

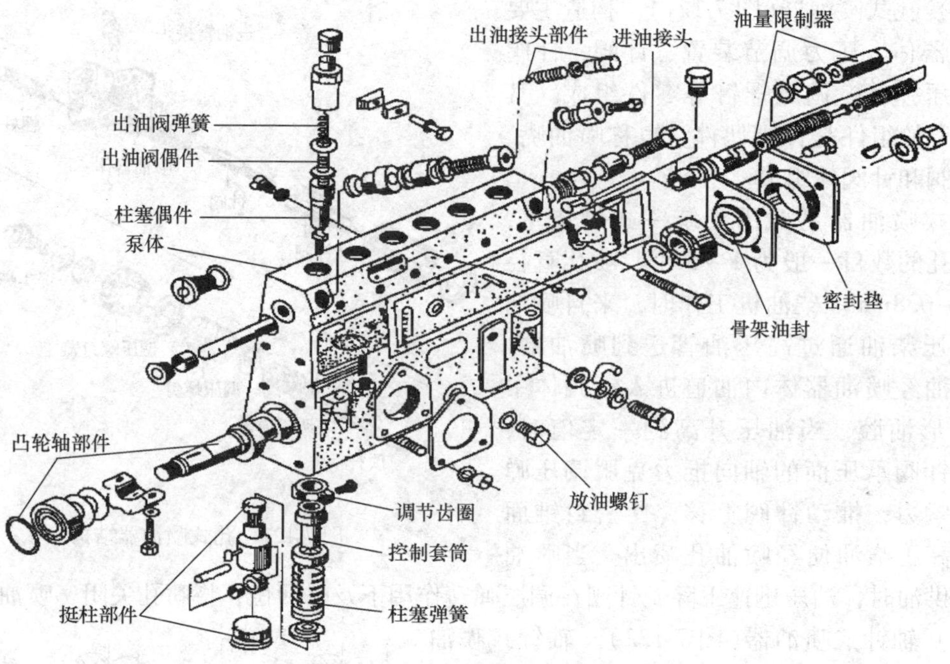

图 7-123　柱塞式喷油泵分解图

用下柴油流入并充满泵腔，如图 7-124a 所示。

压油过程：柱塞继续上行，泵腔内油压迅速上升，当压力升高到足以克服出油阀弹簧张力时，出油阀被打开，高压柴油经高压油管流向喷油器喷入气缸，如图 7-124b 所示。

回油过程：当柱塞继续上移到如图 7-124c 所示位置时，斜槽与油孔开始接通，泵腔内的燃油经柱塞上的孔道、斜槽从油孔流回低压油腔，于是泵内的油压迅速下降，出油阀在弹簧压力的作用下立即回位，喷油泵供油停止。

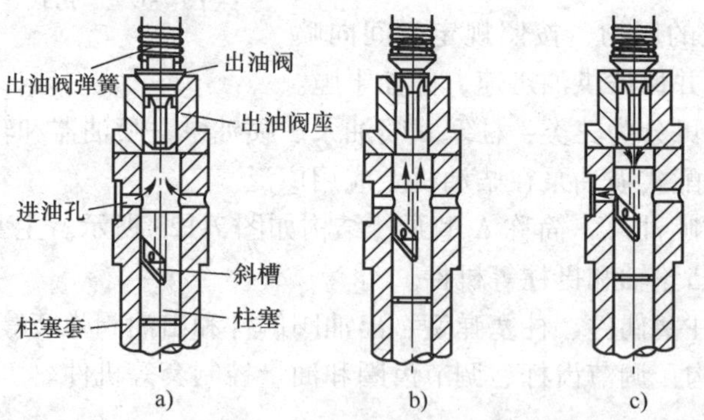

图 7-124　柱塞式喷油泵工作情况
a）进油过程　b）压油过程　c）回油过程

（2）VE 型分配式喷油泵　VE 型分配式喷油泵（简称 VE 泵）是整体分配式喷油泵。它将输油泵、调速器、正时机构结合为一体。主要由驱动机构、二级滑片式输油泵、高压分配泵头和电磁式断油阀等部分组成，如图 7-125 所示。此外，机械式调速器和液压式喷油提前器也安装在分配泵体内。

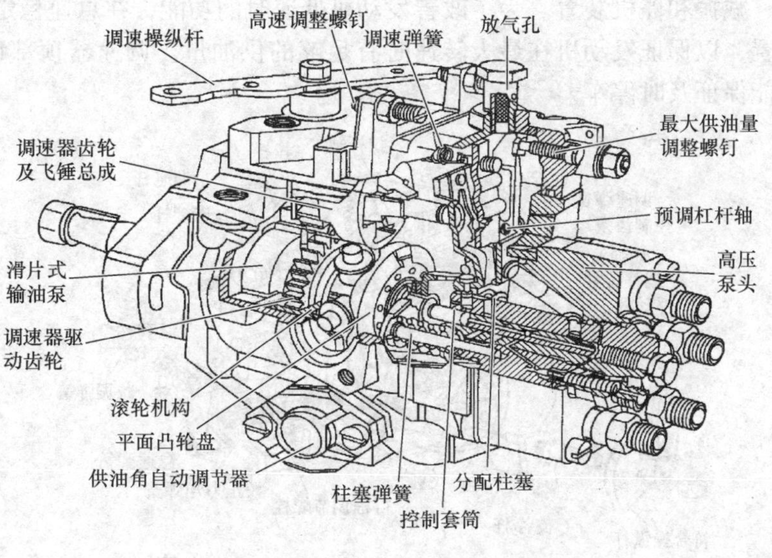

图 7-125 VE 型分配式喷油泵构造

柴油机工作时，一级膜片式输油泵将柴油从油箱中吸出，经油水分离器及燃油滤清器，进入二级滑片式输油泵，柴油在二级输油泵中加压后进入分配式喷油泵体内，再经分配泵增压计量后送入喷油器。

驱动轴由柴油机曲轴正时齿轮驱动，驱动轴带动二级滑片式输油泵工作，并通过调速器驱动齿轮带动调速器轴旋转。在驱动轴的右端通过联轴器与平面凸轮盘连接，利用平面凸轮盘上的传动销带动分配柱塞，柱塞弹簧将分配柱塞压紧在平面凸轮盘上，并使平面凸轮盘压紧滚轮。滚轮轴嵌在静止不动的滚轮架上。当驱动轴旋转时，平面凸轮盘与分配柱塞同步旋转，并使分配柱塞在柱塞套内作往复运动。往复运动使柴油增压，旋转运动进行柴油分配。平面凸轮的数目与柴油机气缸数相同。

移动油量调节套筒即可改变供油有效行程，有效行程减小，供油量减小，反之，供油量增大。

VE 型分配泵采用电磁阀控制停油装置，柴油机起动和正常工作时，起动开关转至 ST 位置和 ON 位置时，电磁线圈接通，阀门被磁力线圈吸起，使进油道开启。熄火时，开关转至 OFF 位置，电源被切断，磁力线圈磁力消失，阀门在弹簧力作用下下落，将进油道关闭，进油停止，柴油机熄火。

VE 型分配式喷油泵具有结构简单、体积小、重量轻、故障少、易维护、适于高速运转等优点。

5. 调速器

随着柴油机负荷的变化，自动调节喷油泵的循环供油量的大小，使柴油机以较稳定的转速运转而不熄火，从而保证柴油机不会产生超速，也不会在怠速时停止运转。

调速器分为两速调速器和全程调速器。

（1）两速调速器　两速调速器只能自动稳定和限制柴油机最低和最高转速，中间转速范围内则由驾驶人直接操纵油门拉杆控制，汽车用柴油机多数采用两速式调速器。

RFD 型两速调速器。其构造如图 7-126 所示，它附带有起动加浓、怠速稳定、调速控制、转矩校正、减振和停机装置。为了改善发动机低速时的功能，在怠速稳定装置的后端装有转矩校正装置，以保证发动机在最大转速时有足够的供油量。调速器顶部设有停油手柄，它连接可靠，能保证及时停车。

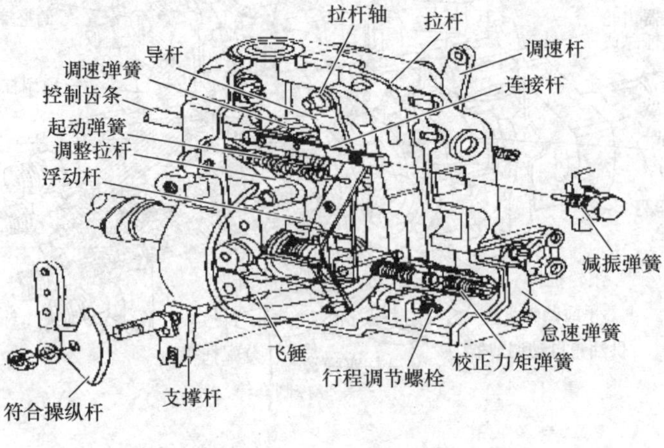

图 7-126　RFD 型两速调速器构造

1）起动和怠速的控制。当发动机处于停机状态时，飞锤受调速弹簧、怠速弹簧和起动弹簧的弹力作用而闭合。此时负荷操纵杆（加速踏板）被拉到加油方向，当发动机起动时，能获得最大供油量。为防止起动油量过大，燃烧不良、排烟过大，特在喷油泵前端装有冒烟限制器，控制齿条至一定的油量位置。发动机起动后，油门回到怠速位置，飞锤产生的离心力较小，与怠速弹簧和起动弹簧的弹力相平衡，使齿条保持一定位置，因此发动机能平衡在怠速下运转。若发动机转速升高，则飞锤离心力增加，使拨叉位置变化，带动导杆和浮动杆拉着齿条向减油方向移动，使之又回到原来的怠速位置。调整怠速调整螺钉，改变怠速弹簧的预紧力，即可调整怠速转速。

2）正常工作的调整。当发动机转速超过怠速转速时，怠速弹簧被压缩，怠速顶杆与转矩校正杆接触。当转速继续提高，飞锤离心力开始克服校正力矩弹簧预紧力，拨叉向拉杆靠近，怠速顶杆与转矩校正杆开始移动。并带动导杆、浮动杆及齿条向减油方向微动。当发动机转速小于 2900r/min，飞锤产生的离心力不能克服调速弹簧的预紧力，则拉杆不动。

3）标定转速的控制。不管发动机的负荷大小，只要外界负荷变化，引起发动机转速超过发动机规定的最大转速即标定转速时，飞锤开始向外张开，产生的离心力克服了调速弹簧的预紧力，推动拨叉和拉杆向右移动，使浮动杆带动齿条向减油方向移动，供油量减少，则转速降低。直到飞锤离心力与调速弹簧预紧力相平衡时，发动机转速又回到原标定转速，从而控制了发动机的转速。

（2）全程调速器　全程调速器在柴油机由怠速到高速的任何转速下都能自动调节供油量的大小，能在各种负荷下进行自动控制。

RSV 型机械式全程调速器。飞锤架套装在调速器轴上，调速器轴由齿轮驱动，飞锤架上装有四个飞锤，飞锤通过止推垫圈推动调速器套筒。调速器杠杆由导杆、拉力杆、操纵杆、支撑杆等构成，如图 7-127 所示。

工作情况：调速器壳体用螺钉固定在喷油泵壳体的后端。壳体内的下部是转速感应元件（飞锤部件），它与凸轮轴后端相连接，并与它同步转动。当飞锤飞开或收拢时，它推动调速套筒水平移动。调速套筒带动支架和调节杆，使喷油泵油量调节齿杆移动，从而达到自动调节供油量的目的。

1）起动加浓。起动之前，接通起动加浓电磁阀，这时不要踩下加速踏板，电磁阀吸动起动轴，将联动杆移向一边，齿杆连接杆不再被阻挡，在起动弹簧的作用下拉动调节杆的上端，使其以下端为支点逆时针摆动，同时带动油量调节齿杆向加油方向移动。由于起动前飞锤的离心力为零，支撑杆的下端被行程调节螺钉挡住，不能继续左移，使调速套的右端与支撑杆下端脱开一定的距离，这说明起动供油量将大于全负荷供油量以满足起动加浓的需要。

2）怠速工况。当发动机转速降低时，飞锤离心力变小，调速弹簧的弹簧力便把支撑杆推向左侧，使齿杆向增油方向移动，使发动机转速上升。反之，可以使发动机的转速下降。这样使发动机保持稳定怠速运转。

3）部分负荷。当柴油机进入负载工况时，调速手柄处于怠速与高速限位螺钉之间的某一选定位置，这时调速弹簧对支撑杆的拉力也被选定，此时飞锤的离心力与调速弹簧和起动弹簧的拉力相平衡，油量调节齿杆处于某一相对稳定位置。

4）全负荷及校正工况。柴油机在全负荷（标定工况）运行时，调速手柄被推到极限位置，与高速限位螺钉接触。这时，支撑杆在调速弹簧的作用下，下端紧靠在行程调节螺钉上。此时柴油机转速很高（标定转速），校正行程为零。如果这时由于外界负荷的增大使柴油机的转速下降，飞锤离心力也随之下降，此时校正弹簧的张力却可以通过其导杆推动调速套向左移动一段距离（校正行程）。调速套再带动支架，调节杆推动油量调节齿杆左移，实现加油，使转速回升。

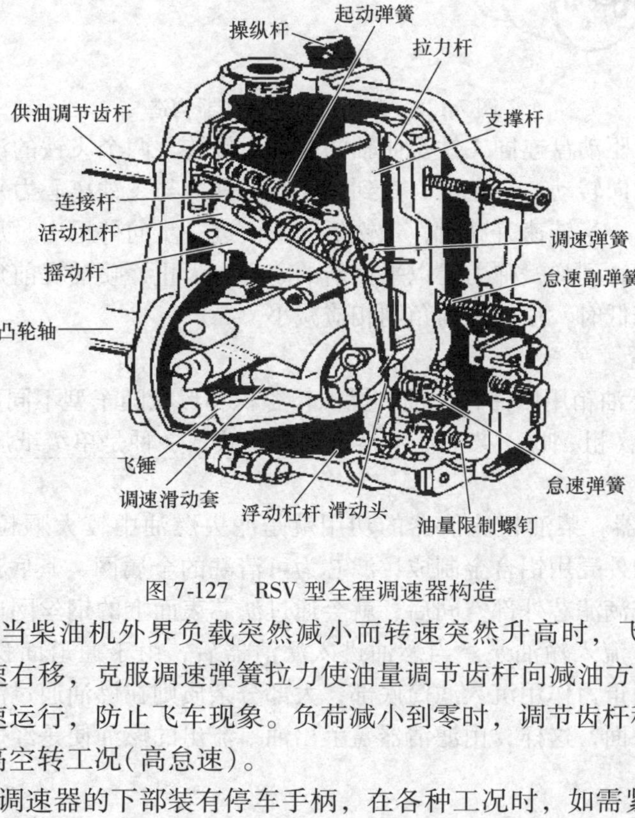

图 7-127　RSV 型全程调速器构造

5）限制超速。当柴油机外界负载突然减小而转速突然升高时，飞锤的离心力迅速增大，推动调速套迅速右移，克服调速弹簧拉力使油量调节齿杆向减油方向（向右）迅速移动，从而限制柴油机超速运行，防止飞车现象。负荷减小到零时，调节齿杆移到高速空转油量位置，柴油机处于最高空转工况（高怠速）。

6）停车熄火。调速器的下部装有停车手柄，在各种工况时，如需紧急停车，可转动停车手柄，通过支持杠杆带动调节杆，调节杆带动油量调节齿杆向减油方向（向右）移动，直到喷油泵停止供油，发动机熄火。停机后，放松停车手柄，停车手柄在复位弹簧的作用下自动复位。

6. 喷油提前器

喷油提前器使喷油角度随发动机转速上升而提前，保证高速时点火不致延迟，使燃油燃烧完全。低速时提前角减小，可改善起动性能、低速稳定性和燃烧的粗暴程度。

喷油提前器分机械式、液压式和电子式三种，其中机械离心式喷油提前器应用最为广泛。

喷油提前器安装在喷油泵的驱动轴上，与联轴器相连，运转中靠飞铁的离心力作用，自动地调整喷油正时的角度，结构如图 7-128 所示。主要由驱动盘、从动盘部件、飞铁、弹簧、盖板和密封圈等组成。喷油提前器驱动端通过弹性联轴器与驱动轴连接，另一端安装于喷油泵凸轮轴上，提前器为一密封体，内腔充有润滑油润滑。

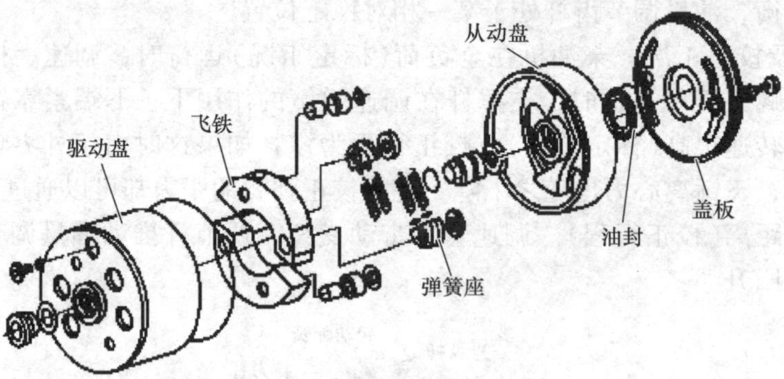

图 7-128　柴油机喷油提前器构造

柴油机工作时，驱动盘连同飞铁受曲轴的驱动而旋转。两个飞铁的活动端向外甩出，迫使从动盘也沿旋转方向转动一个角度，直到调速器的弹力与飞铁离心力平衡为止，此时驱动盘与从动盘同步旋转，当转速升高时，飞铁活动端便进一步向外甩出，从动盘被迫再相对于驱动盘前进一个角度，到弹簧弹力足以平衡新的离心力为止，喷油提前角便相应地增大。反之，当柴油机转速降低时，喷油提前角则相应减小。

7. 燃油供给装置

（1）燃油箱　燃油箱用以储存燃油。燃油箱容积和形状随车型不同而不同。

（2）柴油滤清器（粗、细）　柴油滤清器有两种形式：一种是单级纸质滤清器，一种是双级旋装式滤清器。

1）柴油粗滤清器。柴油粗滤清器的功用就是滤去燃油中较大颗粒的杂质及燃油中的水。柴油粗滤清器的外壳用铝合金制成，滤芯为可清洗的金属网，其底部有排污（水）旋钮。当燃油进入滤清器充满滤芯外部空间后，就会通过滤芯表面上的钢丝网进入其内腔，然后由滤清器盖上的出油口流入输油泵。当燃油进入滤清器后，由于通道面积增大，燃油流速减小，部分杂质和水因重力作用沉入滤筒底部，大部分杂质则在燃油通过滤芯时，被其表面上的钢丝挡留在滤芯外面，这样，由滤清器盖上出油口流出的燃油便是经燃油粗滤清器过滤了的燃油。

2）柴油细滤清器。柴油细滤清器的功用就是彻底清除燃油中细小杂质。构造如图 7-129 所示，为双级串联滤清器。装有一只毛毡滤芯和一只纸滤芯，滤清器座上铸有“→”标记，指明燃油流向。在输油泵的作用下，燃油由滤清器盖上的进油口进入第一滤筒内，通过毛毡滤芯进入内腔，燃油中的杂质被毛毡层挡在其表面或沉入滤筒底部。进入毛毡滤芯内腔的燃油经中部油道和滤清器盖之间的环形通道进入上盖第二滤筒内，通过滤芯表面的滤纸过滤后进入内腔，然后由出油口流出。

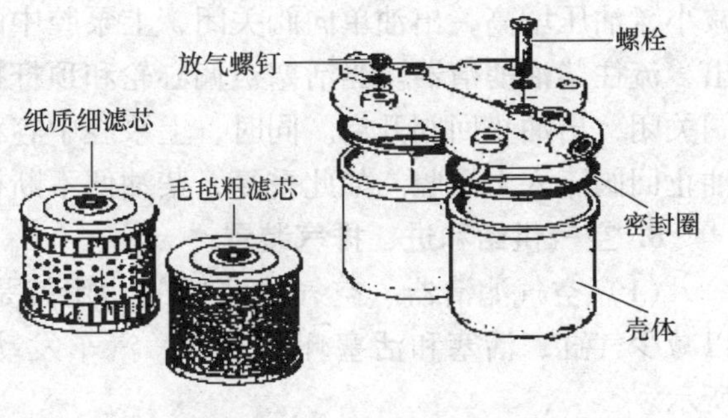

图 7-129　柴油细滤器构造

（3）输油泵　输油泵的功用就是将柴油从油箱中吸出，压送到柴油滤清器，再输送到喷油泵，柴油机广泛使用活塞式输油泵。活塞式输油泵结构如图 7-130 所示。

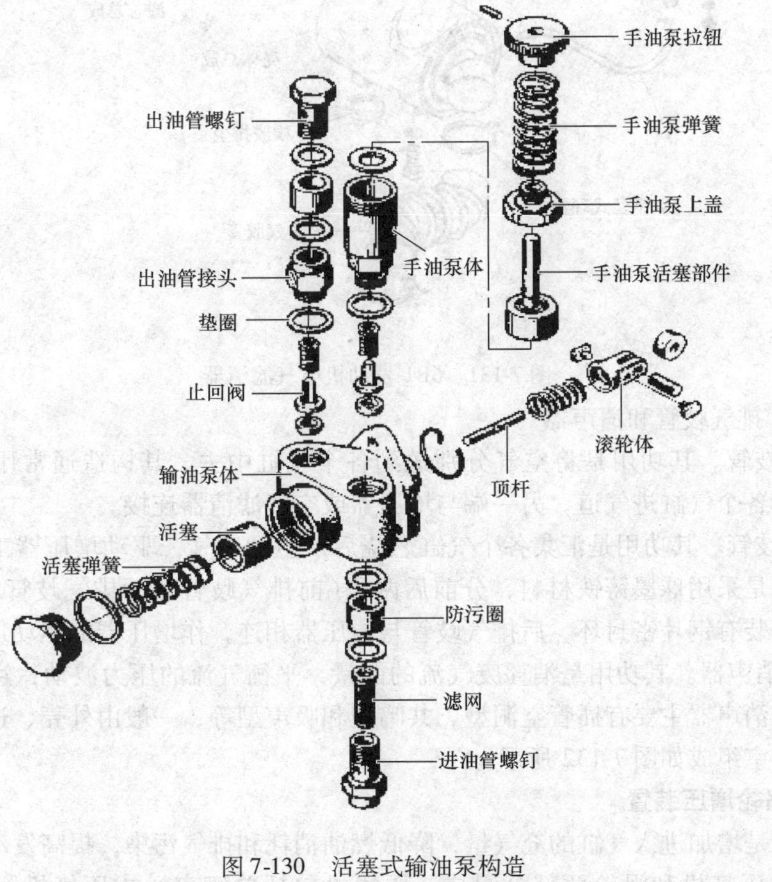

图 7-130　活塞式输油泵构造

主要由活塞、进油阀、出油阀、泵体、手油泵及油管接头等组成。安装在喷油泵的一侧，由喷油泵凸轮轴上的偏心轮驱动。喷油泵凸轮轴转动时，轴上的偏心轮推动活塞作往复运动。当偏心轮的凸起部转到上方，活塞被弹簧推动上移时，其下方容积增大，产生真空度，使进油单向阀开启，柴油经油道被吸入活塞的下泵腔。与此同时，活塞上方的泵腔容积减小，油压增高，出油单向阀关闭，上泵腔中的柴油从出油管接头上的孔道经空心螺栓被挤出，流往柴油滤清器。当活塞被偏心轮和顶杆推动下移时，下泵腔中的油压升高，进油止回阀关闭，出油止回阀开启。同时，上泵腔中容积增大，产生真空度，于是柴油自下泵腔经出油止回阀流入上泵腔。如此重复，柴油便不断被送入柴油滤清器，最后被送入喷油泵。

8. 空气供给和进、排气装置

（1）空气滤清器　空气滤清器的功用就是清除流向气缸的空气中所含的尘土和沙粒，以减少气缸、活塞和活塞环的磨损。汽车发动机多采用干式空气滤清器，构造如图 7-131 所示。

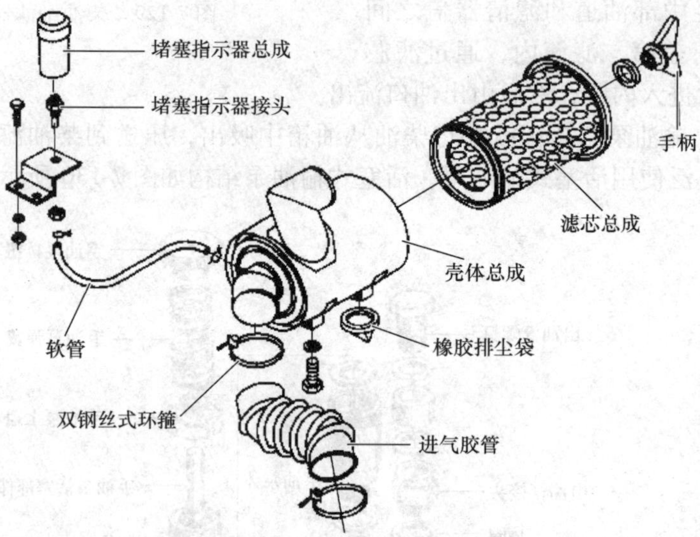

图 7-131　6BT 发动机空气滤清器

（2）进、排气歧管和消声器

1）进气歧管。其功用是将空气分别送到各个气缸中去。其构造通常用铝合金材料制成。一端连接各个气缸进气道，另一端与增压器或空气滤清器连接。

2）排气歧管。其功用是汇集各个气缸燃烧后产生的废气，驱动增压器工作，并将废气排出。其构造是采用球墨铸铁材料，分前后两段(前排气歧管和后排气歧管)。两个歧管间互相套接，并装有钢片密封环。后排气歧管与增压器相连，作增压器的驱动通道。

3）排气消声器。其功用是消耗废气流的能量，平衡气流的压力波动，达到消声、排除废气的目的。消声器主要有插管空洞型、共鸣型和吸声型等，一般由外壳、进气管、排气管和若干个消声室组成如图 7-132 所示。

9. 废气涡轮增压装置

其功用就是增加进入气缸的充气量，降低燃油消耗和排气污染，提高发动机功率。涡轮增压器主要由压气机和涡轮两部分组成，压气机包括单级离心式压气机、扩压器和压气机壳。

涡轮部分包括涡轮壳、单级径流式涡轮。涡轮轴与涡轮采用摩擦焊接连成一体。压气机叶轮以间隙配合装在涡轮轴上，并用螺母压紧。涡轮与轴总成、压气机叶轮等经过精确的单体动平衡，以保证高速旋转下正常工作。

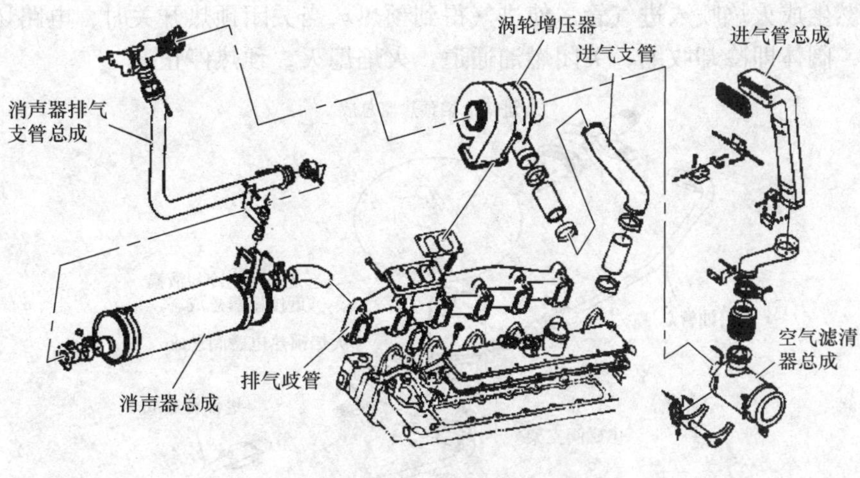

图 7-132　6BT 发动机进排气系统

发动机排出的废气经过涡轮壳，将废气的热能及静压能变成动能，并以一定的方向流向叶轮，从而使涡轮高速旋转，并带动同轴上的压气机叶轮高速旋转。新鲜空气经过空气滤清器被吸入高速旋转的压气机叶轮，使气流速度增加，压力提高。再经过扩压器与压气机壳，使气流的动能变成静压能，压力进一步提高，增大密度的空气最后进入发动机进气管，以实现进气增压，从而提高发动机功率。

10. 辅助装置

（1）烟度限制器　烟度限制器应用于涡轮增压柴油机，随着发动机增压压力的变化来改变喷油泵的供油量，以减少排气冒烟。

烟度限制器装在喷油泵的一端，其接头、管道与发动机进气管相通。当增压器以低速运转时，进气管内的增压压力降到一定限度，烟度限制器中的膜片在弹簧作用下向上凸起，通过销子使弯角摇臂以轴为中心，逆时针方向转动，这样，限位螺钉就将限位销向右顶，齿杆右移减少油量，从而达到限制冒烟的目的。反之，当增压压力上升时，膜片受压克服弹簧弹力，带动弯角摇臂顺时针方向转动，齿杆左移，增加油量，发动机功率增加。

（2）起动加浓装置　起动加浓装置的作用是加大进入气缸的燃油量，便于柴油机顺利起动。起动加浓装置与烟度限制器装在一起。起动时必须将加速踏板踏到底，然后用手拉动燃油加浓拉钮，将移动轴向外拉出约 10mm。起动后放松起动加浓拉钮和加速踏板，转速上升后移动轴在弹簧的作用下，又回到原来位置。

（3）冷起动装置　冷起动装置包括易燃烧的冷起动装置和火焰预热冷起动装置。

火焰预热冷起动装置是柴油机在低温条件下进行起动的一种进气预热装置。该装置采用了电子程序控制器，因而操纵方便，只要操纵车上原有钥匙开关，整个系统便可根据发动机冷却液温度的高低，自动开启预热或断开预热过程。同时该装置的燃料直接采用车上的柴油，不需另外配置其他低燃点的燃料。

进气火焰预热器装置，主要由火焰预热器总成、油管总成、火焰预热电磁阀总成和预热冷却液温度传感器组成，如图 7-133 所示。它通过装在进气管上的电热塞，点燃柴油形成火焰，以预热进气管和气缸，达到低温下起动发动机的目的。在发动机起动前，接通预热器后电热丝即通电发热，并加热阀体，逐渐打开阀芯，燃油流入阀体内腔汽化后喷出，并被炽热的电热丝点燃生成火焰喷入进气管，使进气得到预热。当关闭预热开关时，电路切断，电热丝随之降温，阀体即冷却收缩，关闭燃油通道，火焰熄灭，预热停止。

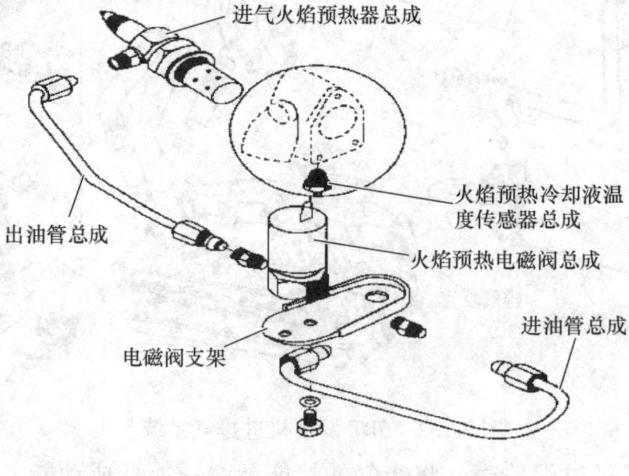

图 7-133　发动机进气预热装置

11. 柴油机燃料系的保养

（1）空气滤清器的保养　发动机工作时，空气滤清器内部过脏，会使滤清效能降低、发动机磨损加剧、进气阻力增大、功率降低等，因此应及时进行维护。

1）当空气滤清器指示信号显示时，或每行驶 5000km 时，应拆下空气滤清器主滤芯和安全滤芯，用不低于 0.5MPa 压缩空气由里向外吹净，破损变形和密封圈损坏的应予以更换。

2）对清扫后的滤芯可用灯泡放进滤芯内，检查漏光情况，堵塞不透光的应更换。

（2）柴油滤清器的清洗　按保养规定，应定时放出粗、细滤清器的油污。清洗粗、细滤清器时，应先拧下滤清器的排污螺塞，放出油污，然后再取下滤芯。如果是毛毡或纺织物等滤芯，应先在汽油中浸洗，然后再拆开，将毛毡或套有绸布的滤芯筒分别用干净的汽油清洗。毛毡清洗干净后要吹干压平；如果是纸质滤芯，应更换。滤清器壳内部也要清洗干净。装复时应注意衬垫的密封。

（3）柴油油路中空气的排除　如果发现有空气侵入燃料系内或经拆修装复的燃料系，都要认真彻底排除油路中的空气，其方法是；

1）首先应检查油箱有足够的柴油，油箱至输油泵的各接头应拧牢固不漏气。

2）拧松柴油滤清器上的放气螺钉，用手油泵泵油，直至无空气再排出，最后拧紧放气螺钉。

3）拧松喷油泵上的放气螺钉，继续用手油泵泵油排出喷油泵泵腔内的空气，然后拧紧放气螺钉即可。

（4）喷油泵供油正时的校正　以解放 CA6110/125Z 柴油机为例

1）将发动机曲轴摇转至飞轮壳上的记号与飞轮上活塞上止点前 24°～28°（不同车型具体度数不同）时，停止摇转曲轴。

2）将喷油泵联轴节从动盘上的刻线对准喷油泵外壳体上的刻线，即为第一缸处于供油开始位置。

3）将喷油泵驱动轴与油泵的联轴器接好。

4）采用对角拧紧的方法，分别拧紧喷油泵固定螺钉。

5）试机时，如发现供油提前角不佳，可拧松联轴器上的两个调整螺钉，移动驱动盘与联轴器的相对位置进行适当调整，如图 7-134 所示。

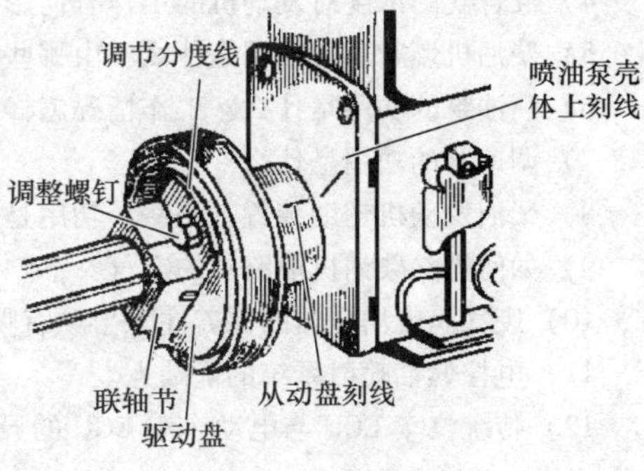

图 7-134　联轴器

（5）废气涡轮增压器的保养　在使用中如出现发动机动力下降，进、排气歧管接头处大量排油等现象时应对废气涡轮增压器进行检查。

拆下增压器进气管和排气管一端，用磁性千分表测量涡轮轴的轴向间隙和径向间隙，若超出规定值，应予以修复或更换。废气涡轮增压器为高速运转精密机械，不可随意拆动，发生故障后应送维修中心修配。

废气涡轮增压器在使用与保养时应注意以下几点：

1）由于转子总成要求高度平衡，所以涡轮增压器的维修仅限于更换中间转子总成、压气机壳和涡轮壳，不允许分解中间转子总成。

2）当怀疑增压器轴承磨损，听到压气机或涡轮与壳体的摩擦声时，需用专用工具检查轴承的径向间隙和推力轴承的轴向间隙；如间隙超过规定值，应整体更换中间转子总成。

3）为确保高速下全浮动轴承的润滑，柴油机起动后应怠速运转几分钟，使润滑油达到一定的温度和压力，以避免突加负荷时轴承处于无油状态而加速磨损，甚至出现卡死现象。

4）增压器全浮动轴承对润滑油的要求很高，应使用厂家规定的高级润滑油。

5）应按规定定期清洗空气滤清器。否则，滤清器因堵塞而阻力过大时，压气机入口的空气压力和流量就减少，造成增压器性能恶化。此外，还应经常检查进气系统是否漏气。如有漏气，灰尘和泥沙将被吸入压气机壳内并进入气缸，使增压器和柴油机性能变坏，并造成叶片和柴油机零件的早期磨损。

课后习题

1. 填空题

1）汽油机燃料供给系和柴油机供给系主要有________、________、________、________、________、________、________等机件 。

2）空燃比：表示________与________的质量比。

3）汽油机燃料系由________、________、________和________等部分组成。

4）电控燃油喷射系统的类型________、________、________、________。

5）电控汽油喷射系统的功能是________、________、________、________。

6）电控燃油喷射系统的组成：________、________、________。

7）电控燃油喷射发动机空气供给系统基本相同，主要组成元件包括________、________和________。

8）燃油供给系统元件位置________、________、________、________、________。

9）传感器种类________、________、________、________、________、________、________。

2. 简答题

1）汽油机燃料系的功用是什么？由哪些装置组成？

2）汽油泵的功用是什么？由哪些机件组成？工作情况怎样？

3）化油器的功用是什么？

4）混合气的浓度对发动机的工作有何影响？

5）柴油机燃料系的功用是什么？由哪些装置组成？

6）喷油泵的功用是什么？工作情况怎样？

7）调速器的功用是什么？

8）柴油发动机辅助装置有哪些，功用是什么？

9）如何排除柴油机油路中的空气？

10）废气涡轮增压器的保养注意事项有哪些？

11）电控燃油喷射系统的优缺点。

12）传统汽车 ECU 与电动汽车 ECU 的异同点。

第8章

润滑系统的构造与维修

8.1 润滑系统的构造

想一想：润滑系统的作用是什么，它的构造及组成有哪些？

提示：润滑系的主要作用就是对发动机主要摩擦零件进行润滑。除润滑外，还具有散热、清洗、保护及密封等作用。

学习目标	鉴定标准	教学建议
掌握发动机润滑系的构造	应知：发动机润滑系统的构造。	建议：采用教师启发式讲解、学生讨论相结合的方式，最后教师总结。

1. 润滑系的润滑方式

1）压力润滑。利用机油泵，将具有一定压力的润滑油源源不断地送往摩擦表面。例如，曲轴主轴承、连杆轴承及凸轮轴轴承、摇臂等处形成油膜以保证润滑。

2）飞溅润滑。利用发动机工作时运动零件飞溅起来的油滴或油雾来润滑摩擦表面的润滑方式称为飞溅润滑。可使裸露在外面承受载荷较轻的气缸壁，相对滑动速度较小的活塞销，以及配气机构的凸轮表面、挺柱等得到润滑。

3）定期润滑。对于负荷较小的发动机辅助装置则只需定期、定量加注润滑脂进行润滑。例如水泵及发电机轴承等，它不属于润滑系的工作范畴。近年来在发动机上采用含有耐磨润滑材料（如尼龙、二硫化钼等）的轴承来代替加注润滑脂的轴承。

2. 润滑系的构造及组成（图8-1）

润滑系一般由油底壳、机油泵、限压阀及旁通阀、机油滤清器、机油散热器、传感器和机油压力表、温度表等组成。

(1) 机油泵

1) 功能：润滑油循环的动力源。

2) 型式：

① 齿轮式机油泵如图 8-2 所示。齿轮式机油泵由主动轴、主动齿轮、从动轴、从动齿轮、壳体等组成，两个齿数相同的齿轮相互啮合，装在壳体内，齿轮与壳体的径向和端面间隙很小。主动轴与主动齿轮键连接，从动齿轮空套在从动轴上。

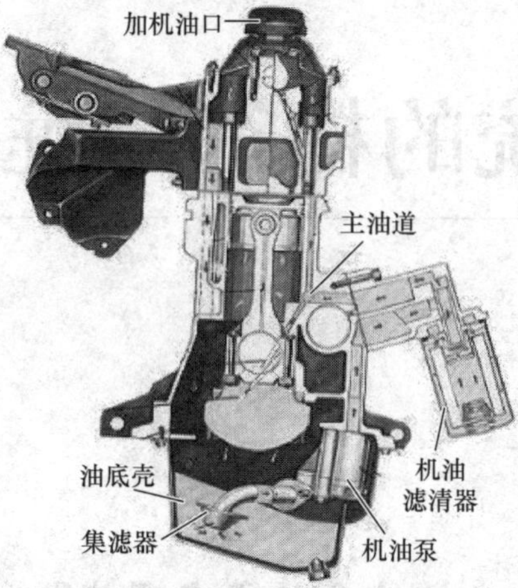

图 8-1 润滑系的组成

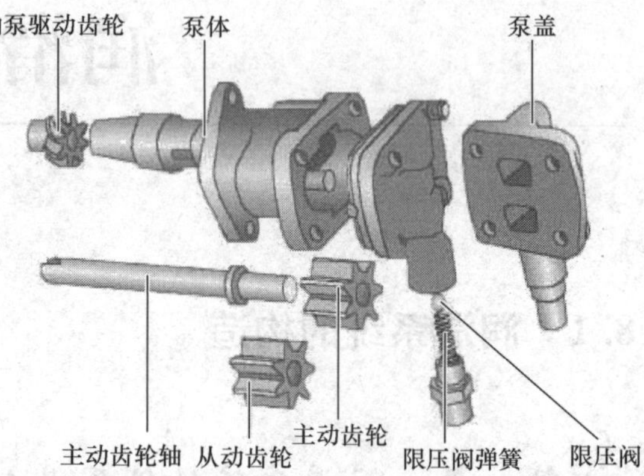

图 8-2 齿轮式机油泵

② 转子式机油泵如图 8-3 所示。转子式机油泵由壳体、内转子、外转子和泵盖等组成。内转子用键或销子固定在转子轴上，由曲轴齿轮直接或间接驱动，内转子和外转子中心的偏心距为 e，内转子带动外转子一起沿同一方向转动。内转子有 4 个凸齿，外转子有 5 个凹齿，这样内、外转子同向不同步的旋转。

3) 工作特点：工作时，主动齿轮带动从动齿轮反向旋转。两齿轮旋转时，充满在齿轮齿槽间的机油沿油泵壳壁由进油腔带到出油腔，在进油腔一侧由于齿轮脱开啮合以及润滑油被不断带出而产生真空，使油底壳内的润滑油在大气压力作用下经集滤器进入进油腔，而在出油腔一侧由于齿轮进入啮合和润滑油被不断带入而产生挤压作用，润滑油以一定压力被泵出，如图 8-4 所示。

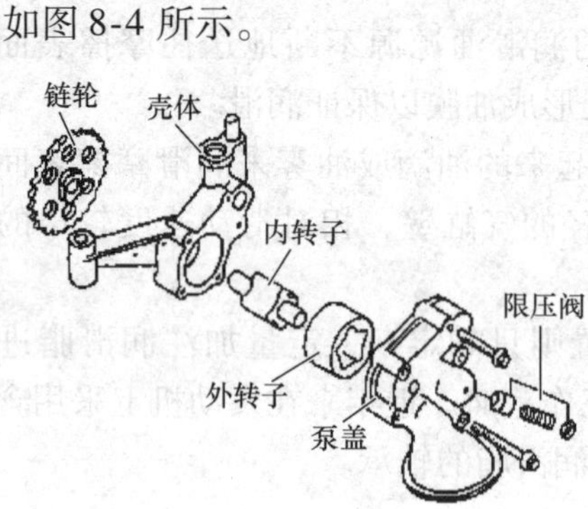

图 8-3 转子式机油泵

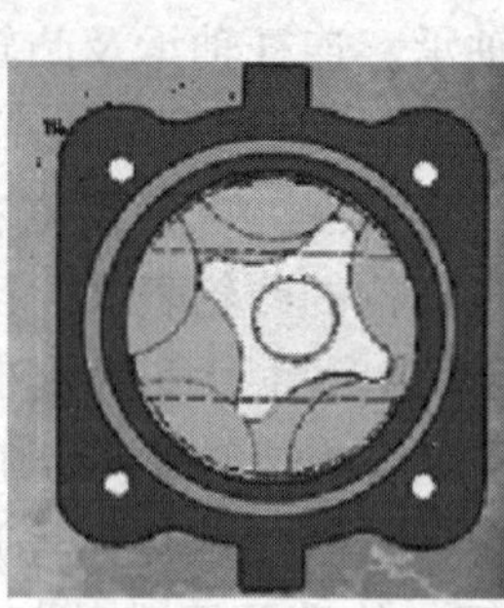

图 8-4 机油泵泵油的工作情况

转子齿形齿廓设计得使转子转到任何角度时，内、外转子每个齿的齿形廓线上总能互相成点接触。这样内、外转子间形成 4 个工作腔，随着转子的转动，这 4 个工作腔的容积是不断变化的。在进油道的一侧空腔，由于转子脱开啮合，容积逐渐增大，产生真空，润滑油被吸入。转子继续旋转，润滑油被带到出油道的一侧，这时，转子正好进入啮合，使这一空腔容积减小，油压升高，润滑油从齿间挤出并经出油道压送出去。这样，随着转子的不断旋转，润滑油就不断地被吸入和压出。

（2）滤清器　为了保证滤清效果，一般使用多级滤清器：集滤器、粗滤器和细滤器。与主油道串联的滤清器一般为粗滤器，与主油道并联的滤清器一般为细滤器，过油量约为 10% ~30%。

1）集滤器如图 8-5 所示。功用：阻止较大的杂质进入机油泵，起到防护和滤清的作用。集滤器是装在机油泵之前的吸油口端，多采用滤网式。其作用是防止较大的机械杂质进入机油泵。汽车发动机使用的集滤器目前分为浮式集滤器和固定式集滤器两种。浮式集滤器飘浮于机油表面，保证油泵吸入最上层较清洁的机油，但油面上的泡沫易被吸入，使机油压力降低，影响润滑。固定式集滤器淹没在油面之下，吸入的机油清洁度较差，但可防止泡沫吸入，润滑可靠，结构简单。

2）机油粗滤器如图 8-6 所示。功用：滤去机油中粒度较大杂质，串联于机油泵与主油道之间。粗滤器根据滤芯的不同，有不同的结构形式。汽车发动机常用的有金属片式、纸质式和锯末式机油粗滤器。

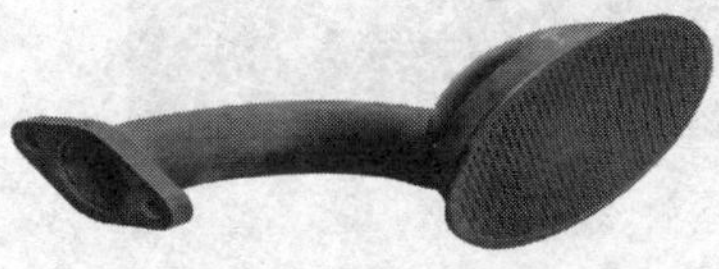

图 8-5　集滤器

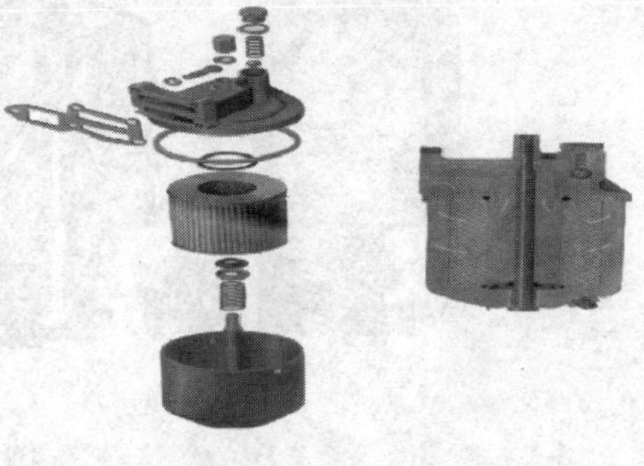

图 8-6　机油粗滤器

纸质滤芯式机油粗滤清器如图 8-7 所示，其构造主要由外壳、纸滤芯、滤芯衬网、旁通阀等组成。滤芯是用微孔滤纸制成的，为增大过滤面积，微孔滤纸一般都折叠成扇形和波纹形。微孔滤纸经过酚醛树脂处理，具有较高的强度及抗腐蚀能力和抗水湿性能，具有质量小、体积小、结构简单、滤清效果好、过滤阻力小、成本低、保养方便的特点。

金属片式粗滤器如图 8-8 所示。由于质量大、结构复杂、制造成本高等缺点，已基本被淘汰。锯末滤芯式粗滤器滤芯为酚醛树脂粘结的锯末滤芯，它阻力小，滤清效果好，使用寿命长。

3）机油细滤器如图 8-9 所示。功用：滤去机油中的细小杂质，与主油道并联。

机油细滤器用以清除细小的杂质，它对机油的流动阻力较大，多数做成分流式，与主油道并联，只有少量的润滑油通过它滤清后又回到油底壳。细滤器有过滤式和离心式两种，过滤式机油细滤器存在着滤清能力与通过能力的矛盾。为此多数发动机采用离心式细滤器。

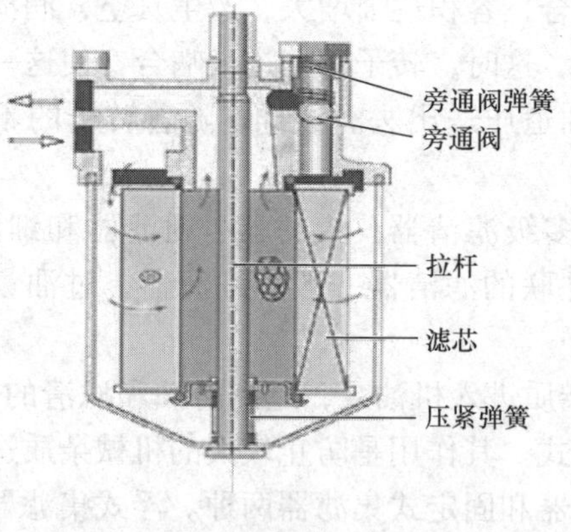

图 8-7　纸质滤芯式机油粗滤清器

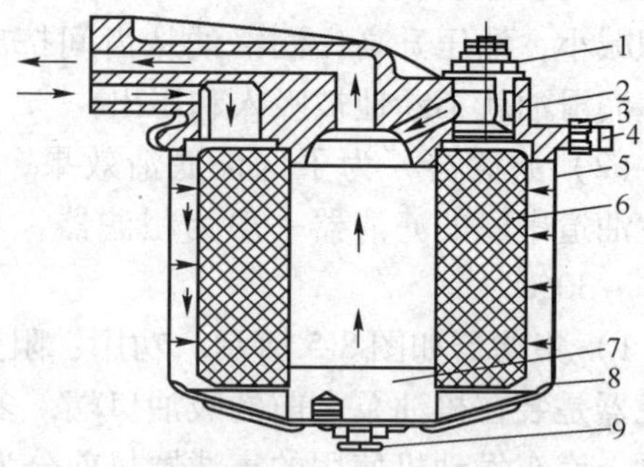

图 8-8　金属片式粗滤器

1—指示器　2—外壳座　3—密封圈　4—卡环　5—外壳　6—滤芯　7—滤芯底座　8—压紧弹簧　9—放油螺塞

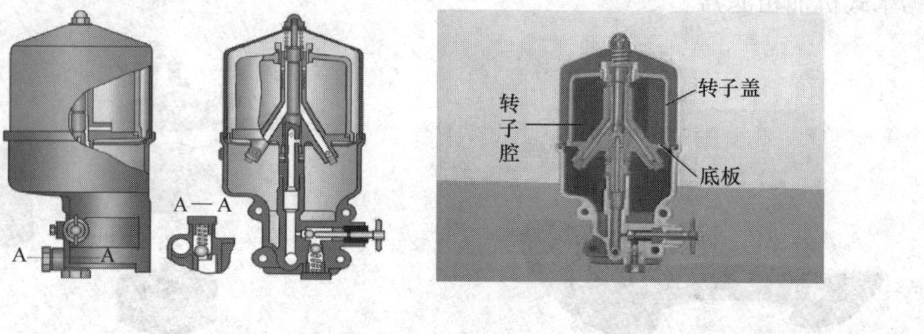

图 8-9　机油细滤器

(3) 限压阀　功用：自动调节润滑系的机油压力，防止油压过高造成密封衬垫损坏、油管接头渗漏等。

构造：主要由限压阀体、钢球、弹簧、弹簧座等组成。

(4) 机油冷却器　功用：使润滑油保持在最有利的温度范围内工作，防止润滑不良造成机件损坏。主要由衬垫、密封垫、冷却器芯及盖板和滤清器座组成。

(5) 机油尺　功用：检查油底壳中润滑油的平面高度。机油尺安装在曲轴箱上的机油尺管中并插入油底壳内，下部刻有油平面线（有的标有 2/4、4/4 字样），正常油平面应保持在 2/4 ~4/4 刻线范围内。

3. 润滑系的工作情况（图 8-10）

汽车发动机润滑系的工作情况大致相同，只是由于润滑系的工作条件和某些结构不同而稍有区别。

采用复合式润滑系统的上海桑塔纳轿车 JV 型 1.8L 汽油发动机润滑油路：发动机工作时，机油经集滤器→机油泵→机油滤清器→主油道：①主轴承；连杆轴承；活塞销；喷溅至活塞。②发动机前端第一条斜向油道中间轴。③主油道的垂直油道；凸轮轴轴径；气缸盖回油孔；曲轴箱。

发动机起动后，机油泵将润滑油从油底壳吸出，加压输送到整个润滑系统。润滑油从机油泵经过缸体上的油道进入机油冷却器座。在机油冷却器座上装有机油压力限压阀。润滑油从冷却器流出，经过滤清器后进入缸体上的中间横向油道，而后进入缸体另一侧(高压油泵侧)的主油道中。

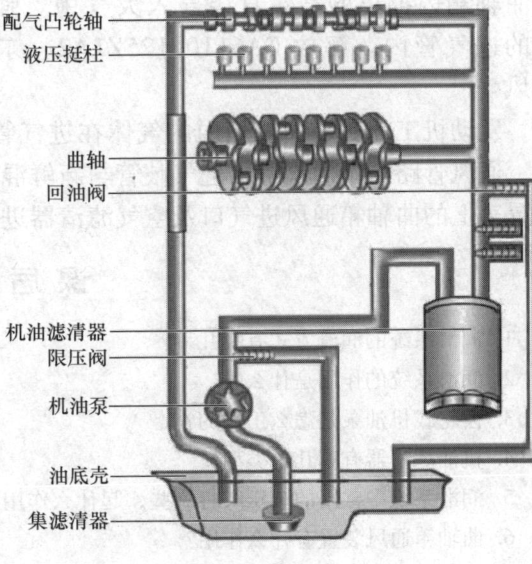

图 8-10　润滑系的工作情况

进入主油道的润滑油，将沿各个油道的分支，流向不同的润滑部位，从主油道通过各斜向油道，润滑油流向曲轴主轴颈，在主轴颈处通过不同的油道又分别流向连杆轴颈、凸轮轴承，以及活塞冷却喷嘴。从活塞冷却喷嘴喷出的润滑油也加强了飞溅效果，能更好地对活塞销及活塞裙部进行润滑。从主油道通过竖直油道，润滑油流向气缸盖，进入气门摇臂机构对摇臂轴进行润滑，通过摇臂上部钻出的小孔溢出润滑油，润滑气门杆和推杆窝槽。通过主油道上设置的接头，接软管，对发动机的各个附件如增压器、空气压缩机等机件提供润滑。

报警系统装有两个报警开关：低压油压开关(旁通阀)和高压油压开关(限压阀)，均装在滤清器支架上。发动机在机油温度为353K，转速为800r/min时，机油压力应大于或等于0.20MPa；在2000r/min时，机油压力应大于或等于0.30MPa。打开点火开关，仪表板上的机油压力警告灯开始闪烁。发动机起动后，当机油压力大于0.30MPa时，限压阀打开，警报灯熄灭；发动机低速运转时，机油压力低于0.30MPa，则低油压开关触点闭合，机油压力警告灯闪烁。当发动机转速超过2150r/min时，机油压力未达到0.18MPa，高压油压开关的触点断开，机油压力警告灯闪烁，报警蜂鸣器也同时报警。

4. 润滑剂的种类及选用

润滑剂的分类：润滑油、润滑脂。

(1) 我国润滑油的分类。

1) 汽油机润滑油：SC、SD、SE、SF、SG、SH。

2) 柴油机润滑油：CC、CD、CD-II、CF、CF-4。

(2) 润滑脂的分类　钙基润滑脂、钠基润滑脂、钙钠基润滑脂、复合钙基润滑脂、通用锂基润滑脂、石墨钙基润滑脂。

5. 曲轴箱通风装置的功用及工作情况

(1) 功用　延长润滑油的使用期限，减少摩擦零件的磨损和腐蚀，防止发动机漏油，使发动机曲轴箱保持通风，将发动机工作时漏到曲轴箱内以及凝结在润滑油中的混合气和废气抽出。

(2) 工作情况　发动机曲轴箱通风的方式有自然通风和强制通风两种。自然通风是将曲轴箱内抽出的气体直接导入大气中。强制通风是将曲轴箱内抽出的气体导入发动机的进气管内。解放 CA6110/125Z1A2、东风 EQ6BT5.9 型柴油发动机采用的是自然通风。

发动机工作时，曲轴箱内的气体在进气管真空度的作用下，经挺杆室、挡油板、滤清器、通风管路和单向阀进入进气歧管与新鲜混合气混合后进入气缸中燃烧，新鲜空气经气缸前罩盖上的曲轴箱通风进气口及空气滤清器进入曲轴箱内。

课后习题

1. 润滑系统的润滑方式有哪几种？
2. 润滑系统的作用是什么？
3. 齿轮式机油泵是怎么工作的？
4. 机油滤清器有哪几种类型？
5. 润滑系统中常用的液压阀有哪些，起什么作用？
6. 曲轴箱通风装置有什么作用？

8.2 润滑系统的保养及常见故障

想一想：润滑系统的保养有哪些？润滑系统的常见故障有哪些？

提示：润滑系常见故障有机油泵异响、油底壳漏油、机油压力低。

学习目标	鉴定标准	教学建议
1. 掌握润滑系统保养的方法。 2. 掌握润滑系统的常见故障及排除方法。	应知： 1. 润滑系统保养的方法。 2. 润滑系统的常见故障及排除方法。	建议：采用教师启发式讲解、学生讨论相结合的方式，最后教师总结。

1. 润滑油油面高度的检查

检查油底壳的润滑油油面时，应把汽车停放在较平坦的地方，发动机停止运转并等少许时刻后，把机油尺拔出，擦去表面上的润滑油，再从机油尺管口插到底，从而判断出机油量的多少。油面必须在 max(上限)与 min(下限)之间。加注润滑油时，应使油面接近上限。

2. 检查润滑油质量

取样检查润滑油是否变质、含水、变色或变稀。如润滑油质量变差，应按规定更换润滑油。

3. 润滑油的更换

发现不良，应予更换。按保养周期的规定更换润滑油。如果汽车连续在多尘地区以及

气温低于 -20℃的寒冷地区行驶，更换周期应相应缩短。一般每行驶 7500km 更换一次润滑油。

4. 润滑系统的常见故障

润滑系常见故障有机油泵异响、油底壳漏油、机油压力低。

1）机油泵异响的故障现象、原因及故障诊断流程见表 8-1 与图 8-11。

表 8-1　机油泵异响的故障现象、原因及故障排除的方法

故障现象	故障原因	故障排除方法及故障编号	DYZJ801
发动机底部出现有节奏的“克克”声	机油泵驱动齿响	机油泵驱动齿轮与凸轮轴驱动齿轮配合间隙发生变化，进而打坏机油泵驱动齿	
	机油泵响	怠速时听见发动机油底壳位置有比较清脆的“克克”声，需更换机油泵	
	机油泵驱动齿间隙大	检查间隙，必要时更换	
	机油泵滤网堵塞	检查机油泵滤网有无堵塞，如有堵塞应清洗或更换	
	机油油质不佳	更换机油	
	限压阀堵塞	检查并清洗	
	机油不足	检查油底壳内机油液面高度，如液面过低应添加至标准高度	
	发动机驱动链响	更换驱动链	

2）油底壳漏油的故障现象、原因及故障诊断流程见表 8-2 和图 8-12。

表 8-2　油底壳漏油的故障现象、原因及故障排除的方法

故障现象	故障原因	故障排除方法及故障编号	DYZJ802
驻车后油底壳后端有机油渗出	衬垫损坏	更换油底壳衬垫	
	装配过程不规则	油底壳紧固螺栓调至均匀扭力	
		密封胶不可过多以免造成垫子滑动移位	
	发动机内压过大	疏通或更换废气排放系统	
	油底壳破损	发动机气缸、活塞环、活塞磨损超限，必要时更换	
	油底壳螺栓固定不紧	更换损坏的螺栓	
	曲轴后油封老化或破损	更换曲轴后油封	

3）机油压力过低的故障现象、原因及故障诊断流程见表 8-3 和图 8-13。

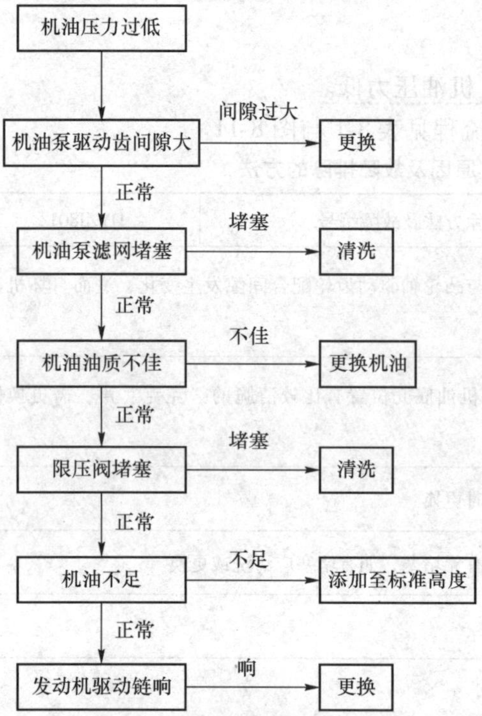

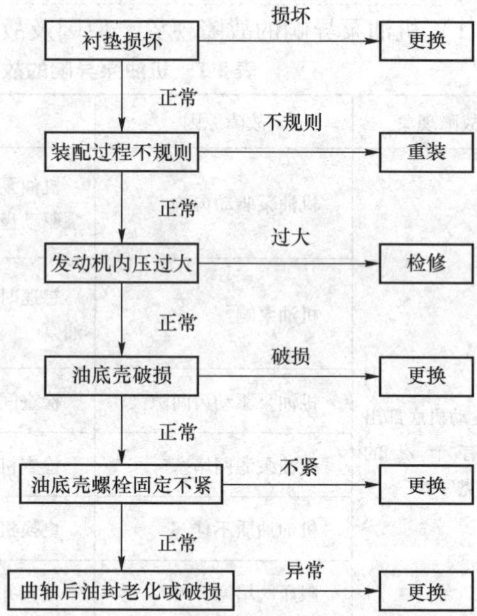

图 8-11　机油泵异响的诊断流程　　　图 8-12　油底壳漏油的诊断流程

表 8-3　机油压力过低的故障现象、原因及故障排除方法

故障现象	故障原因	故障排除方法及故障编号	DYZJ803
发动机工作时机油压力过低	润滑油不足	检查润滑油量，必要时更换或添加润滑油	
	机油粘度过小	使用正确标号的汽车发动机润滑油，则能解决该问题	
	机油泵故障	检查机油泵进油滤网有无堵塞，如有堵塞应清洗或更换	
		检查机油泵主动齿轮与从动齿轮间隙，检查溢流阀是否卡死，如有应修理或更换	
	连杆瓦间隙过大造成泄油	检查连杆瓦间隙是否过大，如连杆瓦间隙过大造成泄油，应修理或更换	
	曲轴瓦间隙过大造成泄油	检查曲轴瓦间隙是否过大，如曲轴瓦间隙过大造成泄油，应修理或更换	
	机油压力传感器或机油指示灯损坏	检测机油压力传感器电信号及机油指示灯，如不正常，则更换	
	机油感应塞泄漏	需更换	
	冷却液温度高	按冷却液温度高故障排除模板排除故障，使冷却液温度正常	

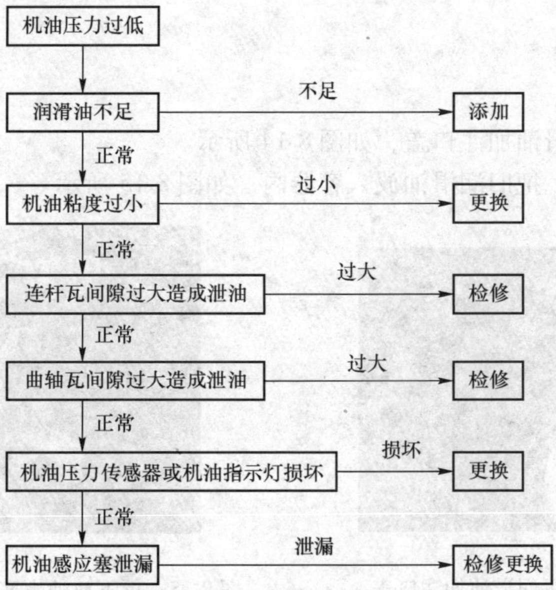

图 8-13　机油压力过低的诊断流程

课后习题

1. 填空题

1）润滑系的作用________、________、________、________、________。

2）润滑系的润滑方式________、________、________。

3）润滑系的组成________，________，________，________，________，________和________、________等组成。

2. 简答题

1）润滑油油面高度的检查方法是什么？

2）润滑油机油压力开关如何检测？

3）润滑油更换方法是什么？

4）油底壳更换方法是什么？

实训 17　润滑油的检查与更换

1. 实训目的

掌握润滑油检查与更换方法。

2. 实训内容

1）检查润滑油。

2）润滑油的更换。

3. 实训设备及器材

1）常用工具 1 套；润滑油回收机 1 台

2）实训轿车 1 辆。

4. 注意事项

1）按正确的操作步骤进行作业。

2）注意操作安全。

5. 实训内容及步骤

润滑油的更换

1）拆下发动机润滑油加注口盖，如图 8-14 所示。

2）拆下放油螺塞，把旧润滑油放入容器内，如图 8-15 所示。

图 8-14　拆下发动机润滑油加注口盖

图 8-15　拆下放油螺塞，把旧润滑油放入容器内

3）清洗或使用新的密封垫，按规定力矩拧紧放油螺栓，如图 8-16 所示。

4）按规定选用润滑油，并从加油口加入规定润滑油，如图 8-17 所示。

图 8-16　按规定力矩拧紧放油螺栓

图 8-17　从加油口加入规定润滑油

5）在润滑油加注口盖上安装密封垫，装上加注口盖，如图 8-18 所示。

6）起动发动机检查有无漏油。

7）再检查润滑油量，视情况加注，如图 8-19 所示。

6. “润滑油的检查与更换”评分标准及操作工单

图 8-18　装上加注口盖

图 8-19　检查润滑油量

“润滑油的检查与更换”评分标准

序号	考核项目	配分	扣分标准(每项累计扣分不能超过配分)
1	安全文明否决		造成人身、设备重大事故，或恶意顶撞考官，严重扰乱考场秩序，立即终止考试，此项目记 0 分
2	安全文明生产	20 分	(1) 不穿工作服、工作鞋、工作帽各扣 1 分 (2) 工零件乱放、混放，每次扣 2 分 (3) 油、水落地或零部件表面未及时清理每次扣 1 分 (4) 考试完后不清理工零件或场地各扣 3 分 (5) 不服从考官，出言不逊，每次扣 3 分 (6) 拆装前不检查发动机台架锁止情况(含每次被考官提醒)，每次扣 3 分
3	工量具准备与检查	15 分	(1) 工量具每少准备一件扣 1 分 (2) 工量具选择不当，每次扣 2 分 (3) 未校验量具，每次扣 2 分
4	维修手册使用	10 分	每查错一个数据或漏查一个数据扣 3 分，根据工单填写情况对照维修手册标准值评分
5	润滑油数量质量的检查	20 分	(1) 润滑油数量的检查方法不对扣 5 分 (2) 润滑油质量的检查方法不对扣 5 分 (3) 零件未按顺序摆放整齐扣 2 分
6	润滑油的更换	30 分	(1) 润滑油更换步骤不正确扣 5 分 (2) 润滑油品牌选择错误扣 10 分
7	维修记录	5 分	(1) 维修记录字迹潦草扣 2 分 (2) 填写不完整，每项扣 1 分
8	合计	100 分	

“润滑油的检查与更换”操作工单

班级________ 姓名________ 总分________

车型		发动机型号	

一、准备工作

(1) 工量具准备与检查	
(2) 维修手册准备	
(3) 固定发动机拆装台架	

二、操作过程

要求：会使用维修手册；能用正确的方法检查润滑油与更换润滑油。

润滑油数量质量的检查	步骤:
润滑油的更换	步骤:
整理工作场地	

实训 18　油底壳的拆装

1. 实训目的

掌握油底壳的拆装方法。

2. 实训内容

1）油底壳的拆卸。

2）油底壳的安装。

3. 实训设备及器材

1）常用工具 1 套。

2）实训轿车 1 辆。

4. 注意事项

1）按正确的操作步骤进行作业。

2）注意操作安全。

5. 实训步骤

（1）拆卸步骤

1）断开蓄电池负极接线，如图 8-20 所示。

2）抬起并稳固支承汽车。

3）排放发动机润滑油。

4）拆下底部飞溅挡泥板。

5）松开油底壳螺栓。

6）在油底壳和发动机间放进专用工具，断开油底壳与发动机体的连接。

7）拆下油底壳，如图 8-21 所示。

图 8-20　断开蓄电池负极接线

图 8-21　拆下油底壳

（2）安装

1）清洁油底壳和发动机的接合表面。

2）沿着油底壳凹槽涂上 3mm 宽的密封胶。

3）安装油底壳，用手拧紧固定螺栓。

4）从油底壳一侧开始，拧紧螺栓，用十字头工具从一侧到另一侧操作，力矩为 15N · m（大众车系）。

5）放下发动机，拧紧机座固定螺栓。

6）安装油底壳放油螺塞。

7）安装挡泥板，放下汽车。

8）给油底壳注入润滑油，起动发动机，检查有无泄漏。

6. 实训考核

“油底壳的拆装”的评分标准

序号	考核项目	配分	扣分标准(每项累计扣分不能超过配分)
1	安全文明否决		造成人身、设备重大事故，或恶意顶撞考官，严重扰乱考场秩序，立即终止考试，此项目记0分。
2	安全文明生产	20分	(1) 不穿工作服、工作鞋、工作帽各扣1分 (2) 工零件乱放、混放，每次扣2分 (3) 油、水落地或零部件表面未及时清理，每次扣1分 (4) 考试完后不清理工零件或场地各扣3分 (5) 不服从考官、出言不逊，每次扣3分 (6) 拆装前不检查发动机台架锁止情况(含每次被考官提醒)，每次扣3分
3	工量具准备与检查	15分	(1) 工量具每少准备一件，扣1分 (2) 工量具选择不当，每次扣2分 (3) 未校验量具，每次扣2分
4	维修手册使用	10分	每查错一个数据或漏查一个数据扣3分，根据工单填写情况对照维修手册标准值评分
5	油底壳的拆卸	10分	(1) 未排放润滑油扣5分，未装上放油螺塞扣2分，润滑油泄漏至地面扣2分，未均匀交替松油底壳螺栓扣1分 (2) 用工具强行拆装油底壳密封面扣2分，造成油底壳变形扣2分 (3) 拆装动作不规范扣2分，工具使用错误一次扣2分，零件落地扣2分
6	油底壳的清洗与检查	15分	(1) 未清洗油底壳扣2分，未除密封胶或密封垫扣2分，未清洗壳体扣2分 (2) 未检查油底壳平面扣2分
7	油底壳的安装	15分	(1) 油底壳清洁不干净扣2分，没有吹干油渍扣2分 (2) 安装动作不规范扣2分，未安装密封垫或密封胶扣5分 (3) 未均匀交替拧紧螺栓扣2分，拧断螺栓一个扣3分，螺栓滑丝一个扣2分，未按维修手册力矩要求拧紧螺栓扣2分

（续）

序号	考核项目	配分	扣分标准(每项累计扣分不能超过配分)
8	发动机起动及检查	10分	（1）未加注润滑油扣5分、未检查润滑油油量扣2分 （2）未起动发动机扣2分，有漏油现象扣2分，熄火后没有检查润滑油油量扣2分 （3）操作动作不规范扣2分、工具使用错误一次扣2分，零件落地扣3分
9	维修记录	5分	（1）维修记录字迹潦草扣2分 （2）填写不完整，每项扣1分
10	合计	100分	

“油底壳的拆装”的操作工单

班级＿＿＿＿＿＿　　姓名＿＿＿＿＿＿　　总分＿＿＿＿＿＿

车型		发动机型号	

一、准备工作

(1) 工量具准备与检查	
(2) 维修手册准备	
(3) 固定发动机拆装台架	

二、操作过程

要求：会使用维修手册，能用正确的方法使用工具拆装油底壳

油底壳拆卸	步骤：
油底壳的清洁及检查	步骤：
油底壳的安装	步骤：
整理工作场地	

实训 19　机油泵的拆装与检测

1. 实训目的

1）熟悉润滑系组成及各机件的装配关系，主要机件的构造，润滑油路，强制式曲轴箱通风的原理和连接方法。

2）掌握机油泵和滤油器的拆装方法、步骤。

2. 实训内容

机油泵和滤油器的拆装方法、步骤。

3. 实训仪器与设备

1）桑塔纳发动机 1 台。

2）发动机缸体、缸盖各 1 个。

3）润滑系主要部件若干。

4）常用工具 1 套等。

4. 注意事项

1）正确操作，注意人身及机件安全。

2）注意拆装顺序，保持场地整洁及零部件、工量具清洁。

5. 实训步骤

1）观察机油泵、滤清器、机油散热器、限压阀、旁通阀等安装位置及相互间连接关系。

2）对照润滑油路示意图(图 8-22)，观察润滑油路中缸体、缸盖上油道。

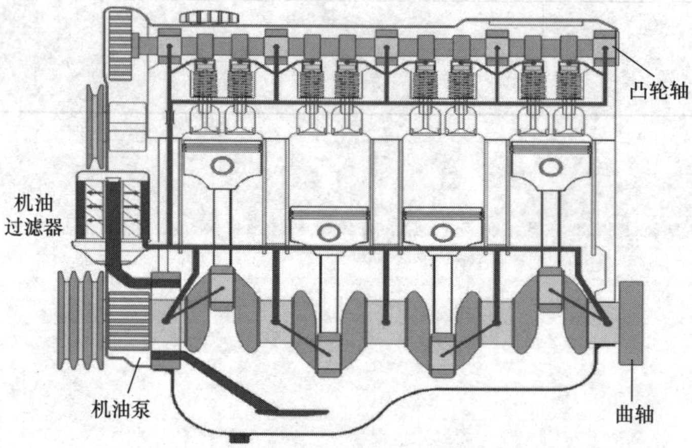

图 8-22　润滑油路示意图

在观察主油道与各道主轴承座孔油道时，可在主油道中放入一尺寸合适的金属棒，再从主轴承座孔油道插入细钢丝使其与金属棒相抵触，用手转动金属棒，细钢丝便抖动，即可验证主油道与主轴承座孔油道的联系。

3）观察曲轴箱通风各部件的连接关系。

4）机油泵的拆卸。

① 旋松分电器轴向限位卡板的紧固螺栓，拆去卡板，拔出分电器总成。

② 旋松并拆卸两只机油泵盖、机油泵体紧固螺栓（较长的），将机油吸油部件一起拆下。

③ 拧松并拆下吸油管组紧固螺栓，拆下吸油管组，检查并清洗滤网。

④ 旋松并拆下机油泵盖紧固螺栓（较短的），取下机油泵组件，检查泵盖上的限压阀。

⑤ 分解主、从动齿轮，再分解齿轮和轴，垫片更换新件。

5）机油泵的检测

① 检查齿轮啮合间隙，如图 8-23 所示。检查时，将机油泵盖拆下，用塞尺在互成 120°角三个位置测量机油泵主、从动齿轮的啮合间隙。新机油泵齿轮啮合间隙为 0. 05mm，磨损极限值为 0. 20mm。

② 检查主、从动齿轮与泵盖接合面的间隙。主、从动齿轮与机油泵盖接合面间隙正常值应为 0. 05mm，磨损极限值为 0. 15mm，如图 8-24 所示。

图 8-23　齿轮啮合间隙的检测

图 8-24　齿轮与泵盖接合面间隙的检查

③ 检查主动轴的弯曲度。将机油泵主动轴支承在 V 形架上，用百分表检查其弯曲度。如果弯曲度超过 0. 03mm，则应对其进行校正或更换。

④ 检查主动齿轮轴与泵壳的配合间隙。主动齿轮轴与泵壳的配合间隙应为 0. 03 ~ 0. 075mm，磨损极限值为 0. 20mm。否则，应对轴孔进行修复，如图 8-25 所示。

⑤ 检查泵盖。泵盖如有磨损、翘曲和凹陷超过 0. 05mm，应以车、研磨等方法进行修复。

⑥ 检查溢流阀。检查溢流阀弹簧有无损伤、弹力是否减弱，必要时予以更换。检查溢流阀配合是否良好、油道是否堵塞、滑动表面有无损伤，必要时更换溢流阀。

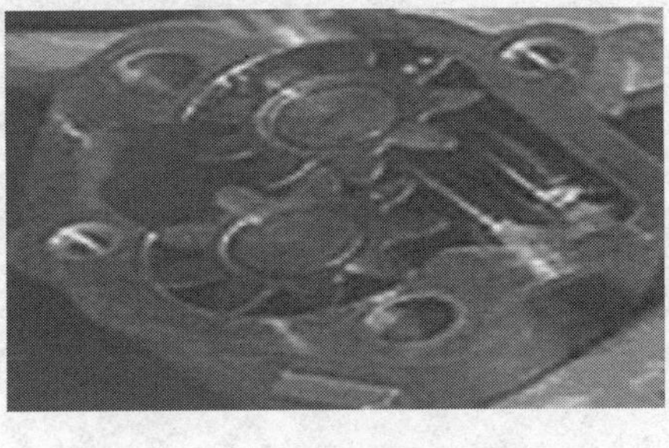

图 8-25　主动齿轮轴与泵壳配合间隙的检查

6）机油泵的装配

机油泵的安装顺序基本上与拆卸及分解顺序相反，但应注意以下两点：

① 更换所有的垫片。

② 按规定力矩拧紧螺栓。

机油泵的常见故障有：机油泵主动轴弯曲，机油泵从动轴偏磨，齿轮磨损，机油泵盖内表面磨损及翘曲，机油泵壳体轴孔磨损或泵体有裂纹等。

清洗各零件后，按拆卸时相反顺序进行装复。完成后，主动轴应转动灵活，限压阀柱塞装入阀孔中，应转动灵活，无卡滞现象。

6. 实训考核

（1）考核要求

1）正确进行润滑系的油路分析。

2）掌握机油泵的拆装和调整。

（2）评分标准和操作工单

"机油泵拆装与检测"的评分标准

<table>
<tr><th>序号</th><th>考核内容</th><th>配分</th><th>评分标准</th></tr>
<tr><td>1</td><td>正确使用工具仪器</td><td>10 分</td><td>工具使用不当扣 10 分</td></tr>
<tr><td rowspan="3">2</td><td>正确的拆装顺序</td><td rowspan="3">30 分</td><td>拆装顺序错误酌情扣分</td></tr>
<tr><td>所有零件摆放整齐</td><td>摆放不整齐扣 5 分</td></tr>
<tr><td>能够清楚各零件的工作状态</td><td>叙述不清零件的工作状态扣 5 分</td></tr>
<tr><td>3</td><td>能够分析出润滑系的油路</td><td>15 分</td><td>分析不完全扣 10 分</td></tr>
<tr><td rowspan="2">4</td><td rowspan="2">检查机油泵的"三隙",并测量准确</td><td rowspan="2">25 分</td><td>不会检查扣 10 分</td></tr>
<tr><td>检查错误，一处扣 5 分</td></tr>
<tr><td>5</td><td>润滑系的组装</td><td>10 分</td><td>组装顺序错误酌情扣分</td></tr>
<tr><td rowspan="2">6</td><td>整理工具、清理现场</td><td rowspan="2">10 分</td><td>每项扣 2 分，扣完为止</td></tr>
<tr><td>安全用电，防火，无人身、设备事故</td><td>因违规操作发生重大人身和设备事故，此题按 0 分计</td></tr>
<tr><td>7</td><td>合计</td><td>100 分</td><td></td></tr>
</table>

“机油泵拆装与检测”的操作工单

班级__________ 姓名__________ 总分__________

车型		发动机型号	

一、准备工作

(1) 工量具准备与检查	
(2) 维修手册准备	
(3) 固定发动机拆装台架	

二、操作过程

要求：会使用维修手册，能用正确的方法使用工具拆装机油泵

机油泵拆卸	拆卸要领：
机油泵检测	
机油泵安装	装配要领：
整理工作场地	

第 9 章

冷却系统的构造与维修

9.1　冷却系统的功用和构造

想一想：冷却系统的功用是什么？它的构造有哪些？

提示：发动机温度过热和过冷都会影响正常工作，冷却系统的功用是保持发动机在适宜的温度下工作。

学 习 目 标	鉴 定 标 准	教 学 建 议
1. 掌握发动机冷却系的功用和构造。 2. 掌握冷却系统的工作原理。	应知：熟悉冷却系统的工作原理。	建议：采用教师启发式讲解、学生讨论相结合的方式，最后由老师总结。

1. 冷却系的功用

发动机温度过热和过冷都会影响正常工作，冷却系统的功用是保持发动机在适宜的温度下工作。

2. 冷却方式

发动机的冷却方式分为风冷式和水冷式两种。

风冷式：利用高速空气流把发动机中高温零件的热量直接散入大气而进行冷却的方式。

水冷式：把发动机的热量先传给冷却水，然后再散入大气而进行冷却的方式。由于水冷式冷却效果好，且发动机运转噪声小，因此，汽车发动机上广泛采用水冷式冷却系统。

3. 冷却系的组成及工作情况

发动机上普遍采用的是强制循环式水冷却系统。利用水泵强制冷却水在冷却系中进行循环流动。主要由散热器、水泵、风扇、节温器、百叶窗、冷却水套、水管，有的还装有膨胀水箱，如图 9-1 所示。

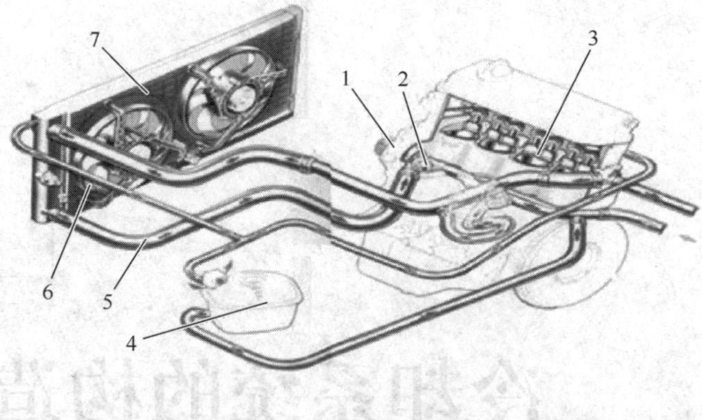

图 9-1 冷却系的组成

1—水泵 2—节温器 3—冷却水套 4—膨胀水箱 5—水管 6—风扇 7—散热器

(1) 散热器(图 9-2)

1) 功用。将冷却水从发动机内带来的热量散发到大气中。

散热器的材料：黄铜、铝。

2) 构造。散热器由上、下储水室和散热器芯及散热片等组成。散热器芯一般由多排扁形水管焊成一体并与上、下储水室相通。为增强散热效果，在扁形管外面还套装有很多金属散热片，是一个热交换器。散热器由进水室、出水室及散热器芯等三部分构成，按照散热器中冷却液流动的方向，可分为纵流式和横流式两种。纵流式散热器芯竖直布置，冷却液自上而下地流过散热器芯。横流式散热器芯横向布置，冷却液经散热器芯横向流过散热器。大多数新型轿车均采用横流式散热器，这可以使发动机罩的外廓较低，有利于改善车身前端的空气动力性。

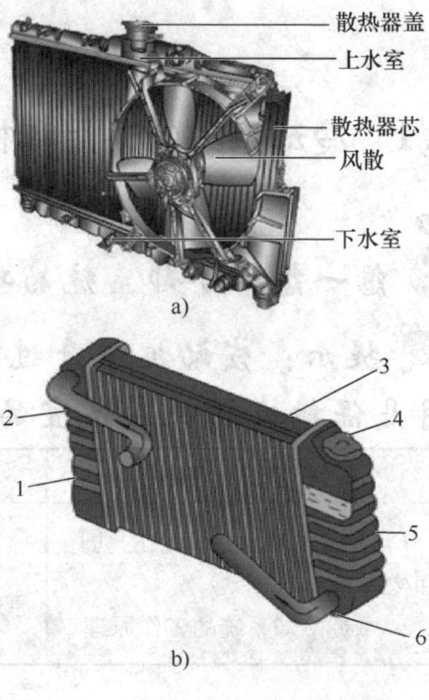

图 9-2 散热器

a) 纵流式散热器 b) 横流式散热器

1—上水室 2—进水管 3—散热器芯 4—散热器盖 5—下水室 6—出水管

3) 结构。散热器由上水室、下水室、散热器芯等组成，如图 9-3 所示。

散热器上水室顶部有加水口，冷却水由此注入整个冷却系并用散热器盖盖住。在上水室和下水室分别装有进水管和出水管，进水管和出水管分别用橡胶软管和气缸盖的出水管和水泵的进水管相连，这样，既便于安装，而且当发动机和散热器之间产生少量位移时不会漏水。在散热器下面一般装有减振垫，防止散热器受振动损坏。在散热器下水室的出水管上还有放水开关，必要时可将散热器内的冷却水放掉。

散热器芯由许多冷却管和散热片组成，对于散热器芯应该有尽可能大的散热面积，采用散热片是为了增加散热器芯的散热面积。散热器芯的构造形式有多种，常用的有管片式和管带式两种，如图 9-4 所示。

1) 管片式散热器芯。冷却管的断面大多为扁圆形，它连通上、下水室，是冷却水的通道。和圆形断面的冷却管相比，不但散热面积大，而且万一管内的冷却水结冰膨胀，扁管可以借其横断面变形而避免破裂。采用散热片不但可以增加散热面积，还可增大散热器的刚度和强度。这种散热器芯强度和刚度都比较好，能耐高压，但制造工艺较复杂，成本高。

2）管带式散热器芯。采用冷却管和散热带沿纵向间隔排列的方式，散热带上的小孔是为了破坏空气流在散热带上形成的附面层，使散热能力提高。这种散热器芯散热能力强，制造工艺简单，成本低，但结构刚度和强度不如管片式大，一般多为轿车发动机采用，近年来在一些中型车辆上也开始采用。

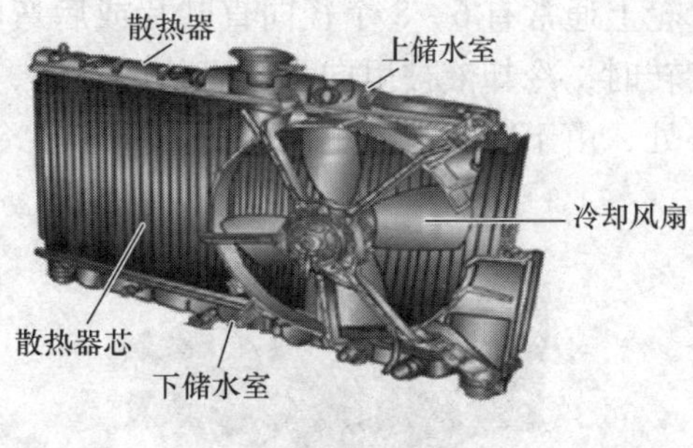

图 9-3　散热器的组成

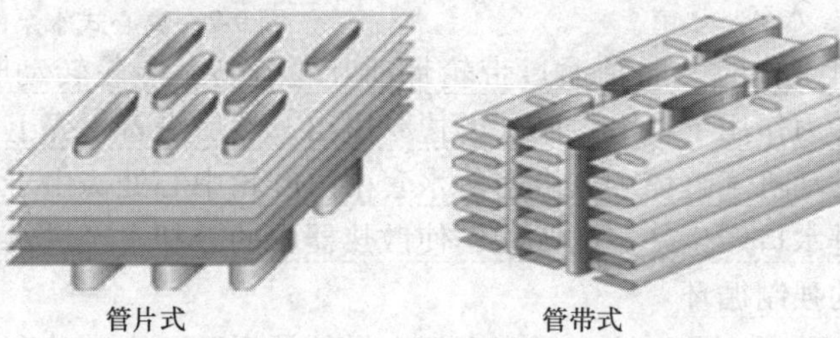

图 9-4　散热器芯的构造形式

（2）膨胀水箱（图 9-5）

1）作用。通过膨胀水箱使冷却系成为一个封闭系统，从而避免了冷却液因蒸发而导致耗损，可保持冷却液液面高度不变。将冷却系统中水气分离，增大水泵的泵水量和减小水泵和水套内部穴蚀。

2）工作原理

一般冷却系统冷却液的流动是靠水泵的压力来实现的。水泵吸水的一侧压力低，易产生蒸汽泡，使水泵的出水量显著下降，并引起水泵叶轮和水套的穴蚀，在其表面产生麻点或凹坑，缩短了叶轮和水套的使用寿命。加装膨胀水箱后，由于膨胀水箱和水泵进水口之间存在补充水管，使水泵避免了汽泡的产生。散热器中的蒸汽泡和水套中的蒸汽泡通过导管进入膨胀水箱，从而使气水彻底分离。由于膨胀水箱温度较低，进入的气体得到冷凝，一部分变成液体，重新进入水泵。而积存在膨胀水箱液面上的气体起缓冲作用，使冷却系统内压力保持稳定状态。

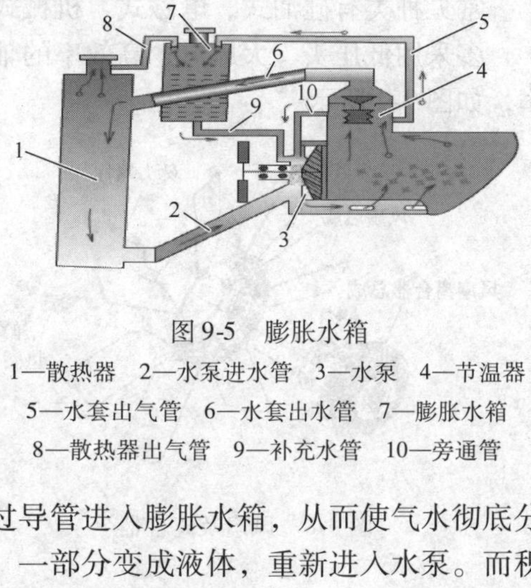

图 9-5　膨胀水箱

1—散热器　2—水泵进水管　3—水泵　4—节温器　5—水套出气管　6—水套出水管　7—膨胀水箱　8—散热器出气管　9—补充水管　10—旁通管

（3）水泵（图 9-6）　水泵安装在发动机缸体的前端面上，由传动带传动，实现发动机的强制冷却循环。

1）功用：对冷却液加压，迫使冷却液在冷却系中加速循环流动。

2）构造：目前发动机广泛采用离心式水泵。其结构基本相同，主要由带轮、水泵壳、水泵轴及轴承、叶轮、水封总成等组成。

3）水泵的工作原理如图 9-7 所示。水泵壳体由铸铁或铝铸制。叶轮由铸铁或塑料制造，叶轮上通常有6~8个径向直叶片或后弯叶片。进、出水管与水泵壳体铸成一体。水泵叶轮旋转时，冷却液被甩向水泵壳体的边缘，产生一定的压力，然后从出水管流出。在叶轮的中心处，由于冷却液被甩出而压力下降。冷却液在压差作用下，经进水管流入叶轮中心。

图 9-6　水泵

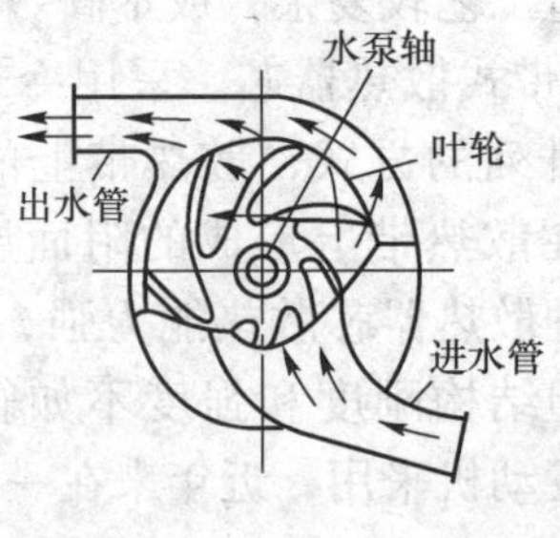

图 9-7　离心式水泵的工作原理

工作情况：发动机工作时，曲轴通过带轮带动叶轮旋转，叶轮转动时，带着冷却水旋转，冷却水在自身离心力作用下，沿着叶片的边缘甩出，然后沿着蜗壳上与叶片轮成切线方向的缝隙通道被压入发动机气缸体和气缸盖的水套中。叶轮中心处，由于液体流动而产生一定的真空度，对水泵进水口产生一定的吸力，使散热器中的冷却水经进水管被吸进水泵，连续泵水形成冷却系内的强制循环。

（4）风扇及风扇离合器（图9-8）　风扇布置在散热器后面，由叶片和托板组成，用螺栓固装在风扇带轮上。其功用是提高流经散热器的空气流量和流速，增强散热能力。其功用是：增强散热器的散热能力，加速冷却液的冷却。

常见种类有硅油式、电磁式、机械式三种。

多采用低压头、大风量、高效率的轴流式风扇。在风扇外围装设导风罩，以提高风扇效率，如图9-9所示。

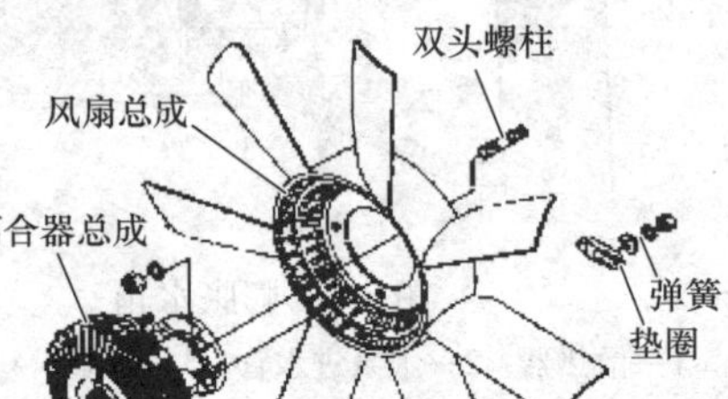

图 9-8　风扇及离合器

图 9-9　风扇外围
1—上水室　2—散热器盖　3—风扇罩　4—风扇叶片

硅油式风扇离合器工作原理：

当流进散热器的空气温度升高时，双金属热敏弹簧受热变形，迫使阀片轴相对于从动板转动，而阀片与阀片轴固定在一起，从而带动阀片转动，进油孔打开，硅油进入到工作室，如图9-10所示。

在主动板和从动板之间的缝隙中有了硅油后，主动板利用硅油的粘性带动从动板和风扇一起转动。风扇离合器处于接合状态，风扇转速逐渐升高。

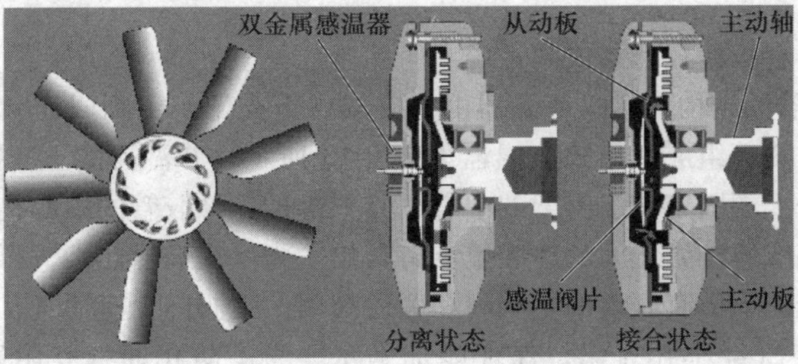

图 9-10　风扇离合器的分离与接合

长城皮卡车采用硅油风扇离合器，如图 9-11 所示。风扇转速和其消耗的功率是根据发动机负荷大小而自动进行调节的。当风扇进风温度低于 50℃时，硅油使风扇与驱动轮分开，风扇转速只有输入转速的 45%。当进风温度上升到 72～75℃时，风扇转速可达输入转速的 100%。电动风扇由风扇电动机驱动并由蓄电池供电，所以风扇转速与发动机转速无关。优点是结构简单，布置方便。

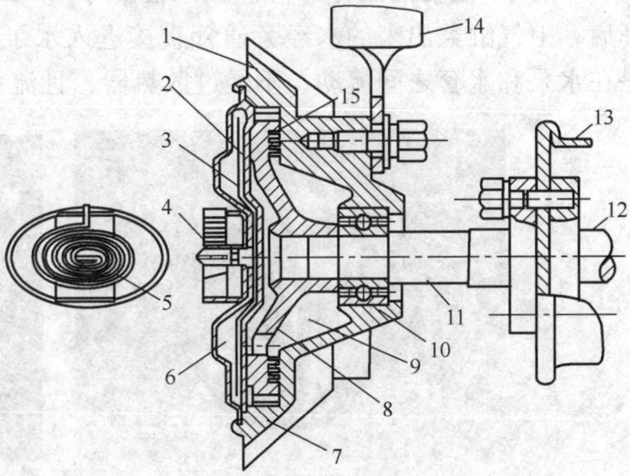

图 9-11　硅油风扇离合器

1—从动板(外壳)　2—进油孔　3—阀门　4—阀片轴　5—双金属螺旋弹簧　6—储油室　7—回油孔　8—主动板　9—工作室　10—轴承　11—主动轴　12—水泵轴　13—水泵带轮　14—风扇　15—工作面

电磁式风扇离合器工作原理：

风扇转速由温控热敏电阻开关控制，如图 9-12 所示为冷却风扇电动机的控制电路。当冷却液温度为 92～97℃时，风扇转速为 2300r/min。当冷却液温度升高到 99～105℃时，风扇转速为 2800r/min。当冷却液温度降到 84～91℃时，风扇停转。电控系统中，电动风扇由电脑控制。

1）当点火开关在 ON 位置，发动机已达到工作温度。温度开关也在 ON 位置时，继电器线圈形成回路，从而建立磁场，将触点闭合，大电流从蓄电池流进风扇电动机，使风扇开始转动，加强冷却。

2）点火开关在 ON 位置，发动机未达到工作温度，温度开关处于 OFF 位置时，继电器线圈无法建立磁场，故风扇电动机无电流通过不运转。

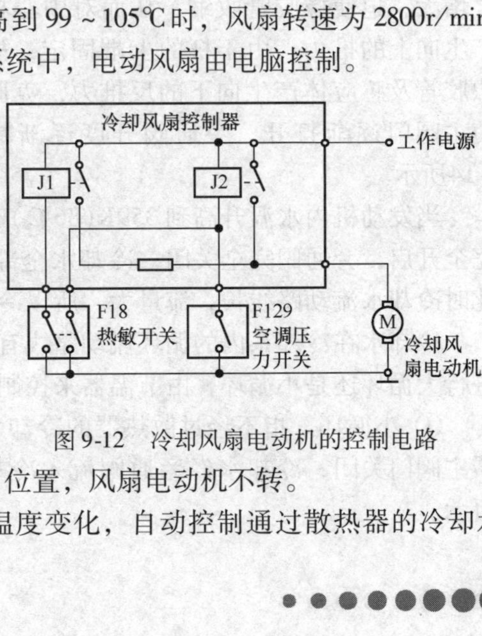

图 9-12　冷却风扇电动机的控制电路

3）点火开关在 OFF 位置，不管温度开关在 ON 或 OFF 位置，因无电源供应，继电器处于 OFF 位置，风扇电动机不转。

（5）节温器　节温器的功用是根据冷却水的温度变化，自动控制通过散热器的冷却水流量。

常用的节温器有折叠式和蜡式两种。

1）蜡式节温器的结构。蜡式节温器由上支架、下支架、主阀门、旁通阀、感应体、中心杆、橡胶管和弹簧等组成。蜡式节温器如图9-13所示。节温器的上支架和下支架与阀座铆成一体。中心杆上端固定在上支架的中心，其下部插入橡胶管的中心孔内，中心杆下端呈锥形。橡胶管与感应体外壳之间的空腔里装有石蜡。为了提高导热性，石蜡中常掺有铜粉和铝粉。感应体外壳上下部有联动的主阀门和旁通阀门。主阀门上有通气孔，它的作用是在加水时使水套内的空气经小孔排出，保证能加满水。为了防止通气孔阻塞，有的加装一个摆锤。

2）蜡式节温器的工作原理。当水温低于349K(76℃)时，主阀门完全关闭，旁通阀完全开启，由气缸盖出来的水经旁通管直接进入水泵，故称小循环，如图9-13所示。由于水只是在水泵和水套之间流动，不经过散热器，且流量小，所以冷却强度弱。

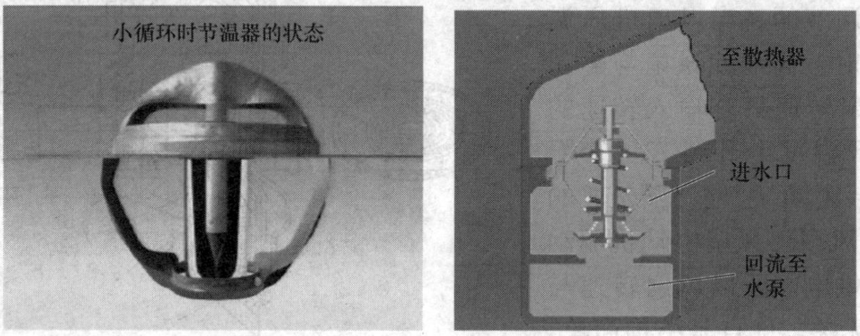

图9-13　节温器小循环

当冷却水温度在349～359K(76～86℃)之间时，大小循环同时进行，如图9-14所示。当发动机水温达349K(76℃)左右时，石蜡逐渐变成液态，体积随之增大，迫使橡胶管收缩，从而对中心杆下部锥面产生向上的推力。由于杆的上端固定，故中心杆对橡胶管及感应体产生向下的反推力，克服弹簧张力使主阀门逐渐打开，旁通阀开度逐渐减小，如图9-14所示。

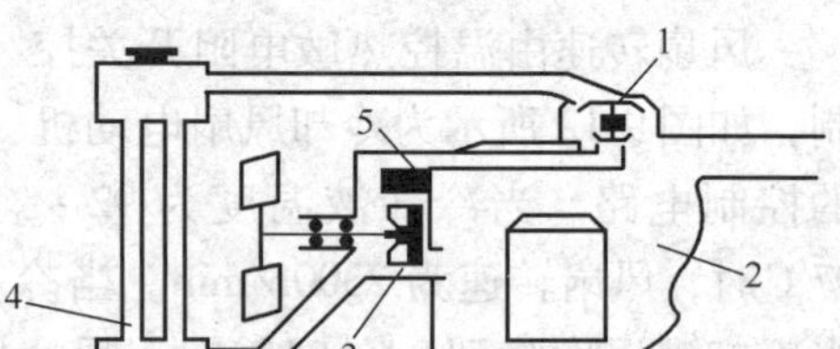

图9-14　冷却水的大、小范围循环

1—双阀节滤器　2—水套

3—水泵　4—散热器　5—旁通管

当发动机内水温升高到359K(86℃)时，主阀门完全开启，旁通阀完全关闭，冷却水全部流经散热器，称为大循环，如图9-15所示。由于此时冷却水流动路线长，流量大，所以冷却强度强。

冷却水在冷却系内的循环流动路线有两条，一条为小循环，另一条为大循环，冷却水是进行大循环还是小循环，由节温器来控制，如图9-16所示。

① 小循环。指不经过散热器的冷却水循环路线。冷却水温度低于76℃ ±2℃时，节温器主阀门关闭，冷却水经旁通阀流入冷却水泵，被水泵加压后流回冷却水套，如图9-17a所示。

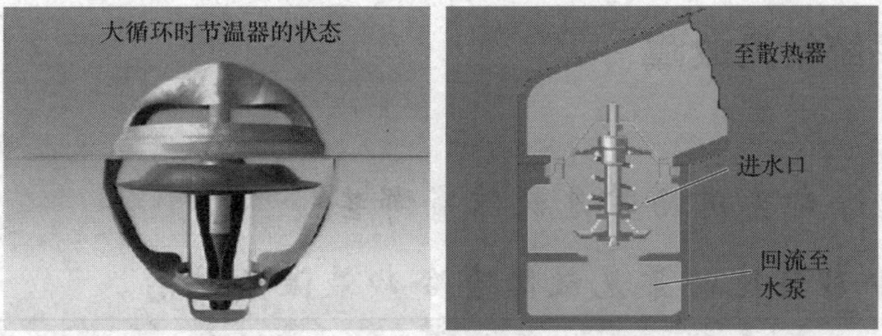

图 9-15　节温器大循环

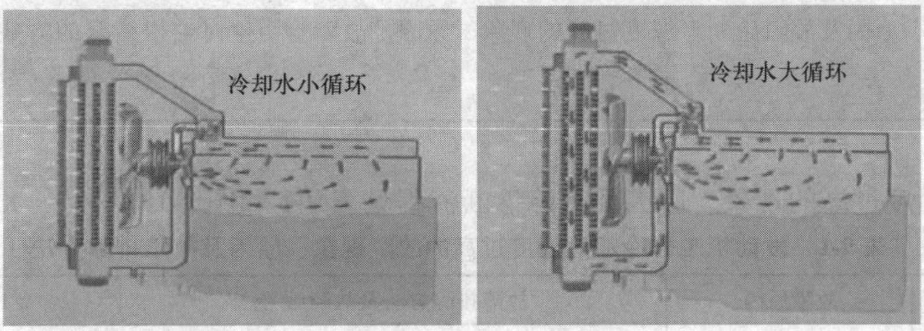

a)　　b)

图 9-16　冷却水循环路线

a）小循环　b）大循环

② 大循环指冷却水经过散热器的循环路线，如图 9-17b 所示。

当冷却水温度升高到约为 86℃ ±2℃时，节温器旁通阀关闭，主阀门全开，冷却水全部从水泵流经散热器再流入水套进行循环散热。

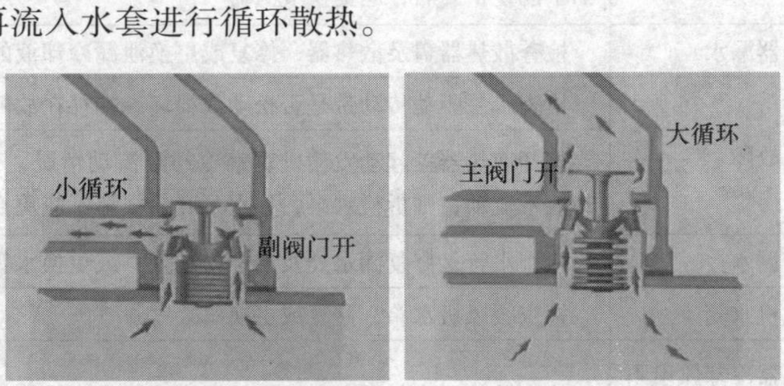

a)　　b)

图 9-17　大、小循环时冷却水经过散热器的循环路线

a）小循环　b）大循环

③ 混合循环

冷却水的小循环和大循环同时存在的循环称为混合循环。此时冷却水温度处于上述两个温度之间，节温器的主阀门和旁通阀均处于部分开启状态，混合循环的时间不是很长。

为了使发动机在不同工况和环境温度下保持适宜的温度，冷却系中设有冷却温度调节装置，如百叶窗、风扇等。此外，为了使驾驶人随时掌握冷却系的工作情况，还设有冷却液温度表或冷却液温度警告灯等指示装置。

9.2 冷却系统常见故障

想一想：冷却系统的常见故障有哪些?

提示：冷却系统的常见故障有冷却液温度过高。

学习目标	鉴定标准	教学建议
掌握发动机冷却系统冷却液温度过高的现象、原因及故障诊断流程。	应知：发动机冷却系统冷却液温度过高的现象、原因及故障诊断流程。	建议：采用教师启发式讲解、学生讨论相结合的方式，最后由老师总结。

冷却液温度过高的现象、原因及故障诊断流程见表9-1和图9-18。

表9-1 发动机工作冷却液温度过高的故障现象、原因及故障排除方法

故障现象	故障原因	故障排除方法及故障编号	DYZJ901
发动机工作中水温度高	冷却液不足	检查冷却系统冷却液是否充足，如因冷却液不充足造成散热不良，应添加冷却液	
	冷却液温度表及传感器失效	冷却液温度虚高，更换	
	节温器不能正常开启	检查散热器上下水管温度，如相差很大，应拆下节温器测试其开启温度，如不能正常开启，应更换节温器	
	散热器漏水	检查散热器盖及散热器，修复或更换泄漏冷却液的地方	
	水泵故障	检查水泵驱动传动带是否松动或损坏，如存在故障，应调整或更换	
		打开散热器盖起动发动机观察冷却液流动情况，判断水泵是否工作。如冷却液不流动，则拆检水泵，如水泵叶轮损坏，应更换水泵	
	水管漏水	检查水管，修复漏水处及卡子松动处，或更换水管	
	暖风机水箱	检查暖风机水箱，修复或更换	
	散热器冷却风扇不能正常运转	检查散热器冷却风扇电动机及风扇叶片是否损坏，如损坏，应修理或更换	
	冷却液温度传感器故障	检查冷却液温度传感器。在不同温度下，冷却液温度传感器的电阻应能按规定标准变化。如不符合标准，应更换冷却液温度传感器	
	线路故障	检查发动机ECU及散热器冷却风扇电动机控制线路，如有故障应修理或更换	
	气缸盖衬垫损坏	检查散热器附近有无冒泡，如有，则很可能是该故障，需要换气缸盖衬垫	
	散热器散热不良	检查散热器处有无泥土等异物堵塞，如因堵塞造成散热不良应清洁或更换	
		检查散热器内水垢情况，如水垢过多造成散热器散热不良应清洁或更换	

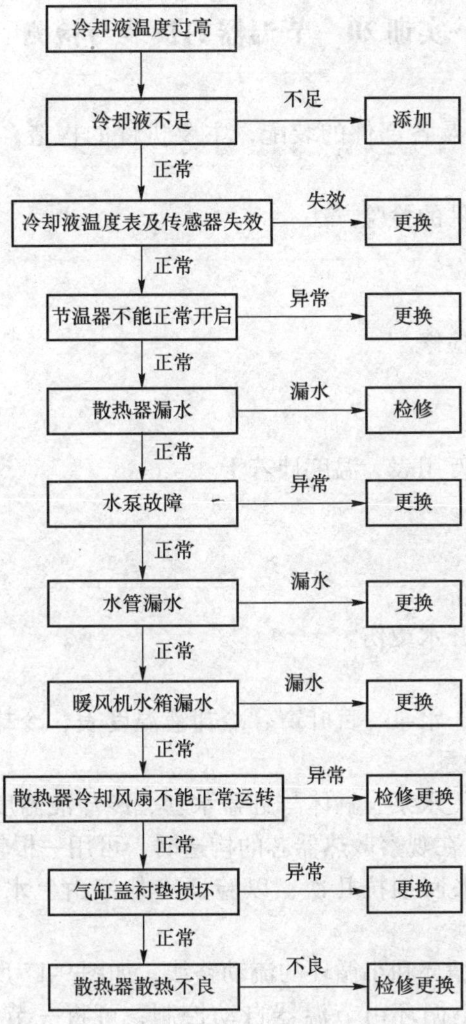

图 9-18　发动机工作冷却液温度过高诊断流程

课后习题

1. 填空题

1）发动机的冷却方式分为________和________两种。

2）冷却系的组成主要有________、________、________、________、________、________，还装有________。

3）散热器由________和________及________等组成。

4）冷却水在冷却系内的循环流动路线有两条，一条为________，另一条为________。

2. 简答题

1）冷却系的功用是什么？由哪些主要机件组成？

2）风扇离合器的功用是什么？

3）简述冷却系的工作情况。

4）水泵由哪些机件组成？如何检查水泵？

实训20　节温器的拆装与检测

1. 实训目的

1）熟悉冷却系的组成及各部件的装配，主要机件的构造，冷却水的循环路线及控制方式。

2）掌握冷却系主要零件的检验方法。

2. 实训内容

1）拆装冷却系。

2）冷却系主要部件的检修。

3. 实训设备及工量具

1）完整的汽车发动机。

2）常用工具、风扇、万用表、温度计若干。

4. 注意事项

1）听从老师安排。

2）不随意乱动实训设备。

3）注意安全，不要被开水烫伤。

5. 实训操作步骤

1）观察散热器、风扇、水泵、百叶窗、冷却液温度表、冷却液温度传感器、节温器等的安装位置和相互间连接关系。

2）观察散热器、风扇、水泵、缸体与缸盖水套、冷却液温度表传感器、节温器、百叶窗等主要机件的总体构造。在观察散热器芯的构造时，可用一根较散热器芯管内孔尺寸小的软金属扁通条插入芯管中来回抽拉几次，以验证冷却液由上水室通过芯管流向下水室的情况。

3）观察冷却液进行大循环和小循环的流动路线，如图9-17所示大、小循环时冷却液经过散热器的循环路线。大小循环由节温器自动控制，可将一节温器放在玻璃杯中，倒入90℃(363K)以上热水，观察节温器阀门开启情况。

4）冷却系主要总成的检修。

① 节温器的拆卸，如图9-19所示。检测节温器，如图9-20所示。

a. 按车辆制造厂提供的维修方法及检测数据检测节温器。

b. 把节温器放在规定水温中，节温器温度与水温一致后检测节温器阀门开度应与车辆制造厂提供的维修及检测数据相符。

如果节温器主阀门开启温度不符合要求，或在常温下关闭不严，应更换节温器。

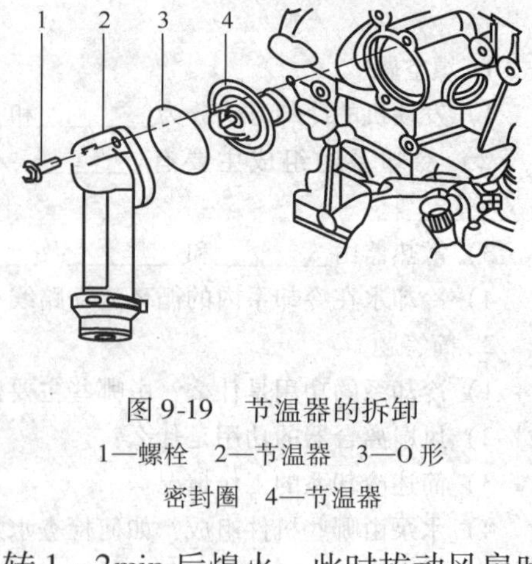

图9-19　节温器的拆卸
1—螺栓　2—节温器　3—O形密封圈　4—节温器

② 检测硅油风扇离合器。

a. 当汽车停放12小时后，发动机起动前用手拔动风扇叶片应感到有明显的转动阻力；发动机起动后，运转1~2min后熄火，此时拔动风扇叶

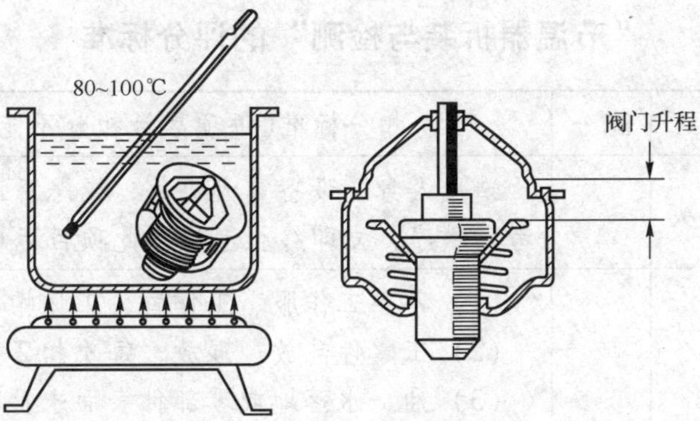

图 9-20 节温器的检测

片应感到转动阻力明显减小，可认为硅油风扇离合器正常。

b. 在发动机正常工作温度条件下，发动机中速运转，硅油风扇离合器主、从动叶轮转差率 <7%，硅油风扇离合器正常。

③ 热敏开关的检查。

a. 将热敏开关放入水中，逐渐加热。

b. 用万用表电阻档测量热敏开关接线端与外壳间的电阻。当冷却液温度达 93°~98°时，开关应导通；当冷却液温度下降至 88°~93°时，电阻应为无穷大。否则，热敏开关损坏。

④ 冷却液的检查(注意安全)。检查冷却液高度应符合要求，冷却液高度不符合要求，应检查冷却液是否泄漏。

a. 若泄漏，则修复泄漏部位，并加注新冷却液。

b. 若是蒸发引起的冷却液不足，补加冷却液。

⑤ 检查传动带是否磨损、老化、裂纹，视情况更换传动带。在发动机前端有数根传动带，各个传动带都承担着重要的作用。在发动机上，通过传动带驱动各种辅机运转，例如空调器的压缩机、动力转向油泵、交流发电机等。如果传动带断裂了，或者出现了打滑，都将使相关的辅机丧失功能，或使其性能下降，从而影响到汽车的正常使用。

传动带的检查方法十分简单。首先检查传动带的张力，这时可以用拇指强力地按压 2 个传动带轮中间的传动带。按压力约为 10kg 左右，如果传动带的压下量在 10mm 左右，则认为传动带张力恰好合适。如果压下量过大，则认为传动带的张力不足。如果传动带几乎不出现压下量，则认为传动带的张力过大。张力不足时，传动带很容易出现打滑；张力过大时，很容易损伤各种辅机的轴承。为此，应该把相关的调整螺母或螺栓拧松，把传动带的张力调整到最佳的状态。

除此之外，还必须注意传动带的磨损情况。旧传动带磨损严重，使传动带和传动轮的接触面积减小。这时只要用力压传动带，传动带就深深地下沉到传动轮的槽内。传动带的橡胶还有一个老化问题，如果传动带橡胶严重老化或有龟裂、破损，必须及时更换新传动带。

6. 实训考核

“节温器拆装与检测”的评分标准

序号	考核项目	配分	扣分标准(每项累计扣分不能超过配分)
1	安全文明否决		造成人身、设备重大事故，或恶意顶撞考官，严重扰乱考场秩序，立即终止考试，此项目记0分
2	安全文明生产	20分	(1) 不穿工作服、工作鞋、工作帽各扣1分 (2) 工零件乱放、混放，每次扣2分 (3) 油、水落地或零部件表面未及时清理每次扣1分 (4) 考试完后不清理工零件或场地各扣3分 (5) 不服从考官、出言不逊，每次扣3分 (6) 拆装前不检查发动机台架锁止情况(含每次被考官提醒)，每次扣3分
3	工具及设备的准备	5分	(1) 未检查工具设备扣2分 (2) 工具准备错误扣2分，工具摆放不整齐扣1分
4	节温器的拆卸及检查	30分	(1) 未先排放冷却液扣5分 (2) 未先拆卸进水管、传感器插头各扣5分 (3) 未交替拧松节温器螺栓扣5分，节温器取出方法错误扣5分 (4) 零件落地扣3分 (5) 工具使用错误一次扣3分 (6) 零件未摆放在零件盘扣3分 (7) 节温器检测方法错误扣3分
5	节温器的安装	40分	(1) 未清洁安装密封圈的密封表面扣5分，未清洁节温器盖扣5分 (2) 节温器装反扣5分 (3) 进水管安装错误扣2分，水管卡箍未装到位扣5分 (4) 传感器插头未可靠连接扣5分 (5) 螺栓未按正确力矩安装扣5分 (6) 未检查安装状况扣5分，安装节温器后漏水扣5分 (7) 未加注冷却液扣3分 (8) 工具使用错误一次扣2分
6	维修记录	5分	(1) 维修记录字迹潦草扣2分 (2) 填写不完整，每项扣1分
7	合计	100分	

“节温器拆装与检测”的操作工单

班级__________　　　姓名__________　　　总分__________

车型		发动机型号	

一、准备工作

(1) 工量具准备与检查	
(2) 维修手册准备	
(3) 固定发动机拆装台架	

二、操作过程

要求：会使用维修手册，能用正确的方法使用工具拆装节温器

节温器的拆卸及检测	
节温器的安装	
维修标准	

实训21　水泵的拆装与检查

1. 实训目的

掌握水泵的拆装与检查方法

2. 实训内容

水泵的拆装

3. 实训设备及工具

1）汽车发动机1台。

2）常用工具1套。

4. 注意事项

1）听从老师安排。

2）不随意乱动实训设备。

5. 实训步骤

汽车上广泛采用离心式水泵，以桑塔纳2000型轿车发动机的冷却系为例进行冷却系的拆装，如图9-21所示。

（1）水泵的拆卸与分解（图9-22）　首先放尽冷却水（液），拆下散热器进、出水软管及旁通软管，取出暖器软管，卸下V型带及带轮。然后拧下水泵的固定螺栓，拆下水泵总成。

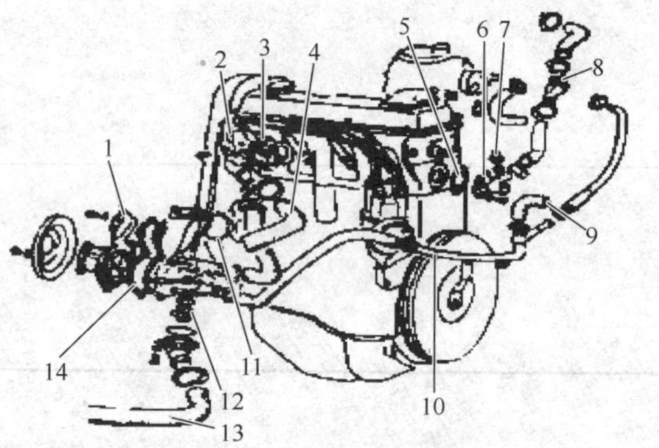

图9-21　冷却系零件分解图

1—水泵　2—缸盖接管　3—密封垫　4—橡胶管　5—密封垫　6—接管　7—冷却液温度传感器　8—热敏开关　9—通向暖风热交换器的冷却液管　10—冷却液管　11—O形密封圈　12—节温器　13—下橡胶弯管　14—密封垫圈

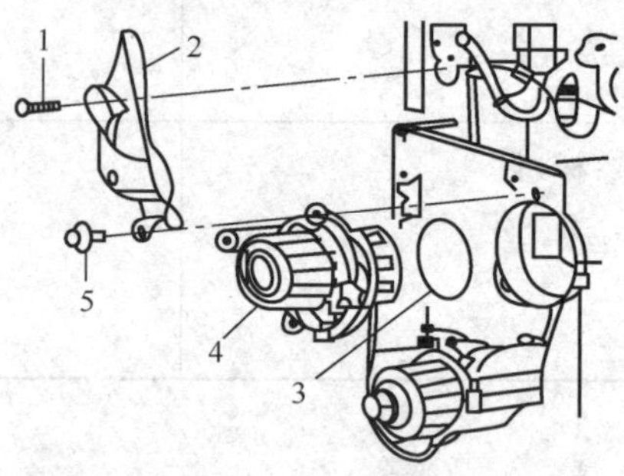

图9-22　水泵的拆卸

1、5—螺栓　2—同步带后防护罩　3—O形密封圈　4—水泵

1）清除水泵表面脏污，将水泵固定在夹具或台虎钳上。

2）拧松并拆下带轮紧固螺栓，拆卸带轮。

3）用专用拉具拆卸水泵轴凸缘。

4）拧松并拆卸水泵前壳体的紧固螺栓，将前泵壳段整体卸下，并拆下衬垫。

5）用拉具拆卸水泵叶轮，应仔细操作，防止损坏叶轮。

6）从水泵叶轮上拆下锁环和水封总成。

7）如果水泵轴和轴承经检测需要更换，则先将水泵加热到75～85℃，然后用水泵轴承拆装器和压力机将其拆卸下来。

8）拆卸油封及有关衬垫，从壳体上拆下浮动座。

9）换位夹紧，拆卸进水管紧固螺栓，拆卸进水管。

10）拆卸密封圈、节温器。

11）安装时更换所有衬垫及密封圈。

12）将拆卸的零件放入清洗剂中清洗。

（2）水泵的装配　水泵安装时基本顺序与拆卸顺序相反。但是，除更换衬垫及密封圈外，首先对清洗好的零件进行检查测量，磨损超标的，必须更换新件，各零部件检查合格才能装复。

1）水泵轴与轴承的配合，一般为 -0.010 ~ +0.012mm，大修允许为 -0.010 ~ +0.030mm。

2）水泵轴承与承孔的配合，一般为 -0.02 ~ +0.02mm，大修允许为 -0.02 ~ +0.044mm。

3）水泵轴与叶轮承孔的配合，无固定螺栓（螺母）的，一般为 -0.04 ~ -0.02mm；有固定螺母的，一般为 -0.01 ~ +0.01mm。

4）水泵叶轮装合后，一般应高出泵轴 0.1 ~ 0.5mm。

5）水泵装合后，叶轮外缘与泵壳内腔之间的间隙，一般为 1mm；叶轮与泵盖之间应有 0.075 ~ 1.00mm 的间隙。

6）各部分螺栓、螺母应按规定的力矩拧紧，锁止应可靠。

7）水泵下方的泄水孔应畅通。

8）水泵装合后，应对水泵轴承加注规定牌号的润滑脂。

安装时，特别注意水泵叶轮与水泵壳体的轴向间隙，水泵叶轮与壳体的径向密封处的间隙。并注意轴承的润滑条件。

6. 实训考核

“水泵拆装与检测”的评分标准

序号	考核项目	配分	扣分标准(每项累计扣分不能超过配分)
1	安全文明否决		造成人身、设备重大事故，或恶意顶撞考官，严重扰乱考场秩序，立即终止考试，此项目记0分
2	安全文明生产	20分	(1) 不穿工作服、工作鞋、工作帽各扣1分 (2) 工零件乱放、混放，每次扣2分 (3) 油、水落地或零部件表面未及时清理每次扣1分 (4) 考试完后不清理工零件或场地各扣3分 (5) 不服从考官、出言不逊，每次扣3分 (6) 拆装前不检查发动机台架锁止情况(含每次被考官提醒)，每次扣3分
3	工量具准备与检查	15分	(1) 工量具每少准备一件扣1分 (2) 工量具选择不当，每次扣2分 (3) 未校验量具每次扣2分
4	维修手册使用	10分	每查错一个数据或漏查一个数据扣3分，根据工单填写情况对照维修手册标准值评分
5	水泵拆装	20分	(1) 未排放发动机冷却液扣3分 (2) 未按拆装工艺要求拆卸发电机传动带、转向助力泵传动带扣2分 (3) 未按拆装工艺要求拆装气门室盖扣5分 (4) 未按拆装工艺要求拆装水泵带轮扣5分 (5) 未按拆装工艺要求拆卸水泵扣6分，零件落地扣2分 (6) 工具使用错误一次扣2分，零件未摆放在零件盘扣2分
6	水泵检查	15分	(1) 未检查水泵轴承松旷情况扣5分 (2) 未检查水泵叶轮锈蚀扣3分 (3) 未检查水泵水封是否老化扣4分 (4) 未检查水泵壳体腐蚀扣3分

（续）

序号	考核项目	配分	扣分标准（每项累计扣分不能超过配分）
7	水泵安装	15 分	（1）未更换水泵密封圈扣 2 分、未涂密封胶扣 2 分、未清洁水泵与缸体安装座孔扣 3 分 （2）安装水泵后未检查水泵的安装状态扣 5 分 （3）未正确安装转向助力泵传动带扣 3 分。未调整转向助力泵传动带张紧力扣 2 分 （4）未正确安装气门室盖总成扣 4 分 （5）未正确安装发电机传动带扣 3 分，未调整发电机传动带张紧力扣 2 分 （6）工具使用错误一次扣 2 分 （7）零件落地扣 2 分
8	维修记录	5 分	（1）维修记录字迹潦草扣 2 分 （2）填写不完整，每项扣 1 分
9	合计	100 分	

水泵拆装与检测的操作工单

班级__________ 姓名__________ 总分__________

车型		发动机型号	

一、准备工作

(1) 工量具准备与检查	
(2) 维修手册准备	
(3) 固定发动机拆装台架	

二、操作过程

要求：会使用维修手册，能用正确的方法使用工具拆装检查水泵。

水泵的拆卸及检查	步骤：
水泵的安装	步骤：
整理工作场地	

第 10 章

发动机解体装配调试

10.1 发动机拆卸安装原则

想一想：发动机的拆装工艺原则是怎么样的？

学习目标	鉴定标准	教学建议
1. 掌握发动机的拆卸工艺原理。 2. 掌握发动机安装工艺原则。	应知：熟悉发动机拆卸和安装工艺原则。	建议：采用教师启发式讲解、学生讨论相结合的方式，最后教师总结。

1. 发动机拆卸工艺原则

1）拆卸真空软管和电线插头时，应在接头外用标签注明连接位置，以防安装时出现差错而产生人为故障。

2）卸下真空软管时，应牵拉软管端口处，不能牵拉软管的中间部分。

3）拉开电线插头时，应牵拉插座，不能牵拉引线部分，以免损伤线头，造成通电不良。

4）拆卸传感器或继电器之类的电器时要防止碰伤，如果掉落在硬地上，不可再使用，应予以更换。

5）应正确使用机修工具，不得用套筒扳手拆卸和安装温度开关及温度传感器，不能猛敲猛打，以防损坏零件。

6）用真空压力表时，不得将软管勉强装入过大的接头上，因为这样可能会由于软管接头不合适而损坏软管，引起泄漏现象。

7）使用起重设备时应有合适的吊具或专用的吊爪，吊起前应检查吊链、绳索等有无损坏、裂缝，以及工件是否捆扎牢固。

8）不准在吊起或举起的工件下面工作，必须在专用的台架上进行总成或组合件的分解工作。

9）当汽车用千斤顶顶起而未用支架垫稳时，不准在车上或车底下工作。

2. 发动机安装工艺原则

1）复检零部件、辅助总成，性能试验均合格。

2）易损零件、紧固锁止件全部换新，如自锁螺母、弹簧垫片等。

3）严格保持零件、润滑油道的清洁。

4）做好预润滑，且预润滑剂必须清洁，其品质符合发动机的工作要求。

5）不允许互换配合位置的零件，严格按装配标记进行装配。零件的平衡配重位置须正确、固定可靠。

6）尽量使用专用器具进行装配，并且按规定的紧固力矩、紧固方法和顺序来紧固螺栓。

7）装配间隙必须符合技术条件，但应根据具体情况适当调整。如活塞的配缸间隙，若选择购买数个厂家的活塞，则应根据其产品的质量规律，总结调整出适合各厂家活塞的配缸间隙值。

8）电控系统各接头、线柱要清洁且接触可靠。燃油系统中的O形密封圈必须更换，而且不得使用含硅密封胶。

10.2 发动机大修工艺设计

想一想：发动机的大修是什么？发动机总成的大修条件有哪些？

提示：大修是指发动机主要零件出现破损、断裂、磨损和变形，在彻底分解后用修理或更换零件的方法使其达到完好技术状况和使用寿命的恢复性修理。

学习目标	鉴定标准	教学建议
1. 掌握发动机的拆卸安装原理。 2. 掌握发动机大修工艺设计。	应知：熟悉发动机拆卸安装原则与发动机大修工艺设计。	建议：采用教师启发式讲解、学生讨论相结合的方式，最后教师总结。

1. 发动机修理作业

1）发动机小修是指用修理或更换个别零件的方法来消除发动机在运行中临时出现的故障，或针对维护作业中发现的隐患所进行的运行性修理。

2）发动机大修是指发动机主要零件出现破损、断裂、磨损和变形，在彻底分解后用修理或更换零件的方法使其达到完好技术状况和使用寿命的恢复性修理。

2. 发动机总成大修的条件

1）发动机加速性能恶化，起步加速时间和超车加速时间延长。

2）发动机最大功率或气缸压缩压力低于标准值25%以上。

3）气缸磨损，其圆柱度误差达到0.175～0.25mm，或圆度误差达到0.050～0.063mm，或气缸的极限磨损量达到0.20mm。

4）燃油和润滑油消耗量明显增加。

5）发动机出现异响。

6）发动机不能正常运转或根本不能运转。

7）发动机重大损伤事故。

3. 发动机大修前的检测

1）气缸气密性的检测。

2）测量气缸压力。

3）发动机功率的检测。

4）发动机异响的检查。

5）进气管真空度的测量。

6）曲轴箱窜气量的检测。

7）检查气缸表面及活塞顶状况。

大修前应了解该车型发动机相关技术参数，表10-1为大众系列技术参数。

表10-1 大众系列技术参数

技术指标	SANTANA GLI 99 新秀	SANTANA 2000 GSI 时代超人	PASSAT B5 帕萨特
排量	1.781L	1.781L	1.781L
最大功率	72kW/90hp	74kW/95hp	92kW/120hp
最大转矩	150N·m	155N·m	162N·m
最高车速	175km/h	185km/h	205km/h
起步加速(0～100km/h)	≤13.9s	≤13.5s	≤10.95s
60km/h 等速油耗	≤6.4L	≤5.7L	≤5.7L
90km/h 等速油耗	≤7.9L	≤6.8L	≤7.0L
120km/h 等速油耗	≤10.2L	≤8.8L	≤8.7L
总长	4546mm	4680mm	4780mm
总宽	1710mm	1720mm	1740mm
总高(空载)	1427mm	1423mm	1490mm
离地间隙	138mm	138mm	130mm
轴距	2548mm	2656mm	2803mm
整备质量	1490kg	1560kg	1815kg
备注	电喷发动机 三元催化转化器 电动门窗 中控门锁 动力转向 铝合金轮辋	全新AJR多点电喷发动机 新型液压离合器 电子四轮独立控制ABS系统 电子感应防盗车钥匙	带限力器预紧式安全带，双安全气囊 可伸缩式方向盘，电动后视镜，ABS，电加热除霜，车速巡航，电子差速锁，电动坐椅，CD音响，智能暖风开关

4. 大修工艺流程

目前实际采用的发动机大修工艺流程有两种，如图 10-1 所示。

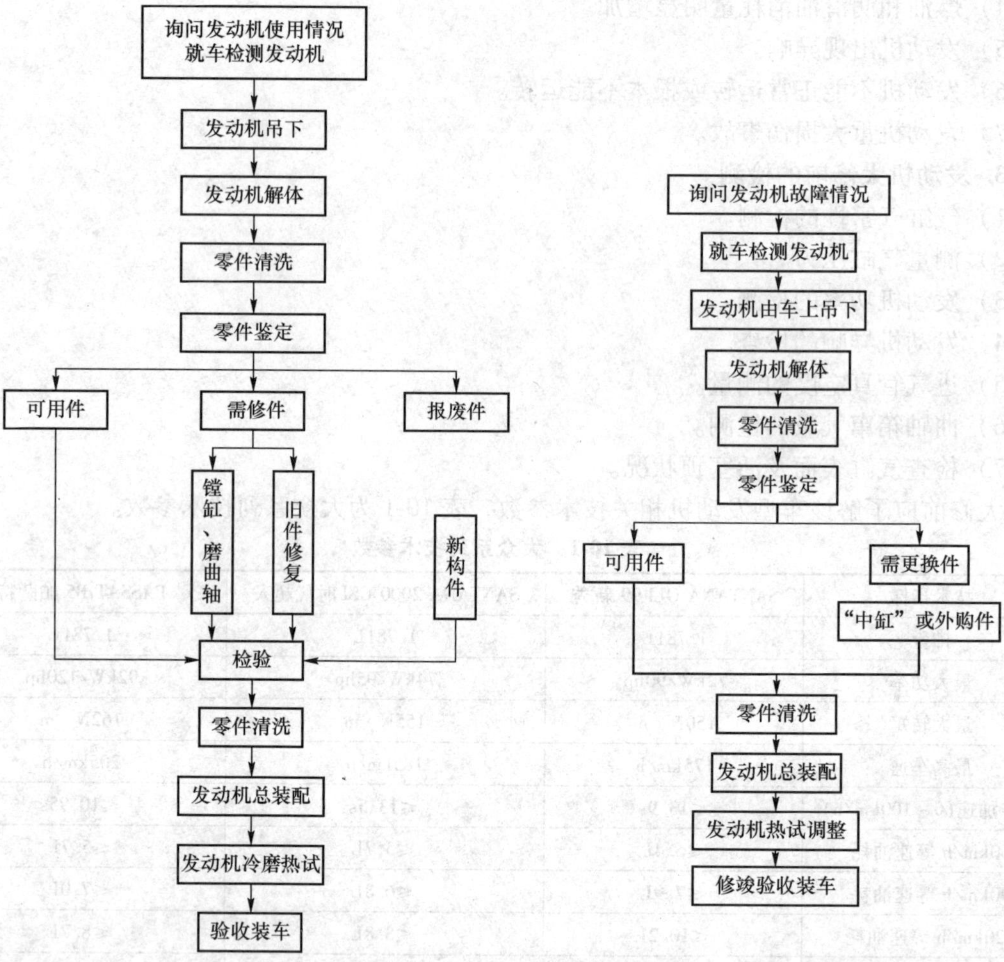

图 10-1　发动机大修工艺流程

1）传统的发动机总成大修工艺过程包括两个主要部分，拆装调试工艺、零件修理工艺。特点：进行镗缸和磨曲轴，即对基础件和关键零件进行修理和机械加工。

2）以更换零件为主的发动机总成大修工艺过程。零件经鉴定后将其分为可用件和需更换件两类，取消了对气缸和曲轴的机械加工。

3）对缸体和曲轴不进行机械加工有两种原因：首先是不同型号发动机基础件的可维修性有异，有的发动机气缸和曲轴无修理尺寸，也无修理尺寸的活塞与轴承供选择；其次，虽然大多数发动机的缸体和曲轴有修理尺寸，但当缸体或曲轴损坏且无法修复时，则以维修用发动机部件来替代已损坏的零件。

维修用发动机部件俗称“中缸”或“短缸”。它由发动机制造厂家将缸体、曲轴、活塞连杆组等按装配工艺技术要求组装而成。用“中缸”取代缸体、曲轴等需更换件的优点：保证发动机的大修质量，延长质保里程；大大缩短发动机大修停厂时间。近年来在我国得到长足发展，如上海桑塔纳、北京切诺基等发动机大修中对“中缸”的选用已不少见。

5. 桑塔纳发动机总成大修的检测

汽车发动机大修竣工质量评定。包括评定项目、评定技术要求、检查方法与手段、评定方法、备注。

（1）装备与装配　发动机装备齐全、有效，装配符合国家相关标准的有关规定，检视有一处以上缺陷则为不合格。

（2）起动性能

1）冷车起动：在环境温度不低于 -5℃时，应起动顺利，允许连续起动不多于3次，每次起动不多于5s。检视起动超过三次或多于5s均为不合格。

2）热车起动：在发动机正常工作温度下5s内能起动，检视不符合要求为不合格。

（3）真空度

1）真空度数值。汽油发动机怠速时，进气歧管真空度应在57~70kPa范围内，用转速表、真空计检查的大气压强以海平面为准，不符合要求为不合格。

2）真空度波动范围。发动机怠速时，进气歧管真空度波动：六缸汽油机不超过3kPa，四缸汽油机不超过5kPa，不符合要求为不合格。

（4）气缸压力

1）压力数值。气缸压缩压力应符合原设计规定，用转速表、气缸压力表检查，不符合要求为不合格。

2）各缸压力差。每缸压力与各缸平均压力的差。汽油机不超过8%，柴油机不超过10%，用转速表、气缸压力表或用发动机综合分析仪测量，不符合要求为不合格。

（5）发动机运转情况

1）怠速。发动机怠速运转稳定，其转速符合原设计规定。转速波动不大于50r/min，用转速表进行运转试验或用发动机综合分析仪测量，不符合要求为不合格。

2）改变转速。发动机改变转速时应过渡圆滑。用发动机转速表检查，不符合要求为不合格。

3）加速或减速。发动机突然加速或减速时不得有突爆声，不得有断火、回火、放炮现象，检视不符合要求为不合格。

（6）异响　发动机在正常工况下运转时，不得有异常响声，检视或用发动机异响分析仪检查，不符合要求为不合格。

（7）功率　发动机最大功率不得低于原设计标定值的90%，用测功机（仪）按有关规定测量，不符合要求为不合格。

（8）转矩　发动机最大转矩不得低于原设计标定值的90%，用测功机按有关规定检查，不符合要求为不合格。

（9）燃料消耗率　发动机最低燃料消耗率不得高于原设计要求。用油耗计、测功机按有关规定测量，不符合要求为不合格。

（10）排放　汽油机排放应符合GB 14761.5的规定；柴油机排放应符合GB14761.6的规定，按GB/T 3845、GB/T 3846规定测量，不符合要求为不合格。

（11）机油压力　发动机机油压力应符合原设计规定，用机油表进行运转试验，不符合要求为不合格。

（12）冷却液温度、油温　发动机冷却液温度、油温应符合原设计规定，用冷却液温度表、油温表进行试验，不符合要求为不合格。

(13) 润滑油　发动机润滑油规格、数量、质量应符合原设计规定，检视或用润滑油质分析仪检查，不符合要求为不合格。

(14) 四漏情况　发动机润滑油规格、数量、质量应符合原设计规定，检视不符合要求为不合格。

(15) 停机装置　发动机应无漏水、漏油、漏气、漏电现象，检视不符合要求为不合格。

(16) 限速装置　柴油发动机停机装置应灵活有效，检视不符合要求为不合格。

(17) 涂漆　发动机应按规定涂漆，涂层均匀、不得有漏涂现象，检视不符合要求为不合格 。

6. 确定发动机技术状况并判断发动机是否需要大修

为了贯彻视情修理的原则，防止提前进行发动机大修而造成浪费，或推迟发动机大修时机而造成汽车动力不足、运行速度下降、燃油消耗量上升等的不良影响，因此规定发动机总成符合下述条件时，方可送修理厂大修。

1) 发动机加速性能恶化，明显感觉起步加速时间和超车加速时间延长。

2) 发动机最大功率或气缸压缩压力低于标准值25%以上。

3) 气缸磨损，其圆柱度误差达到0.175~0.250mm。或是圆度误差达到0.050~0.063mm。

4) 燃油和润滑油消耗量明显增加。

5) 发动机出现异响。

6) 发动机不能正常运转或根本不能运转。

7) 发动机重大损伤事故。

7. 确定发动机大修工艺过程

为合理地组织大修生产，须将大修工艺过程作为一个系统工程统筹安排，计划汽车修理工艺过程的统筹方法，又称网络分析技术，是利用统筹图来进行网络分析的。分析前应将大修工艺过程分成若干个工序，分析和确定各工序间的工艺性和组织性的联系和制约关系，确定工序间的先后顺序，并按先后顺序的联系汇编成表，按表绘制统筹图。为便于说明统筹法，现以发动机总成大修工艺过程为例予以说明。表10-2为发动机大修工序和工序关系表，如图10-2所示为发动机大修工艺的统筹图。图上的圆圈代表节点，带圆圈的线代表工序，一个工序连接两个节点。从始点到终点，所有线路中所需工时最长的线路称为关键线路，用线标出，关键线路上的工序称为关键工序。

表10-2　发动机大修工艺过程工序关系表

工序代号	节点间线号码	工序名称或代号	工时/h
1	①—②	发动机解体	1.5
2	②—③	零件清洗	0.5
3	③—④	零件检验分类	2.0
4	④—⑤	修磨缸盖、缸体平面，校正燃烧室容积	4.0
5	⑤—⑨	压换缸套，镗磨缸，铣气门口，镶气门导管，镗飞轮壳孔	5.5

（续）

工序代号	节点间线号码	工序名称或代号	工时/h
6	④—⑥	磨凸轮轴	2.0
7	⑥—⑦	修离合器	2.0
8	④—⑦	磨曲轴	2.0
9	⑦—⑧	曲轴及离合器部件动平衡	2.0
10	⑧—⑨	校连杆及连杆轴承	2.0
11	⑨—⑬	光磨气门并配对研磨，校主轴承和凸轮轴轴承	6.0
12	⑧—⑬	校连杆小头衬套，选配活塞销，装配活塞组	2.5
13	④—⑩	修理空气压缩机	4.0
14	⑩—⑪	电喷及汽油泵	3.0
15	⑪—⑫	修理点火系	3.0
16	⑫—⑭	修理发电机、起动机和电控系统、传感器	5.0
17	⑩—⑬	修理空气、机油、汽油滤清器、机油泵、水泵及管路	2.0
18	②—⑭	修理蓄电池并充电	20.0
19	⑬—⑭	发动机总装及冷磨	4.0
20	⑭—⑮	发动机热试，调整及最后装配	4.0
21	⑮—⑯	喷漆验收	0.5

用矩阵法计算统筹图上各节点工作的最早时间、工序最早开工和最迟开工时间、节点的时差等，计算步骤如下；

（1）作节点树木矩阵（该统筹节点数目为 16），因而其矩阵 A 为 16×16 的节点矩阵。然后在矩阵第一行上方和第二行左方，依次序写上节点编号，见表 10-2。

（2）填写相应的工序时间，以行为箭尾节点，依次把各工序的工时写入矩阵的相应格内。

（3）在矩阵上方和左方分别加一行和一列，添入各节点的最迟结束时间 t_L 和最早时间 t_E。

课后习题

1. 填空题

1）发动机按修理作业范围和深度的不同分为________、________。

2）发动机大修前的检测________、________、________、________、________、________。

2. 问答题

1）桑塔纳发动机总成大修的检测内容是什么？

2）怎样判定发动机是否大修？

3）发动机大修检测的条件是什么？

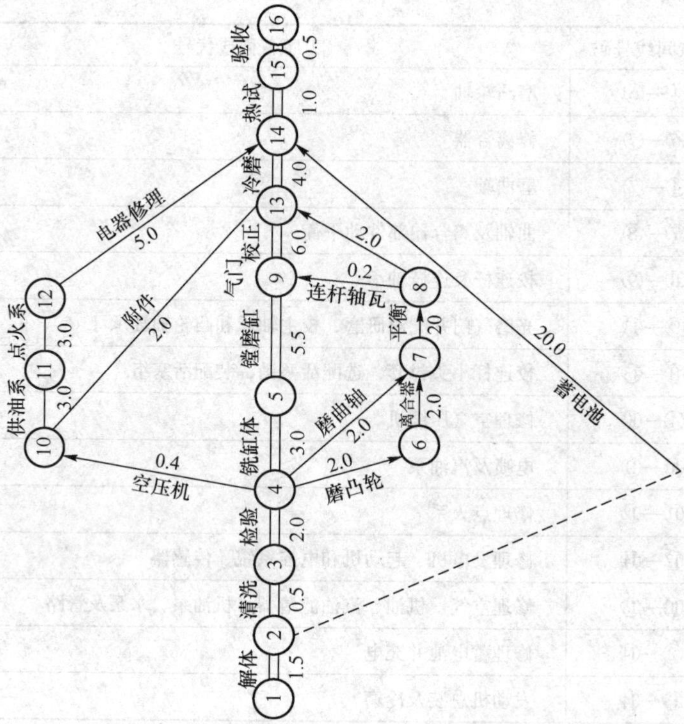

图 10-2　发动机大修工艺统筹图

实训 22　发动机拆卸

1. 实训目的

掌握发动机拆装与检测的方法。

2. 实训内容

1）发动机前端零件的拆卸。

2）发动机外部装置的拆卸。

3）气缸盖及配气机构的分解。

4）机体的分解。

5）活塞连杆的拆卸。

3. 实训器材

1）常用工具 1 套。

2）桑塔纳 2000 发动机 1 台。

3）工具车、零件车各一辆。

4）常用量具一套。

4. 注意事项

1）听从老师安排。

2）不随意乱动实训设备。

5. 实训步骤

（1）发动机前端零件的拆卸（图 10-3）

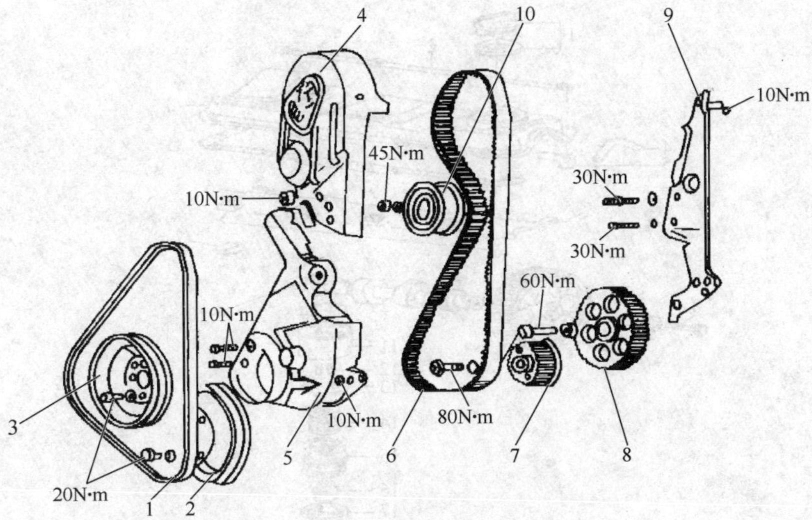

图 10-3　发动机前端零件分解图

1—V 带　2—水泵带轮　3—曲轴带轮　4—上护罩　5—下护罩　6—同步带

7—曲轴同步带轮　8—中间轴同步带轮　9—后护罩板　10—张紧轮

1）旋松发动机支承臂紧固螺栓，拆下 V 带。

2）拆卸水泵带轮。

3）拆卸曲轴带轮。

4）拆卸同步带上保护罩。

5）拆卸同步带下保护罩。

6）旋松同步带张紧轮紧固螺母，转动张紧轮的偏心轴，使同步带松弛，取下同步带。

7）拆卸曲轴同步带轮。

8）拆卸中间轴同步带轮。

9）拆卸同步带后护罩。

（2）发动机外部装置的拆卸

1）拆卸水泵。

2）拆卸发动机。

3）拆卸起动机。

4）拆卸分电器。

5）拆卸燃油泵。

6）拆卸机油滤清器座及机油滤清器。

7）拆卸化油器、燃油分配器。

8）拆卸进、排气歧管。

（3）气缸盖及配气机构的分解（图 10-4）

1）拆卸机油口盖。

2）分批逐渐旋松并最后拆下气缸盖罩紧固螺母，然后依次取下气缸盖罩压条、气缸盖罩、气缸盖罩密封条、气缸盖罩衬垫。

3）拆卸挡油板，取下半圆塞。

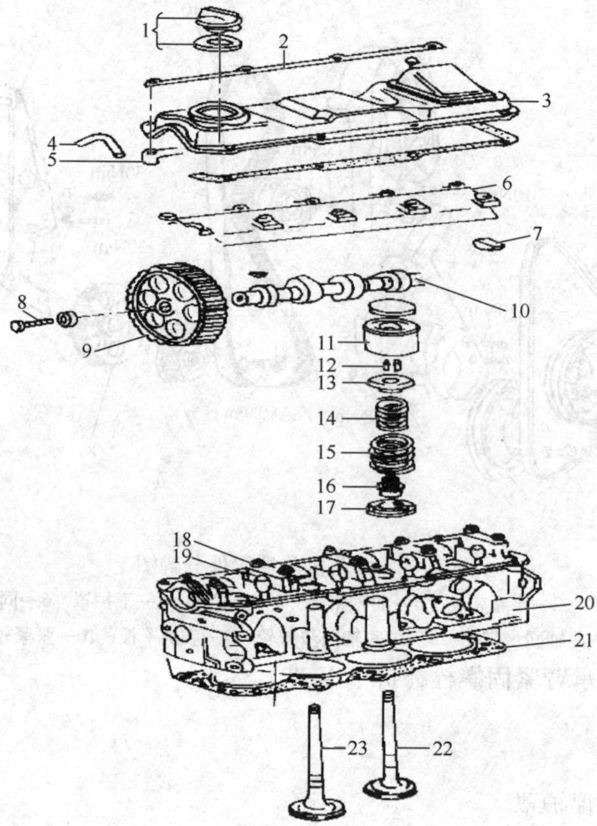

图 10-4　气缸盖及配气机构的分解图

1—加机油口盖　2—压条　3—气缸盖罩　4—密封条　5—衬垫　6—挡油板
7—半圆塞　8—紧固螺栓　9—凸轮轴同步带轮　10—凸轮轴　11—挺柱
12—锁夹　13、17—上、下弹簧座　14、15—气门弹簧　16—气门
18—螺母　19—凸轮轴轴承盖　20—气缸盖　21—气缸盖衬垫
22、23—进、排气门

4）拆下凸轮轴前端同步带轮的紧固螺栓，用拉器取下凸轮轴同步带轮及键。

5）拆下凸轮轴轴承盖的紧固螺母，先拆第 1、3、5 轴承盖，再拆第 2、4 轴承盖。

6）取下凸轮轴，取下液压挺柱组件，因为挺柱不能互换，故拆卸时应做标记。

7）拆卸气缸盖，用扭力扳手从两端向中间分 2 ~ 3 次交叉旋松气缸盖螺栓，并逐一将螺栓取出。

8）取下气缸盖螺栓垫片，取出气缸盖衬垫。

9）用 VW2037 专用工具压下气门弹簧座，取下气门锁夹，压出气门导管。

10）拆下火花塞。

（4）机体的分解(图 10-5)

1）拆下离合器压盘和离合器片，在拆卸之前先做上分解记号，拆下飞轮。在拆卸时使用专用插销(10-201)，以防止飞轮转动。

2）拆卸曲轴后油封座及后油封，拆卸中间支板，用专用工具(10-202)拆卸曲轴后端的滚针轴承。

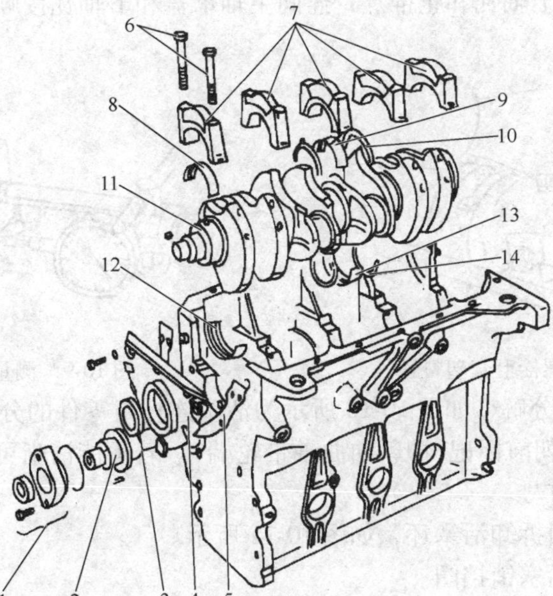

图 10-5　机体分解图

1—中间轴油封支座及油封　2—中间轴　3—曲轴前油封　4—曲轴前油封支座　5—衬垫　6—主轴承盖螺栓　7—主轴承盖　8—1、2、4 和 5 道下主轴瓦　9—3 道下主轴瓦　10—下半圆止推片　11—曲轴　12—1、2、4 和 5 道上主轴瓦　13—3 道上主轴瓦　14—上半圆止推片

3）将机体倒置，拆下油底壳及集滤器组件，测量连杆大头的轴向间隙，如图 10-6 所示。检查其是否超过极限值，并在连杆和连杆盖上打上所属气缸号，如图 10-7 所示。拆下连杆螺母后，用木槌或塑料锤轻轻敲打连杆螺栓，取下连杆盖。

图 10-6　测量连杆轴向间隙

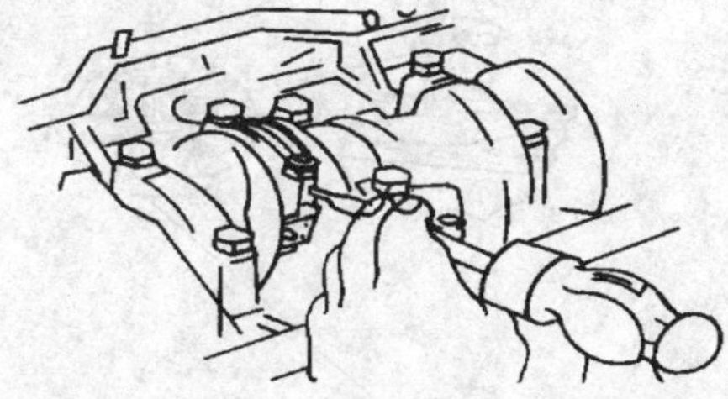

图 10-7　在连杆及连杆盖上做标记

4）用缸口刮刀清除气缸口积炭，并在连杆螺栓上套上塑料管，如图 10-8 所示，防止碰伤气缸和曲轴销，再从气缸口取出活塞连杆组件。

5）将机体倒置，测量曲轴轴向间隙，检查其是否超过极限值，如图 10-9 所示。

6）拆下中间轴油封支座及油封，拆卸中间轴。

7）拆下曲轴前油封支座及前油封，在主轴承盖上做出记号和主轴承编号。

8）分 2 ~ 3 次从两端向中间拧松主轴承盖紧固螺栓，然后取下螺栓、主轴承盖和下轴瓦。

9）取下曲轴。

10）取下主轴承的上轴瓦和止推片，连同主轴承盖和下轴瓦按顺序排列好。

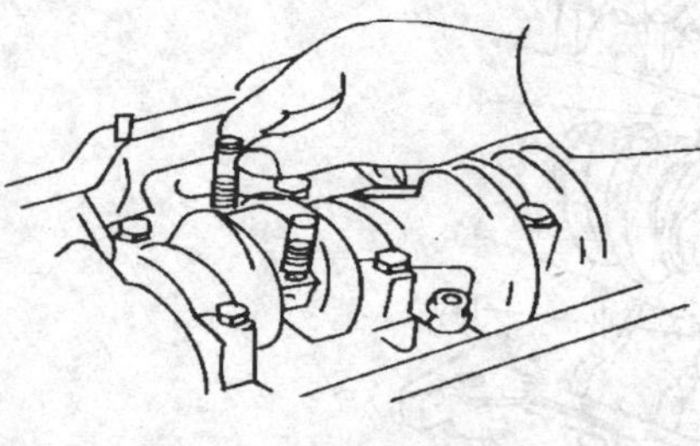

图 10-8　在连杆螺栓上套塑料管

图 10-9　测量曲轴轴向间隙

（5）活塞连杆组的分解　如图 10-10 所示为活塞连杆组零件的分解图。拆卸前先验看活塞、连杆和连杆盖上的朝前标记(即朝向曲轴带轮端)。若不能清晰可辨，则应重做标记。

1）活塞上标记气缸号。

2）用活塞环装卸钳拆卸活塞环，如图 10-11 所示。

3）用尖嘴钳拆下活塞销挡圈。

4）将活塞加热到 60℃，拆卸活塞销，如图 10-12 所示。拆卸 ϕ22mm 活塞销用工具 VW207C，拆卸 ϕ20mm 活塞销用工具 222a。

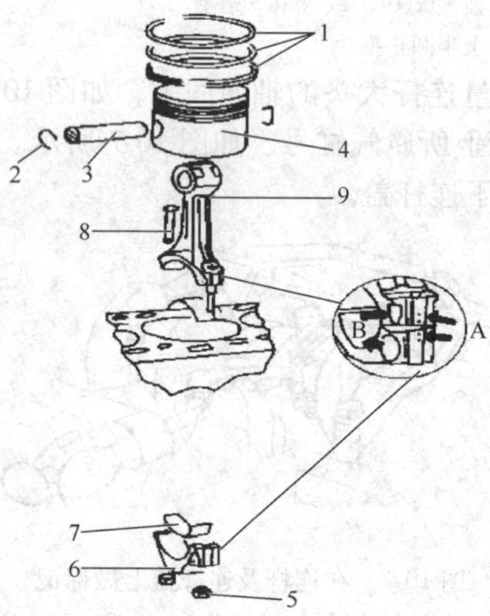

图 10-10　活塞连杆组零件分解图

1—活塞环　2—挡圈　3—活塞销　4—活塞
5—连杆螺母　6—连杆盖　7—连杆轴瓦
8—连杆螺栓　9—连杆体

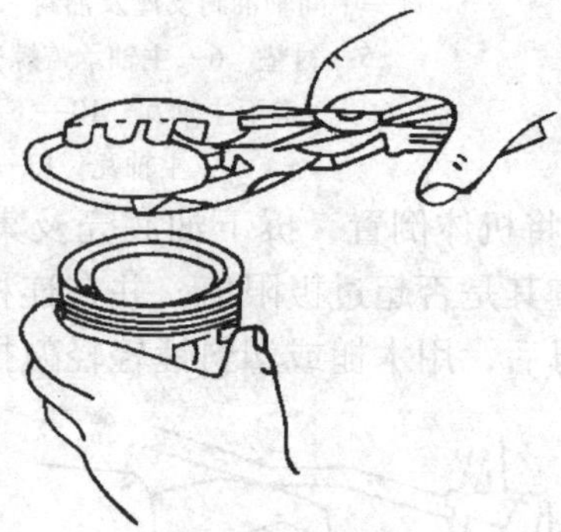

图 10-11　拆卸活塞环

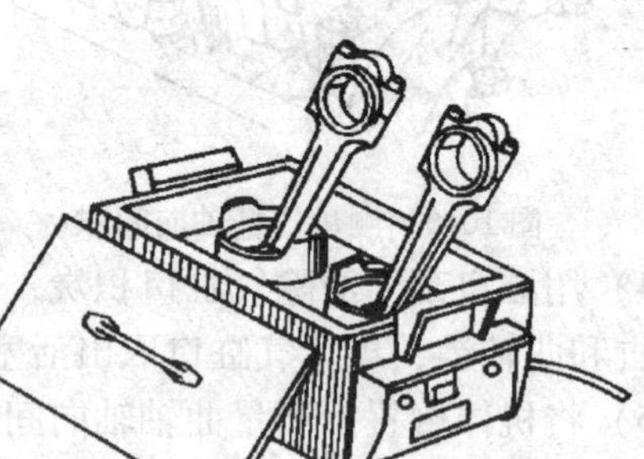

图 10-12　加热并拆卸活塞销

6. 实训考核

“发动机拆卸”的评分标准

序号	考核项目	配分	扣分标准(每项累计扣分不能超过配分)
1	安全文明否决		造成人身、设备重大事故，或恶意顶撞考官，严重扰乱考场秩序，立即终止考试，此项目记0分
2	安全文明生产	10分	(1) 不穿工作服、工作鞋、工作帽各扣1分 (2) 零件乱放，每次扣2分 (3) 油、水落地或零部件表面未及时清理，每次扣1分 (4) 考试完后不清理场地扣3分 (5) 不服从考官、出言不逊，每次扣3分
3	工量具准备与检查	5分	(1) 工量具每少准备一件扣1分 (2) 工量具选择不当，每次扣2分
4	发动机前端零件的拆卸	15分	拆卸错一步骤扣3分
5	发动机外部装置的拆卸	15分	拆卸错一步骤扣3分
6	气缸盖及配气机构的分解	15分	拆卸错一步骤扣3分
7	机体的分解	15分	拆卸错一步骤扣3分
8	活塞连杆组的分解	15分	拆卸错一步骤扣3分
9	填写工单	10分	根据填写内容及规范程度酌情给分
10	合计	100分	

“发动机拆卸”的操作工单

班级________　　姓名________　　总分________

车型		发动机型号	

一、准备工作

(1) 工量具准备与检查	
(2) 考试用具准备	

二、操作过程

要求：能正确地认识发动机的几大系统并填写下面表格。

发动机前端零件的拆卸	
发动机外部装置的拆卸	
气缸盖及配气机构的分解	
机体的分解	
活塞连杆组的分解	

第11章 发动机综合故障诊断

11.1 电控发动机故障排除方法

想一想，怎么样对电控发动机的故障进行诊断与排除？

提示：由于现代汽车微机控制装置是一很复杂的机电一体化综合控制系统，在进行维修前，首先应全面地掌握整个系统的结构、原理和电气线路。各种电子控制系统的使用及其不断地完善，使得汽车检测维修技术要求越来越高。本文结合汽车维修的实例，对汽车发动机电控燃油喷射系统在维修过程中常见故障的检测与诊断方法进行分析与探讨。

学习目标	鉴定标准	教学建议
掌握电控发动机故障的诊断与排除的方法	应知：电控发动机的故障诊断与排除的方法	建议：采用教师启发式讲解、学生讨论相结合的方式，最后教师总结

1. 电控发动机故障

发动机电子控制应用十分普遍。汽油机电子控制系统的核心问题是燃油定量和点火正时；柴油机电子控制系统的核心问题是燃油定量和喷油定时。除此之外，在发动机部分利用电子控制技术的内容还有：废气再循环(EGR)、怠速控制(ISC)、电动油泵、发动机输出、冷却风扇、发动机排量、节气门正时、二次空气喷射、发动机增压、油汽蒸发及系统自我诊断功能等，它们在不同的车型上都有或多或少的应用。汽车发动机电子控制系统与其他电子控制系统一样，都是由传感器、电子控制单元(ECU)和执行器组成的。

电子控制燃油喷射系统(EFI)——简称汽油喷射。它是汽车汽油发动机取消化油器而采用的一种先进的喷油装置。使用EFI，汽车发动机燃烧将更充分，从而提高功率，降低油耗，实现低公害排放的目的。当EFI功能与发动机其他功能结为一体时，称“发动机管理系统(EMS)”，这将达到更高要求的环保目标。它以一个电子控制单元(ECU)控制中心，利用安装在发动机不同部位上的传感器测得发动机的各种工作参数，按照在计算机中设定的控制程序，通过控制喷油器，精确地控制喷油量，使发动机在各种工况下都能获得最佳浓度的混合气。此外，电子控制燃油喷射系统通过计算机的控制程序，还能实现起动加浓、减速调稀、强制断油、自动怠速控制等功能，满足发动机特殊工况对混合气的要求，使发动机获得良好的燃油经济性和排放性，也提高了汽车的使用性能。

(1) 传感器　传感器是一种以一定的精确度把被测的物理量转化为与之有对应关系的、便于应用的物理量的测量装置。车用传感器是汽车计算机系统的输入装置，它把汽车运行中的各种工况信息，转化成电信号输入给计算机，以便发动机处于最佳工作状态。车用传感器形式多种多样，有空气流量传感器、进气压力传感器、发动机转速与曲轴位置传感器等，见表11-1。

(2) 电控单元是电子控制单元(ECU)的简称　电控单元的功用是根据其内存的程序和数据对空气流量计及各种传感器输入的信息进行运算、处理、判断，然后输出指令，向喷油器提供一定宽度的电脉冲信号以控制喷油量。电控单元由微型计算机、输入、输出及控制电路等组成。ECU(Electronic Control Unit)电子控制单元，又称“车载电脑”，是汽车专用微机控制器，也叫汽车专用单片机。它和普通的单片机一样，由微处理器(CPU)、存储器(ROM、RAM)、输入/输出接口(I/O)、模数转换器(A/D)以及整形、驱动等大规模集成电路组成。

(3) 执行器　执行器是接受ECU控制，具体执行某项控制功能的装置。电控燃油喷射系统的执行器主要是喷油器，另外ECU还对电动燃油泵起到控制作用。

电子控制点火系统。目前汽车上所采用的点火系统大多数为电感储能的点火系统，早期汽车上使用的传统蓄电池点火系统即为典型的电感储能点火系统，由于电子技术的不断发展，现在汽车上的点火系统已为电子控制点火系统或微机控制点火系统所取代，但不管是传统点火系还是电子点火系，其点火的基本原理是相同的。电子控制点火系统由传感器及其接口、微机、执行机构等几部分构成。该装置可根据传感器送来的发动机各种参数进行运算、判断，然后进行点火时刻的调节，这样可以节约燃料，减少空气污染。一般认为，发动机电子控制装置的节能效果在15%以上，而效果更明显的则是在环境保护方面。此外，新型发动机电子控制装置还有自适应控制、智能控制及自诊断操作等。电子控制点火系统主要由监测发动机运行状态的传感器处理信号、发出指令的ECU和响应指令的点火器以及点火线圈等组成。点火提前角控制系统的组成如图11-1所示。

表11-1　电子控制点火系统的组件

<table>
<tr><th colspan="3">组　件</th><th>功　能</th></tr>
<tr><td rowspan="4">传感器</td><td colspan="2">空气流量计</td><td rowspan="2">检测进气歧管压力或进气量，向ECU输出信号</td></tr>
<tr><td colspan="2">进气压力传感器</td></tr>
<tr><td rowspan="2">曲轴位置传感器</td><td>NE信号</td><td>检测曲轴位置角度或发动机转速，向ECU输出信号</td></tr>
<tr><td>G1、G2信号</td><td>检测凸轮轴、曲轴位置角度基准位置，向ECU输出信号</td></tr>
</table>

（续）

组　件		功　能
传感器	节气门位置传感器	向 ECU 输出点火提前角修正信号
	冷却液温度传感器	检测发动机冷却液温度，向 ECU 输出点火提前角修正信号
	起动开关（起动信号）	向 ECU 输出发动机正在起动的信号
	空调开关（A/C）	向 ECU 输出空调的工作状态信号
	车速传感器	检测车速，向 ECU 输出车速信号
	空档起动开关 爆燃传感器	检测变速杆是否置于 N 位或 P 位 检测发动机爆燃信号
ECU		根据各传感器输入信号，计算最佳点火提前角，并将点火控制信号送给点火控制器
执行器	点火器	根据 ECU 输出的点火控制信号控制点火线圈初级电路的通断，产生次级高压，同时向 ECU 反馈点火确认信号

以上是介绍发动机电控系统的基本情况。接下来谈谈发动机电控系统的检测与维修。

电控发动机常见故障及检修方法分析。

发动机电控汽油喷射系统只要有油有电，喷油时间和点火时间准确，发动机便可发动。如果出现故障，在起动发动机时，可能会出现发动机起动困难、怠速不稳或加速不良等现象，这是较常见的故障，原因可能是燃油泵不泵油或泵油量不足、喷油器、冷起动喷油器及油路堵塞、怠速补偿系统不良、冷却液温度传感器和空气流量计工作不良及控制电路不良等原因引起。

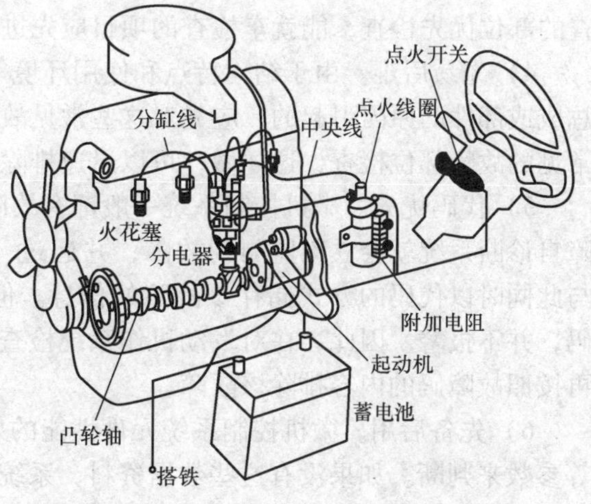

图 11-1　点火提前角控制系统的组成

2. 电控发动机故障诊断与排除步骤

发动机故障现象综合分析：

1）了解故障原因再检查。这样可避免检查时的盲目性，不会对与故障现象无关的部位作无效的检查，又可避免对一些部位漏检，从而迅速排除故障。

2）先外后内。在发动机出现故障时，先对电控系统之外的可能故障部位予以检查。这样可避免本来是一个与电控系统无关的故障，却对电控系统的控制器、传感器、执行器及线路等进行复杂且又费时费力的检查，而真正的故障部位却未找到。

3）先简后繁。能以简单方法检查的可能故障部位应优先检查。比如，直观检查最为简单，我们可以用问、看、摸、听、嗅、试等直观检查方法，将一些较为显露的故障部位迅速找出来。

问：就是调查。除驾驶人诊断自己所驾车辆的故障外，任何人在诊断之前，应先问明情况。如：车辆已行驶的里程、行驶的道路状况、近期的维修情况、故障发生之前有何预兆，是突变还是渐变等。即便是经验丰富的诊断人员，不问清情况去盲目诊断，也会影响诊断的速度和质量。

看：用眼睛查看线路是否松脱、断路；油路是否漏油；进气管是否破裂漏气，真空管是否漏插、错插；高压分线是否插错等。

摸：用手摸一摸可疑线路插头是否松动；摸一摸火花塞的温度、喷油器或怠速控制阀的振动情况，以判断火花塞、喷油器和怠速控制阀是否工作。摸一摸线路连接处是否有不正常的高温，以判断该处是否接触不良等。

听：用耳朵（或借助于螺钉旋具、听诊器等）听一听有无漏气声、发动机是否有异响，喷油器是否有规律的“嗒嗒”声等。

嗅：就是根据在发动机运转时散发出的某些特殊气味，来判断故障之所在。这对于诊断线路、传动带打滑、尾气排放等处的故障是简便有效的。

上述六个方面，并非是每一种故障诊断的必需程序，不同的故障可视其具体情况灵活运用。

若直观检查未找出故障，需借助仪器、仪表或其他专用工具进行检查时，也应对较易检查的部位优先检查，能就车检查的项目应先进行检查。

4）先易后难。由于结构特点和使用环境等原因，发动机的某一故障现象通常是由某些总成或部件的原因引起的，应先对这些常见故障部位进行检查。若未找出故障，再对其他不常见的故障部位检查，这样做，可以迅速排除故障，省时省力。

5）代码优先。微机控制系统一般都有故障自诊断功能，当电控系统出现某种故障，故障自诊断系统就会立刻监测到故障，并通过“检测发动机”故障警告灯向驾驶人员报警，与此同时以代码的方式储存该故障的信息。但是对于某些故障，自诊断系统只储存该故障码，并不报警。因此，在对发动机作系统检查前，应先按制造厂提供的方法，读出故障码，再按照故障码的内容排除该故障。

6）先备后用。微机控制系统元件性能的好坏、电气线路是否正常，常以其电压或电阻等参数来判断。如果没有这些数据资料，系统的故障检修将会很困难，往往只能采取新件替换的方法，这些方法有时会造成维修费用增加且费工费时。所谓先备后用是指在检修该车型前，应准备好与该车型有关的检修数据资料。除了从维修手册、专业书刊上收集整理这些检修数据资料外，另一个有效的途径是随时检测记录无故障车辆的有关参数，这样逐渐积累，作为日后检修同类型车辆的检测比较参数。如果平时注意做好这项工作，会给以后的故障诊断带来极大的方便。

11.2 发动机常见故障排除方法

想一想：发动机常见故障有哪些？

提示：发动机的常见故障有发动机不能起动、起动时发动机有起动征兆但不能发动、发动机起动困难等常见故障。

学习目标	鉴定标准	教学建议
1. 了解电控发动机的常见故障。 2. 掌握电控发动机常见故障的诊断与排除方法。	应知：电控发动机常见故障的诊断与排除方法。	建议：采用教师启发式讲解、学生讨论相结合的方式，最后教师总结。

1. 发动机不能发动

发动机不能发动的现象主要有以下几种：起动机带不动发动机转动或能带动，但转动缓慢；起动机能带动发动机正常转动，但不能发动，且无起动征兆；有起动征兆，但不能发动。造成发动机不能发动的原因很多，有起动系故障、点火系统故障、汽油喷射系统故障及发动机机械故障等。其中因起动系故障而造成发动机不能起动不在本书的叙述范围内。发动机机械故障应在排除了汽油喷射系统和电子点火系统的故障后再作进一步的检查。下面分别介绍两种发动机不能起动故障的诊断与排除方法。

（1）故障现象　接通起动机时，起动机能带动发动机正常转动，但不能发动，且无起动征兆。

（2）故障原因

1）油箱中无油。

2）起动时节气门全开。

3）点火系统故障。

4）电动汽油泵不工作。

（3）故障诊断与排除　电喷发动机在设计上具有很好的起动性能，汽油喷射系统的一般故障通常不会导致发动机不能发动。如果出现不能发动且无起动征兆的故障，其原因是发动机的点火系统、燃油系统或控制系统三者之中的一个或一个以上的系统完全丧失了功能。因此，不能发动的故障诊断与排除应重点集中在上述三个系统中。

1）对于不能发动的故障，一般应先检查油箱存油情况。打开点火开关，若汽油表指针不动或油量警告灯亮，则说明油箱内无油，应加满汽油后再起动。

2）应采用正确的起动操作方法。通常电喷发动机的起动控制系统要求在起动时不踩加速踏板。如果在起动时将加速踏板完全踩下或反复踩加速踏板以求增加供油量，往往会使电控系统的溢油消除功能起作用，从而导致喷油器不喷油，造成不能发动。

3）检查点火系统。导致不能起动的最主要原因是点火系统不能点火。因此，在做进一步的检查之前，应先排除点火系统的故障。在检查电喷发动机的电子点火系统有无高压火花时应采用正确的方法，不可沿用检查传统触点式点火系统高压火花的做法，以防损坏点火系统中的电子元件。

正确的检查方法是：从分电器上拔下高压总线，让高压总线末端距离缸体5～6mm，或从缸体上拔下高压分线，将一个火花塞接在高压线上，将火花塞搭铁；接通点火开关的起动档，用起动机带动发动机转动，同时观察高压总线末端或火花塞电极处有无强烈的蓝色高压火花。

如果没有高压火花或火花很弱，说明点火系统有故障。在查找故障部位之前，可先进行发动机故障自诊断，检查有无故障码。目前电喷发动机的故障自诊断系统都能检测出曲轴位置传感器及点火器的故障。如有故障码，则按显示的故障码内容查找故障部位；如无故障码，则应分别检查点火系统的高压线圈、高压线、分电器盖和分电器等。点火系统最容易损坏的元件是点火器，应重点检查。

4）检查电动汽油泵是否工作正常。电动汽油泵不工作也是造成发动机不能发动的最常见原因之一。若油泵不工作，可用一根导线将电动汽油泵的两个检测插孔短接，然后接通点火开关，此时应能从油箱口处听到汽油泵运转的声音；或用手捏住进油管时能感觉到进油管的油压脉动；或拆下油压调节器上的回油管，应有汽油流出。

如果短接后电动汽油泵仍不工作，应检查油泵熔丝、主继电器、电动汽油泵的电路导线、插头等。如果电路正常，则说明电动汽油泵有故障，应更换。

如果短接后电动汽油泵工作了，可试一下在短接状态下发动机能否发动。若可以发动，说明是油泵继电器及其控制电路有故障，使汽油泵在发动机正常起动时不工作。对此，应检查油泵继电器及其控制电路。

5）检查喷油器是否喷油。如果点火系统和电动汽油泵工作正常，则应进一步检查喷油控制系统。在起动发动机时，检查各喷油器有无工作的声音。如果喷油器不工作，可用一个大阻抗的试灯接在喷油器的线束插头上（该试灯的阻值要明显大于原喷油器线圈的阻值，并注意绝对不要短路，否则将会损坏电脑）。如果在起动发动机时试灯能闪亮，说明喷油控制系统工作正常，喷油器有故障，应清洗或更换喷油器。

如果试灯不闪亮，则说明喷油控制系统或控制线路有故障。对此，应检查喷油器电源熔丝有无烧断，喷油器降压电阻（指低阻值喷油器的车上）有无烧断，喷油器与电源之间的接线是否良好，喷油器与电脑之间的接线是否良好，电脑的电源继电器与电脑之间的接线是否良好。如果外部电路均正常，则可能是电脑内部有故障，可用电脑检测仪（解码器）或采用测量电脑各接脚电压的方法来检查电脑有无故障；也可以换一个好的同型号电脑试一下（有防盗功能的电脑不可互换，否则将锁死电脑），如能起动，可确定为电脑故障，应修复或更换电脑。

6）检查燃油系统压力。燃油系统油压过低会造成喷油量太少，也会导致不能发动。在电动汽油泵运转时检查燃油系统油压，正常燃油压力应达300kPa左右（可查看该车的有关数据资料）。如果燃油压力过低，可用软布包住钳口，将油压调节器的回油管夹住，阻断回油通路。此时，若燃油压力迅速上升，说明是油压调节器漏油造成油压过低，应更换油压调节器；若燃油压力上升缓慢或基本不上升，则说明油路堵塞或电动汽油泵有故障。对此，应先拆检汽油滤清器或汽油泵上的进油滤网。如有堵塞，应清洗或更换；如滤清器良好，则应更换电动汽油泵。

7）检查进气系统是否漏气。对于装有直接测量式空气流量计的L型电喷发动机，若空气流量计与进气门之间的气路中有漏气部位，将造成混合气过稀，发动机无法发动。检查气路中的波纹管、密封垫、真空管及其连接的真空拉力器等是否漏气、脱落等。判断节气门与进气门之间是否漏气，可在节气门关闭时起动发动机，用接在进气歧管上的真空表的读数判断，若真空度过低，则有漏气部位存在。

8）检查气缸压缩压力。若上述检查均正常，应检查气缸压缩压力。若气缸压缩压力小于0.8MPa，则说明活塞环、气门或气缸垫等处漏气，应拆检发动机。

2. 起动时发动机有起动征兆但不能发动

(1) 故障现象 起动发动机时，起动机能带动发动机正常转动，有起动征兆，但不能发动。

(2) 故障原因

1) 进气管有漏气处。

2) 点火提前角不正确。

3) 高压火花太弱。

4) 冷起动喷油器不工作(若有安装)。

5) 燃油压力太低。

6) 冷却液温度传感器有故障。

7) 空气滤清器严重堵塞。

8) 空气流量计有故障。

9) 喷油器漏油或堵塞。

10) 喷油控制系统有故障。

(3) 故障诊断与排除 有起动征兆而不能发动，说明点火系统、燃油系统和控制系统虽然工作失常，但并没有完全丧失功能。这种不能发动故障的原因不外乎是高压火花太弱、点火正时不正确、混合气太稀、混合气太浓和气缸压力太低等。一般先检查点火系统，然后检查进气系统、燃油系统和控制系统，最后检查发动机气缸压力。

1) 先进行故障自诊断，检查有无故障码。如有故障码，则可按显示的故障码查找相应的故障部位。必须指出的是，所显示出的故障码不一定都与发动机不能发动有关。有些故障码是发动机在以往的运行过程中偶发性故障所留下的；有些故障码显示的故障则不会影响发动机的起动性能。对起动性能影响较大的传感器有曲轴位置传感器、冷却液温度传感器和空气流量计等。

2) 检查高压火花。除了检查分电器高压总线上的高压火花是否正常外，还要进一步检查各分缸高压线上的高压火花是否正常。若总线火花太弱，应检查或更换高压线圈或点火器；若总线火花正常而分线火花较弱或断火，说明分电器盖或分火头漏电，应更换。

3) 检查空气滤清器。如果滤芯过脏堵塞，可拆掉滤芯后再起动发动机。如能正常起动，则应更换滤芯。

4) 检查进气系统有无漏气。采用空气流量计测量进气量的汽油喷射系统，若在空气流量计之后的进气管道漏气，就会使电脑误认为进气量偏小，从而使混合气变稀。严重的会导致发动机不能发动。检查中应仔细查看空气流量计之后的进气软管有无破裂、各处卡箍及真空软管有无松脱、空气谐振腔有无破裂等。

此外，燃油蒸气回收系统和废气再循环系统在起动及怠速运转时是不工作的。

如因某种原因而使它们在起动时就进入打开工作状态，也会影响起动性能。将燃油蒸气回收软管或废气再循环管道堵塞，再起动发动机，如发动机能正常发动，说明该系统有故障，应认真检查并排除故障部位。

5) 检查火花塞。火花塞电极间隙太大也会影响起动性能。火花塞正常间隙一般为 1.0mm，有些高能量的电子点火系统火花塞间隙较大，可达 1.3mm。如火花塞间隙太大，应按规定的标准值进行调整。

6）如果火花塞表面只有少量潮湿的汽油，说明喷油器喷油量太少。对此，应先检查起动时电动汽油泵是否正常工作。可用一根导线将电动汽油泵的两个检测插孔短接，再起动发动机。如能发动，则说明电动汽油泵在起动时工作不良，应检查油泵继电器及其控制电路。

如果电动汽油泵工作而不能发动，应进一步检查燃油压力。如果燃油压力太低，应检查汽油滤清器、油压调节器及汽油泵进油滤网及汽油泵是否正常。

7）如果各分缸高压线的高压火花正常，而火花塞表面有大量潮湿汽油及润滑油、积炭，说明气缸中已出现“呛油”现象，这也会造成发动机不能发动。对此，可拆下所有火花塞，将其清洁，再让气缸中的汽油全部挥发掉，然后装上正常的(或新的)火花塞，重新起动。如果仍会出现“呛油”现象，应拆检喷油器，检查喷油器是否漏油。或拔下全部喷油器的电插头后，再起动发动机，若发动机有起动征兆，则为喷油器漏油。

8）喷油量太大或太小也可能是空气流量计或冷却液温度传感器故障所致。如出现这种情况，应对照有关数据测量这两个传感器。

9）调整点火正时。如果将点火提前角调大或调小后就能发动，则说明点火正时不正确。对此，应将点火正时调整准确。

10）检查冷起动喷油器是否工作。拔下冷起动喷油器线束插头，用试灯或电压表代替喷油器进行测量。在冷起动时，试灯应亮或显示蓄电池电压。否则，应检查冷起动喷油器控制电路或冷起动温控开关。

11）检查气缸压缩压力是否正常。若低于 0.8MPa，则说明气缸压力过低，应拆检发动机。

3. 发动机起动困难

发动机起动困难是指起动机能带动发动机按正常速度转动，有明显起动征兆，但需要连续多次起动或长时间转动起动机才能发动。对于起动困难的故障，应分清是在冷车时出现还是在热车时出现，或者不论冷车热车均出现。这一故障的原因一般是在喷油系统，可按下述步骤检查。

（1）故障现象　起动时曲轴转动速度正常，但需要较长时间才能将发动机发动。

（2）故障原因

1）进气系统中有漏气处。

2）燃油压力太低。

3）空气滤清器滤芯堵塞。

4）冷却液温度传感器故障。

5）空气流量计故障。

6）怠速控制阀或附加空气阀故障。

（3）故障诊断与排除

1）在怠速运转时用正时灯检查点火正时，如不符合标准值，应予以调整。

2）检查点火开关起动档接柱至电脑的起动信号是否正常。如果电脑接收不到点火开关的起动信号，就不能进行起动加浓控制，也会导致起动困难。对此，应从电脑线束插头处检查起动时有无起动信号传至电脑。如无信号，应检查点火开关的起动档接柱与电脑之间的线路。

3）检查气缸压缩压力，如压力过低，应拆检发动机。

4）如果上述检查均正常，可换一个新的电脑试一下（若为带防盗功能的电脑则不可互换），如有好转，则说明原电脑有故障，应维修或更换电脑。

课后习题

1. 填空题

1）电控发动机常见故障________、________、________。

2）发动机故障现象综合分析步骤：________、________、________、________、________、________。

2. 问答题

1）电控发动机常见故障及检修方法。

2）发动机常见故障排除的一般规律。

实训 23　发动机常见故障的诊断

1. 实验目的

掌握电控发动机故障排除方法。

2. 实训内容

发动机常见故障的诊断。

3. 实训设备及工量具

1）完整的汽车发动机 1 台。

2）常用工量具 1 套。

4. 注意事项

1）注意操作油料的安全性。

2）注意操作时的通风要求。

3）注意接线和插接件的正确性。

5. 实训步骤及考核

故障一：发动机无法起动的故障现象、原因及诊断流程见表 11-2 和图 11-2。

表 11-2　发动机无法起动故障现象、原因及故障排除方法

故障现象	故障原因	故障排除方法及故障编号	DYZJ1101
发动机无法起动	无燃油	检查燃油表及燃油箱燃油量	
	蓄电池压力不足	检查蓄电池电压是否正常，检查线路是否损坏或接触不良，如有异常，需检修蓄电池线路或更换蓄电池	
	起动机故障	检查起动机内部线路故障，如有异常，需检修起动机或更换总成	
	点火开关断路及线路故障	通过用万能表检查线路、熔丝、点火开关是否断路，如有异常，则检修或更换损坏件	
	电子控制系统故障	用汽车专用解码仪检查有无故障码，如有先清除故障码，而后再试，如再有，根据解码仪的提示检查相关的部件及线路	
	点火正时不当及高压火弱故障	检查有无高压火，如没有，应检查点火线圈、转速传感器、ECU 等相关的线路是否正常；检查点火是否正时，应查看正时记号是否松动、移位；检查火花塞火花强度，如弱，检查点火线圈高压线电阻是否异常，以上如有异常，需修理或更换部件	

（续）

故障现象	故障原因	故障排除方法及故障编号　　DYZJ1101
发动机无法起动	火花塞故障	检查火花塞间隙是否正常，积炭是否太多，如有异常，应调整或更换
	配气相位错误	检查正时带有无损坏，检查配气相位是否正确，以上如有异常应调整、检修或更换
	进气系统故障	检查空气滤清器是否堵塞，如有异常需检修或更换，检查进气系统有无漏气，重点检查进气歧管垫、喷油器、真空管各接头处等，如有异常应检修或者更换
	燃油系统故障	检查燃油静止压力、怠速压力、最高压力是否正常，检查燃油泵工作是否正常，检查油泵熔丝、调节器及线路、油管工作是否正常，如有异常，则检修或更换
	气缸压力不足	测量气缸压力值是否正常。如有异常，可判断活塞环磨损过大或气门密封不严，应进行修理或拆卸发动机检修
	喷油器故障	用示波器或专用仪表检查每个喷油器插件两端是否有脉冲信号。若无，应检查控制电路部分或 ECU。如有，应拆卸喷油器，检查喷油器及雾化情况。如有异常应清洗、修理或更换
	ECU 故障	ECU 控制不能正常输入或输出信号，需要更换 ECU

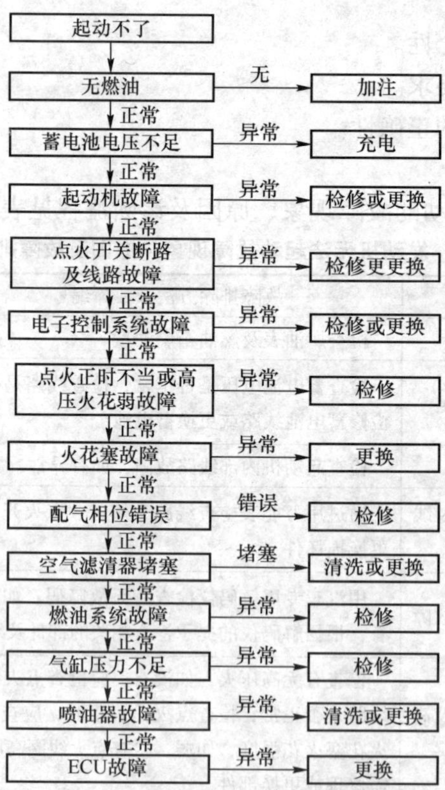

图 11-2　发动机无法起动检修工艺流程

“发动机无法起动”的评分标准

序号	考核项目	配分	扣分标准(每项累计扣分不能超过配分)
1	安全文明否决		造成人身、设备重大事故，或恶意顶撞考官，严重扰乱考场秩序，立即终止考试，此项目记 0 分
2	安全文明生产	10 分	(1) 不穿工作服、工作鞋、工作帽各扣 1 分 (2) 零件乱放，每次扣 2 分 (3) 油、水落地或零部件表面未及时清理，每次扣 1 分 (4) 考试完后不清理场地扣 3 分 (5) 不服从考官、出言不逊，每次扣 3 分
3	工具及仪器设备的准备	5 分	未检查工量具设备扣 2 分
			工量具准备错误扣 2 分
			工量具摆放不整齐扣 1 分
4	车辆状况的检查	20 分	(1) 没有检查车辆状况扣 6 分 (2) 没有安装三角木扣 2 分 (3) 没有安装尾气抽排管扣 2 分 (4) 座位套、踏脚垫、方向盘套、变速杆套少安装每样扣 1 分 (5) 没有安装翼子扳护垫扣 2 分 (6) 没有检查机油扣 2 分 (7) 没有检查冷却液扣 2 分
5	故障判断及排除	55 分	(1) 不会判断故障扣 10 分 (2) 故障点判断错误一次扣 15 分 (3) 不能正确使用工量具及仪器设备扣 10 分 (4) 不能排除故障扣 15 分 (5) 没有得出维修结论扣 10 分
6	操作过程	5 分	(1) 不会查阅维修手册扣 2 分 (2) 没有使用维修手册扣 2 分 (3) 零件落地扣 3 分 (4) 工量具及仪器设备没整理扣 2 分
7	填写工单	5 分	根据填写内容及规范程度酌情给分
8	合计	100 分	

“发动机无法起动”的操作工单

班级__________ 姓名__________ 总分__________

车型		发动机型号	

一、准备工作

(1) 工量具准备与检查	
(2) 考试用具准备	

二、操作过程

要求：能正确地进行发动机无法起动故障的诊断并填写下面表格。

信息获取	车辆型号： 故障现象：
准备工作	
故障诊断	记录诊断步骤：
	记录检测步骤：
	技术要点与难点

故障二：发动机无怠速的故障诊断见表 11-3 与图 11-3。

表 11-3　发动机无怠速的故障现象、原因及故障排除方法

故障现象	故障原因	故障排除方法及故障编号	DYZJ1102
发动机无怠速	怠速气道堵塞	检查节气门及怠速气道是否堵塞，如积炭过多，应清洗，确保进气道畅通	
	怠速步进电动机故障	检查怠速步进电动机动作是否灵活，如积炭过多造成卡滞，应清洗或更换	
	节气门拉索或节气门位置传感器调整不当	松开加速踏板，检查节气门拉索间隙是否正常，在节气门全关位置，用解码器检查传感器、怠速开关是否正常，如异常，则调整部件或更换	
	电子控制系统	用专用解码器检查有无故障码，如有，先清除故障码。再试，若确有故障码，按故障码提示检查相关部件及电路	
	冷却液温度传感器故障	检查冷却液温度传感器，在不同温度下，冷却液温度传感器的电阻应能按规定标准变化，如不符合标准值，应更换部件	

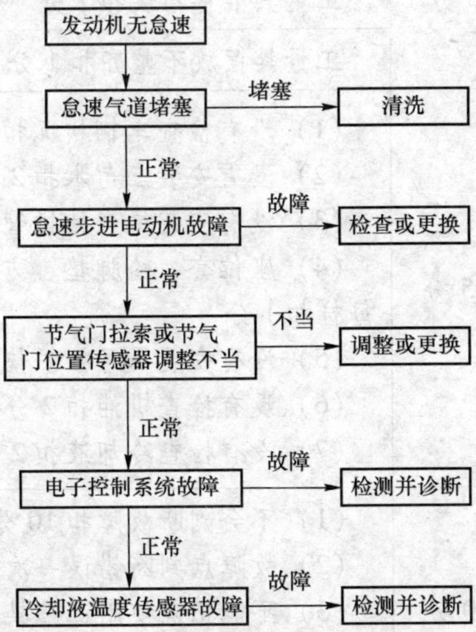

图 11-3　发动机无怠速的故障诊断流程

"发动机无怠速"评分标准

序号	考核项目	配分	扣分标准(每项累计扣分不能超过配分)
1	安全文明否决		造成人身、设备重大事故，或恶意顶撞考官，严重扰乱考场秩序，立即终止考试，此项目记0分
2	安全文明生产	10分	(1) 不穿工作服、工作鞋、工作帽各扣1分 (2) 零件乱放，每次扣2分 (3) 油、水落地或零部件表面未及时清理，每次扣1分 (4) 考试完后不清理场地扣3分 (5) 不服从考官、出言不逊，每次扣3分
3	工具及仪器设备的准备	5分	未检查工量具设备扣2分
			工量具准备错误扣2分
			工量具摆放不整齐扣1分
4	车辆状况的检查	15分	(1) 没有检查车辆状况扣6分 (2) 没有安装三角木扣2分 (3) 没有安装尾气抽排管扣2分 (4) 座位套、踏脚垫、方向盘套、变速杆套少安装，每样扣1分 (5) 没有安装翼子扳护垫扣2分 (6) 没有检查机油扣2分 (7) 没有检查冷却液扣2分
5	故障判断及排除	60分	(1) 不会判断故障扣10分 (2) 故障点判断错误一次扣15分 (3) 不能正确使用工量具及仪器设备扣10分 (4) 不能排除故障扣15分 (5) 没有得出维修结论扣10分
6	操作过程	5分	(1) 不会查阅维修手册扣2分 (2) 没有使用维修手册扣2分 (3) 零件落地扣3分 (4) 工量具及仪器设备没整理扣2分
7	填写工单	5分	根据填写内容及规范程度酌情给分
8	合计	100分	

“发动机无怠速”操作工单

班级________　　姓名________　　总分________

车型		发动机型号	

一、准备工作

(1) 工量具准备与检查	
(2) 考试用具准备	

二、操作过程

要求：能正确地进行发动机无怠速故障的诊断并填写下面表格。

信息获取	车辆型号： 故障现象：
准备工作	
故障诊断	记录诊断步骤：
	记录检测步骤：
	技术要点与难点

故障三：发动机加速不良的故障现象、原因及故障排除方法见表 11-4 和图 11-4。

表 11-4　发动机加速不良故障现象、原因及故障排除方法

故障现象	故障原因	故障排除方法及故障编号	DYZJ1103
发动机加速不良	空气滤清器堵塞	检气空气滤清器有无堵塞，如有堵塞，则清洗或更换	
		检查进气系统有无漏气，测量进气歧管真空度，是否在规定的范围内，太小说明进气系统有漏气处，应检查接头及软管和真空管，如有故障应检修或更换部件	
	节气门拉索或节气门位置传感器调整不当，不能全打开	将加速踏板踩到底，检查节气门是否全打开，如不能全打开应调整节气门拉索及踏板，检查节气门位置传感器，在节气门由全闭到全开变化时，其信号端子与接地端子的电阻应增大，不应有断续现象，如有异常，应进行调整或更换	
	点火正时不当或高压火花弱	检查点火是否正时，如有异常，则检查点火时间控制系统、点火线圈高压导线、火花塞等，或更换 ECU.	
	燃油压力过低	检查燃油压力是否正常，怠速时燃油压力是否符合标准值，如果压力低于标准值应检查燃油压力调节器、电动燃料泵、汽油滤清器等	
	喷油器堵塞或雾化不良	拆卸喷油器，检查喷油量和喷油雾化是否正常，如不正常应清洗或更换零部件	
	蓄电池电压过低	检查蓄电池电压是否正常，电压过低，会引起喷油量减少造成发动机动力不足，加速缓慢，应检查充电系统是否正常，或更换蓄电池	
	冷却液温度传感器故障	检查冷却液温度传感器，在不同的温度下，冷却液温度传感器的电阻应能按规定标准发生变化，如不符合标准，应更换冷却液温度传感器	
	进气压力传感器	检查进气歧管压力传感器，如异常则更换压力传感器	
	离合器打滑	需更换离合器从动盘	
	发动机气缸压力过低	测量气缸压缩压力，如过低应调整气门间隙或检修发动机	
	飞轮信号不良	由飞轮及信号盘引起的动力不足，加速不良则更换飞轮总成	
	个别缸不工作	检查各缸工作情况，如有气缸不工作或工作不良，重点检查火花塞、高压线、气缸压力等，确定原因修理或更换	
	排气系统堵塞	检查三元催化转化器是否堵塞，由于堵塞可引起发动机加速不良，则更换三元催化转化器	
	氧传感器故障	造成无法识别混合气比例，带来动力不足，则更换氧传感器	

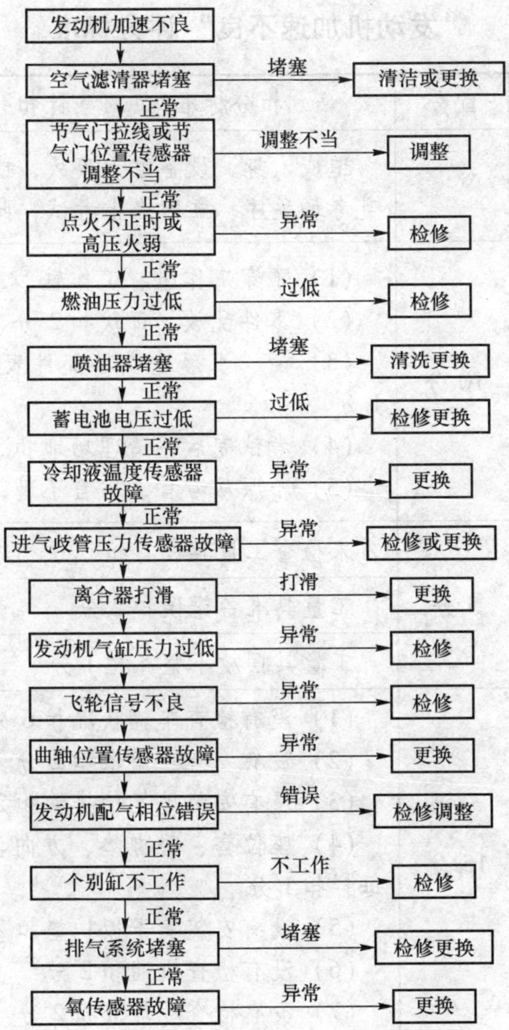

图 11-4　发动机加速不良故障的诊断流程

“发动机加速不良”评分标准

序号	考核项目	配分	扣分标准(每项累计扣分不能超过配分)
1	安全文明否决		造成人身、设备重大事故，或恶意顶撞考官，严重扰乱考场秩序，立即终止考试，此项目记0分
2	安全文明生产	10分	(1) 不穿工作服、工作鞋、工作帽各扣1分 (2) 零件乱放，每次扣2分 (3) 油、水落地或零部件表面未及时清理，每次扣1分 (4) 考试完后不清理场地扣3分 (5) 不服从考官、出言不逊，每次扣3分
3	工具及仪器设备的准备	5分	未检查工量具设备扣2分
			工量具准备错误扣2分
			工量具摆放不整齐扣1分
4	车辆状况的检查	15分	(1) 没有检查车辆状况扣6分 (2) 没有安装三角木扣2分 (3) 没有安装尾气抽排管扣2分 (4) 座位套、踏脚垫、方向盘套、变速杆套少安装，每样扣1分 (5) 没有安装翼子板护垫扣2分 (6) 没有检查机油扣2分 (7) 没有检查冷却液扣2分
5	故障判断及排除	60分	(1) 不会判断故障扣10分 (2) 故障点判断错误一次扣15分 (3) 不能正确使用工量具及仪器设备扣10分 (4) 不能排除故障扣15分 (5) 没有得出维修结论扣10分
6	操作过程	5分	(1) 不会查阅维修手册扣2分 (2) 没有使用维修手册扣2分 (3) 零件落地扣3分 (4) 工量具及仪器设备没整理扣2分
7	填写工单	5分	根据填写内容及规范程度酌情给分
8	合计	100分	

“发动机加速不良”操作工单

班级________　姓名________　总分________

车型		发动机型号	

一、准备工作

(1) 工量具准备与检查	
(2) 考试用具准备	

二、操作过程

要求：能正确地进行发动机加速不良故障的诊断并填写下面表格。

信息获取	车辆型号： 故障现象：
准备工作	
故障诊断	记录诊断步骤：
	记录检测步骤：
	技术要点与难点

故障四：发动机动力不足的故障现象、原因及故障排除方法见表 11-5 和图 11-5。

表 11-5　发动机动力不足的故障现象、原因及故障排除方法

故障现象	故障原因	故障排除方法及故障编号	DYZJ1104
发动机无负荷运转时基本正常，但带负荷运转时加速缓慢，上坡无力，运行中感到动力不足，发动机转速不能提高，达不到最高车速	空气滤清器堵塞	（1）检查空气滤清器滤芯是否堵塞，如堵塞，应清洁或更换 （2）检查进气系统有无漏气。测量进气歧管真空度。怠速时真空度应大于 66.7kPa。如果真空度太小，说明进气系统有漏气处，应仔细检查接头及各软管、真空管	
	节气门调整不当，不能全开	（1）将加速踏板踩到底，检查节气门能否全开，如不能全开，应调整节气门拉索或踏板 （2）检查节气门位置传感器是否接触良好（如怠速触点、全负荷触点、滑片与弧形电阻膜的接触情况），如接触不良，应按标准重新调整或更换新件	
	燃油压力过低	检查燃油压力。如压力过低，应进一步检查电动汽油泵、油压调节器、汽油滤清器及汽油泵的进油滤网等	
	喷油器堵塞或雾化不良	拆检喷油器，检查喷油量是否正常，如喷油量不正常或喷油雾化不良，应清洗或更换喷油器	
	冷却液温度传感器故障	检查冷却液温度传感器。测量冷却液温度传感器电阻的方法是在不同温度下，冷却液温度传感器的电阻应能按规定值变化。如不符合规定值，应更换冷却液温度传感器	
	空气流量计故障	检测空气流量计或进气歧管压力传感器，如有异常，应更换	
	点火正时不当或高压火花太弱、断火	检查点火正时，在热态怠速时检查点火提前角，应能自动提前至 10 ~ 12°。如怠速时的点火提前角不正确，应调整点火提前角；如果加速时点火提前角不正确，应检查点火提前控制线路及曲轴位置传感器、点火器等	
	发动机气缸压力过低	测量气缸压缩压力，如压力过低，应拆检发动机	
	蓄电池电压过低	检查蓄电池电压是否正常，蓄电池电压过低，会引起喷油量减少，造成发动机动力不足，加速迟缓。若蓄电池电压过低，应检查充电系统或更换蓄电池	

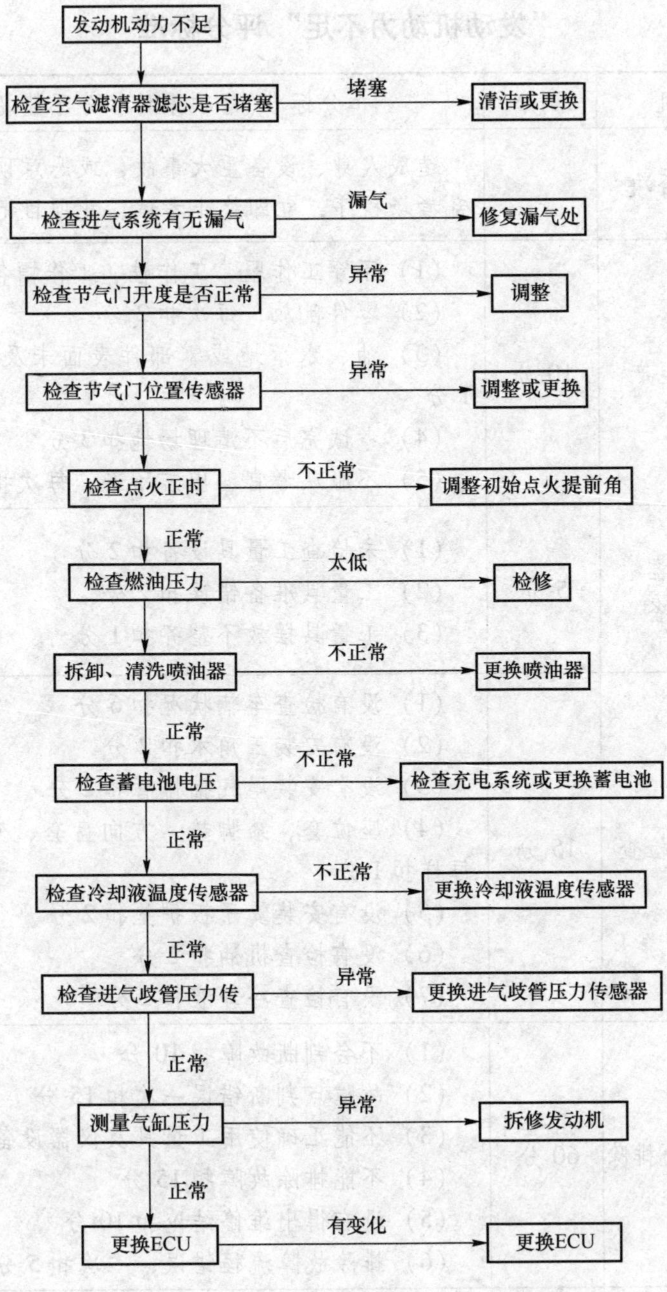

图 11-5　发动机动力不足检修工艺流程

“发动机动力不足”评分标准

序号	考核项目	配分	扣分标准(每项累计扣分不能超过配分)
1	安全文明否决		造成人身、设备重大事故，或恶意顶撞考官，严重扰乱考场秩序，立即终止考试，此项目记0分
2	安全文明生产	10分	(1) 不穿工作服、工作鞋、工作帽各扣1分 (2) 零件乱放，每次扣2分 (3) 油、水落地或零部件表面未及时清理，每次扣1分 (4) 考试完后不清理场地扣3分 (5) 不服从考官、出言不逊，每次扣3分
3	工具及仪器设备的准备	5分	(1) 未检查工量具设备扣2分 (2) 工量具准备错误扣2分 (3) 工量具摆放不整齐扣1分
4	车辆状况的检查	15分	(1) 没有检查车辆状况扣6分 (2) 没有安装三角木扣2分 (3) 没有安装尾气抽排管扣2分 (4) 座位套、踏脚垫、方向盘套、变速杆套少安装，每样扣1分 (5) 没有安装翼子扳护垫扣2分 (6) 没有检查机油扣2分 (7) 没有检查冷却液扣2分
5	故障判断及排除	60分	(1) 不会判断故障扣10分 (2) 故障点判断错误一次扣15分 (3) 不能正确使用工量具及仪器设备扣10分 (4) 不能排除故障扣15分 (5) 没有得出维修结论扣10分 (6) 排除故障流程错误，一次扣5分
6	操作过程	5分	(1) 不会查阅维修手册扣2分 (2) 没有使用维修手册扣2分 (3) 零件落地扣3分 (4) 工量具及仪器设备没整理扣2分
7	填写工单	5分	根据填写内容及规范程度酌情给分
8	合计	100分	

“发动机动力不足”操作工单

班级________ 姓名________ 总分________

车型		发动机型号	

一、准备工作

(1) 工量具准备与检查	
(2) 考试用具准备	

二、操作过程

要求：能正确地进行发动机动力不足故障诊断并填写下面表格。

信息获取	车辆型号： 故障现象：
准备工作	
故障诊断	记录诊断步骤：
	记录检测步骤：
	技术要点与难点

故障五：发动机燃油消耗过大的故障现象、原因及故障排除方法见表 11-6 及图 11-6。

表 11-6 “发动机燃油消耗过大”故障现象、原因及故障排除方法

故障现象	故障原因	故障排除方法及故障编号	DYZJ1105
发动机在使用中，油耗高于标准很多	驾驶习惯问题	驾驶人要养成好的驾驶习惯	
	氧传感器故障	检查氧传感器是否能正确识别混合气浓度，如不能，则可能导致油耗升高	
	火花塞间隙过大	火花塞间隙大，造成火花不好，也是导致油耗高的原因之一	
	点火正时不当	检查点火正时。发动机在怠速时，点火提前角应为 10°～12°，如不正确，可能导致油耗上升，应调整发动机的点火提前角	
	喷油器堵塞或密封不良	拆卸喷油器，检查喷油量和密封情况是否正常，如不正常，应清洗或更换喷油器	
	个别缸工作不良	检查气缸压力、气门等，如果有个别缸不工作则需要看情况进行检修，更换或者调整引起工作不良的部分	
	冷却液温度传感器故障	检查冷却液温度传感器，在不同温度下，冷却液温度传感器的电阻应能按规定标准变化。如不符合标准值应更换冷却液温度传感器	
	空气滤清器堵塞	检查空气滤清器是否堵塞，如有堵塞，也可能引起进气不足，油耗增加，应清洁或更换	
	燃油品质不佳	劣质的燃油，可能引起该故障，建议客户更换加油站加油	
	轮胎明显磨损或胎压严重不足	会导致摩擦力增大，消耗部分发动机功率，造成油耗增大	
	离合器打滑	急加速时发现发动机转速表增加很快，但车速增加却很慢，这时可以判定是离合器打滑；打滑导致空转，增加油耗，需要换离合器压盘及从动盘	
	温控系统故障引起费油	有可能出现如下故障；温控开关和节温器损坏，会出现油耗增加的现象；因为温控开关和节温器损坏会使水温降低，化油器不能正常工作，导致汽油雾化不良，油耗量明显增加。需要更换	
	燃油管泄漏	检查燃油管路，更换泄漏管	
	制动咬住	调整前后制动，必要时打磨制动片	
	油箱盖密封不严	密封性不佳导致燃油蒸发	
	炭罐控制单向阀损坏	需更换	
	进气压力及进气温度传感器损坏	导致进气量不符合标准值造成误控制，使汽车行驶油耗高，用电脑诊断仪检查，必要时更换进气压力传感器和进气温度传感器	
	节气门位置传感器断路	导致无法识别开度，需要更换传感器	
	三元催化转化器堵塞	三元催化转化器内部胶结堵塞，排气不好，导致油耗高，需要更换	
	进气管漏气	需要更换进气管路	
	个别缸不工作	检查各缸工作情况，如个别缸工作不良，重点检查火花塞、高压线、气缸压力等，确定原因，修理或更换	
	发动机配气相位错误	检查发动机配气相位是否正确，如配气相位不正确，应调整	

（续）

故障现象	故障原因	故障排除方法及故障编号	DYZJ1105
发动机在使用中，油耗高于标准很多	气缸压力过低	测量发动机气缸压力，如压力过低，应检查气门间隙或拆检发动机	
	怠速过大或过小	按照怠速故障相关模板排除，使怠速达到正常状态	
	冷却液温度不正常	按照冷却液温度故障相关模板排除，使冷却液温度达到正常状态	

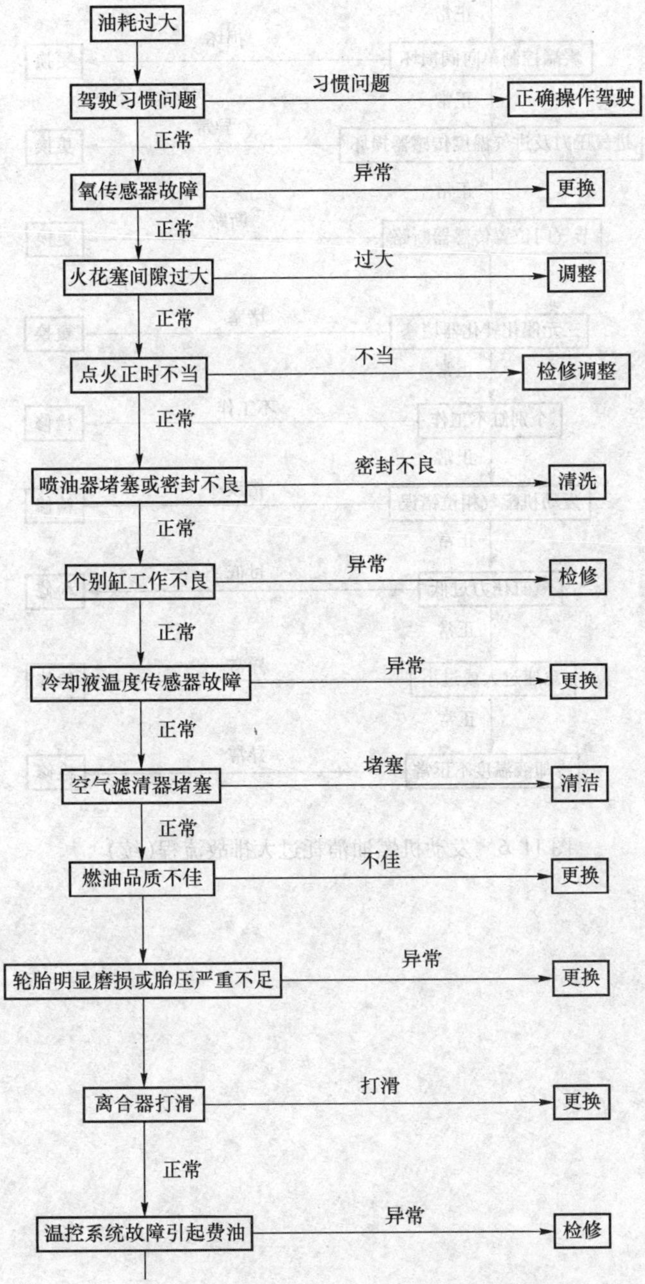

图 11-6　发动机燃油消耗过大排故流程

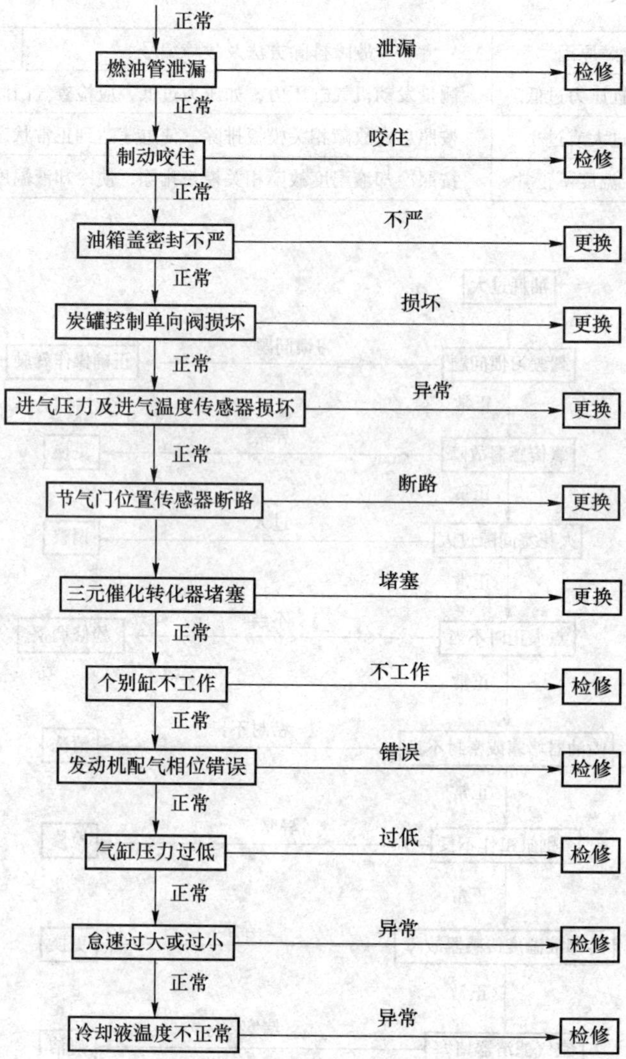

图 11-6　发动机燃油消耗过大排故流程(续)

“发动机燃油消耗过大”评分标准

序号	考核项目	配分	扣分标准(每项累计扣分不能超过配分)
1	安全文明否决		造成人身、设备重大事故，或恶意顶撞考官，严重扰乱考场秩序，立即终止考试，此项目记 0 分
2	安全文明生产	10 分	(1) 不穿工作服、工作鞋、工作帽各扣 1 分 (2) 零件乱放，每次扣 2 分 (3) 油、水落地或零部件表面未及时清理，每次扣 1 分 (4) 考试完后不清理场地扣 3 分 (5) 不服从考官、出言不逊，每次扣 3 分
3	工具及仪器设备的准备	5 分	(1) 未检查工量具设备扣 2 分 (2) 工量具准备错误扣 2 分 (3) 工量具摆放不整齐扣 1 分
4	车辆状况的检查	15 分	(1) 没有检查车辆状况扣 6 分 (2) 没有安装三角木扣 2 分 (3) 没有安装尾气抽排管扣 2 分 (4) 座位套、踏脚垫、方向盘套、变速杆套少安装，每样扣 1 分 (5) 没有安装翼子板护垫扣 2 分 (6) 没有检查机油扣 2 分 (7) 没有检查冷却液扣 2 分
5	故障判断及排除	60 分	(1) 不会判断故障扣 10 分 (2) 故障点判断错误一次扣 15 分 (3) 不能正确使用工量具及仪器设备扣 10 分 (4) 不能排除故障扣 15 分 (5) 没有得出维修结论扣 10 分 (6) 排除故障流程错误一次扣 5 分
6	操作过程	5 分	(1) 不会查阅维修手册扣 2 分 (2) 没有使用维修手册扣 2 分 (3) 零件落地扣 3 分 (4) 工量具及仪器设备没整理扣 2 分
7	填写工单	5 分	根据填写内容及规范程度酌情给分
8	合计	100 分	

“发动机燃油消耗过大”操作工单

班级________ 姓名________ 总分________

车型		发动机型号	

一、准备工作

(1) 工量具准备与检查	
(2) 考试用具准备	

二、操作过程

要求：能正确地进行发动机燃油消耗过大故障诊断并填写下面表格。

信息获取	车辆型号： 故障现象：
准备工作	
故障诊断	记录诊断步骤：
	记录检测步骤：
	技术要点与难点

故障六：发动机冷却液温度过高的故障现象、原因及故障排除方法见表 11-7 和图 11-7。

表 11-7　“发动机冷却液温度过高”故障现象、原因及故障排除方法

故障现象	故障原因	故障排除方法及故障编号	DYZJ1106
发动机工作中冷却液温度过高	冷却液不足	检查冷却系统，冷却液是否充足，如因不足造成散热不良，应添加冷却液	
	冷却液温度表及传感器失效	冷却液温度虚高，则更换部件	
	节温器不能正常打开	检查散热器上下水管温度相差是否太大，如异常，则应拆下节温器测试其开启温度，如不正常开启，则更换节温器	
	散热器漏水	检查散热器盖及散热器，修复更换泄漏冷却液的地方	
	水泵故障	检查水泵驱动带是否松动、损坏，如异常，则调整或更换驱动带，打开散热器盖，起动发动机观察冷却液流动情况，如不流动，则检修水泵，更换部件	
	水管漏水	检查水管，修复漏水处及卡子松动处	
	散热器冷却风扇不运转	检查散热器冷却风扇电动机及风扇叶片是否损坏，如异常则检修或更换。检查冷却液温度传感器在不同的温度下电阻是否正常变化，如异常应更换冷却液温度传感器 检查发动机 ECU 及散热器冷却风扇电动机控制线路是否正常，异常则检修或更换	
	气缸盖衬垫损坏	检查散热器附近有无冒泡，如有，则很可能是该故障，应更换气缸盖衬垫	
	散热器散热不良	检查散热器内水垢情况，如水垢过多造成散热器散热不良，应清洗或更换	
	暖风机水箱漏水	检查暖风机水箱是否有漏水，如有则检修或更换	

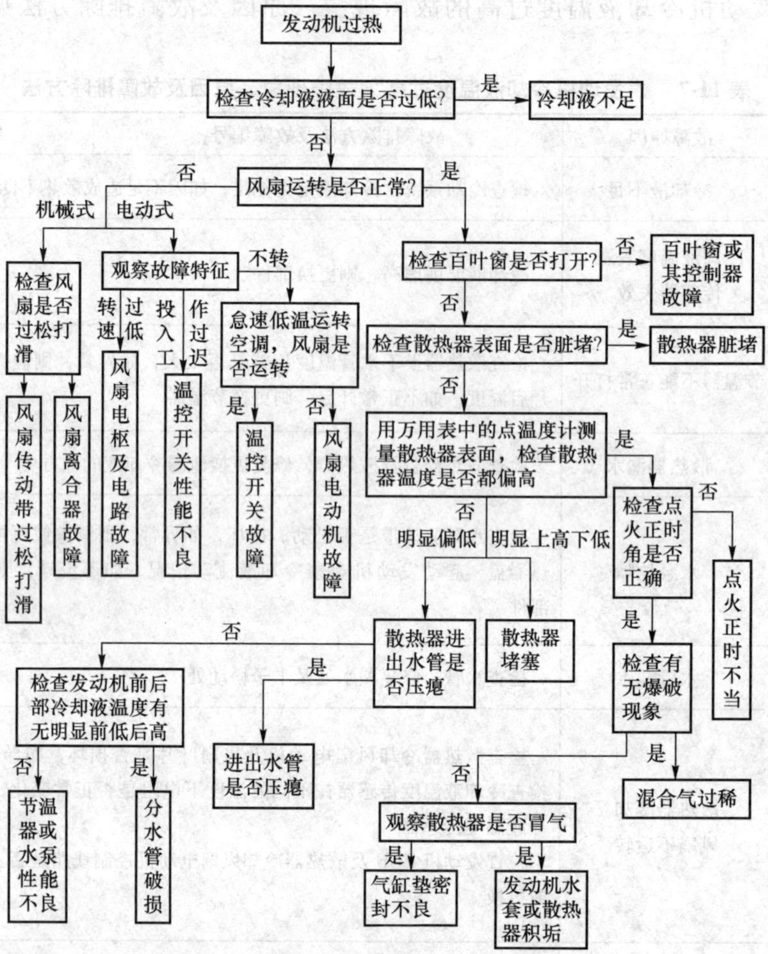

图 11-7　发动机冷却液温度过高诊断流程

“发动机冷却液温度过高”评分标准

序号	考核项目	配分	扣分标准(每项累计扣分不能超过配分)
1	安全文明否决		造成人身、设备重大事故，或恶意顶撞考官，严重扰乱考场秩序，立即终止考试，此项目记 0 分
2	安全文明生产	10 分	(1) 不穿工作服、工作鞋、工作帽各扣 1 分 (2) 零件乱放每次扣 2 分 (3) 油、水落地或零部件表面未及时清理，每次扣 1 分 (4) 考试完后不清理场地扣 3 分 (5) 不服从考官、出言不逊，每次扣 3 分
3	工具及仪器设备的准备	5 分	(1) 未检查工量具设备扣 2 分 (2) 工量具准备错误扣 2 分 (3) 工量具摆放不整齐扣 1 分
4	车辆状况的检查	10 分	(1) 没有检查车辆状况扣 4 分 (2) 没有安装三角木扣 2 分 (3) 没有安装尾气抽排管扣 2 分 (4) 座位套、踏脚垫、方向盘套、变速杆套少安装，每样扣 1 分 (5) 没有安装翼子扳护垫扣 2 分 (6) 没有检查机油扣 2 分 (7) 没有检查冷却液扣 2 分
5	故障判断及排除	60 分	(1) 不会判断故障扣 10 分 (2) 故障点判断错误一次扣 15 分 (3) 不能正确使用工量具及仪器设备扣 10 分 (4) 不能排除故障扣 15 分 (5) 没有得出维修结论扣 10 分
6	操作过程	10 分	(1) 不会查阅维修手册扣 2 分 (2) 没有使用维修手册扣 2 分 (3) 零件落地扣 3 分 (4) 工量具及仪器设备没整理扣 2 分
7	填写工单	5 分	根据填写内容及规范程度酌情给分
8	合计	100 分	

“发动机冷却液温度过高”操作工单

班级__________ 姓名__________ 总分__________

车型		发动机型号	

一、准备工作

(1) 工量具准备与检查	
(2) 考试用具准备	

二、操作过程

要求：能正确地进行发动机冷却液温度过高故障诊断并填写下面表格。

信息获取	车辆型号： 故障现象：
准备工作	
故障诊断	记录诊断步骤：
	记录检测步骤：
	技术要点与难点

故障七：发动机烧机油的故障现象、原因及故障排除方法见表 11-8 和图 11-8。

表 11-8　“发动机烧机油”故障现象、原因及故障排除方法

故障现象	故障原因	故障排除方法及故障编号	DYZJ1107
发动机机油消耗量过大，尾气有蓝色	PCV 阀失效	检查发动机气门室罩上方的 PCV 阀的单向导通性，若不导通会造成发动机内部废气压力过高，因而烧机油。如果是，更换	
	气门油封故障	检查气门油封是否老化失去密封性，机油通过气门杆进入燃烧室。应更换气门油封处理	
		检查气门杆与气门导管间隙，如磨损造成间隙过大，应更换	
	活塞及气缸故障	检查活塞环的弹力及端隙、边隙、背隙是否符合要求，如不符合要求应更换	
		检查活塞环与气缸套的间隙是否符合要求，如不符合要求，应修理发动机	
	润滑油过多	减少润滑油量	
	润滑油质量不佳	更换润滑油	

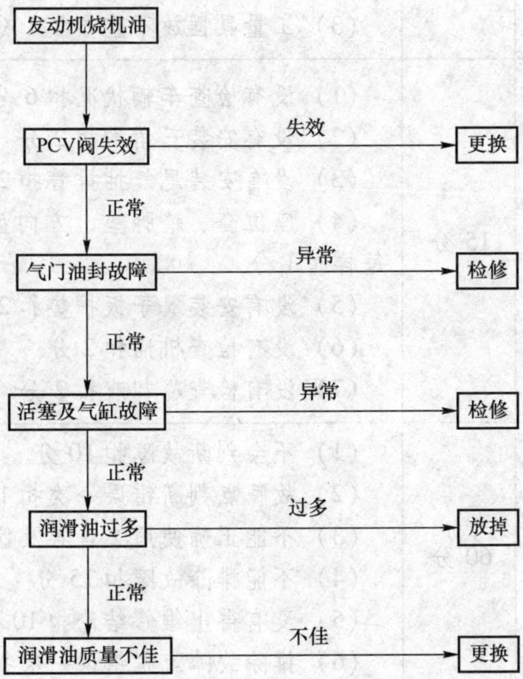

图 11-8　发动机烧机油的诊断流程

“发动机烧机油”评分标准

序号	考核项目	配分	扣分标准(每项累计扣分不能超过配分)
1	安全文明否决		造成人身、设备重大事故，或恶意顶撞考官，严重扰乱考场秩序，立即终止考试，此项目记0分
2	安全文明生产	10分	(1) 不穿工作服、工作鞋、工作帽各扣1分 (2) 零件乱放，每次扣2分 (3) 油、水落地或零部件表面未及时清理，每次扣1分 (4) 考试完后不清理场地扣3分 (5) 不服从考官、出言不逊，每次扣3分
3	工具及仪器设备的准备	5分	(1) 未检查工量具设备扣2分 (2) 工量具准备错误扣2分 (3) 工量具摆放不整齐扣1分
4	车辆状况的检查	15分	(1) 没有检查车辆状况扣6分 (2) 没有安装三角木扣2分 (3) 没有安装尾气抽排管扣2分 (4) 座位套、踏脚垫、方向盘套、变速杆套少安装，每样扣1分 (5) 没有安装翼子扳护垫扣2分 (6) 没有检查机油扣2分 (7) 没有检查冷却液扣2分
5	故障判断及排除	60分	(1) 不会判断故障扣10分 (2) 故障点判断错误一次扣15分 (3) 不能正确使用工量具及仪器设备扣10分 (4) 不能排除故障扣15分 (5) 没有得出维修结论扣10分 (6) 排除故障流程错误一次扣5分
6	操作过程	5分	(1) 不会查阅维修手册扣2分 (2) 没有使用维修手册扣2分 (3) 零件落地扣3分 (4) 工量具及仪器设备没整理扣2分
7	填写工单	5分	根据填写内容及规范程度酌情给分
8	合计	100分	

“发动机烧机油”操作工单

班级__________　　姓名__________　　总分__________

车型		发动机型号	

一、准备工作

(1) 工量具准备与检查	
(2) 考试用具准备	

二、操作过程

要求：能正确地进行发动机烧机油故障诊断并填写下面表格。

信息获取	车辆型号： 故障现象：
准备工作	
故障诊断	记录诊断步骤：
	记录检测步骤：
	技术要点与难点：

参考文献

[1] 崔新存．现代汽车新技术[M]．北京：人民交通出版社，2003.
[2] 沈云鹤．汽车发动机构造与维修[M]．北京：高等教育出版社，2005.
[3] 关文达．汽车构造[M]．北京：机械工业出版社，1990.
[4] 简晓春，杜世武．现代汽车技术及应用[M]．北京：人民交通出版社，2004.
[5] 张西振．汽车发动机构造与维修[M]．北京：机械工业出版社，2008.
[6] 孔宪锋．汽车发动机构造与维修[M]．北京：高等教育出版社，2002.
[7] 张吉国，王洪章．汽车发动机电控系统原理与维修[M]．北京：北京大学出版社，2008.
[8] 魏庆曜．发动机与汽车理论[M]．北京：人民交通出版社，1998.
[9] 曹红兵．汽车发动机电控系统结构原理与故障诊断[M]．北京：机械工业出版社，2007.
[10] 杨成可，孔宪锋．汽车发动机构造与维修[M]．北京：高等教育出版社，2002.
[11] 徐家龙．柴油机电控喷油技术[M]．北京：人民交通出版社，2004.
[12] 王秀红，田有为．汽车发动机电控技术[M]．大连：大连理工大学出版社，2007.
[13] 陈文华．汽车发动机构造与维修[M]．北京：人民交通出版社，2003.
[14] 汤定国．汽车发动机构造与维修[M]．北京：人民交通出版社，2003.
[15] 赵学敏，王玉东．汽车电控系统构造与维修[M]．北京：国防工业出版社，2003.
[16] 陈家瑞．汽车构造[M]．5版．北京：人民交通出版社，2006.
[17] 张普国．汽车修理实习[M]．北京：中国劳动出版社，1999.
[18] 冯崇义，鲁植雄，何亚丹，等．汽车电子技术[M]．北京：人民交通出版社，2005.
[19] 张建俊．汽车检测与诊断技术[M]．北京：人民交通出版社，2003.
[20] 蔡兴旺，付晓光．汽车构造与原理实训[M]．北京：机械工业出版社，2006.
[21] 崔长海．柴油机维修专门化[M]．北京：人民交通出版社，2003.
[22] 薛华，郭文洋．汽车发动机构造与维修[M]．大连：大连理工大学出版社，2007.